●収録内容一覧

■2025年度中学受験用

# 春日部共栄中学校

## 3年間スーパー過去問

### 入試問題と解説・解答の収録内容

| | |
|---|---|
| 2024年度　１回午前 | 算数・社会・理科・国語 |
| 2024年度　１回午後 | 算数・社会・理科・国語 |
| 2023年度　１回午前 | 算数・社会・理科・国語 |
| 2023年度　１回午後 | 算数・社会・理科・国語 |
| 2022年度　１回午前 | 算数・社会・理科・国語 |
| 2022年度　１回午後 | 算数・社会・理科・国語 |

～本書ご利用上の注意～　以下の点について，あらかじめご了承ください。

★別冊解答用紙は巻末にございます。本書に収録している試験の実物解答用紙は，弊社サイトの各校商品情報ページより，一部または全部をダウンロードできます。
★編集の都合上，学校実施のすべての試験を掲載していない場合がございます。
★当問題集のバックナンバーは，弊社には在庫がございません（ネット書店などに一部在庫あり）。

# 合格を勝ち取るための

# 『スーパー過去問』の使い方

本書に掲載されている過去問をご覧になって，「難しそう」と感じたかもしれません。でも，多くの受験生が同じように感じているはずです。なぜなら，中学入試で出題される問題は，小学校で習う内容よりも高度なものが多く，たくさんの知識や解き方のコツを身につけることも必要だからです。ですから，初めて本書に取り組むさいには，点数を気にしすぎないようにしましょう。本番でしっかり点数を取れることが大事なのです。

過去問で重要なのは「まちがえること」です。自分の弱点を知るために，過去問に取り組むのです。当然，まちがえた問題をそのままにしておいては意味がありません。

本書には，長年にわたって中学入試にたずさわっているスタッフによるていねいな解説がついています。まちがえた問題はしっかりと解説を読み，できるようになるまで何度も解き直しをしてください。理解できていないと感じた分野については，参考書や資料集などを活用し，改めて整理しておきましょう。

## このページも参考にしてみましょう！

**◆どの年度から解こうかな　「入試問題と解説・解答の収録内容一覧」**

本書のはじめには収録内容が掲載されていますので，収録年度や収録されている入試回などを確認できます。

※著作権上の都合によって掲載できない問題が収録されている場合は，最新年度の問題の前に，ピンク色の紙を差しこんでご案内しています。

**◆学校の情報を知ろう!!「学校紹介ページ」**

このページのあとに，各学校の基本情報などを掲載しています。問題を解くのに疲れたら息ぬきに読んで，志望校合格への気持ちを新たにし，再び過去問に挑戦してみるのもよいでしょう。なお，最新の情報につきましては，学校のホームページなどでご確認ください。

**◆入試に向けてどんな対策をしよう？「出題傾向＆対策」**

「学校紹介ページ」に続いて，「出題傾向＆対策」ページがあります。過去にどのような分野の問題が出題され，どのように対策すればよいかをアドバイスしていますので，参考にしてください。

**◇別冊「入試問題解答用紙編」**

本書の巻末には，ぬき取って使える別冊の解答用紙が収録してあります。解答用紙が非公表の場合などを除き，（注）が記載されたページの指定倍率にしたがって拡大コピーをとれば，実際の入試問題とほぼ同じ解答欄の大きさで，何度でも過去問に取り組むことができます。このように，入試本番に近い条件で練習できるのも，本書の強みです。また，データが公表されている学校は別冊の１ページ目に過去の「入試結果表」を掲載しています。合格に必要な得点の目安として活用してください。

本書がみなさんの志望校合格の助けとなることを，心より願っています。

株式会社　声の教育社　編集部

# 春日部共栄中学校


| | |
|---|---|
| 所在地 | 〒344-0037 埼玉県春日部市上大増新田213 |
| 電　話 | 048-737-7611(代) |
| ホームページ | https://www.k-kyoei.ed.jp |
| 交通案内 | 東武スカイツリーライン・アーバンパークライン「春日部駅」西口より<br>スクールバス10分，東武アーバンパークライン「豊春駅」より徒歩20分 |


くわしい情報は
ホームページへ

トピックス

★すべての入試回で特待生を選出。合計207名が特待合格（参考：昨年度）。
★①PM（2科）と③は本校と大宮会場で実施（参考：昨年度）。

創立年
平成15年

男女共学

高校募集
あり

## 応募状況

| 年度 | 募集数 | | 応募数 | | 受験数 | 合格数 | 倍率 |
|---|---|---|---|---|---|---|---|
| 2024 | ① AM | IT 80名 プロ 80名 | IT | 168名 | 150名 | 77名 | 1.9倍 |
| | | | プロ | 148名 | 137名 | 76名 | 1.8倍 |
| | ① PM | | IT | 239名 | 223名 | 123名 | 1.8倍 |
| | | | プロ | 192名 | 178名 | 97名 | 1.8倍 |
| | ② AM | | IT | 171名 | 87名 | 46名 | 1.9倍 |
| | | | プロ | 126名 | 66名 | 39名 | 1.7倍 |
| | ② PM | | IT | 228名 | 156名 | 55名 | 2.8倍 |
| | | | プロ | 157名 | 109名 | 29名 | 3.8倍 |
| | ③ | | IT | 144名 | 81名 | 38名 | 2.1倍 |
| | | | プロ | 145名 | 81名 | 51名 | 1.6倍 |
| | ③ 算 | | IT | 51名 | 22名 | 10名 | 2.2倍 |
| | ④ | | IT | 204名 | 106名 | 44名 | 2.4倍 |
| | | | プロ | 144名 | 81名 | 59名 | 1.4倍 |

## 本校の特色

2022年度より，プログレッシブ政経コースとIT医学サイエンスコースの２コース制になりました。「５つの育む力」に加えて，プログレッシブ政経コースでは圧倒的な英語力，IT医学サイエンスコースでは圧倒的な数学力を身につけ，リーダーシップを発揮できる人材を育てます。

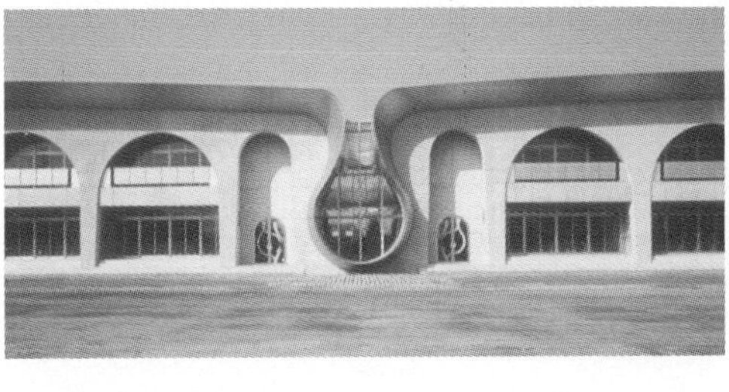

## 2024年春の主な大学合格実績

＜国公立大学・大学校＞

東北大，北海道大，筑波大，東京外国語大，埼玉大，千葉大，横浜国立大，防衛大，東京都立大，埼玉県立大

＜私立大学＞

慶應義塾大，早稲田大，上智大，東京理科大，明治大，青山学院大，立教大，中央大，法政大

## 入試情報（参考：昨年度）

【第１回午前】（４科）
試験日時：2024年１月10日　８:50出欠確認
合格発表：2024年１月10日　19:00(HP)
【第１回午後】（２科・４科）
試験日時：2024年１月10日　14:20出欠確認
合格発表：2024年１月10日　23:00(HP)
【第２回午前】（４科）
試験日時：2024年１月11日　８:50出欠確認
合格発表：2024年１月11日　19:00(HP)
【第２回午後】（２科・４科）
試験日時：2024年１月11日　14:20出欠確認
合格発表：2024年１月11日　23:00(HP)
【第３回】（２科）
試験日時：2024年１月13日　14:00出欠確認
合格発表：2024年１月13日　23:00(HP)
【第３回】（算数１科）
試験日時：2024年１月13日　15:10出欠確認
合格発表：2024年１月13日　23:00(HP)
【第４回】（２科）
試験日時：2024年１月15日　９:50出欠確認
合格発表：2024年１月15日　19:00(HP)

編集部注―本書の内容は2024年4月現在のものであり，変更されている場合があります。正確な情報は，学校のホームページ等で必ずご確認ください。

# 算数 出題傾向＆対策

## ◆基本データ（2024年度１回午前）

| | |
|---|---|
| 試験時間／満点 | 50分／100点 |
| 問題構成 | ・大問数…６題<br>計算１題（５問）／応用小問２題（５問）／応用問題３題<br>・小問数…19問 |
| 解答形式 | 解答のみを記入する形式で，単位などは印刷されている。作図問題もある。 |
| 実際の問題用紙 | Ｂ５サイズ，小冊子形式 |
| 実際の解答用紙 | Ｂ４サイズ |

## ◆出題傾向と内容

**▶過去３年の出題率トップ３**
１位：四則計算・逆算14％　２位：角度・面積・長さ13％　３位：図形・点の移動10％
**▶今年の出題率トップ３**
１位：角度・面積・長さ17％　２位：四則計算・逆算13％　３位：図形・点の移動10％

１題めは計算問題，２題め，３題めは応用小問の集合題，４題め以降は応用問題というスタイルです。計算問題では，四則計算と逆算が出されます。応用小問では，数の性質，場合の数，平面図形（角度，面積比ほか），立体図形（分割，展開図ほか），特殊算（相当算，つるかめ算，旅人算ほか）など，ほぼ全範囲から出題されます。

応用問題については，数量分野から，約束記号，規則性，数列，場合の数，速さとグラフなどが出題されています。図形分野では，図形上の点の移動，辺の比と面積の比，回転体の体積などが取り上げられています。

## ◆対策～合格点を取るには？～

まず正確で速い計算力を養うことが第一です。計算力は短期間で身につくものではなく，練習を続けることにより，しだいに力がついてくるものですので，毎日，自分で量を決めて，それを確実にこなしていきましょう。

次に，条件を整理し，解答への手順を見通す力を養うようにしましょう。基本例題を中心として，はば広い分野の問題に数多くあたることが好結果を生みます。数列や規則性，速さの問題などは，ある程度数をこなして解き方のパターンをつかむことと，ものごとを筋道立てて考えることが大切です。

| 分野＼年度 | | 2024 | | 2023 | | 2022 | |
|---|---|---|---|---|---|---|---|
| | | １前 | １後 | １前 | １後 | １前 | １後 |
| 計算 | 四則計算・逆算 | ◎ | ◎ | ● | ● | ◎ | ◎ |
| | 計算のくふう | ○ | ○ | | | | ○ |
| | 単位の計算 | ○ | ○ | ○ | ○ | | |
| 和と差 | 和差算・分配算 | | | | ○ | | |
| | 消去算 | | | | | | |
| | つるかめ算 | | | | | | ○ |
| | 平均とのべ | ○ | | | | | |
| | 過不足算・差集め算 | | | | | | |
| | 集まり | | | | | | |
| | 年齢算 | | | | | | ○ |
| 割合と比 | 割合と比 | | ○ | | | | |
| | 正比例と反比例 | | | | | | |
| | 還元算・相当算 | | | | ○ | | |
| | 比の性質 | | | ○ | ○ | | |
| | 倍数算 | | | ○ | | | |
| | 売買損益 | | ○ | | ○ | | |
| | 濃度 | | | | | | |
| | 仕事算 | | | | | ○ | |
| | ニュートン算 | | | | | | |
| 速さ | 速さ | | | ○ | | | ○ |
| | 旅人算 | | | ○ | | | |
| | 通過算 | | | | | | |
| | 流水算 | | | | | | |
| | 時計算 | | | | | | |
| | 速さと比 | | | | | | |
| 図形 | 角度・面積・長さ | ◎ | ● | ◎ | ○ | ● | ● |
| | 辺の比と面積の比・相似 | | | ○ | | ○ | ○ |
| | 体積・表面積 | ○ | ○ | ○ | ○ | ○ | ○ |
| | 水の深さと体積 | ○ | | | | | |
| | 展開図 | | | | ○ | | |
| | 構成・分割 | | | | | | |
| | 図形・点の移動 | ○ | ◎ | ○ | ○ | ◎ | ◎ |
| 表とグラフ | | ○ | ○ | ○ | ○ | ○ | ○ |
| 数の性質 | 約数と倍数 | | | | | | |
| | N進数 | | | | | | |
| | 約束記号・文字式 | | | ○ | ○ | ○ | ○ |
| | 整数・小数・分数の性質 | ○ | ○ | ○ | ○ | ○ | |
| 規則性 | 植木算 | | | ○ | | | |
| | 周期算 | | ○ | | | | |
| | 数列 | ○ | ○ | | | | ○ |
| | 方陣算 | | | | | | |
| | 図形と規則 | | | ○ | | ○ | |
| 場合の数 | | ○ | | | ○ | ○ | ○ |
| 調べ・推理・条件の整理 | | | | | ○ | ○ | |
| その他 | | | | | | | |

※　○印はその分野の問題が１題，◎印は２題，●印は３題以上出題されたことをしめします。

# 社会 出題傾向＆対策

## ◆基本データ（2024年度１回午前）

| | |
|---|---|
| 試験時間／満点 | 理科と合わせて60分／50点 |
| 問題構成 | ・大問数…３題<br>・小問数…21問 |
| 解答形式 | 記号選択と適語の記入が大半をしめているが，記述問題も出されている。 |
| 実際の問題用紙 | Ｂ５サイズ，小冊子形式 |
| 実際の解答用紙 | Ｂ４サイズ |

## ◆出題傾向と内容

地理・歴史・政治（時事をふくむ）の各分野からまんべんなく出題されており，各分野の融合問題が見られることもあります。

●**地理**…特定のテーマを題材にした総合問題が出題されています。各地方の産業や人口，国土，気候，ときには交通に関することについても問われます。また，地形図の読み取りが取り上げられることも特ちょうのひとつです。

●**歴史**…小問数が多く，ウェートは地理分野と並んで高くなっています。テーマを決めて各時代を通史的に見たり，各時代の人物や建築物を取り上げたりしており，大まかな歴史の流れをつかんでいるかどうかがためされているといえます。

●**政治**…特定のテーマに関する文章や会話などを読ませ，さまざまな角度から問うという構成になっています。内容は，憲法や政治のしくみを取り上げることが多くなっています。また，生活と福祉や国際関係に関する問題も出されています。

| 分野 ＼ 年度 | | 2024 | | 2023 | | 2022 | |
|---|---|---|---|---|---|---|---|
| | | 1前 | 1後 | 1前 | 1後 | 1前 | 1後 |
| 日本の地理 | 地図の見方 | ○ | ○ | ○ | ○ | ○ | ○ |
| | 国土・自然・気候 | ○ | ○ | ○ | ○ | ○ | ○ |
| | 資源 | ○ | ○ | | | | |
| | 農林水産業 | ○ | ○ | ○ | ○ | ○ | ○ |
| | 工業 | | | | ○ | | |
| | 交通・通信・貿易 | | | ○ | | | |
| | 人口・生活・文化 | | ○ | ○ | ○ | ○ | |
| | 各地方の特色 | ○ | | ○ | ○ | | ○ |
| | 地理総合 | ★ | ★ | ★ | ★ | ★ | ★ |
| 世界の地理 | | | | | | | |
| 日本の歴史 時代 | 原始～古代 | ○ | ○ | ○ | ○ | | ○ |
| | 中世～近世 | ○ | ○ | ○ | ○ | ○ | ○ |
| | 近代～現代 | ○ | ○ | ○ | ○ | ○ | ○ |
| 日本の歴史 テーマ | 政治・法律史 | | | | | | |
| | 産業・経済史 | | | | | | |
| | 文化・宗教史 | | | | | | |
| | 外交・戦争史 | | | | | | |
| | 歴史総合 | ★ | ★ | ★ | ★ | ★ | ★ |
| 世界の歴史 | | | | | | | |
| 政治 | 憲法 | ○ | ○ | | ○ | ○ | |
| | 国会・内閣・裁判所 | | ○ | ○ | ○ | | ○ |
| | 地方自治 | | | | | | |
| | 経済 | | | | | ○ | |
| | 生活と福祉 | | | ○ | | ○ | |
| | 国際関係・国際政治 | ○ | | | | | |
| | 政治総合 | ★ | ★ | ★ | ★ | | ★ |
| 環境問題 | | | | | | ○ | |
| 時事問題 | | | | ○ | | | |
| 世界遺産 | | ○ | ○ | | ○ | | |
| 複数分野総合 | | | | | | | |

※　原始～古代…平安時代以前，中世～近世…鎌倉時代～江戸時代，近代～現代…明治時代以降

※　★印は大問の中心となる分野をしめします。

## ◆対策～合格点を取るには？～

はば広い知識が問われていますが，大半の設問は標準的な難易度ですから，まず，基礎を固めることを心がけてください。教科書のほか，説明がていねいでやさしい標準的な参考書を選び，基本事項をしっかりと身につけましょう。

地理分野では，地図とグラフが欠かせません。つねにこれらを参照しながら，白地図作業帳を利用して地形と気候をまとめ，そこから産業のようす（もちろん統計表も使います）へと広げていってください。

歴史分野では，教科書や参考書を読むだけでなく，自分で年表をつくって覚えると学習効果が上がります。できあがった年表は，各時代，各分野のまとめに活用できます。本校の歴史の問題にはさまざまな分野が取り上げられていますから，この作業はおおいに威力を発揮するはずです。

政治分野では，日本国憲法の基本的な内容と三権についてはひと通りおさえておいた方がよいでしょう。また，時事問題については，新聞やテレビ番組などでニュースを確認し，国の政治や経済の動き，世界各国の情勢などについて，ノートにまとめておきましょう。

# 理科 出題傾向＆対策

## ◆基本データ(2024年度1回午前)

| | |
|---|---|
| 試験時間／満点 | 社会と合わせて60分／50点 |
| 問題構成 | ・大問数…4題<br>・小問数…15問 |
| 解答形式 | 記号選択と適語(または数値)の記入が中心。記述問題は見られない。 |
| 実際の問題用紙 | B5サイズ，小冊子形式 |
| 実際の解答用紙 | B4サイズ |

## ◆出題傾向と内容

本校の理科は，実験・観察・観測をもとにした問題が多く，また，すべての分野からバランスよく出題される傾向にあります。また，最近の科学ニュースを扱った問題もあります。過去にはリニアモーターカー，外来種などが取り上げられています。

**●生命**…動物の呼吸の仕組み，ヒトのからだのしくみ，光合成，植物のつくりや発芽，動物の誕生，季節と生物などが出されています。

**●物質**…温度と状態変化，中和，ものの溶け方，水溶液の濃さ，有機物の燃焼，気体の発生，気体や水溶液の性質，燃料電池などが取り上げられています。

**●エネルギー**…電力とエネルギー，落下運動，ばねののび方，滑車と輪軸，てこのつり合い，浮力のほか，まさつ力についての問題などもあります。

**●地球**…月の満ち欠け，星の動きや星座，連星の明るさ，夏の天気，火山，地震とプレートの動きなどが取り上げられています。

| 分野＼年度 | | 2024 | | 2023 | | 2022 | |
|---|---|---|---|---|---|---|---|
| | | 1前 | 1後 | 1前 | 1後 | 1前 | 1後 |
| 生命 | 植物 | | | ★ | | | |
| | 動物 | | | | ★ | ★ | |
| | 人体 | ★ | ★ | | | | |
| | 生物と環境 | | | | | | |
| | 季節と生物 | | | | | | ★ |
| | 生命総合 | | | | | | |
| 物質 | 物質のすがた | | | | ★ | | |
| | 気体の性質 | | | ★ | | | ★ |
| | 水溶液の性質 | | | | | | |
| | ものの溶け方 | ★ | | | ○ | | |
| | 金属の性質 | | | | | | |
| | ものの燃え方 | | ★ | | | ★ | |
| | 物質総合 | | | | | | |
| エネルギー | てこ・滑車・輪軸 | ★ | | | | ★ | |
| | ばねののび方 | | | | ★ | | |
| | ふりこ・物体の運動 | | ★ | | | | ★ |
| | 浮力と密度・圧力 | ○ | | | | | |
| | 光の進み方 | | | | | | |
| | ものの温まり方 | | | | | | |
| | 音の伝わり方 | | | | | | |
| | 電気回路 | | | | | | |
| | 磁石・電磁石 | | | | | | |
| | エネルギー総合 | | | ★ | | | |
| 地球 | 地球・月・太陽系 | | ★ | | | | |
| | 星と星座 | | | | | ★ | |
| | 風・雲と天候 | | | | | | ★ |
| | 気温・地温・湿度 | ★ | | | | | |
| | 流水のはたらき・地層と岩石 | | | | | | |
| | 火山・地震 | | | ★ | ★ | | |
| | 地球総合 | | | | | | |
| 実験器具 | | | | | | | |
| 観察 | | | | | | | |
| 環境問題 | | | | | | | |
| 時事問題 | | | | | | | |
| 複数分野総合 | | | | | | | |

※ ★印は大問の中心となる分野をしめします。

## ◆対策～合格点を取るには？～

さまざまな題材をもとにつくられており，多くは実験・観察の結果を総合的にはあくしたうえで，筋道を立てて考えていく必要がある問題です。基礎知識はもちろんのこと，それらを使いこなす応用力もためされます。「生命」「物質」「エネルギー」「地球」の各分野からバランスよく出題されているので，かたよりのない学習が必要です。

なによりもまず，教科書を中心とした学習によって，基本的なことがらを確実に身につけることが大切ですが，教科書の学習以外に必要とされる知識も少なくありません。それを補うためには，身近な自然現象に日ごろから目を向けることです。また，テレビの科学番組，新聞・雑誌の科学に関する記事，読書などを通じて科学にふれることも大切です。科学に目を向けるふだんの心がけが，はば広い知識を身につけることにつながります。

基礎的な知識がある程度身についたら，標準的な問題集を解き，知識を活用する力を養いましょう。そのさい，わからない問題があってもすぐに解説・解答にたよらず，じっくりと自分で考えること。この積み重ねが考える力をのばすコツです。

# 国語　出題傾向＆対策

## ◆基本データ（2024年度１回午前）

| | |
|---|---|
| 試験時間／満点 | 50分／100点 |
| 問題構成 | ・大問数…４題<br>文章読解題２題／知識問題１題／資料読解題１題<br>・小問数…29問 |
| 解答形式 | 記号選択が多くをしめているが，書きぬきや記述問題，資料を読んで特ちょうを説明させるものも見られる。 |
| 実際の問題用紙 | Ｂ５サイズ，小冊子形式 |
| 実際の解答用紙 | Ｂ４サイズ |

## ◆出題傾向と内容

**▶近年の出典情報（著者名）**
説明文：鈴木孝夫　曾野綾子　中馬清福
小　説：戸森しるこ　石田衣良　柴崎友香

**●読解問題**…設問は，内容理解，文脈理解，適語や適文の補充，接続語の補充，段落構成など，典型的な長文読解問題です。説明文・論説文では筆者の主張の理解，小説・物語文では登場人物の心情の読み取りが中心となっています。読む力・書く力を総合的に問う問題構成です。
**●知識問題**…ここ数年は漢字の書き取りが中心ですが，文法，慣用句や四字熟語，熟語の組み立て，対義語，類義語なども出題されます。
**●資料読解問題**…グラフや表を読み取り，特ちょうとその理由を簡潔に説明するなど，思考力を問うものが出題されています。

## ◆対策～合格点を取るには？～

入試で正しい答えを導き出すためには，なるべく多くの読解問題にあたり，出題内容や出題形式に慣れることが大切です。問題集に取り組むさいは，指示語や接続語に注意し，文章がどのように展開しているかを読み取るように気をつけましょう。また，答え合わせをした後は，漢字やことばの意味を辞書で確認するのはもちろんのこと，正解した設問でも解説をしっかり読んで解答の道すじを明らかにすることも重要です。

知識問題については，分野ごとに短期間に集中して覚えるのが効果的です。ただし，漢字は毎日少しずつ学習するとよいでしょう。

| 分野＼年度 | | | 2024 | | 2023 | | 2022 | |
|---|---|---|---|---|---|---|---|---|
| | | | 1前 | 1後 | 1前 | 1後 | 1前 | 1後 |
| 読解 | 文章の種類 | 説明文・論説文 | ★ | ★ | ★ | ★ | ★ | ★ |
| | | 小説・物語・伝記 | ★ | ★ | ★ | ★ | ★ | ★ |
| | | 随筆・紀行・日記 | | | | | | |
| | | 会話・戯曲 | | | | | | |
| | | 詩 | | | | | | |
| | | 短歌・俳句 | | | | | | |
| | 内容の分類 | 主題・要旨 | ○ | | ○ | ○ | ○ | ○ |
| | | 内容理解 | ○ | ○ | ○ | ○ | ○ | ○ |
| | | 文脈・段落構成 | | | ○ | ○ | | ○ |
| | | 指示語・接続語 | ○ | ○ | ○ | ○ | ○ | ○ |
| | | その他 | ○ | ○ | ○ | ○ | | ○ |
| 知識 | 漢字 | 漢字の読み | ○ | ○ | ○ | ○ | ○ | ○ |
| | | 漢字の書き取り | ○ | ○ | ○ | ○ | ○ | ○ |
| | | 部首・画数・筆順 | | | | | | |
| | 語句 | 語句の意味 | ○ | ○ | ○ | ○ | ○ | ○ |
| | | かなづかい | | ○ | | | | |
| | | 熟語 | ○ | ○ | ○ | ○ | ○ | ○ |
| | | 慣用句・ことわざ | ○ | ○ | ○ | | ○ | ○ |
| | 文法 | 文の組み立て | | | | | | |
| | | 品詞・用法 | | | | | ○ | |
| | | 敬語 | | ○ | | | | |
| | 形式・技法 | | | ○ | | | | |
| | 文学作品の知識 | | | | | | | |
| | その他 | | ○ | | | | ○ | ○ |
| | 知識総合 | | | | | | | |
| 表現 | 作文 | | | | | | | |
| | 短文記述 | | ★ | ★ | ★ | ★ | ★ | ★ |
| | その他 | | | | | | | |
| 放送問題 | | | | | | | | |

※　★印は大問の中心となる分野をしめします。

カコを追いかけ
ミライをつかめ
「今の説明、もう一回」を何度でも
web過去問
ストリーミング配信による入試問題の解説動画
もっと古いカコモンないの？
カコ過去問
「さらにカコの」過去問をHPに掲載（DL）
声の教育社
詳しくはこちらから

**2024年度**

# 春日部共栄中学校

【算　数】〈第１回午前入試〉（50分）〈満点：100点〉

**注意**　1．定規，分度器，コンパス，計算機は使用してはいけません。
2．問題文中にある図は必ずしも正確ではありません。
3．円周率は3.14として計算しなさい。

**1**　次の各問いに答えなさい。

(1)　次の計算をしなさい。

①　$20.24 \times 2.24$

②　$37 - 21 + 45 - 27 + 31 - 15$

③　$1.25 \div \dfrac{3}{4} - \left(0.75 + 2\dfrac{1}{6}\right) \times \dfrac{4}{15}$

(2)　次の □ に適当な数を入れなさい。

①　$\dfrac{2}{5} + \left(\dfrac{\square}{7} - \dfrac{5}{21}\right) \times 1.5 = \dfrac{9}{10}$

②　2024時間 ＝ □ 日 □ 時間

**2**　次の □ に適当な数を入れなさい。

(1)　０，１，２，３，４の５つの数字が書かれたカードが１枚ずつあります。この中から３枚を選んで３桁《けた》の整数を作るとき，偶数は全部で □ 通りできます。

(2)　Ａさん，Ｂさん，Ｃさんの３人が100点満点の算数のテストを受けました。Ａさんと Ｂさんの平均点は77点，Ｂさんと Ｃさんの平均点は69点，Ｃさんと Ａさんの平均点は88点でした。３人全員の平均点は □ 点です。

(3)　図のように，１辺の長さが４cmの正方形の中に円がぴったりと入っており，さらにその中に正方形がぴったりと入っています。
斜線《しゃせん》部分の面積は □ $cm^2$ です。
ただし，円周率は3.14とします。

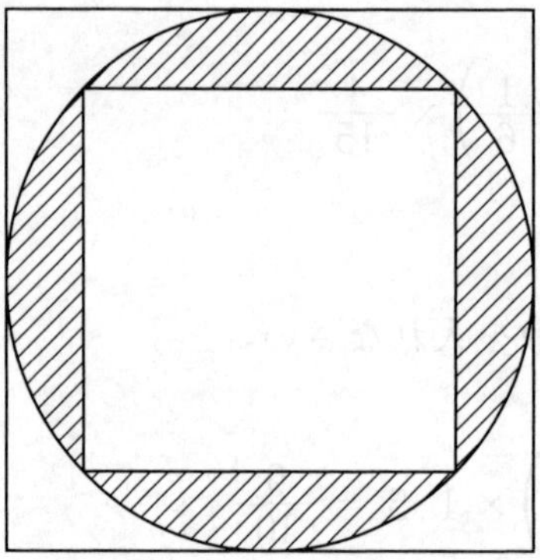

**3** 次の各問いに答えなさい。ただし，円周率は3.14とします。

(1) 底面が半径4 cmの円すいから，底面が半径2 cmの円すいを切り取った立体があります。図のように，この立体の側面を地面に置き，地面の上をすべらないように元の位置に戻るまで転がします。
次の問いに答えなさい。

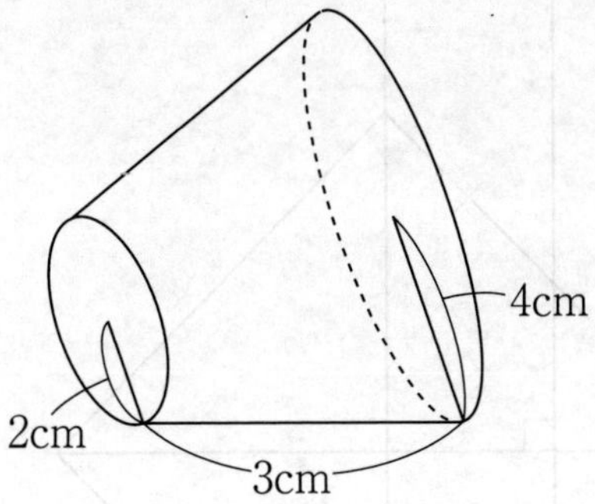


① この立体が通過した地面の部分を斜線《しゃせん》で図示しなさい。

② この立体が通過した地面の部分の面積を求めなさい。

⑵　下の図のような，対角線の長さが12 cmの正方形があります。
次の問いに答えなさい。

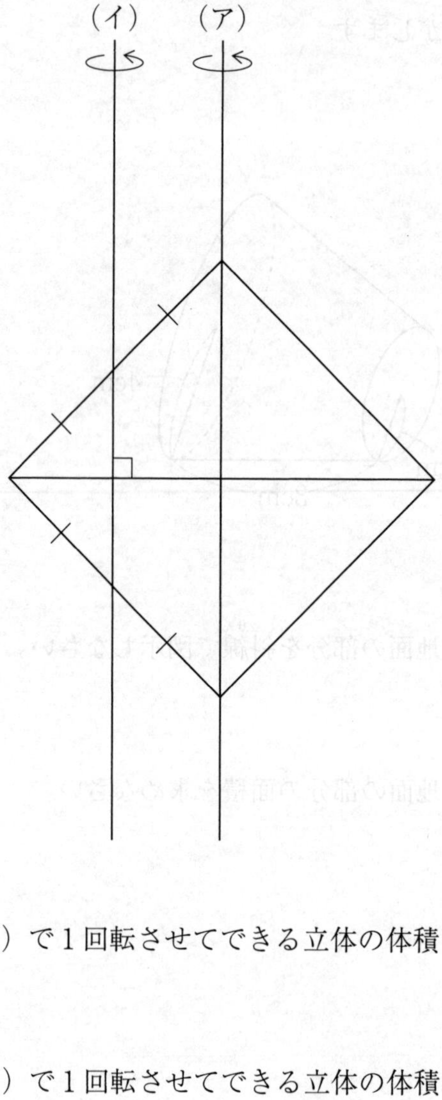


①　正方形を軸（ア）で１回転させてできる立体の体積を求めなさい。

②　正方形を軸（イ）で１回転させてできる立体の体積を求めなさい。

**4**　奇数を小さい順に並べ，次のようにある規則にしたがってグループに分けていきます。

{1}，{3 ，5}，{7 ，9 ，11}，{13，15，17，19}，{21，…}，…

それぞれのグループを，左から順に第１グループ，第２グループ，…と呼ぶことにします。
次の □ に適当な数を入れなさい。

(1)　はじめから数えて30番目の数は □ です。

(2)　第10グループの最初の数は □ です。

(3)　第10グループのすべての数の和は □ です。

**5** 下の図は底面積が600 $\text{cm}^2$ の直方体の水そうです。水そうの中は高さ 10 cm と 15 cm のしきりで仕切られています。なお，しきりは底面ＥＦＧＨ，側面ＡＥＦＢ，側面ＤＨＧＣに垂直で，すき間なく接しています。いま，図のように，ＥＩＪＨの部分に毎分 200 $\text{cm}^3$ で水を注ぐとき，次の問いに答えなさい。

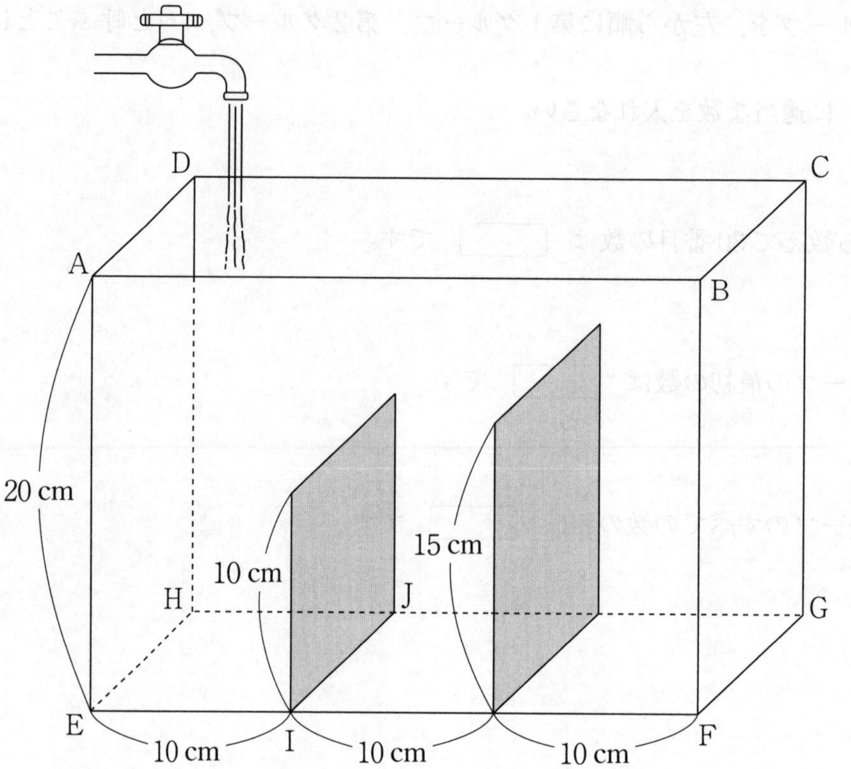


⑴　ＦＧの長さを求めなさい。

(2)　水そうの中の１番高い水面の高さと時間の関係を表しているグラフとしてもっとも適当なものを，次の（ア）～（エ）より１つ選びなさい。

(ア)

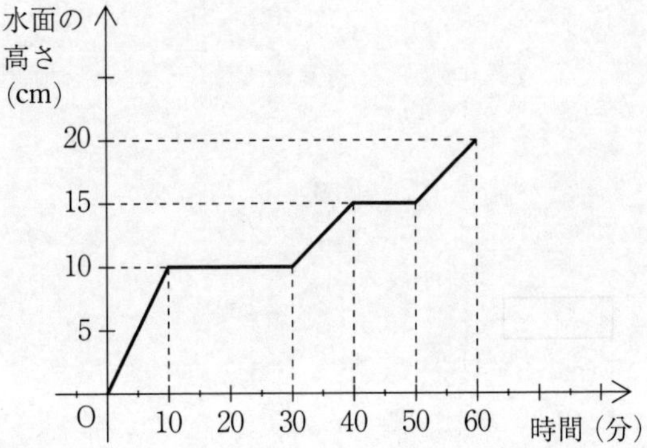


(イ)

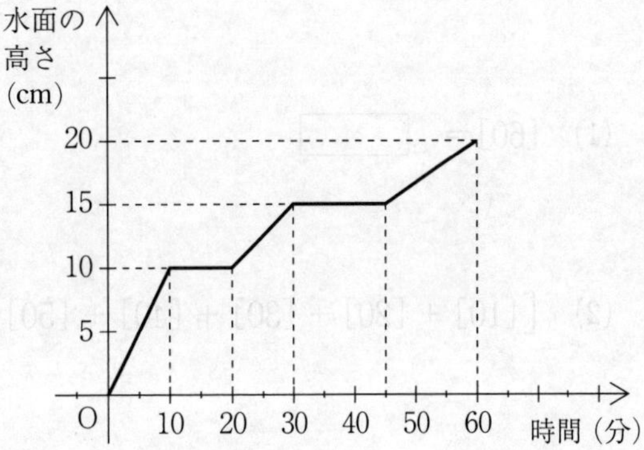


(ウ)

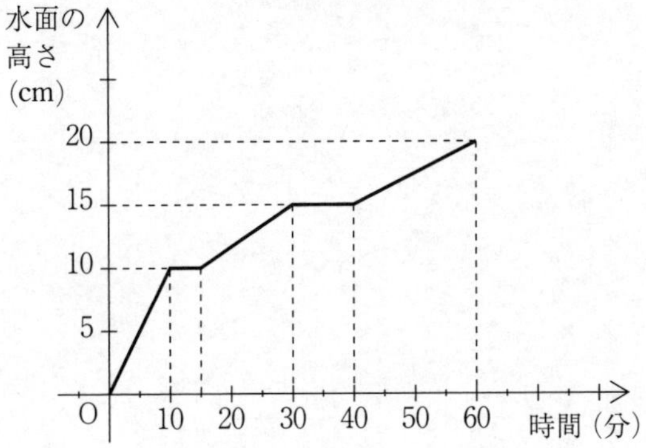


(エ)

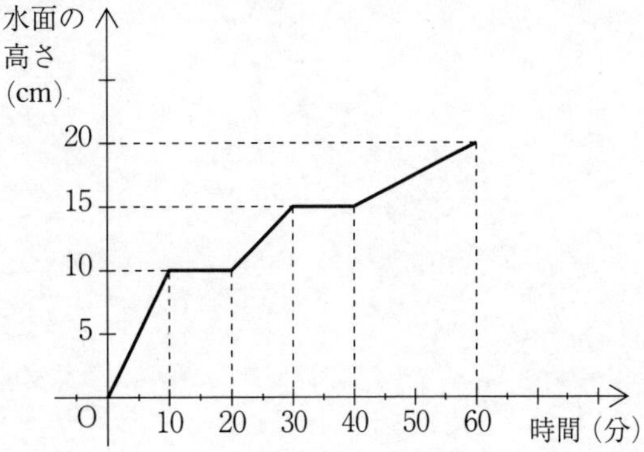


(3)　水面の高さが 18 cm になるのは，水を注ぎ始めてから何分後ですか。

**6** 整数 $a$ の約数の個数を $[\,a\,]$ と表します。

例えば，$[\,2\,]=2$，$[\,6\,]=4$

次の □ に適当な数を入れなさい。

(1) $[60]=$ □

(2) $\bigl[[10]+[20]+[30]+[40]+[50]\bigr]=$ □

(3) $[\,n\,]=3$ となる２桁《けた》の整数 $n$ は □ ， □ です。

【社　会】〈第１回午前入試〉（理科と合わせて60分）〈満点：50点〉

**1**　次の**A**～**E**は海岸線を持たない内陸県のいずれかを表したものです。これを見て、あとの問いに答えなさい。なお、大きさは全て縮小しており、北が上になるようにそろえています。

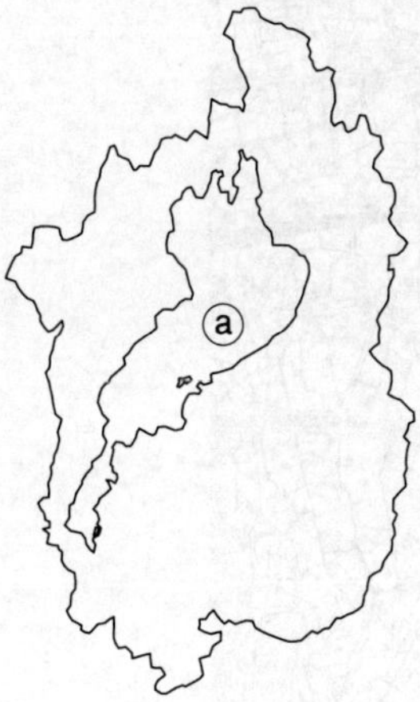


A

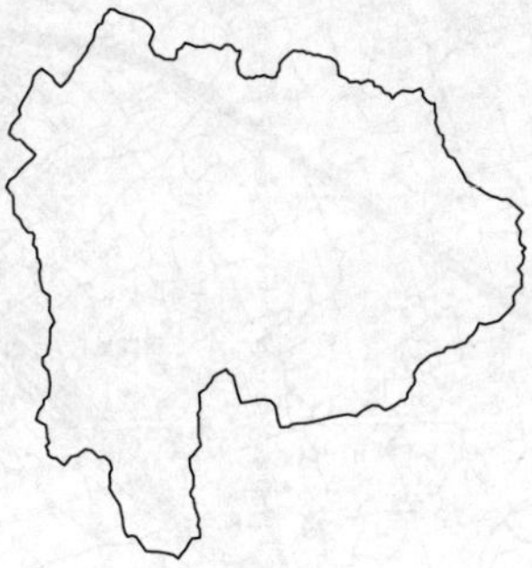

B

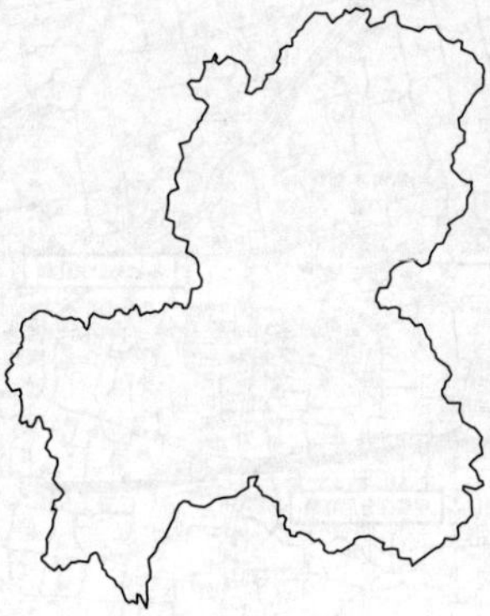

C

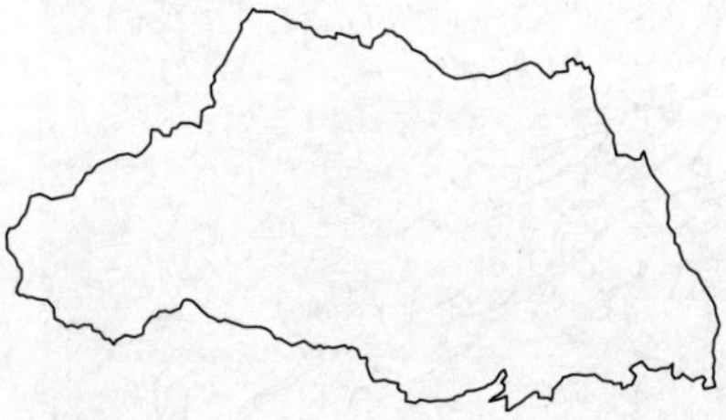

D

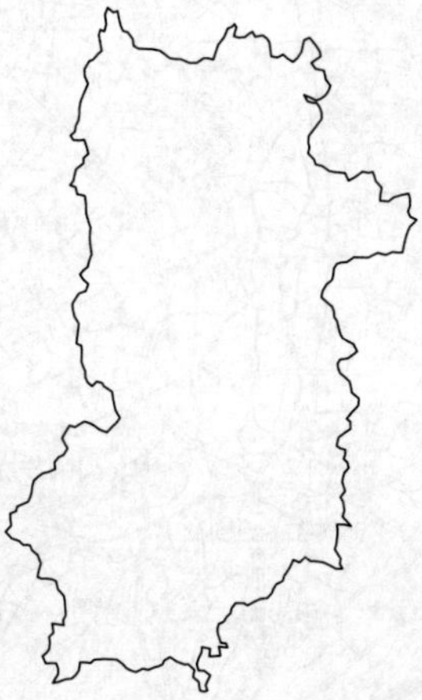

E

問１　**A**について、県面積の６分の１を占める淡水湖ⓐを何というか、答えなさい。

問２　次の地形図はBの一部を抜粋したものである。

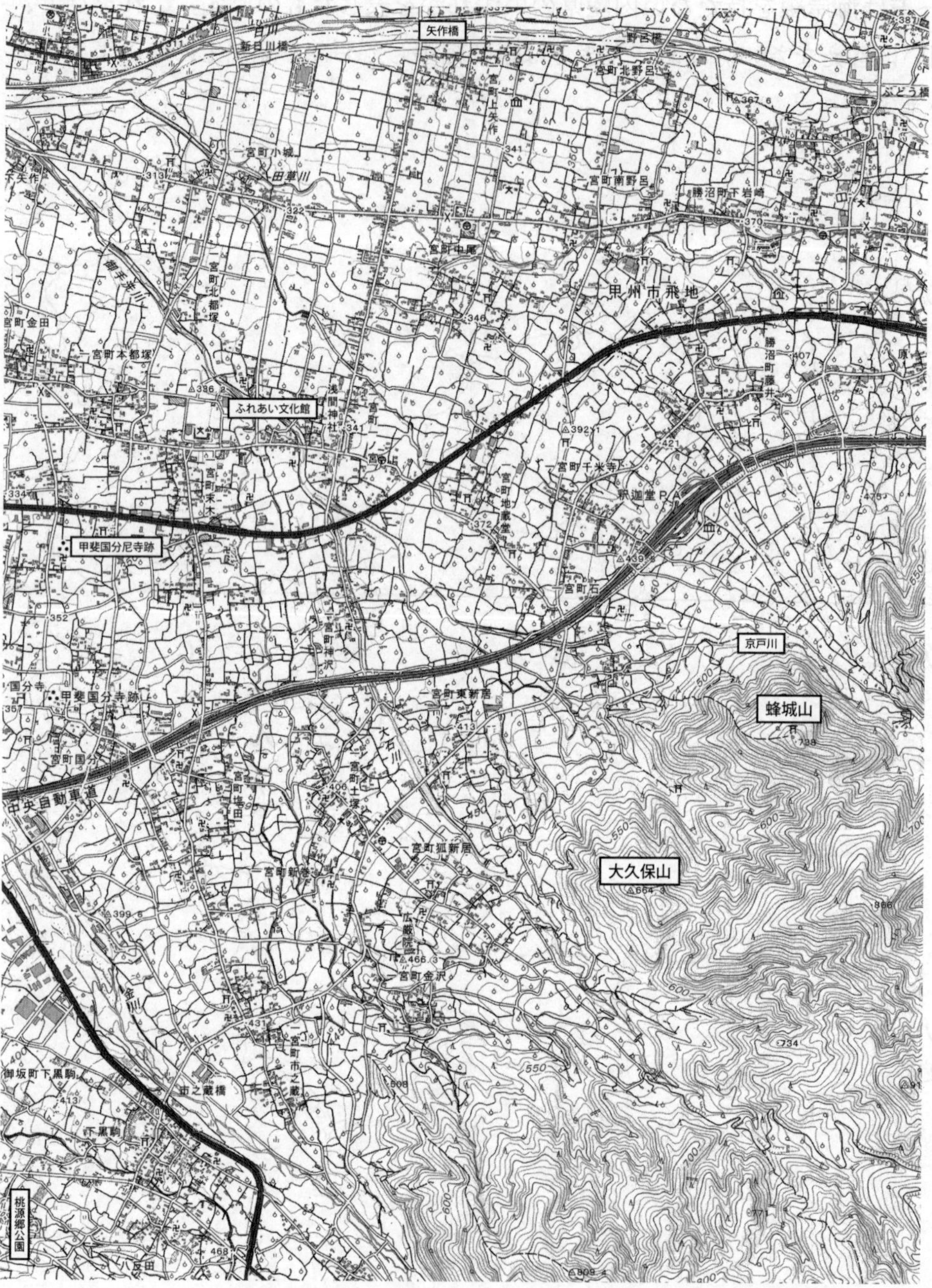


〈編集部注：編集上の都合により実際の試験問題の80％に縮小してあります。〉

⑴　地形図から読み取った文としてあやまっているものを次の**ア**〜**エ**の中から１つ選び、記号で答えなさい。

**ア**　蜂城山の山頂とふれあい文化館との標高差は約400mである。
**イ**　京戸川流域では、果樹園が広がっている。
**ウ**　矢作橋の南東には、博物館が見られる。
**エ**　大久保山の山頂では、水田が広がっている。

⑵　２万5000分の１の地形図上で甲斐国分尼寺跡から桃源郷公園までの直線距離は12cmでした。実際の距離を答えなさい。

⑶　次の表は、**B**が全国１位となっている果物の収穫高上位４県を表しているものです。

①・②に当てはまる果物の組み合わせとして、正しいものを次の**ア**〜**エ**の中から１つ選び、記号で答えなさい。

| ① | |
|---|---|
| 都道府県 | 収穫高(t) |
| **B** | 35,000 |
| 長野県 | 32,300 |
| 山形県 | 15,500 |
| 岡山県 | 13,900 |

| ② | |
|---|---|
| 都道府県 | 収穫高(t) |
| **B** | 30,400 |
| 福島県 | 22,800 |
| 長野県 | 10,300 |
| 山形県 | 8,510 |

【データでみる県勢2022より作成】

**ア**　①－ぶどう　②－もも　　**イ**　①－ぶどう　②－いちご
**ウ**　①－日本なし　②－もも　　**エ**　①－日本なし　②－いちご

問３　次の表は隣接する都道府県が多い県の上位２位までを表したものである。
Cに当てはまる県名を**漢字**で答えなさい。
※隣接するとは、陸続きで隣り合うことです。

| 順位 | 都道府県 | 隣接する都道府県の数 | 隣接する都道府県名 |
|---|---|---|---|
| １位 | 長野県 | 8 | 群馬県、D、B、静岡県、愛知県、C、富山県、新潟県 |
| ２位 | C | 7 | 富山県、石川県、福井県、長野県、愛知県、三重県、A |
| | D | 7 | 群馬県、栃木県、茨城県、千葉県、東京都、B、長野県 |

問４　次の表は**A**・**B**・**D**に関する県章と県の鳥をまとめたものです。③～⑤に当てはまる都道府県の組み合わせとして正しいものを下の**ア**～**カ**の中から１つ選び、記号で答えなさい。

| 都道府県 | ③ | ④ | ⑤ |
|---|---|---|---|
| 県章 | 周囲は富士山と武田菱で麗しい郷土を象徴しており、中のマークは、三つの人文字で山を形どり、和と協力を表現している。 | 県とゆかりの深い“まが玉”を円形に配置したデザインは、「太陽」「発展」「情熱」「力強さ」を表している。 | 県名のカタカナを図案化して左右に配し、中央の空間を湖に形どり、全体の円形と上部の両翼で“和”と“飛躍”をシンボライズしている。 |
| 県の鳥 | うぐいす | しらこばと | かいつぶり |

【全国知事会HPより作成】

| | ③ | ④ | ⑤ |
|---|---|---|---|
| **ア** | A | B | D |
| **イ** | A | D | B |
| **ウ** | B | A | D |
| **エ** | B | D | A |
| **オ** | D | A | B |
| **カ** | D | B | A |

問５　近年、車のナンバープレートは、地域の風景や観光資源を図柄とすることにより、地域の魅力を全国に発信することを目的に交付され始めました。右のナンバープレートは**A**～**E**のいずれかの県で発行されているものであるがどの県であるか、県名を**漢字**で答えなさい。

【国土交通省HPより作成】

問６　内陸県は**A**～**E**を含め日本にいくつありますか。次の**ア**～**エ**の中から１つ選び、記号で答えなさい。

**ア**　５つ　　**イ**　６つ　　**ウ**　７つ　　**エ**　８つ

問７　次の**図１**は全国の発電方式別に発電電力量の占める割合を、**図２**は**A**～**E**での発電方式別に発電電力量の占める割合を示しています。⑥～⑧に当てはまる発電方式の組み合わせとして正しいものを次の**ア**～**カ**の中から１つ選び、記号で答えなさい。

**図１**

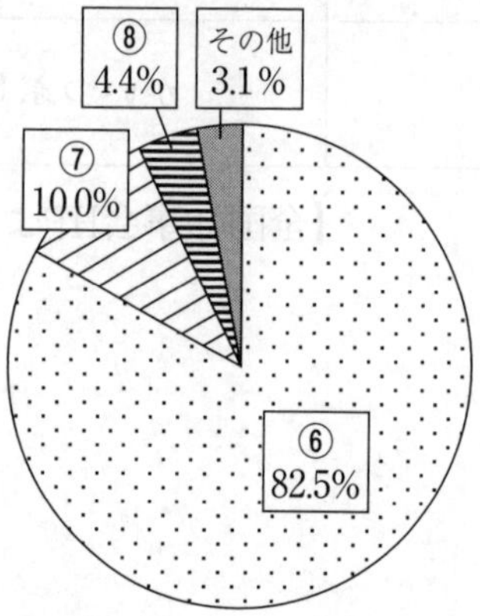


**図２**

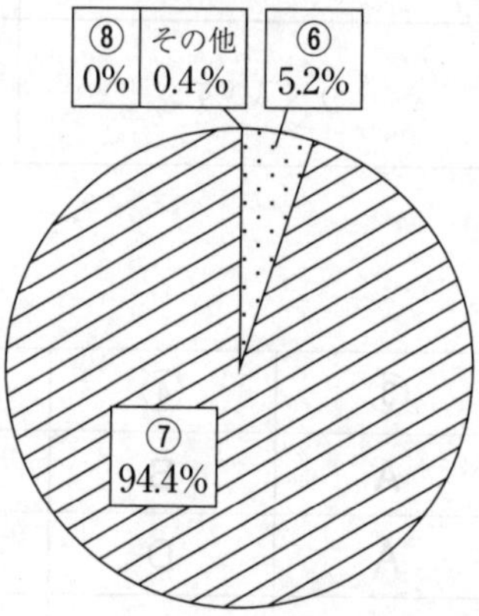


【データでみる県勢2022より作成】

| | ⑥ | ⑦ | ⑧ |
|---|---|---|---|
| **ア** | 火力 | 水力 | 原子力 |
| **イ** | 火力 | 原子力 | 水力 |
| **ウ** | 水力 | 火力 | 原子力 |
| **エ** | 水力 | 原子力 | 火力 |
| **オ** | 原子力 | 火力 | 水力 |
| **カ** | 原子力 | 水力 | 火力 |

**2**　春斗さん、共子さん、栄太さんの３人は、春日部共栄中学校の歴史の授業で令和になってから登録された日本の世界遺産について調べました。３人の調べたまとめを読んで、あとの問いに答えなさい。

春斗さんの調べた世界遺産：「北海道・北東北の縄文遺跡群」

○世界遺産に登録された理由
⇒①縄文時代の定住生活や当時の社会の状況が伝わる遺跡群であるから。
○世界遺産に登録された主な遺跡
⇒秋田県の大湯環状列石《おおゆかんじょうれっせき》や、青森県の（　　　②　　　）遺跡など。

○調べて分かったこと
⇒この地域は、水量の豊富な河川やブナ林を中心とする森林が広がっており、サケやマスなどにめぐまれた環境であった。当時の人々は、このような環境のもとで食料を安定して確保することができていたということが分かった。

○疑問に思ったこと
⇒縄文時代には食料をめぐっての争いが無かったのだろうか。

共子さんの調べた世界遺産：「百舌鳥《もず》・古市《ふるいち》古墳群」

○世界遺産に登録された理由
⇒③「古墳」の代表的な例であり、つくられてから1600年程経った今でも高いレベルで保護、管理されているから。
○世界遺産に登録された主な遺跡
⇒大阪府の④仁徳天皇陵古墳（大仙古墳）や、応神《おうじん》天皇陵古墳（誉田御廟山《こんだごびょうやま》古墳）など。

○調べて分かったこと
⇒近畿地方には大きな古墳がたくさんつくられていることから、この地方に大王を中心とする政府である⑤大和朝廷（大和政権）が成立していたということが分かった。

○疑問に思ったこと
⇒⑥古墳時代の日本と外国の関係はどうだったのだろうか。

栄太さんの調べた世界遺産：「奄美《あまみ》大島《おおしま》、徳之島《とくのしま》、沖縄島北部及び西表島《いりおもてじま》」

○世界遺産に登録された理由
⇒絶滅《ぜつめつ》危《き》惧《ぐ》種《しゅ》を含む様々な生物が暮らしているから。
○世界遺産に登録された主な場所
⇒日本列島の九州南端から台湾までの海域に点在する⑦琉球列島のうち奄美大島と徳之島、⑧沖縄島、西表島。

○調べて分かったこと
⇒この地域は、黒潮と季節風の影響により温暖湿潤な気候であるため様々な自然にめぐまれている。そのため、生物にとって暮らしやすい環境が整っており、⑨様々な生物が暮らしているということが分かった。

○疑問に思ったこと
⇒どのような絶滅危惧種が生息しているのだろうか。

問１　下線部①に関して、縄文時代の人々の生活について述べた文として正しいものを次の**ア**～**エ**の中から１つ選び、記号で答えなさい。

**ア**　鉄砲を使い、大型動物を狩りながら生活していた。
**イ**　西日本を中心に二毛作が定着していた。
**ウ**　地面を浅く掘った、たて穴住居に住んでいた。
**エ**　豪族と呼ばれた人々がむらを従えていた。

問２　空らん（　　　②　　　）にあてはまる遺跡のなまえを**漢字**で答えなさい。

問３　下線部③に関して述べた文としてあやまっているものを次の**ア**～**エ**の中から１つ選び、記号で答えなさい。

**ア**　古墳は、３世紀～７世紀ごろに各地で勢力を広げた豪族や、くにをつくりあげた王などの墓とされている。

**イ**　古墳からは、ひすいの勾玉《まがたま》や土器などが出土されることもあった。

**ウ**　古墳の石室には、上から穴を掘ってつくるたて穴式石室と、外への通路が横にある横穴式石室がある。

**エ**　古墳の頂上部には、死者の魂《たましい》を守ったりしずめたりするために、土偶が並べられている。

問４　下線部④に関して、以下の写真のような形の古墳を何というか答えなさい。

問５　下線部⑤に関して、「ワカタケル」という人物は５世紀後半の大和朝廷の大王であったとされています。

「ワカタケル大王」ときざまれた鉄剣が埼玉県の稲荷山古墳から、鉄刀が熊本県の江田船山古墳から出土したが、これはどのようなことを意味していますか。次のことばを必ず使い説明しなさい。

| |
|---|
| 大和朝廷 |

問６　下線部⑥に関して、３世紀～７世紀ごろの出来事として正しい文を次の**ア**～**エ**の中から１つ選び、記号で答えなさい。

**ア**　中国や朝鮮半島からやってきた渡来人が、建築技術や仏教などを日本にもたらした。

**イ**　卑弥呼は中国の皇帝に使いを送り、中国の皇帝から「漢委奴国王」の称号をもらった。

**ウ**　日本は唐に使いを送ったが、唐の皇帝煬帝《ようだい》は日本の国書が無礼であると激怒した。

**エ**　日本は白村江の戦いで、朝鮮半島の新羅と中国の連合軍との争いに勝利した。

問７　下線部⑦に関して、〈琉球国王の拠点の城〉と〈琉球王国を支配していた藩〉の組み合わせとして正しいものを次の**ア**～**エ**の中から１つ選び、記号で答えなさい。

〈琉球国王の拠点の城〉

A

B

〈琉球王国を支配していた藩〉

C　長州藩　　　D　薩摩藩

**ア**　〈琉球国王の拠点の城〉：A　〈琉球王国を支配していた藩〉：C

**イ**　〈琉球国王の拠点の城〉：A　〈琉球王国を支配していた藩〉：D

**ウ**　〈琉球国王の拠点の城〉：B　〈琉球王国を支配していた藩〉：C

**エ**　〈琉球国王の拠点の城〉：B　〈琉球王国を支配していた藩〉：D

問８　下線部⑧に関して、琉球は「沖縄県」となりましたが、明治政府が1871年に出した、新たに県や府をおいて政府が任命した役人に治めさせることを何といいますか。**漢字４字**で答えなさい。

問９　下線部⑨に関して、奄美大島、徳之島、沖縄島北部及び西表島と同じく多様な生物が暮らしているということで、東京都の小笠原諸島も世界遺産に登録されています。この小笠原諸島は、日本が太平洋戦争に敗戦した後は、アメリカの政権下にありました。1968年に小笠原諸島はアメリカから日本に返還されましたが、返還されたときの日本の総理大臣はだれですか。次の**ア**～**エ**の中から１人選び、記号で答えなさい。

**ア**　大隈重信　　**イ**　吉田茂　　**ウ**　佐藤栄作　　**エ**　安倍晋三

問10　春斗さん、共子さん、栄太さんの３人は、令和の間に登録を目指している世界遺産があることについても調べました。以下の【調べた内容】の空らん［A］・［B］・［C］にあてはまることばの組み合わせとして正しいものを次の**ア**～**カ**の中から１つ選び、記号で答えなさい。

【調べた内容】

○登録を目指している世界遺産：「佐渡島の［A］山」

○登録を目指している理由
⇒江戸幕府の直接管理のもと、高純度の［A］を産む生産技術と生産体制が整備されていて、世界的にみても大規模な生産の仕組みが長期間にわたって続いていたから。

○江戸時代の貨幣制度について
⇒江戸幕府は、大判・小判などの金貨は金座、丁銀《ちょうぎん》・豆板銀《まめいたぎん》などの銀貨は銀座、寛永通宝などの銅貨は銭座で鋳造していた。なかでも［A］貨は主に［B］で使用されており、金・銀・銅の貨幣を交換して手数料で儲《もう》ける［C］が活躍した。

**ア**　A：銀　B：江戸　C：株仲間　　**イ**　A：銀　B：大阪　C：株仲間
**ウ**　A：銀　B：江戸　C：両替商　　**エ**　A：金　B：大阪　C：株仲間
**オ**　A：金　B：江戸　C：両替商　　**カ**　A：金　B：大阪　C：両替商

**3** 次の文章は、南アフリカ共和国初の黒人大統領となったネルソン・マンデラ氏のスピーチの一部で、ハーバード大学名誉学位を授与された際の特別式典におけるものである。あとの問いに答えなさい。

この賞は、個人の功績《こうせき》を称えるのではなく、①南アフリカ共和国全体の闘争と功績に敬意を表すものであると受け入れています。

西洋における二人の輝かしい指導者ジョージ・ワシントンやウィンストン・チャーチルと共に、このアフリカ人の名前が加わったのです。

グローバル化した世界が直面する最大の課題は、格差と闘い、それを解消することです。

世界のあらゆる地域で②民主主義の定着がすすむ一方で、民主主義は、何百万もの市民の物理的な生活に現実的で具体的な改善が伴わなければ、抜《ぬ》け殻《がら》に過ぎないことを常に私たちは思い起こす必要があります。

③飢《う》えや予防可能な病気に苦しみ、無学や無知に苦しみ、家も奪われ、こうした物理的な側面を認識しない民主主義や自由は空虚《くうきょ》に響き、私たちが推し進めようとする価値観への信頼を失いかねません。

ゆえに、国家間、および、国民間で、より優れた平等が存在する④世界秩序の構築に向けて、私たちは普遍的《ふへんてき》な義務を負っているのです。

問１　下線部①において長い間行われていた白人による黒人への人種差別政策を**カタカナ**で答えなさい。

問２　下線部②に関連して、「この憲法が国民に保障する自由及び権利は、国民の不断の努力によつて、これを保持しなければならない。」と日本国憲法が定めるのは第何条か。次の**ア**～**エ**の中から１つ選び、記号で答えなさい。

**ア**　第１条　　**イ**　第９条　　**ウ**　第12条　　**エ**　第25条

問３　下線部③に関連して、教育や科学、文化の面における国際協力を目的とする国際連合の専門機関のなまえを**カタカナ**で答えなさい。

問４　下線部④に関して、以下の問題に答えなさい。

(1)　日本も自衛隊を1992年カンボジアに海外派遣して行った活動で、紛争の拡大の防止、休戦・停戦の監視、治安維持、選挙監視などにあたる国連平和維持活動を**アルファベット３文字**で答えなさい。

(2)　国際連盟と国際連合について述べた文のうち、あやまっているものを次の**ア～エ**の中から１つ選び、記号で答えなさい。

**ア**　国際連盟は、侵略国に対する経済制裁の権限を持っていた。

**イ**　国際連盟には日本とドイツが加盟していた時期がある。

**ウ**　日本とドイツも、国際連合に設立当初から加盟した。

**エ**　国際連合の安全保障理事会では、拒否権が与えられた国がある。

【理　科】〈第１回午前入試〉（社会と合わせて60分）〈満点：50点〉

**1**　以下の会話文を読み、次の各問いに答えなさい。

栄太　　：お父さん、今年の夏も暑い日が多かったね。

お父さん：そうだね、①一日の最高気温が35℃をこえる日が何日もあったよね。

栄太　　：うん、夜になっても気温が下がらないから、花火大会は、汗《あせ》をかきながら見たね。

お父さん：そのとき食べていたかき氷の容器も汗をかいていたね。

栄太　　：あれは汗じゃなくて、かき氷の②まわりの空気が冷えて空気にふくまれている水蒸気が水になったものだよね？

お父さん：その通り、よく知ってるね。

栄太　　：学校の授業でやったからね！空気が冷えるって言えば、テレビの天気予報で夜の間に、空気中の熱が地球の外に逃《に》げて朝の気温は下がるって言ってたんだけど、夏の朝は暑かったよ、どうしてだろう？昼間が暑すぎるから??

お父さん：それはどうだろう、同じ夏の日本でも、③都市部では気温が下がりにくいけど、都市部以外では気温が下がりやすいみたいだよ。④日中40℃をこえるような夏の砂漠《さばく》でも、朝は日本より気温が低いところもあるんだよ。

栄太　　：そうなんだね。来年の夏は涼しいところに旅行しようよ。

お父さん：絶対に行こうね。

問１　下線部①は気象庁では何と決められていますか。次の**ア**～**エ**から１つ選び、記号で答えなさい。

**ア**　夏日　　**イ**　真夏日　　**ウ**　猛暑日《もうしょび》　　**エ**　酷暑日《こくしょび》

問２　下線部②の現象の名前を何といいますか。

問３　下線部③について都市部の気温が下がりにくい理由として考えられる現象は何ですか。次の**ア**～**エ**から１つ選び、記号で答えなさい。

**ア**　ヒートアイランド現象　　**イ**　地球温暖化

**ウ**　エルニーニョ現象　　**エ**　フェーン現象

問４　下線部④について、砂漠などに比べて、朝の日本の気温が高いのはなぜだと考えられますか。次の**ア**～**ウ**から１つ選び、記号で答えなさい。

**ア**　日本の方が、夜、天気の良い日が多いから。

**イ**　日本の方が、夜、空気が湿っている日が多いから。

**ウ**　日本の方が、昼の時間が短いから。

**2**　太郎さんにはもうすぐ妹が産まれます。そこで、太郎さんは生命の誕生やヒトのからだの仕組みについて調べてみることにしました。太郎さんの**<ノート１>**と**<ノート２>**を読み、以下の各問いに答えなさい。

ただし、同じ番号には同じ言葉が入ります。

**<ノート１>**

生命の誕生は母親の体内でできた（　①　）と父親の体内でできた（　②　）とが結びつくことで始まる。

これにより（①）は（　③　）となる。（③）は母親の子宮でたい児となり育ち、子宮の中を満たす羊水によって衝撃《しょうげき》などから守られている。また、子宮のかべにあるたいばんと、たい児はへその緒《お》でつながっており、母親はこれを通してたい児へ必要なものをあたえ、いらなくなったものを回収する。

やがて、子宮内の羊水が減っていき、多くの場合は頭を下に向けた状態で出産に備える。

そして、受精から約（　④　）週ほどで誕生する。

**<ノート２>**

ヒトの血液が肺へ運ばれると、血液中に（　⑤　）が取りこまれ、同時に血液中に含まれていた（　⑥　）がはき出される。このとき、血液中に存在するヘモグロビンが（⑤）を受け取る。母親の肺の血液では（⑤）の濃《こ》さは最も高く、（⑥）の濃さは最も低くなっている。母親の血液の一部はたいばんへ届き、ここでたい児の血液中のヘモグロビンへ（⑤）が受け渡され、同時にたい児の血液から（⑥）が回収される。

問１　上記の①～⑥に当てはまる言葉を書きなさい。

ただし、④については以下の中から選び、⑤・⑥は気体の名前を答えなさい。

④（　29　・　38　・　47　・　51　）

問２　ヒトは母親の体内で、ある程度成長してから産まれてきます。

次の**ア～カ**のうち、ヒトと同じ産まれ方をする生物を**すべて**選び、記号で答えなさい。

**ア**　カエル　　**イ**　ペンギン　　**ウ**　ネコ

**エ**　コイ　　**オ**　イモリ　　**カ**　コウモリ

問３　太郎さんは**<ノート２>**で学習したことをもとに正面からみたヒトの心臓《しんぞう》のスケッチをしました。**(図)**

酸素を最も多く含む血液が心臓から出ていく血管として最もふさわしいものを**ア～エ**の中から選び、記号で答えなさい。また、その血管の名前を**漢字３文字**で答えなさい。

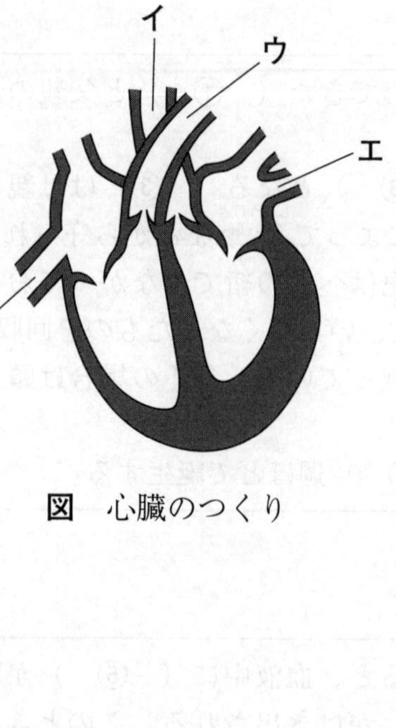


**図**　心臓のつくり

**3**　図の**A**～**C**のビーカーにはⅠ～Ⅲのいずれかが入っています。

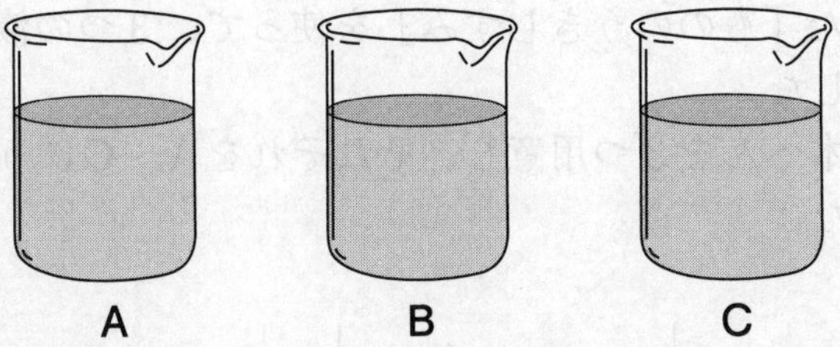


**図**　無色とう明な液体が入ったビーカー

Ⅰ　水100ｇ

Ⅱ　水90ｇにさとう10ｇをとかした水よう液

Ⅲ　水80ｇに食塩20ｇをとかした水よう液

キョウコさんは**A**～**C**に入っている液体を明らかにするために**<実験>**を行い、考えをまとめました。後の各問いに答えなさい。なお、この問題では、水よう液の濃《こ》さを<式>のように表します。

<式>

$$濃さ〔\%〕 = \frac{(とけているものの重さ〔g〕)}{(水の重さ〔g〕) + (とけているものの重さ〔g〕)} \times 100$$

**<実験>**

理科の授業でならった「もののうきしずみ」を使って、３つの液体が何であるか確かめようと考えました。

体積が10 cm$^3$の同じ木へんを３つ用意し、それぞれを**A**～**C**にうかべると下の結果のようになりました。

**<結果>**

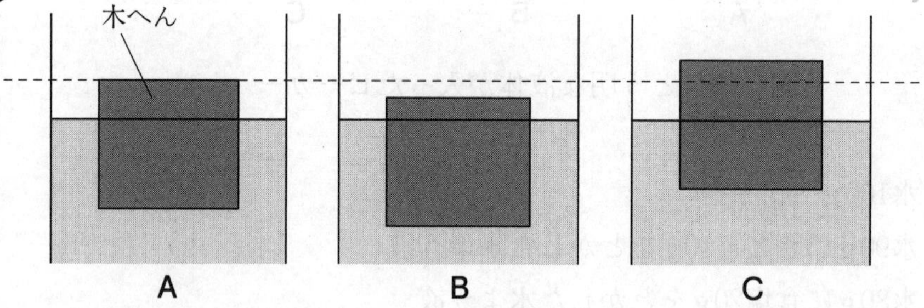


**<考えたこと>**

授業で、水よう液の濃さが（　ア　）ほど、ものをうかせる「力の大きさ」が（　イ　）ということをならったので、**A**～**C**は下のようになると思いました。

**A**…Ⅱ　　　**B**…Ⅰ　　　**C**…Ⅲ

次は、それぞれの液体を加熱して、変化をくらべたいと思いました。

問１　次の⑴、⑵の問題に答えなさい。

⑴　Ⅰ～Ⅲの液体の中で、最も濃さが大きい水よう液はどれですか。記号で答えなさい。

⑵　Ⅱの水よう液の濃さ〔％〕を答えなさい。

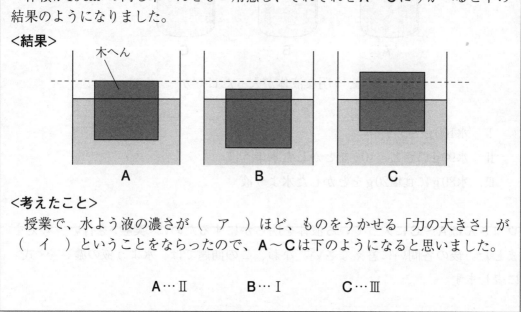

問２　キョウコさんが**<考えたこと>**の内容が科学的に正しいとき、（　ア　）と（　イ　）に当てはまる言葉の組み合わせとして最も適当なものを次の①～③から１つ選び、記号で答えなさい。

| | （　ア　） | （　イ　） |
|---|---|---|
| ① | 大きい | 大きい |
| ② | 小さい | 大きい |
| ③ | 大きい | 小さい |

問３　キョウコさんが**<考えたこと>**の内容が科学的に正しいとき、下線のように、**A**～**C**の水よう液をそれぞれ少量ずつとり、加熱した結果として正しいものを次の①～⑥から１つ選び、記号で答えなさい。

| | A | B | C |
|---|---|---|---|
| ① | 何も残らない | 白っぽいものが残る | 黒いものが残る |
| ② | 何も残らない | 黒いものが残る | 白っぽいものが残る |
| ③ | 白っぽいものが残る | 何も残らない | 黒いものが残る |
| ④ | 白っぽいものが残る | 黒いものが残る | 何も残らない |
| ⑤ | 黒いものが残る | 何も残らない | 白っぽいものが残る |
| ⑥ | 黒いものが残る | 白っぽいものが残る | 何も残らない |

**4** 以下の文章を読み、次の各問いに答えなさい。

**A**と**B**の材質でできたおもりがあります。それぞれ十分に燃焼させて酸素《さんそ》と反応したときの結果を**表**にまとめました。**A**と**B**は一秒あたり一定の割合の酸素と反応するものとします。また、天秤《てんびん》は加熱しても反応せず、重さは変わらないものとします。

**表** おもりを十分に燃焼させたときの結果

| 材質 | 反応前の重さ〔g〕 | 反応後の重さ〔g〕 | 十分に燃焼させてすべてが反応するまでにかかった時間〔秒〕 |
|---|---|---|---|
| **A** | 70 | 100 | 60 |
| | 140 | 200 | 120 |
| | 210 | 300 | 180 |
| **B** | 70 | 0（気体になった） | 30 |
| | 140 | | 60 |
| | 210 | | 90 |

問１ **図１**のような天秤に、**A**でできた100 gのおもりと**B**でできた135 gのおもりをのせました。**B**を何秒燃焼させるとつり合いますか。整数で答えなさい。

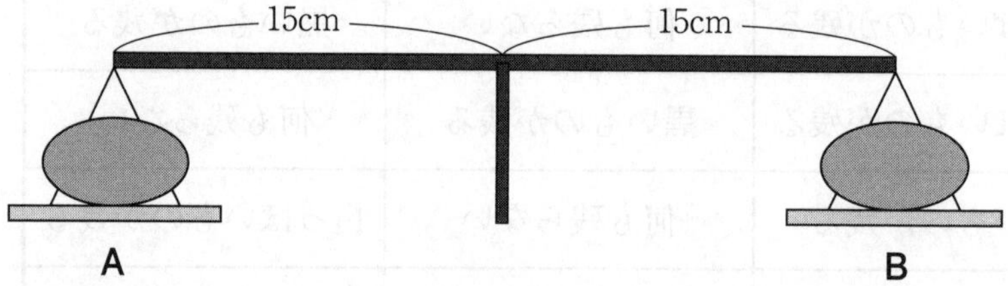

**図１**

問２ **図２**のような天秤に、**A**でできた350 gのおもりと**B**でできた400 gのおもりをのせました。**A**を何秒燃焼させるとつり合いますか。整数で答えなさい。

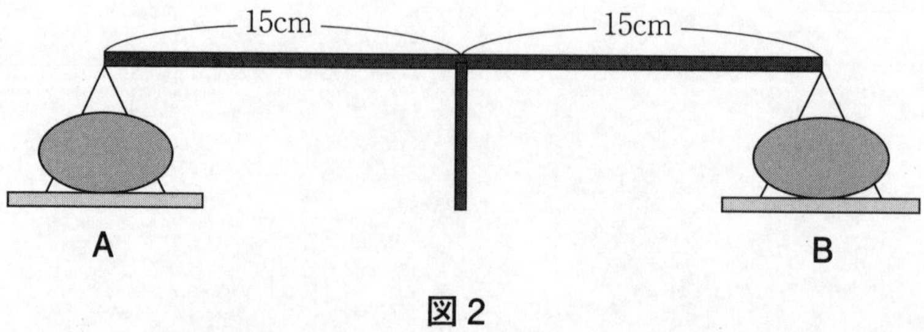

**図２**

問３　**図３**のような天秤に、**B**でできた500 gのおもりと十分に燃焼させた**A**のおもりをのせるとつり合いました。このとき、燃焼前の**A**の重さは何 gですか。整数で答えなさい。

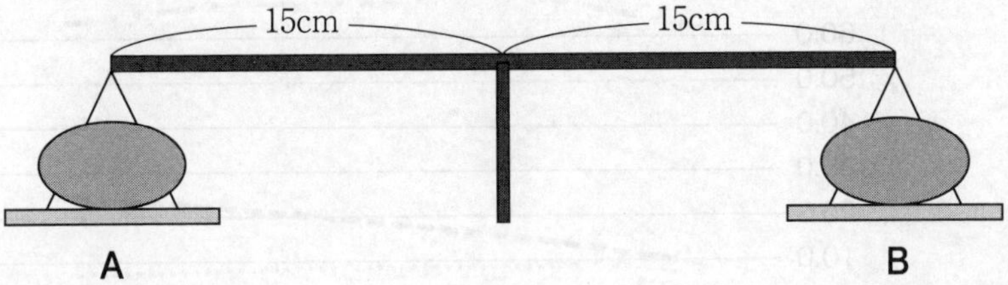


**図３**

問４　**図４**のような天秤に、**A**でできた50 gのおもりと**B**でできた135 gのおもりをのせました。**B**を何秒燃焼させるとつり合いますか。整数で答えなさい。

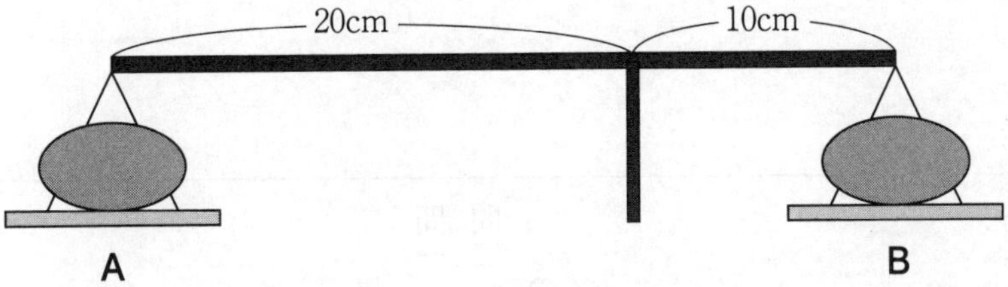


**図４**

問５　**図５**のような天秤で、**A**と**B**を同時に燃焼させると90秒後につり合いました。燃焼前の**A**の重さが330 gだったとすると、燃焼前の**B**の重さは何 gですか。整数で答えなさい。

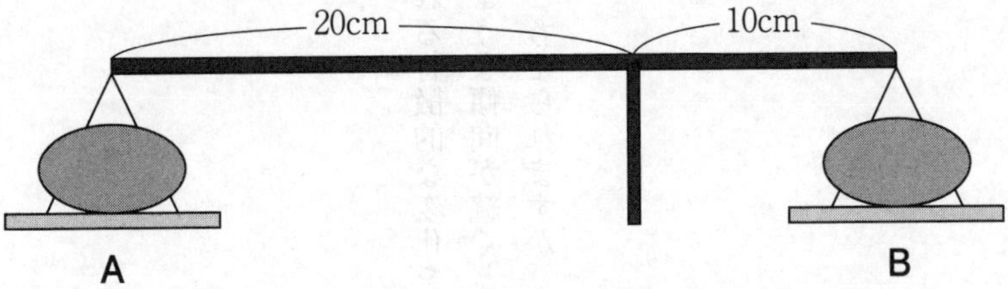


**図５**

## 四

次のグラフと表は１９９１年から２０１１年までの東京都の「年齢別運転免許保有率の推移」をあらわしたものです。このグラフと表を見て、後の問に答えなさい。

グラフ　**年齢階級別運転免許保有率の推移(東京都)**

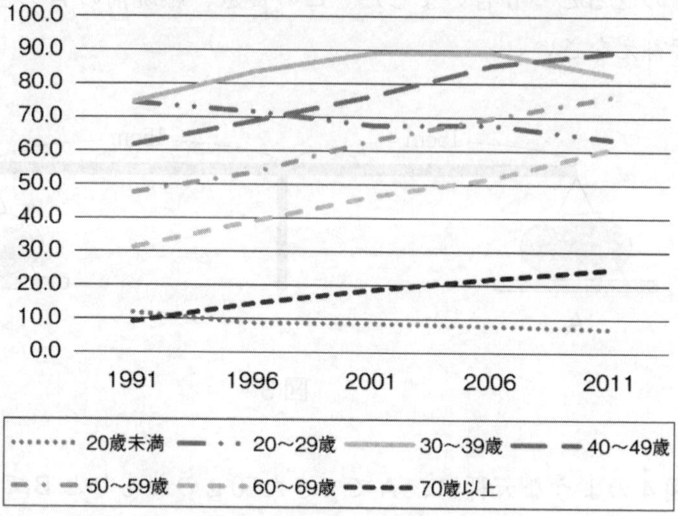


（注）保有率：年齢階層別運転免許（大型・中型・普通）保有者数を年齢別人口で除した割合
資料）警察庁「運転免許統計」より国土交通省作成

表

（％）

| 年 | 1991 | 1996 | 2001 | 2006 | 2011 |
|---|---|---|---|---|---|
| 20歳未満 | 11.9 | 8.7 | 8.7 | 8.0 | 7.1 |
| 20～29歳 | 74.2 | 71.6 | 67.6 | 67.7 | 63.5 |
| 30～39歳 | 74.6 | 83.5 | 89.1 | 89.3 | 82.8 |
| 40～49歳 | 61.8 | 68.7 | 76.3 | 85.5 | 89.3 |
| 50～59歳 | 47.6 | 53.5 | 63.2 | 69.8 | 76.2 |
| 60～69歳 | 31.2 | 39.0 | 46.5 | 51.9 | 60.8 |
| 70歳以上 | 9.1 | 14.5 | 18.6 | 21.9 | 24.8 |

問一　グラフ及び表から読みとれる特徴的な変化を説明しなさい。

問二　２０１１年以降も、このような傾向が続くと想定した場合、どのようなことが理由であると考えられますか。あなたの考えを述べなさい。

問三　═══部**c**「ゾクゾク」、**d**「チクチク」と同じ種類のことばを、次の中から一つ選び、記号で答えなさい。

ア　ザーザー　イ　ゴロゴロ　ウ　ドンドン
エ　バタバタ　オ　ツルツル

問四　X　に入ることばを、問題文中より五字で書き抜きなさい。

問五　～～部**1**「ヒトミ」とありますが、カタカナになっている理由として適当なものを次の中から一つ選び、記号で答えなさい。

ア　保健室に帰ってきた保健の先生の第一声である「あら、ヒトミ先生」というセリフを印象的にし、文章の中で場面が変化したことを強調するため。

イ　保健室に帰ってきた保健の先生の「ヒトミ」という呼び方が特徴的であり、「私」にとって記憶に残る発音であることを示すため。

ウ　「私」が「ヒトミ」が名字か下の名前かを判別できていないことを分かりやすくし、この後に「ヒトミ」が名字であることを強調するため。

エ　「私」にとって「ヒトミ」先生はこの後特別な先生になることを予感させ、自分と同じ下の名前であることを強調するため。

問六　～～部**2**「鳥肌」とありますが、その心情が具体的に表現されていることばを問題文中から、八字で書き抜きなさい。

問七　～～部**3**「私はふつうじゃなくてもいい」とありますが、「私」がそう思っている理由を五十字以内で説明しなさい。（句読点も字数にふくみます）

問八　問題文中から読み取れる「私」の性格として**ふさわしくないもの**を次の中から一つ選び、記号で答えなさい。

ア　自分が大人から見て子供らしくないことを自覚しつつ、相手の言葉に反応して思ったことが顔に出てしまう正直な性格である。

イ　常に周りをよく観察し冷静に分析しながら、自分の確固たる価値観をもとに、他人のことを年齢や容姿で批判的に判断する性格である。

ウ　友人と交流することは少なく、教室の中では周りの会話に聞き耳を立てながら、自分が興味をもつ話題を探す内向的な性格である。

エ　相手から向けられている気持ちに自覚的でありながらも、興味ある話題には相手の態度に関係なく自分の関心を向ける性格である。

なかった？」

「シングルマザーだって」

「へぇぇ」

私は思わず教室の後ろを振り返った。私も聞きたい。それって、ほんと？ それと、人見先生を呼び捨てにするのはやめてほしい。

すぐに南野さんと目が合った。目をそらされたけれど、それでもしつこくじっと見ていると、

「見てんじゃねぇよ」

って、にらまれた。

南野さんと一緒にいる四人は、ちょっと困ったように顔を見合わせている。そのうちのひとりの五十貝《いそがい》さんは、クラスの誰からも、さらに先生たちからも好かれるような、しっかりものの実にいい子だ。

五十貝さんは、私を威嚇する南野さんの腕にそっと触った。あの子は人に触るのが本当に上手。さりげないボディタッチ。ああいうのってどこで習うんだろう。

「そのへんにしとけば？」

ちょっとおどけた感じで南野さんを止める。だけど南野さんはそれでもｂオサまらず、

「きもい。きもうざ」

私にひどい言葉を投げつける。そういうのを聞くと、なんだかゾクゾクしてきて、あの子から目を離せなくなる。それが余計に南野さんをいら立たせているみたい。

ふつうはこういう時、ｃゾクゾクすんじゃなくて、ｄチクチクするはずなんだけど。私ってちょっと変なのかもしれない。

そもそも「ふつう」ってなんだろう。十人中九人がAで、ひとりがBだったら、Bはふつうじゃないってこと？ だったらAが八人で、Bがふたりだったらどうなるの？ 七人と三人では？ 「ふつう」と「ふつうじゃない」の境界線はどこにある？

六年の時、家族の都合で私たちの学校に通っていたアメリカ人のエミリーが、

「ニッポンジンハ、フツウガ、スキネ」

って言った時、私は日本人としてちょっとした屈辱を感じた。

だから３私はふつうじゃなくてもいい。そう思ってる。

私はそっとブレザーの下に手を入れて、セーターの胸につけているお守りを触った。

そこにはオレンジ色のバラのブローチがついている。校則違反だけれど、南野さんの茶髪やピアスに比べればたいしたものじゃない。

入学以来、私は短かった髪を伸ばし始めた。卒業するまでには、三つ編みにして頭の上にお団子にできるかな。

この冬休みには、ママに頼んで黒いフレームの眼鏡も買ってもらった。目はそこまで悪くないけど、どうしてもほしかったから。

魅力的なものとほしいものが一致することもある。それは私が中学に入ってから知ったこと。

（戸森しるこ『理科準備室のヴィーナス』より）

問一 ══部ａ「油を売って」の意味として最も適当なものを次の中から一つ選び、記号で答えなさい。

ア ついでに立ち寄って
イ 人の世話をして
ウ 愛嬌《あいきょう》をふりまいて
エ 時間をつぶして怠けて
オ 人の悪口を言って

問二 ══部ｂ「オサ」の漢字として適当なものを次の中から一つ選び、記号で答えなさい。

ア 納　イ 治　ウ 修　エ 収

こうして、同じ学校の中に自分と同じ名前の先生がいるってことを、私は知った。

先生が立ち去ろうと体の向きを変えた時、翻った白衣の裏に白い花柄の裏地が見えて、とても素敵だと思った。

あの花の名前はなんていうんだろう。名前を知りたい。

私は強くそう思った。

……グループJの小出くん、アンジェラ松谷と婚約したって。

……顔面格差婚でしょ？　マジウケる。

……平面図形のプリントって今日までだよね。

……数学の伊藤さぁ、いつもあたしばっかり指す気がするんだけどいやがらせかな。

……「ほいっぷ」の制服特集見た？

……見た見た！　大森女学院が三位とかありえないから。

……あのベストめっちゃダサいのにね。

教室って不思議な場所だと思う。

耳をすませると、いろんな声が聞こえてくる。

私は手もとの文庫本を読むふりをしながら、その中から興味深い話題を探す。

……早川くんが塾の帰りに見たんだって。

……しょうこさん？

……うそだよ、そんなの。

……動いてたの？　本当に？

右耳に集中。

しょうこさん。なんの話かは、すぐに分かった。「希望の像」だ。

それは正門の脇にある小さな銅像のこと。私たちの間では、「しょうこ像」とか「しょうこさん」とかって呼ばれている。

そういう学校によくあるタイプの銅像には、やっぱりよくあるタイプのうわさ話がくっついている。夜中になると目が光るとか、動き出すとか。

どうして「しょうこ」なんていう具体的な名前がついているかというと、十数年前に校内の事故で亡くなった女子学生がいたとかで、その子の名前が「しょうこ」だったからだ。その子と銅像にはなんの関係もないはずだし、そもそも実際にそんな子がいたのかどうか、本当に亡くなったのかどうかも定かではないけれど、とにかくそういううわさ。

その時、今度は左耳からこんな声が飛び込んできた。教室内の他のどの声よりも一際はっきりと聞こえるその声を、私の耳は絶対に逃さない。

「理科の人見《ひとみ》って、子どもがいるんだって」

南野さんの声だった。右耳の「しょうこさん」と左耳の「人見先生」とを天秤《てんびん》にかけ、私は迷わず右耳にフタをした。

教室の後ろの窓際は、クラスでも派手なグループにいる子たちが、休み時間を過ごす場所になっている。みんな日当たりのいいあの場所に憧れているけれど、すでにそこにいる子たちにとっては、きっとその場所にいることが当然のことになっている。南野さんたち五人は、私たちのクラスでもっとも高級な女子のグループだ。

「うそ、子ども？」

「でも人見って独身なんでしょ？　前に男子が聞いた時、そう言ってる。先生というより、近所のおばさんみたい。

「まぁ、あなた、怪我したの？　ごめんなさいね、ちょっとティッシュが切れちゃって取りに行ってたの。ヒトミ先生が手当してくださったの？　やぁだ、すみませんです」

　その時になって、私はようやくぼんやりと思い出した。そうだ、保健の先生はこのおばさんだ。身体測定の時に会ってる。じゃあ、この白衣の先生は……？

　保健の先生がティッシュを片付けている間に、私はまだ私の足もとにしゃがんでいるその人の正体が気になって聞いた。

「ヒトミっていうんですか？」

　先生はうなずいて、立ち上がる。その時、どこかで感じたことのある香りがした。香水……？

「あの、保健の先生じゃなかったんですね」

「ああ、白衣着てるからねぇ。アハハ」

　ヒトミ先生のかわりに保健の先生が答えた。「そもそも、ヒトミ先生がなぜここに？」

　ヒトミ先生は白衣のポケットに両手を入れて、どう答えようか迷っているみたいだった。

「あ、もしかして追いかけてきたんですか？」

　私は猫のことを言ったつもりだった。ヒトミ先生は保健の先生には見えないようにそちらに背を向けて、私に向かって唇に人さし指を当ててみせた。その唇は微笑んでいた。

「そう。あなたが足を引きずっているのを見てね」

「え」

「心配だったから、追いかけてきたの」

「……」

　なんでそんなうそをつくんだろう。

あ、そうか、仕事中にこんなところでa油を売っていたらまずいってことか。

「ヒトミ先生、意外とやさしいんですねぇ」

　保健の先生が感心したようにそうほめた。そしたらヒトミ先生が小声で、

「意外とって」

って、つぶやいたのがおかしかった。

「あの、どうして下の名前で呼ばれているんですか？」

　ヒトミ先生だなんて、まるで幼稚園の先生みたい。もしかして同じ名字の先生がふたりいるとか？　下の名前で呼ぶのはちょっと抵抗がある。しかもヒトミだなんて。

　ふたりの先生たちはなぜか顔を見合わせている。

「言われがちなやつですかね」

「ええ、毎年のように」

　ヒトミ先生は私の質問には答えず、そのかわりにちょっと微笑んで言った。

「お大事にね、結城瞳ちゃん」

　一瞬何を言われたか理解できなくて、そして次に2鳥肌が。

　私はまだ名乗っていなかったし、中学の体育着に名札はついていない。それなのに、先生は私の名前をちゃんと知っていた。

　それは、私にとって経験したことがないような、震えるような喜びだった。

　南野さんに呼んでもらえない、かわいそうな私の名前を、先生が当然のように呼んでくれたこと。

　たったそれだけのことで、私が自分の名前を本当は好きだったんだってことを思い出せた。それはずっと忘れていた大切な気持ちだった。学校の先生に下の名前で呼んでもらったのは、いつ以来だろう。

イ　明示的比較文は比較の形をとる文章であるが、必ずしも比較対象が明示されているとは限らない。

ウ　素人も言語学の専門家も、相対的な形容詞を使う際に、意識的に他のものとの比較をして発言をしている。

エ　従来の言語学の専門家は、相対的な形容詞と絶対的な形容詞を区分せず、ひとまとめにして扱っていた。

## 三　次の文章を読んで、後の問に答えなさい。

　中学生の「私」は、クラスメイトの南野さんに足を引っかけられて右膝に怪我をしてしまう。保健室に行くと白衣を着た女性の先生が猫を撫《な》でていたが、「私」が来たことで猫が逃げてしまう。

　足を洗ったあと、先生は私の足を手当てしてくれた。

　その間、私はその先生をよく観察した。

　かなり髪の毛の長い人だった。それをゆるく三つ編みにして、頭の上でぐるぐると大きなお団子にしている。こんな髪型をしている先生は見たことがないし、先生以外でも、たぶん見たことがない。

　黒いフレームの眼鏡、標準よりも長い首。かわいらしい顔ではないけれど、洋風の印象的な顔立ちをしている。まるで図工の、中学では美術だけど、とにかくそういう資料集にでも載っていそうな、きれいなのか、そうでないのかが、なんだか分かりにくいみたいな顔。

　すると先生が顔を上げて、そしたら目が合って、ドキリとした。何かしゃべらなくちゃ、という気になる。

「あの、さっきの猫は？」

「あなたが来たせいで、どっか行っちゃった」

　私はちょっとムッとする。私のせい？　それが顔に出てしまったみたいで、先生はにやっと笑った。

「冗談よ。よそから入りこんできたみたい。あなたも猫が好き？」

「嫌いじゃないです」

「つまり好きなのね。分かりやすいな」

　私はもう一度、［X］。変な先生。っていうか、変な大人。

　大抵の大人は、私のことを何を考えているか分からないって言う。もっと素直になりなさいって。

「さっきの話ですけど」

　黙っていたら負けっていう気がして、私は自然と口を開いていた。学校で人とこんなにしゃべるのは、なんだかひさしぶりだった。

「クラスに私を嫌っている女子がいて」

「そう。よくあることよ」

「でも私はその子のことが好き」

　それもよくあること？　そんな言葉で、簡単にすませてほしくない。

「そういう時、どうすればいいですか？」

　先生は長い首をかしげて少し考えたあと、私に教えてくれた。

「何もしないほうがいいと思う」

「何も？」

「あなたが近寄ると、その子は逃げると思うわ。だから何もしない。ただ、もし彼女のほうから近寄ってくるようなことがあったら、そのチャンスを逃さないこと。よし、できた」

　先生は消毒をした傷口にガーゼを当てて、それをテープでとめてくれた。

　その時、廊下から誰かが中に入ってきた。

「あら、1ヒトミ先生」

　その人は目を丸くして、手当てをしてくれた先生に向かってそう言った。ピンク色のエプロンをつけて、ティッシュボックスを抱えていからである。したがって、「何かが大きい（小さい）」とか「何かが長い（短い）」のような文は、潜在的比較文(covert comparative)と呼ぶことがふさわしい。

これに対し、普通の文法でいう「AはBより大きい」のような文は、明示的比較文(overtcomparative)と私はよんでいる。このタイプの比較では、比較の物差し(measure)はBであり、Aは測定を受ける対象という意味で標本(specimen)と称する。

明示的比較文でも、すべての場合に物差しが表現されているとは限らない。「富士山は日本一高い山だ」という文では、物差しは「日本の他の山すべて」であるが、これは省略されている。しかし「このリンゴは大きい」のタイプの文では、見たところ標本（リンゴ）だけあって、物差しがあるとは思えないのである。

（鈴木孝夫『ことばと文化』より）

問一　═部a「比較」と熟語の組み立てが同じものを、次の中から一つ選び、記号で答えなさい。

ア　栄枯　イ　机上　ウ　永久
エ　加熱　オ　国立

問二　═部b「誰の目にも明らかであろう」に関して、『きわめてはっきりしており、疑いようのない様子』という意味を持つことわざとして次のような言葉がある。[X]に入る適当な漢字一字を後の中から一つ選び、記号で答えなさい。

【[X]を見るより明らかだ】

ア　火　イ　土　ウ　森　エ　海

問三　〜部1「この二つの形容詞の構造が非常に違っている」とありますが、それはどのような違いですか。「大きい」を前者、「赤い」を後者として、「前者は……、後者は……。」という形で五十字以内で説明しなさい。（句読点も字数にふくみます）

問四　〜部2「大きい」とありますが、問題文中における「大きい」の説明として適当なものを次の中から一つ選び、記号で答えなさい。

ア　「大きい」という形容詞は特定の事物の枠内でのみ使用可能で、他の対象と比較されることはない。

イ　「大きい」という形容詞は複数の対象に対して使用可能であり、事物そのものの性質を表している。

ウ　対象が「大きい」かどうかは、ある規準に照らし合わせることで相対的に判断することができる。

エ　対象が「大きい」かどうかは、対象を事前に認識していなければ判断することはできない。

問五　〜部3「絶対的な形容詞の例」としてふさわしいものを、次の中から一つ選び、記号で答えなさい。

ア　安い　イ　黒い　ウ　軽い　エ　難しい

問六　〜部4「既知」の対義語を漢字二字で答えなさい。

問七　[I]に入る適当なことばを次の中から一つ選び、記号で答えなさい。

ア　例えば　イ　もしくは
ウ　ところが　エ　なぜなら

問八　問題文中には、次の一文が抜けています。〈ア〉〜〈エ〉のどこに入れるのが適当ですか。記号で答えなさい。

【したがって、初めてリンゴを見た人は、その大小については判断のしようがないのだ。】

問九　問題文の内容として、**ふさわしくないもの**を次の中から一つ選び、記号で答えなさい。

ア　同じ形容詞の中でも、言語学上では相対的な形容詞と絶対的な形容詞に区分することができる。

ところがこの同じ人が、今度は象を見たことがなかったとしよう。動物園に連れて行かれて、これが象だと教えられた時に、彼は恐らく、「わあ大きいな」とか「なんて大きいんだ」と言って驚くだろう。彼は象を今迄《いままで》見たことがなかったのである。それなのに、初めて見た象に、「大きい」という形容詞を使えるのだ。そのくせ、初めて見たリンゴについて、「大きいか小さいか」ときかれて答えられなかったのである。これは一体どういうことなのであろうか。

よく考えてみると、「大きなリンゴ」と私たちが普通言う場合には、(リンゴとして)大きい方というように、リンゴという特定の事物の枠の中での大小を問題にすることが多い。言い換えると普通の平均的なリンゴとは、どのくらいの大きさのものかを経験から知っていて、その知識と照し合せながら目の前のリンゴについて、大小を判断するのである。〈エ〉

ところが象の場合はどうだったのだろうか。これも初めて見たというのに、このときは「大きな象を見てきたよ」と家に帰って話してもおかしくない。実は象の場合には、彼は今迄自分が見聞したいろいろな他の動物と比べて、目の前にいる動物が、とても大きいということを言っていると解釈できる。つまり「(象として)大きい」のではなくて「(動物として)大きい」というような意味で「大きな象」と言ったと考えられる。

「大きい」という形容詞のリンゴと象についての二つの異った使い方から分ったことは、何かあるものを「大きい」と言えるためには、私たちは何かしらの規準を必要とするということである。ある規準に照した場合にだけ、あるものが大きいか小さいか判断できるという意味で、このような形容詞を言語学では相対的な形容詞と呼んでいる。

これに対し「赤い」のような形容詞は、3絶対的な形容詞の例なのである。日本語では、どのような色を「赤い」と呼ぶのかということを一度知った人は、目の前にある対象が、初見であろうと4既知のものであろうと、それが赤いか赤くないか即座に判断することができる。郵便ポスト、消防自動車、夕日、日の丸、すべて赤い、とためらうことなく言える。つまり、「赤さ」という性質は、いわばもの(事物、対象)に根ざしている、あるいは錨《いかり》を下していると言えるのに対し、「長さ」とか「大きさ」のような性質は、ものとものの間に存在する性質で、事物それ自体には根を下していない性質なのである。

[Ⅰ]、何か或る特定の事物が、「長い(短い)」とか、「大きい(小さい)」ということは、ことばの表面的な形からは、それが「赤い」とか「丸い」と全く同じであるために、素人は勿論《もちろん》のこと、言語学の専門家でも両者の区別を従来は余り問題にしなかった。実際多くの文典では、両方とも性質形容詞などと言って、ひとまとめにしてあるし、古典論理学でも同様である。しかし今の説明ですでに明らかなように、何かが大きいとか、長いとかいうことは、すでに、他のものと無意識に比較して言っているのであり、その意味では、何かが「赤い」というのとは構造が違うのである。

それではこのかくれた比較の規準、つまり潜在的な物差しには、一体どのような種類があるのかといった問題を次に考えてみることにしたい。

同じ「大きい」とか「長い」を使っても、それが、「AはBより大きい」とか、眼の前にある二つのものの一方を取上げて、「こちらの方が長い」と言うような場合は、二つのものを比較していることはb誰の目にも明らかであろう。

しかし、象を見て「大きいなあ」と言うこと自体が、すでに比較の形式をとっているのだということが、私たちにはっきりと自覚されにくいのは、その場合の比較の規準が、ことばの上で明示されていない

# 2024年度 春日部共栄中学校

【国語】〈第一回午前入試〉（五〇分）〈満点：一〇〇点〉

一　次の――部について、漢字をひらがなに、カタカナを漢字に直しなさい。

① 先生のお宅をホウモンする。
② 時代ハイケイを考える。
③ 彼のゲキドウの人生を振り返る。
④ カブヌシ総会に出席する。
⑤ ハクシンの演技。
⑥ カッキョウを見せる市場。
⑦ セイジャクに包まれた会場。
⑧ 危険を冒す。
⑨ 名人の誉れ。
⑩ 薪水の労をとる。

二　次の文章を読んで、後の問に答えなさい。

どの国のことばにも、「長い」「短い」、「大きい」「小さい」、「高い」「低い」のような、それぞれ対をなしながら、事物の持つさまざまな次元を描写する形容詞がある〔と言っても、実は細かく見ると、フランス語には「深い」に当る profond はあるが、「浅い」を直接表現することばがない。またラテン語の altus という形容詞は、垂直上方へのへだたりを表わす(日本語の「高い」に当る)と同時に、垂直下方へのへだたり(日本語の「深い」に一部相当する)をも意味し得るため、「山が高い」も「木の根が深い」も両方とも altus であるといった喰《く》違いもあって、いろいろと面倒な問題があるのだが、今はこのような点にはあまり深入りしない〕。

さてそこで「長い短い」や「大きい小さい」を、どうして取上げるのかというと、このような形容詞は、一見或《あ》る特定の対象の形状を述べているように見えながら、本当は、その対象と他の何かとを潜在的にa比較しているという構造を持っていて、そこにいろいろと面白い問題がひそんでいるからなのである。

たとえば「大きな赤いリンゴ」という表現をきくと、人は「大きい」も「赤い」もひとしくリンゴというものの性質を形容していると思うのが普通である。けれども、1この二つの形容詞の構造が非常に違っていることは次のような実験をしてみればすぐ明らかになる。

ある人が、かりにリンゴという果物を知らなかったとしよう。その人の前に、いくつかの、種類の違った果物を並べて、その中に赤いリンゴを一つ入れておく。話しを簡単にするために、他の果物は赤くないものばかり選んでおくことにしよう。さてこの人に向って、「このいくつかの果物の中に赤いリンゴがあります。どれですか」ときけば、その人はためらうことなく、正しい果物を指すことができる。〈ア〉

次に、「ではこのリンゴは大きいですか、それとも小さいですか」とたずねたらどうだろうか。今までリンゴとはどんな果物かを知らなかったその人は、初めて見るリンゴを前にして、大きいか小さいかを言うことはできないにちがいない。〈イ〉

この実験から言えることは、「赤い」という形容詞の意味を知っている人は、目の前に現われた事物が、「赤い」か「赤くない」かは、その事物についての、更に詳しい知識や情報がなくても、直ちに判断することができるのに、ある対象を「2大きい」と言うことができるためには、実はその対象について、もっと多くのことを知っていなければならないということである。〈ウ〉

2024年度

# 春日部共栄中学校　▶解説と解答

## 算　数　＜第１回午前入試＞（50分）＜満点：100点＞

### 解　答

**1** (1) ①　45.3376　②　50　③　$\frac{8}{9}$　(2) ①　4　②　84日８時間　**2** (1)　30通り　(2)　78点　(3)　4.56cm²　**3** (1) ①　解説の図１を参照のこと。　②　84.78cm²　(2) ①　452.16cm³　②　1413cm³　**4** (1)　59　(2)　91　(3)　1000　**5** (1)　20cm　(2)　(イ)　(3)　54分後　**6** (1)　12　(2)　6　(3)　25，49

### 解　説

**1** 四則計算，計算のくふう，逆算，単位の計算

(1) ①　$20.24\times2.24=45.3376$　②　$37-21+45-27+31-15=(37-27)+(45-15)+(31-21)=10+30+10=50$　③　$1.25\div\frac{3}{4}-\left(0.75+2\frac{1}{6}\right)\times\frac{4}{15}=1\frac{1}{4}\div\frac{3}{4}-\left(\frac{3}{4}+\frac{13}{6}\right)\times\frac{4}{15}=\frac{5}{4}\times\frac{4}{3}-\left(\frac{9}{12}+\frac{26}{12}\right)\times\frac{4}{15}=\frac{5}{3}-\frac{35}{12}\times\frac{4}{15}=\frac{5}{3}-\frac{7}{9}=\frac{15}{9}-\frac{7}{9}=\frac{8}{9}$

(2) ①　$\frac{2}{5}+\left(\frac{\square}{7}-\frac{5}{21}\right)\times1.5=\frac{9}{10}$より，$\left(\frac{\square}{7}-\frac{5}{21}\right)\times1.5=\frac{9}{10}-\frac{2}{5}=\frac{9}{10}-\frac{4}{10}=\frac{5}{10}=\frac{1}{2}$，$\frac{\square}{7}-\frac{5}{21}=\frac{1}{2}\div1.5=\frac{1}{2}\div\frac{3}{2}=\frac{1}{2}\times\frac{2}{3}=\frac{1}{3}$，$\frac{\square}{7}=\frac{1}{3}+\frac{5}{21}=\frac{7}{21}+\frac{5}{21}=\frac{12}{21}=\frac{4}{7}$　よって，$\square=4$　②　１日は24時間だから，$2024\div24=84$余り８より，2024時間は84日８時間とわかる。

**2** 場合の数，平均とのべ，面積

(1)　偶数《ぐうすう》になるのは，一の位が０，２，４の場合である。一の位が０の場合，残りのカードは{1，2，3，4}だから，百の位には４通り，十の位には残りの３通りのカードを並べることができ，４×３＝12(通り)の整数ができる。また，一の位が２の場合，残りのカードは{0，1，3，4}なので，百の位には０を除いた３通り，十の位には残りのカードに０を含めた３通りのカードを並べることができ，３×３＝９(通り)の整数ができる。一の位が４の場合も同様だから，３桁《けた》の偶数は全部で，12＋９×２＝30(通り)できる。

(2)　(平均点)＝(合計点)÷(人数)より，(合計点)＝(平均点)×(人数)となるので，Ａさん，Ｂさん，Ｃさんの点数をそれぞれⒶ，Ⓑ，Ⓒとして式に表すと，右の図１のようになる。これらの式をすべて加えると，(Ⓐ＋Ⓑ＋Ⓒ)の２倍が，154＋138＋176＝468(点)とわかる。よって，Ⓐ＋Ⓑ＋Ⓒ＝468÷２＝234(点)だから，３人の平均点は，234÷３＝78(点)と求められる。

図１

Ⓐ＋Ⓑ　＝77×２＝154(点)
Ⓑ＋Ⓒ＝69×２＝138(点)
Ⓐ　＋Ⓒ＝88×２＝176(点)

図２

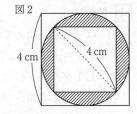

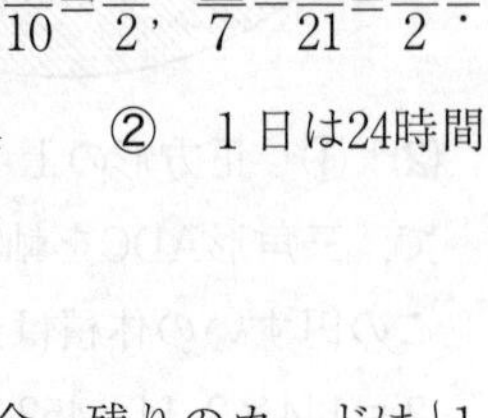


(3)　右の図２で，外側の正方形の１辺の長さが４cmなので，円の直径も４cmであり，円の半径は，４÷２＝２(cm)となる。よって，円の面

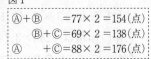

積は，２×２×3.14＝12.56(cm$^2$)とわかる。また，円の直径が４cmだから，内側の正方形の対角線の長さも４cmであり，内側の正方形の面積は，４×４÷２＝８(cm$^2$)となる。よって，斜線《しゃせん》部分の面積は，12.56－８＝4.56(cm$^2$)である。

**3 図形の移動，面積，体積**

⑴　①　下の図１のように，BAとDCをそれぞれ延長して交わる点をOとする。この立体が通過した地面の部分は，Oを中心とする半径がOBの円と，Oを中心とする半径がOAの円にはさまれた斜線部分になる。　②　図１で，三角形OACと三角形OBDは相似である。このとき，相似比は，AC：BD＝４：８＝１：２となる。よって，OA：AB＝１：(２－１)＝１：１なので，OAの長さは３cm，OBの長さは，３＋３＝６(cm)とわかる。したがって，斜線部分の面積は，６×６×3.14－３×３×3.14＝(36－９)×3.14＝27×3.14＝84.78(cm$^2$)と求められる。

図１

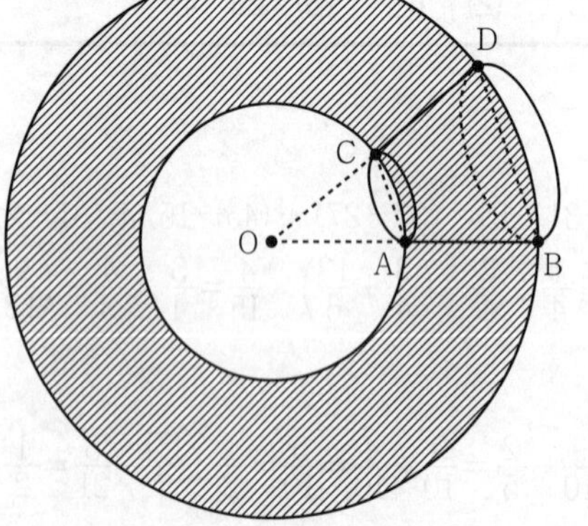


図２

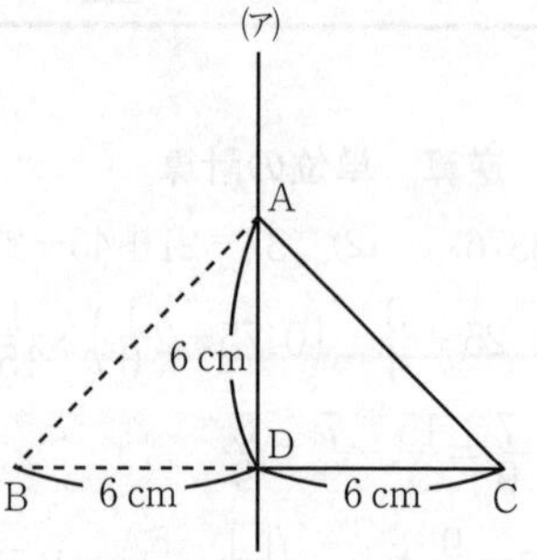


図３

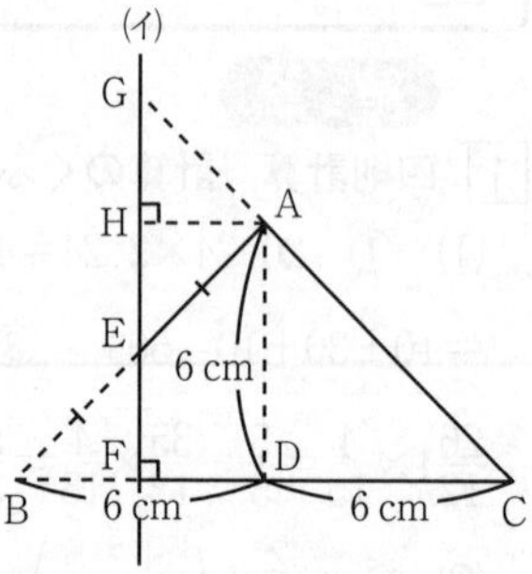


⑵　①　正方形の上半分を１回転させてできる立体の体積を求めて，２倍にすればよい。上の図２で，三角形ADCを軸《じく》(ア)で１回転させると，底面の円の半径が６cmで高さが６cmの円すいになる。この円すいの体積は，６×６×3.14×６÷３＝72×3.14(cm$^3$)だから，２倍にすると，72×3.14×２＝144×3.14＝452.16(cm$^3$)と求められる。　②　上の図３で，四角形AEFCを軸(イ)で１回転させると，三角形GFCを１回転させてできる円すい(Ｐとする)から，三角形GHAを１回転させてできる円すい(Ｑとする)と，三角形EHAを１回転させてできる円すい(Ｒとする)を取り除いた形の立体になる。ここで，BEとEAの長さが等しいので，BFとFDの長さはどちらも，６÷２＝３(cm)とわかる。すると，FE，EH，HGの長さもすべて３cmになる。よって，FC＝FG＝３＋６＝９(cm)だから，Ｐの体積は，９×９×3.14×９÷３＝243×3.14(cm$^3$)である。また，ＱとＲの体積はどちらも，３×３×3.14×３÷３＝９×3.14(cm$^3$)なので，四角形AEFCを１回転させてできる立体の体積は，243×3.14－９×3.14×２＝(243－18)×3.14＝225×3.14(cm$^3$)と求められる。したがって，これを２倍にすると，225×3.14×２＝450×3.14＝1413(cm$^3$)となる。

**4 数列**

⑴　はじめから数えて□番目の奇数《きすう》は，２×□－１と表すことができるから，30番目の奇数は，２×30－１＝59である。

⑵　第１グループには１個，第２グループには２個，…，第９グループには９個の数が含《ふく》まれているので，第１グループから第９グループまでの個数の合計は，１＋２＋…＋９＝(１＋９)×９÷２＝45(個)とわかる。よって，第10グループの最初の数は，はじめから数えて，45＋１＝46(番目)の

奇数だから，２×46－１＝91と求められる。

(3)　第10グループには10個の数が含まれているので，第10グループの最後の数ははじめから数えて，45＋10＝55(番目)の奇数であり，２×55－１＝109とわかる。よって，第10グループには91から109までの10個の奇数が含まれているから，これらの和は，91＋93＋…＋109＝(91＋109)×10÷２＝1000と求められる。

## 5　グラフ―水の深さと体積

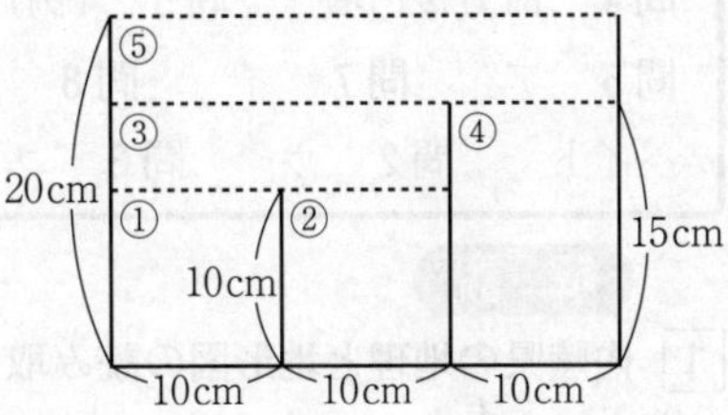


(1)　水そうの底面積は600$cm^2$であり，横の長さは，10＋10＋10＝30(cm)になるから，たての長さ(FGの長さ)は，600÷30＝20(cm)とわかる。

(2)　右の図の①～⑤の順に水が入る。①の部分の容積は，20×10×10＝2000($cm^3$)なので，①の部分に水を入れるのにかかる時間は，2000÷200＝10(分)である。同様に，②の部分に入れるのにかかる時間も10分になる。また，③の部分の容積は，20×(10＋10)×(15－10)＝2000($cm^3$)だから，③の部分に入れるのにかかる時間も10分とわかる。さらに，④の部分の容積は，20×10×15＝3000($cm^3$)なので，③の部分に入れるのにかかる時間は，3000÷200＝15(分)，⑤の部分の容積は，20×30×(20－15)＝3000($cm^3$)だから，⑤の部分に入れるのにかかる時間も15分となる。よって，もっとも適当なグラフは(イ)である。

(3)　水面の高さが18cmになるのは45分後と60分後の間である。この15分間で水面の高さは，20－15＝５(cm)上がるので，１分間に，５÷15＝$\frac{1}{3}$(cm)の割合で上がる。よって，18－15＝３(cm)上がるのにかかる時間は，３÷$\frac{1}{3}$＝９(分)だから，水面の高さが18cmになるのは，水を注ぎ始めてから，45＋９＝54(分後)と求められる。

## 6　素数の性質

(1)　60を素数の積で表すと，60＝２×２×３×５となるから，60の約数は２，３，５のかけ算でつくることができる。たとえば，２を１個，３を１個，５を０個かける場合の約数は，２×３＝６になり，２を２個，３を０個，５を１個かける場合の約数は，２×２×５＝20である。また，すべて０個の場合の約数は１と考える。すると，２は０個～２個の，２＋１＝３(通り)，３は０個か１個の，１＋１＝２(通り)，５は０個か１個の，１＋１＝２(通り)あるので，かけ算の組み合わせは全部で，３×２×２＝12(通り)できる。したがって，[60]＝(２＋１)×(１＋１)×(１＋１)＝12と求められる。

(2)　(1)と同様に考えると，[10]，[20]，[30]，[40]，[50]はそれぞれ右のようになる。よって，これらの和は，４＋６＋８＋８＋６＝32なので，[32]の値を求めればよい。すると，32＝２×２×２×２×２より，[32]＝５＋１＝６とわかる。

10＝２×５　➡[10]＝(１＋１)×(１＋１)＝４
20＝２×２×５　➡[20]＝(２＋１)×(１＋１)＝６
30＝２×３×５　➡[30]＝(１＋１)×(１＋１)×(１＋１)＝８
40＝２×２×２×５　➡[40]＝(３＋１)×(１＋１)＝８
50＝２×５×５　➡[50]＝(１＋１)×(２＋１)＝６

(3)　[ $n$ ]＝３となるのは，$n$を素数の積で表したときに(□×□)となるときである。よって，２桁では，５×５＝25，７×７＝49の２個ある。

## 社　会　＜第１回午前入試＞（理科と合わせて60分）＜満点：50点＞

### 解　答

1　問１　琵琶湖　　問２　(1)　エ　　(2)　３　　(3)　ア　　問３　岐阜　　問４　エ　　問５　奈良　　問６　エ　　問７　ア　　2　問１　ウ　　問２　（例）　三内丸山　　問３　エ　　問４　前方後円墳　　問５　（例）　大和朝廷の支配が，東西の広い範囲におよんでいたこと。　問６　ア　　問７　イ　　問８　廃藩置県　　問９　ウ　　問10　オ　　3　問１　アパルトヘイト　　問２　ウ　　問３　ユネスコ　　問４　(1)　PKO　　(2)　ウ

### 解　説

**1　内陸県の地理と地形図の読み取りについての問題**

**問１**　琵琶《びわ》湖は日本で最も面積の大きい湖で，その面積は滋賀県（A）の約６分の１を占《し》めている。琵琶湖疏水《そすい》や淀《よど》川水系を通じて京阪神地域に水道水を供給していることから，琵琶湖は「近畿のみずがめ」と呼ばれている。

**問２**　(1)　「大久保山」の山頂付近には針葉樹林（Λ）や広葉樹林（Q）が広がっており，水田（II）は見られない（エ…×）。なお，「蜂城《はちじょう》山」の山頂付近には「・738」，ふれあい文化館の右側には「・341」を示す標高点（・）があるため，２つの地点の標高差は，738－341＝397≒400（m）である（ア…○）。「京戸《きょうど》川」の流域には果樹園（ó）が広がっている（イ…○）。特にことわりがないかぎり，地形図では上が北となるので，博物館（⌂）は「矢作橋」の南東にあるといえる（ウ…○）。　(2)　地形図上の長さの実際の距離《きょり》は，（地形図上の長さ）×（縮尺の分母）で求められる。この地形図の縮尺は25000分の１なので，地形図上で12cmの長さの実際の距離は，12×25000＝300000（cm）＝３（km）となる。　(3)　山梨県（B）は扇状地《せんじょうち》が広がる甲府盆地《ぼんち》で果樹栽培《さいばい》がさかんで，ももとぶどうの収穫《しゅうかく》量は全国一多い（2020年）。ぶどうは山梨県に次いで長野県の収穫量が多く，岡山県でも生産がさかんなことから①，ももは山梨県に次いで福島県の生産量が多いことから②が当てはまる（ア…○）。

**問３**　隣接《りんせつ》する県の数は，長野県に次いで岐阜県と埼玉県が多い。中部地方に隣接県が多いことからCは岐阜県，関東地方に隣接県が多いことからDは埼玉県とわかる。

**問４**　静岡県と山梨県にまたがる富士山と甲斐《かい》国（現在の山梨県）を治めた戦国大名武田氏の武田菱《びし》が県章に用いられていることから，③は山梨県とわかる。県名の由来の１つである幸魂《さきみたま》の魂には玉の意味もあり，埼玉県はまが玉とゆかりの深い県なので，④は埼玉県である。憲章の左に図案化されたシ，右側にガの文字が配されているため，⑤は滋賀県と判断できる（エ…○）。

**問５**　ナンバープレートの左に五重塔，中央に鹿，右に桜ともみじが配されたデザインからは，法隆寺や興福寺など古都奈良の仏閣や奈良公園などが連想でき，Eの奈良県のものとわかる。

**問６**　内陸県は，関東地方に３つ（栃木県・群馬県・埼玉県），中部地方に３つ（山梨県・長野県・岐阜県），近畿地方に２つ（滋賀県・奈良県），の合計８つある。

**問７**　日本の発電は，石油・石炭・液化天然ガスなどの化石燃料による火力発電が全体の約８割を占めているので，全国の割合を表した図１より，⑥が火力とわかる。内陸県は山が多くダムがつくりやすいので，水力発電に向いている。しかし，原子力発電に不可欠な冷却《れいきゃく》用の海水が調達でき

ないため，原子力発電は行えない。したがって，図２で最も発電割合の大きい⑦が水力，割合が０％の⑧が原子力である。

## ２　世界遺産を題材にした各時代の歴史的ことがらについての問題

**問１**　縄文時代の人々は，地面を掘《ほ》り下げて床《ゆか》をつくり，そこに柱を立てて屋根をかぶせたたて穴住居に住んでいた(ウ…○)。なお，鉄砲が日本に伝来したのは室町時代の1543年である(ア…×)。二毛作は，鎌倉時代に近畿地方を中心とした西日本で定着し，室町時代には全国に広がった(イ…×)。古墳時代から飛鳥時代にあたる４～７世紀ごろ，豪族《ごうぞく》と呼ばれる地方の有力な一族がむらや国を治めていた(エ…×)。

**問２**　青森県の三内丸山遺跡《いせき》は，縄文時代を代表する大規模集落跡《あと》である。「北海道・北東北の縄文遺跡群」として，2021年にユネスコ(国連教育科学文化機関)の世界文化遺産に登録された。なお，北海道・北東北の縄文遺跡群は，北海道・青森県・秋田県・岩手県にある17の遺跡で構成されている。

**問３**　土偶《どぐう》は，子孫の繁栄《はんえい》や豊かな実りを願って縄文時代につくられたと考えられている土製の人形である。古墳の頂上部や周囲には，素焼《すや》きの土製品であるはにわが並べられていた(エ…×)。はにわには円筒《えんとう》の形をした円筒はにわと人や動物・家などの形をした形象はにわがある。

**問４**　円形と方形(四角形)の墳丘《ふんきゅう》をつなぎ合わせた鍵《かぎ》穴のような形状の古墳を，前方後円墳という。規模の大きなものが多く，地域の最高権力者の墓と考えられている。写真の大仙(大山《だいせん》)古墳は日本最大面積の前方後円墳で，大阪府堺《さかい》市にある。

**問５**　各地の王(豪族)を支配した大王《おおきみ》(のちの天皇)は，豪族に土地と人民を支配させ，大和朝廷での役職を与《あた》えて仕事を分担させていた。したがって，ワカタケル大王の名が刻まれた鉄剣や鉄刀が埼玉県の稲荷山《いなりやま》古墳と熊本県の江田船山古墳から出土したということは，大和朝廷(大王)の勢力が関東地方から九州地方の広範囲にまでおよんでいたことを意味する。

**問６**　戦乱を避《さ》け，大陸から日本に移住した人々を渡来《とらい》人という。渡来人は，土木工事や須恵器《すえき》，機《はた》織り，養蚕などの技術のほか，漢字や儒《じゅ》教などの知識，仏教を日本に伝えた。仏教の日本への正式な伝来は，百済《くだら》の聖明王が欽明《きんめい》天皇に仏像と経典を納めた538年(552年の説もある)とされている(ア…○)。なお，卑弥呼は魏《ぎ》(中国)に使いを送り，「親魏倭《わ》王」の称号を与えられた(イ…×)。煬《よう》帝《だい》は隋《ずい》(中国)の皇帝である。聖徳太子(厩戸《うまやどの》皇子)が対等な関係を求めて607年に小野妹子を隋に派《は》遣《けん》すると，煬帝はこれに激怒した(ウ…×)。百済再興のため，663年に白村江《はくすきのえ》で唐《とう》(中国)・新羅《しらぎ》の連合軍と戦った日本は，大敗した(エ…×)。

**問７**　写真のＡの首里城は，琉球《りゅうきゅう》王国の都(現在の沖縄県那覇市)に建てられた琉球国王の居城である。琉球王国は，江戸時代に琉球出兵を命じられた薩摩藩《さつまはん》(現在の鹿児島県)の島津氏によって侵《しん》略《りゃく》され，薩摩藩の属国となった(イ…○)。なお，写真のＢは豊臣秀吉が築いた大阪城，Ｃの長州藩は現在の山口県にあった毛利氏を藩主とする藩である。

**問８**　1871年に中央集権体制を強化するために明治政府は廃藩《はいはん》置県を行った。これにより，藩が廃止されて県や府が置かれ，各府県には政府の役人が府知事や県令として派遣された。藩を治めていたもと大名の知藩事が罷免《ひめん》されたため，廃藩置県によって幕藩体制は完全に解体された。なお，琉球王国は翌1872年に琉球藩とされ，1879年には琉球藩も廃止されて沖縄県となった(琉球処分)。

**問９**　ウの佐藤栄作内閣は，1968年に父島・母島・硫黄《いおう》島などをふくむ小笠原《おがさわら》諸島のアメリカからの返還《へんかん》を実現した。さらに，1972年には沖縄の本土復帰も果たした。なお，アの大隈重信は明治～大正時代に内閣総理大臣を務めた人物，イの吉田茂はサンフランシスコ平和条約や日米安全保障条約締結《ていけつ》時の内閣総理大臣，エの安倍晋三は首相連続在職日数が日本史上最も長い内閣総理大臣である(2024年１月現在)。

**問10**　佐渡島の金山は，世界文化遺産の登録を目指す候補地の１つである(Ａ)。江戸時代に天領(幕府の直轄《ちょっかつ》地)とされ，貨幣の鋳造《ちゅうぞう》権を独占《どくせん》した江戸幕府の重要な財源となった。全国的に通用する同じ規格の金・銀の貨幣を江戸幕府が鋳造したことで，東日本では主に金，西日本では主に銀による取引が行われた(Ｂ)。また，貨幣経済の発達にともない，現在の銀行業のような仕事をする両替商が出現した(Ｃ)。なお，株仲間は江戸時代につくられた同業者の組合である。

**3　ネルソン・マンデラのスピーチを題材にした国際関係についての問題**

**問１**　アパルトヘイト(人種隔離《かくり》政策)は，南アフリカ共和国で行われていた有色人種に対する差別政策である。かつてオランダやイギリスの植民地であった地域から構成される南アフリカ共和国では，少数の白人が政治的にも経済的にも特権を得られるように多数派の有色人種(特に黒人)の権利や自由を奪《うば》い，差別する政策が制度化されていた。しかし，国際社会からの批判を受けて，南アフリカ共和国の人種差別に関する全ての法律は1991年に廃止された。結果，1994年に黒人をふくむ全国民が参加する大統領選挙が行われ，ネルソン・マンデラが黒人初の大統領になった。

**問２**　ウの日本国憲法第12条は自由と権利について，「この憲法が国民に保障する自由及《およ》び権利は，国民の不断の努力によって，これを保持しなければならない。又《また》，国民は，これを濫用《らんよう》してはならないのであって，常に公共の福祉のためにこれを利用する責任を負う」と規定している。なお，アの第１条は天皇の地位と国民主権，イの第９条は平和主義，エの第25条は社会権の１つである生存権について定めている。

**問３**　ユネスコ(国連教育科学文化機関)は，1945年に採択《さいたく》された「ユネスコ憲章」にもとづいて1946年に設立された国際連合の専門機関である。発展途上国における教育の普及《ふきゅう》や文化財の保護，世界遺産の登録など，教育・科学・文化面における国際協力を目的としており，本部はフランスのパリに置かれている。

**問４**　(1)　PKO(国連平和維持《いじ》活動)は，安全保障理事会の承認のもと世界各地における紛争の解決のために国際連合が行う活動である。受け入れ国の同意を得たうえで展開され，その業務には休戦・停戦の監視《かんし》や治安維持，選挙の監視のほか人道援助などがある。日本では1992年にPKO協力法が制定され，自衛隊が初めてPKOへの参加部隊をカンボジアに派遣した。　(2)　第二次世界大戦の敗戦国である日本は，戦後，アメリカを中心とする連合国軍の占領下にあった。同じく敗戦国であるドイツもまた，アメリカ・イギリス・フランス・ソ連(ソビエト連邦)によって分割占領されていたため，両国とも国際連合が発足した1945年には国際連合に加盟していない(ウ…×)。日本が国際連合に加盟したのは，日ソ共同宣言によってソ連との国交が回復した1956年のことである。東西ドイツは1973年に同時加盟を実現した。

## 理　科　＜第１回午前入試＞（社会と合わせて60分）＜満点：50点＞

### 解　答

1 問１　ウ　　問２　(例)　ぎょう結　　問３　ア　　問４　イ　　2 問１　①　卵(卵子)　②　精子　③　受精卵　④　38　⑤　酸素　⑥　二酸化炭素　問２　ウ，カ　問３　記号…イ　　名前…大動脈　　3 問１　(1)　Ⅲ　(2)　10%　　問２　①　　問３　⑤　　4 問１　15秒　　問２　100秒　　問３　350ｇ　　問４　15秒　　問５　960ｇ

### 解　説

**1 気象についての問題**

**問１**　一日の最高気温が35℃以上の日を猛暑《もうしょ》日，30℃以上の日を真夏日，25℃以上の日を夏日という。

**問２**　気体である水蒸気が液体である水に変化することをぎょう結(または液化)という。なお，冷えた容器や窓ガラスなどに空気がふれ，空気中の水蒸気がぎょう結し，水てきとなって容器や窓ガラスなどの表面につくことを結露《けつろ》とよぶ。

**問３**　都市部では，自動車やエアコンの室外機から排出《はいしゅつ》される熱が多いこと，蒸散により熱を吸収してくれる植物が少ないこと，コンクリートの建物や路面のアスファルトによって熱がたくわえられることなどの理由から，気温が下がりにくくなっている。このようすは，等温線で表すと島のようになることから，ヒートアイランド現象とよばれる。

**問４**　水蒸気には二酸化炭素と同じく，宇宙に放射される地表からの熱を閉じこめるはたらき(温室効果)がある。夏の砂漠《さばく》で朝の気温が日本より低くなる理由としては，日本では空気が湿《しめ》っていて，水蒸気の温室効果によって夜間に気温が下がりにくい(一方，砂漠では空気が乾燥《かんそう》しているため夜間に気温が下がりやすい)ことが考えられる。

**2 ヒトの誕生，心臓のはたらきについての問題**

**問１**　①　母親の体内にある卵巣《らんそう》では，卵(卵子)がつくられる。　②　父親の体内にある精巣では精子がつくられる。　③　卵と精子が結びつくことを受精といい，受精をすませた卵のことを受精卵という。卵は受精してはじめてたい児へと成長を始める。　④　ヒトの場合，子が誕生するのは受精から約38週後である。　⑤，⑥　肺では，吸いこんだ空気から生きるのに必要な酸素を血液中に取りこむとともに，血液中に含《ふく》まれる不要な二酸化炭素を排出している。

**問２**　ほとんどのほ乳類は，卵を産み出すのではなく，親と似たすがたの子を産む(たい生という)。ほ乳類にはヒトをはじめ，ネコやイヌ，コウモリ，クジラなどがいる。なお，カエルやイモリは両生類，ペンギンは鳥類，コイは魚類であり，これらは卵を産み出す(卵生という)。

**問３**　図において，全身からもどってきた酸素の少ない血液は，アの大静脈を通って心臓に入り，さらにウの肺動脈を通って肺へ進む。そして，肺で酸素を取りこみ，酸素が多くなった血液は，エの肺静脈を通って心臓に入り，さらにイの大動脈を通って全身に向かう。

**3 もののとけ方についての問題**

**問１**　ビーカーⅠは，水が100ｇ入っているだけなので，濃《こ》さは０％である。ビーカーⅡは，水90ｇにさとう10ｇをとかしたので，濃さは，$\frac{10}{90+10}\times100=10$(%)となる。ビーカーⅢは，水80ｇに食塩20ｇをとかしたので，濃さは，$\frac{20}{80+20}\times100=20(\%)$である。したがって，最も濃さが大きいのはビーカーⅢである。

**問２**　ものをうかせる力は，ものがおしのける液体の重さに等しい。水よう液の濃さが大きいほど，同じ体積あたりの液体の重さは大きくなるので，ものをうかせる力も大きくなる。

**問３**　それぞれを少量ずつとって加熱すると，ビーカーⅡのさとう水が入っているＡでは，さとうがこげてできた黒いものが残る。ビーカーⅠの水が入っているＢでは，何も残らない。ビーカーⅢの食塩水が入っているＣでは，食塩の白い固体が出てくる。

**4　ものの燃焼，てこのつり合いについての問題**

**問１**　図１では，支点から左右の皿までの距離《きょり》が15cmで等しいので，左右の皿にのっているものの重さが等しいときに天秤《てんびん》がつり合う。よって，左の皿にはＡ100ｇがのっているから，右の皿にのっているＢも100ｇになればよい。ここで，表より，Ｂを30秒燃焼させると，重さが70ｇ減ることがわかる。したがって，Ｂを，$135-100=35$（ｇ）減らすとよいから，$30\times\frac{35}{70}=15$（秒）燃焼させるとつり合う。

**問２**　図２では，支点から左右の皿までの距離が等しく，右の皿にＢ400ｇがのっているから，左の皿にのっているＡが400ｇになればよい。表より，Ａを60秒燃焼させると，重さが，$100-70=30$（ｇ）増えることがわかるので，Ａを，$400-350=50$（ｇ）増やすために，$60\times\frac{50}{30}=100$（秒）燃焼させるとつり合う。

**問３**　図３では，支点から左右の皿までの距離が等しく，右の皿にＢ500ｇがのっている。よって，左の皿にのっている燃焼後（反応後）のＡも500ｇである。表で，Ａの反応前の重さは反応後の重さの，$70\div100=0.7$（倍）である。よって，燃焼前のＡの重さは，$500\times0.7=350$（ｇ）である。

**問４**　図４で，天秤がつり合ったとき，右の皿にのっているＢの重さは，$50\times20\div10=100$（ｇ）である。したがって，Ｂは燃焼により，$135-100=35$（ｇ）減ったことがわかるので，$30\times\frac{35}{70}=15$（秒）燃焼させるとよい。

**問５**　330ｇのＡを90秒燃焼させると，$330+30\times\frac{90}{60}=375$（ｇ）になるから，燃焼させた後のＢの重さは，$375\times20\div10=750$（ｇ）とわかる。よって，Ｂは90秒燃焼させると，$70\times\frac{90}{30}=210$（ｇ）減るから，燃焼前のＢの重さは，$750+210=960$（ｇ）である。

## 国語　＜第１回午前入試＞（50分）＜満点：100点＞

**解答**

**一**　①～⑦　下記を参照のこと。　⑧　おか（す）　⑨　ほま（れ）　⑩　しんすい

**二**　**問１**　ウ　**問２**　ア　**問３**　（例）　前者は他のものとの比較によって判断されるのに対し，後者は事物それ自体で判断されるという違い。　**問４**　ウ　**問５**　イ　**問６**　未知　**問７**　ウ　**問８**　エ　**問９**　ウ　**三**　**問１**　エ　**問２**　エ　**問３**　オ　**問４**　ムッとする　**問５**　エ　**問６**　震えるような喜び　**問７**　（例）　ふつうの境界線はあいまいで，アメリカ人のエミリーに日本人はふつうが好きと言われて屈辱を感じたから。　**問８**　イ

**四**　**問１**　（例）　1991年から2011年まで，40歳以上の運転免許保有率は上がりつづけているが，

29歳以下の運転免許保有率は下がりつづけている。　**問２**　(例)　都心部では公共交通機関が発達しており，若年層は車を持つ必要性が少ないが，30代以上は子育て等で車の必要性が高まること。

**●漢字の書き取り**

□一 ①　訪問　②　背景　③　激動　④　株主　⑤　迫真　⑥　活況　⑦　静寂

解　説

□一 **漢字の書き取りと読み**

①　ある場所や人の家などを訪《おとず》れること。　②　物事の後ろにある事情や経緯《けいい》。　③　激しくゆれ動くこと。　④　株式会社の株券を所有する人。　⑤　表現されたものが現実のもののように見えること。　⑥　活気があり，勢いづいたようす。　⑦　静かでひっそりとしていること。　⑧　音読みは「ボウ」で，「冒険」などの熟語がある。　⑨　音読みは「ヨ」で，「名誉」などの熟語がある。　⑩　「薪水の労」は，骨身を惜《お》しまずに人のために働くこと。

□二 **出典：鈴木孝夫《すずきたかお》『ことばと文化』**。「長い」「大きい」「高い」などの形容詞と，「赤い」などの形容詞とでは性質が異なるということについて説明されている。

**問１**　「比較《ひかく》」と「永久」は，同じような意味をもつ漢字を重ねた組み立てになっている。なお，「栄枯《えいこ》」は，反対の意味をもつ漢字の組み立ての熟語。「机上」は，上の漢字が下の漢字を修飾する組み立ての熟語。「加熱」は，上の漢字が動作を表し，下の漢字が動作の対象を表す組み立ての熟語。「国立」は，上の漢字が主語で，下の漢字が述語という組み立ての熟語。

**問２**　「火を見るより明らかだ」は，“疑いをさしはさむ余地のないほどきわめて明白である”という意味のことわざ。

**問３**　「大きい」は，「その対象と他の何かとを潜在《せんざい》的に比較しているという構造」を持っている形容詞なので，一つのリンゴを見ただけでは，大きいか小さいかを判断することはできない。これに対して「赤い」は，事物そのものの性質を表す形容詞であるため，すぐにそのリンゴが「赤い」か「赤くない」か判断できる。

**問４**　象を初めて見た場合でも「大きい」といえるのは，それまでに「自分が見聞したいろいろな他の動物」と比べて「大きい」と判断したからであると考えられる。つまり，対象を「大きい」と判断するためには，「ある規準」に照らし合わせることが必要なのである。

**問５**　「絶対的な形容詞」は，「赤い」や「黒い」のように，そのことについての知識を事前に知っていれば，目の前の対象が「初見であろうと既知《きち》のものであろう」と，その事物に対する判断を下せるものである。

**問６**　「既知」は，すでに知っていること。対義語は，“まだ知らないこと”という意味の「未知」。

**問７**　前の段落の最後には，「赤さ」という語と「長さ」「大きさ」などの語の違《ちが》いが述べられており，空らんⅠの段落では，「言語学の専門家」でも「両者の区別」を従来は余り問題にしなかった，と述べられている。よって，前のことがらを受けて後に対立することがらを述べるときに用いる「ところが」があてはまる。

**問８**　もどす文の最初に「したがって」とあるので，その前には「初めてリンゴを見た人は，その大小については判断のしようがない」ことの理由が述べられているとわかる。よって，私たちが「目の前のリンゴについて，大小を判断する」ときにはどのようなことが必要かということについて説明されている〈エ〉に入れるのが適切である。

**問９**　形容詞には，「大きい」のような「相対的な形容詞」と，「赤い」などの「絶対的な形容詞」があるとされているのでアは正しい。「言語学の専門家」も「両者の区別を従来は余り問題」にしてこなかったとあるのでエも正しい。空らんⅠの段落で，私たちは「長い」「大きい」などの「相対的な形容詞」を用いるとき，「他のものと無意識に比較」しているとあるためウはふさわしくない。また，「明示的比較文」は「ＡはＢより大きい」のような「物差し」を用いた文であるが，「すべての場合に物差しが表現されているとは限らない」のでイも正しい。

三　**出典：戸森《ともり》しるこ『理科準備室のヴィーナス』**。中学生の「私」は，保健室でけがの手当てをしてくれた「ヒトミ先生」にひかれ，ヒトミ先生のようになりたいと思うようになる。

**問１**　「油を売って」は，“仕事や勉強の途中《とちゅう》で時間をつぶして怠《なま》けて”という意味。

**問２**　「収まる」は，乱れた事態などがかたづくこと。アは「税金を納める」，イは「国を治める」，ウは「学業を修める」などのように用いる。

**問３**　「ゾクゾク」「チクチク」「ツルツル」などのように，事物の状態などの感じをそれらしく音声にたとえて表した語を擬態語という。「ザーザー」「ゴロゴロ」「ドンドン」「バタバタ」などのように，音や動物の鳴き声などを模して表した語を擬音(声)語という。

**問４**　「あなたが来たせいで」と言われて，ちょっとムッとした「私」は，「分かりやすいな」と言われて，もう一度ムッとしたと考えられる。

**問５**　「私」は，白衣の先生が自分と同じ名前の「ヒトミ」だと知り，さらに名乗ってもいないのに先生に「結城瞳ちゃん」と呼ばれて，「震《ふる》えるような喜び」を感じた。その後，「私」は，ヒトミ先生と同じように「三つ編み」にするために髪《かみ》を伸《の》ばし始め，先生と同じ「黒いフレームの眼鏡」も買ってもらった。カタカナで「ヒトミ」と印象に残るように表記することで，ヒトミ先生がその後の展開で，「私」にとって特別な存在になるということを読者に感じさせている。

**問６**　自分のことを名前で呼んでもらえた「私」は，先生が自分の名前を知っていたことに驚《おどろ》き，「震えるような喜び」を感じている。このことが，「鳥肌《とりはだ》」が立った「私」の心情にあたる。

**問７**　自分が「ちょっと変なのかもしれない」と思った「私」は，「ふつう」と「ふつうじゃない」のちがいについて考え，「境界線はどこにある？」と疑問を持った。「ふつう」か「ふつうじゃない」かは決められないものなのに，エミリーが日本人について「フツウガ，スキネ」とひとくくりにしたような言い方をしたとき，「私」は屈辱《くつじょく》を感じたため，「ふつうじゃなくてもいい」と思うようになったと考えられる。

**問８**　空らんＸの後に「大抵《たいてい》の大人は，私のことを何を考えているか分からないって言う」とあり，「私」は「ムッと」した気持ちをすぐ顔に出しているので，アは合う。また，「私」は，友だちとの会話に加わらず，みんなの話に聞き耳を立てて，その中から自分に関心のある話題を探しているので，ウの内容も合っていると考えられる。さらに，「私」は，南野さんに嫌《きら》われているとは知りつつも，南野さんに「ゾクゾク」するような感情をもち，彼女から「目が離せなく」なっているので，エの内容も正しいと読み取れる。これらに対して，イは「批判的に判断」というところが誤り。「私」は，周囲の人を細かく観察しているが，好意を持っている人もおり，常に批判的な視線を向けているわけではない。

**四　グラフと表の読み取り**

**問１**　大まかな変化を傾向《けいこう》として読みとるときは，直感的に見てとれるグラフが適している。それに対して，それぞれの年齢《ねんれい》層の細かな変化を知るときは数値で表示されている表が適している。グラフからは，運転免許の保有率が，おおよそ上がり続けている年齢層と下がり続けている年齢層があることがわかる。表からは，40歳以上の年齢層では，上がり方に差はあるものの，上がり続けているということが読み取れる。これに対して29歳以下はほぼ下がり続けているということが読み取れる。

**問２**　資料が東京都のものであることをふまえて考える。比較的若い世代は，交通機関の発達した都内では，車を運転する必要がないので，免許を保有しないのではないかと推測される。これに対して，高齢者を含む30代以上の年齢層では，子育てや通院などで車を運転する人が多いので免許の保有率が高いのではないかと推測される。

# Dr.福井の
# 入試に勝つ！脳とからだのウルトラ科学

## 復習のタイミングに秘密あり！

算数の公式や漢字，歴史の年号や星座の名前……。勉強は覚えることだらけだが，脳は一発ですべてを記憶することができないので，一度がんばって覚えても，しばらく放っておくとすっかり忘れてしまう。したがって，覚えたことをしっかり頭の中に焼きつけるには，ときどき復習をしなければならない。

ここで問題なのは，復習をするタイミング。これは早すぎても遅すぎてもダメだ。たとえば，ほとんど忘れてしまってから復習しても，最初に勉強したときと同じくらい時間がかかってしまう。これはとっても時間のムダだ。かといって，よく覚えている時期に復習しても何の意味もない。

そもそも復習とは，忘れそうになっていることを見直し，記憶の定着をはかる作業であるから，忘れかかったころに復習するのがベストだ。そうすれば，復習にかかる時間が一番少なくてすむし，記憶の続く時間も最長になる。

では，どのタイミングがよいか？　さまざまな研究・発表を総合して考えると，１回目の復習は最初に覚えてから１週間後，２回目の復習は１か月後，３回目の復習は３か月後――これが医学的に正しい復習時期だ。復習をくり返すたびに知識が海馬《かいば》（脳の，知識をためる倉庫みたいな部分）にだんだん強くくっついていくので，復習する間かくものびていく。

この計画どおりに勉強するには，テキストに初めて勉強した日付と，その１週間後・１か月後・３か月後の日付を書いておくとよい。あるいは，復習用のスケジュール帳をつくってもよいだろう。もちろん，計画を立てたら，それをきちんと実行することが大切だ。

ちなみに，記憶量と時間の関係を初めて発表したのがドイツのエビングハウスという学者で，「エビングハウスの忘《ぼう》却《きゃく》曲線」として知られている。

えーと
あ，そうだった！
あ，思い出した！
もう，覚えてるよ


Dr.福井（福井《ふくい》一成《かずしげ》）…医学博士。開成中・高から東大・文Ⅱに入学後，再受験して翌年東大・理Ⅲに合格。同大医学部卒。さまざまな勉強法や脳科学に関する著書多数。

# 2024年度 春日部共栄中学校

【算　数】〈第１回午後入試〉（50分）〈満点：100点〉

**注意**
1．定規，分度器，コンパス，計算機は使用してはいけません。
2．問題文中にある図は必ずしも正確ではありません。
3．円周率は3.14として計算しなさい。

**1** 次の各問いに答えなさい。

(1) 次の計算をしなさい。

① $(25 + 2) \times 4 - 100$

② $5.55 + 4.44 - 3.33 \times 2.22 \div 1.11$

③ $3\frac{1}{5} \times 5 - 2\frac{3}{4} \times 4$

(2) 次の $\square$ に適当な数を入れなさい。

① $\left(1\frac{5}{14} - \frac{\square}{22}\right) \times 77 = 87$

② $6\frac{1}{4}\ \mathrm{dL} = \square\ \mathrm{cm}^3$

**２**　次の □ に適当な数を入れなさい。

⑴　ある工場では，３日間で2800個の製品をつくりました。１日目は，1200個の製品をつくりましたが，３％は不良品でした。２日目につくり方を変えて同じ製品をつくったところ，不良品の割合は2.5％になりました。３日目も２日目と同じ数を同じつくり方でつくったところ，３日間でつくった製品のうち，不良品の割合は □ ％でした。
ただし，答えは四捨五入し小数第２位まで求めなさい。

⑵　ある商品を23個仕入れ，１個120円で売り切ると利益が276円になりました。
仕入れ値の合計は □ 円です。

⑶　図の六角形ＡＢＣＤＥＦは正六角形です。
㋐の角の大きさは □ 度です。

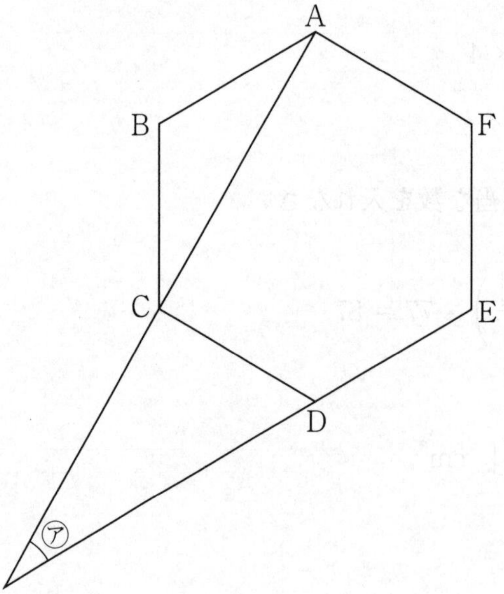

**3** 次の各問いに答えなさい。ただし，円周率は3.14とします。

(1) 図のような１辺10 cmの正方形ＡＢＣＤと弧ＥＦがあります。弧ＥＦは半径６cm，中心角90°のおうぎ形の一部です。半径１cmの円を図のように辺ＡＢ，辺ＡＤにぴったりとくっついている状態から，矢印の向きに移動させます。円は辺ＡＢのＡＥの部分，弧ＥＦ，辺ＢＣのＦＣの部分にそって移動し，辺ＣＤにふれたところで止まります。
このとき，次の問いに答えなさい。

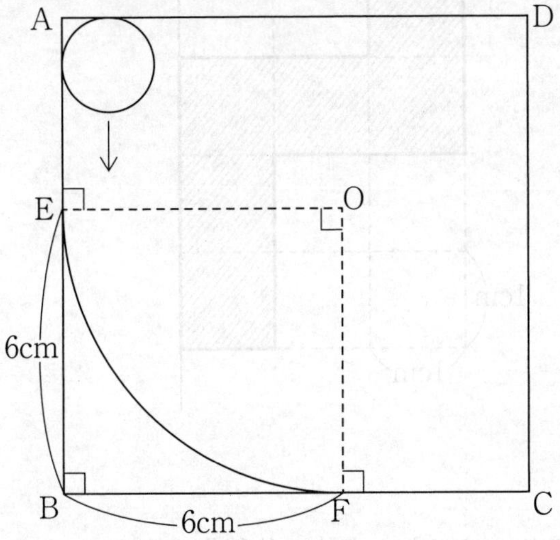


① 円が通過した部分を斜線《しゃせん》で図示しなさい。

② 円が通過した部分の面積を求めなさい。

(2)　図の斜線《しゃせん》部分は１辺が１cmの正方形を組み合わせた図形です。
この図形を軸《じく》（ア）で１回転させます。
次の問いに答えなさい。

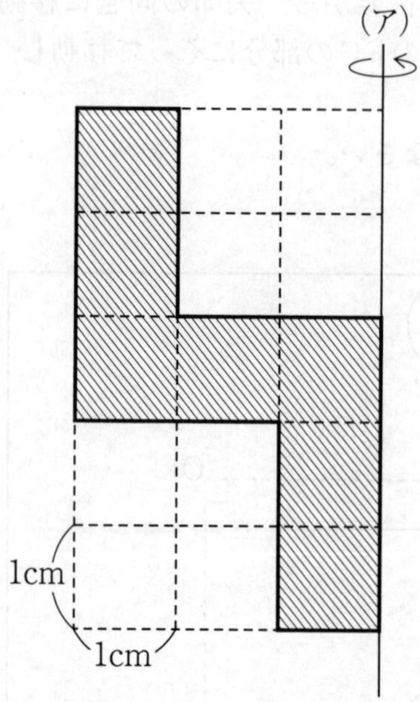


①　この図形を１回転させてできる立体の体積を求めなさい。

②　この図形を１回転させてできる立体の表面積を求めなさい。

**4** ある規則にしたがって，数が２列並んでいます。

（あ）　２，４，６，８，10，12，14，16，18，・・・

（い）　１，３，７，13，21，31，43，57，73，・・・

次の □ に適当な数を入れなさい。

(1) 列（い）について，はじめから数えて10番目の数は □ です。

(2) 列（あ）について，はじめから数えて１番目から300番目までの数をそれぞれ３で割ったときの余りをすべて足すと □ です。

(3) 列（い）について，はじめから数えて１番目から500番目までの数をそれぞれ５で割ったときの余りをすべて足すと □ です。

**5** 図のように直線上に１辺４cm の正方形と，長方形を組み合わせた図形があります。正方形は図の位置から直線にそって矢印の方向に毎秒１cm の速さで移動します。

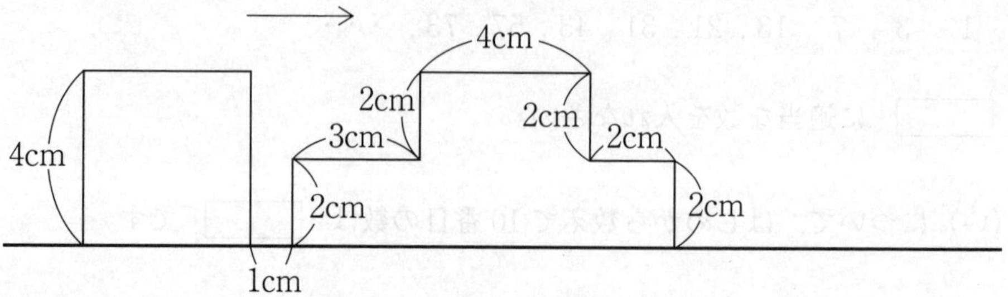


このとき，２つの図形が重なる部分の面積を考えます。
次の問いに答えなさい。

(1) 正方形が移動した時間と，２つの図形が重なる部分の面積の関係を表したグラフとして，最も適当なものを下の（ア）～（エ）より１つ選びなさい。

（ア）

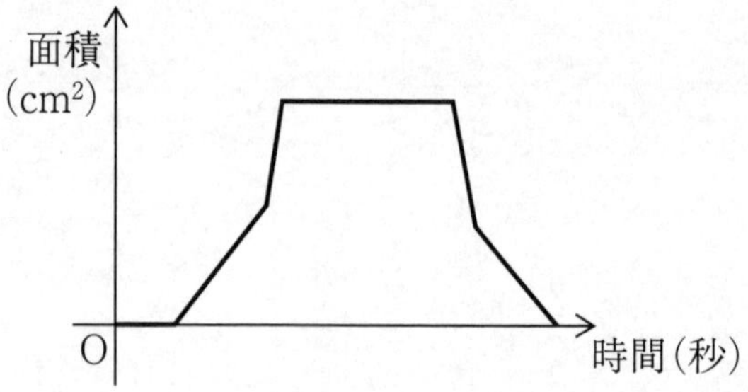


（イ）

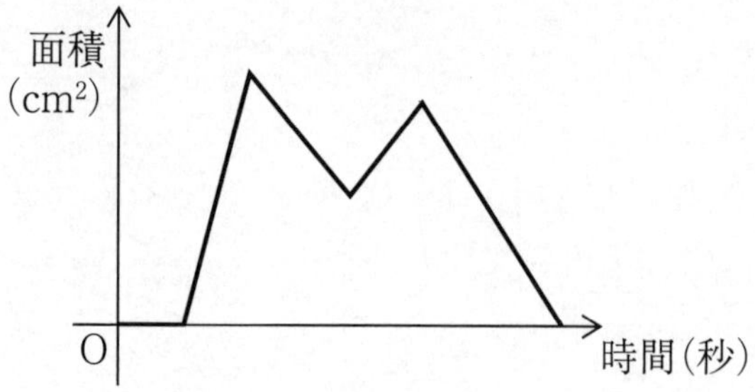


（ウ）

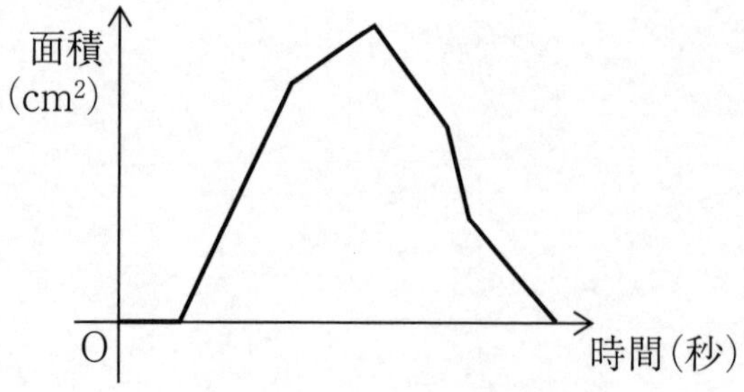


（エ）

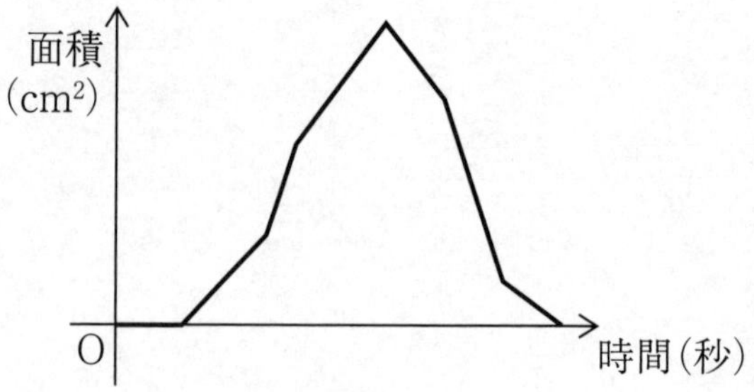


(2) 6.5秒後の重なる部分の面積を求めなさい。

(3) 重なる部分の面積が $8\,\mathrm{cm}^2$ となるのは，何秒後と何秒後ですか。

**6** 整数 $a$ を整数 $b$ で余りが出ないように割ることができる回数を $[a, b]$ と表します。

例えば, $40 \div 2 \div 2 \div 2 = 5$ のように

40は2で3回まで余りが出ないように割ることができるので

$[40,\ 2] = 3$

次の □ に適当な数を入れなさい。

(1) $[512,\ 2] =$ □

(2) $[m\ ,\ 3] = 4$ となる2桁《けた》の整数 $m$ は $m =$ □

(3) $[n\ ,\ 2] = 3$ となる3桁《けた》の整数 $n$ で最大のものは $n =$ □

**【社　会】**〈第１回午後入試〉（理科と合わせて60分）〈満点：50点〉

**1**　次の文章を読み、以下の問いに答えなさい。

現在、全世界の総人口は増加し続けています。国連は2022年11月に全世界の総人口が80億人を突破したと発表しました。この増加傾向は2080年の104億人でピークに達し、2100年までそのレベルにとどまると予測されています。しかし、現在のa日本の人口は減少の一途をたどっており、2022年の出生数は厚生労働省の発表によると約77万人と1899年の統計開始以来、初めて80万人を割りました。実際の日本の人口推移について図１、図２を見ると、我が国の人口は1950年代～2000年代にかけて増加傾向にあったことがわかります。しかし、それ以降は14歳以下の人口の割合が低下し、65歳以上の人口の割合が増加する少子高齢化が急速に進行していることが読み取れます。

一方、図３を見るとb日本で暮らす外国人の数は年々増加傾向を示しており、日本人人口の増減傾向と逆行していることがわかります。また、インバウンド事業の普及によりc旅行などで日本を訪れる外国人数も、2020年以前までは増加傾向にあることも同時に読み取ることができます。

また、日本の人口についても、都道府県ごとにd人口動態《どうたい》は異なっており、その違いを表す手段の１つとしてe人口ピラミッドが用いられます。

今後も続くとされる少子高齢化社会の中で、これからの社会を形成していく皆さんに求められる役割はどのようなものか、ぜひ考えてみてください。

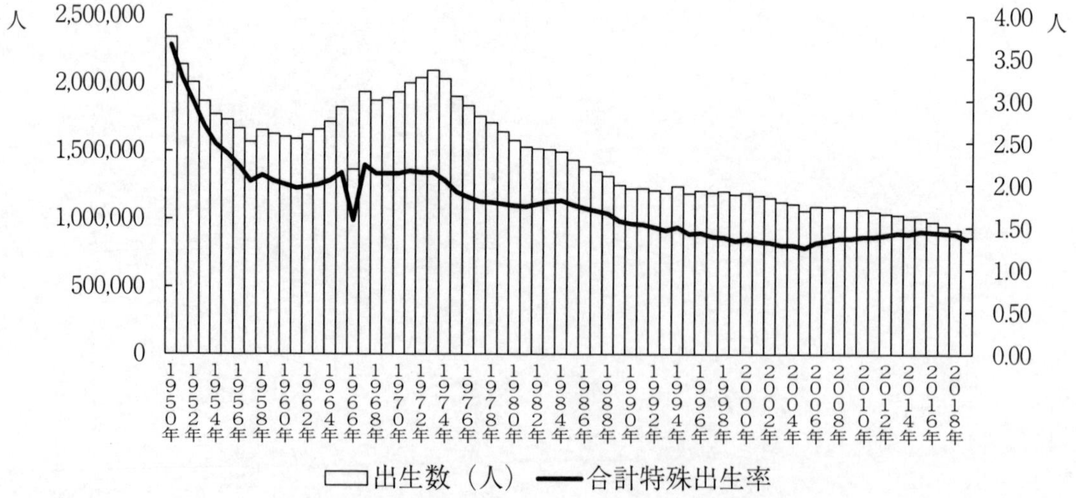


図１　日本の出生数と合計特殊出生率《ごうけいとくしゅしゅっしょうりつ》の推移

※合計特殊出生率《ごうけいとくしゅしゅっしょうりつ》：一人の女性が生涯で産む子どもの数の平均

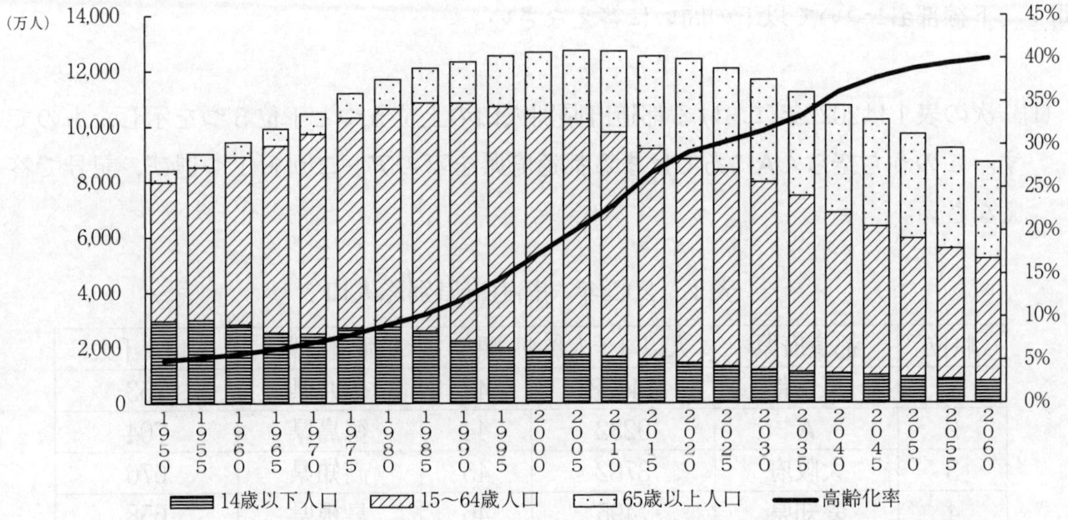


図２　日本の人口推計【総務省資料より作成】

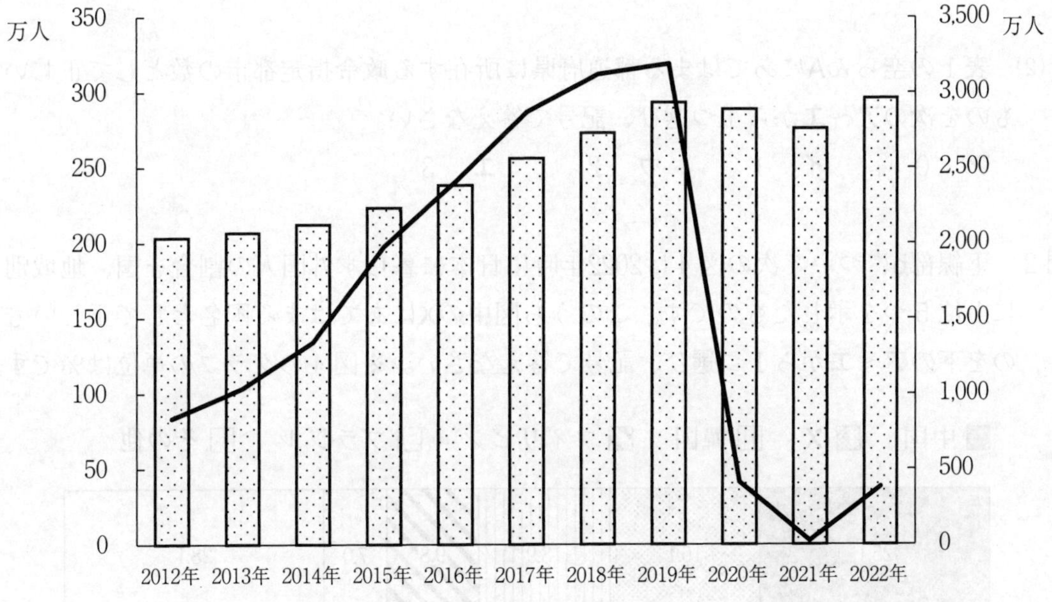


図３　日本に暮らす外国人数・日本を訪れる外国人の推移

【国土交通省資料などから作成】

問１　下線部aについて以下の問いに答えなさい。

(1)　次の表１は2022年における都道府県別人口の上位５つと下位５つを示したものです。このうち空らんAにあてはまる都道府県を下のア～エから１つ選び、記号で答えなさい。

表１　2022年　都道府県別総人口

| 順位 | 都道府県 | 人口（千人） | 順位 | 都道府県 | 人口（千人） |
|---|---|---|---|---|---|
| 1 | 東京都 | 14038 | 43 | 福井県 | 753 |
| 2 | A | 9232 | 44 | 徳島県 | 704 |
| 3 | 大阪府 | 8782 | 45 | 高知県 | 676 |
| 4 | 愛知県 | 7495 | 46 | 島根県 | 658 |
| 5 | 埼玉県 | 7337 | 47 | 鳥取県 | 544 |

【2022年　人口推計より作成】

ア　北海道　　イ　千葉県　　ウ　神奈川県　　エ　福岡県

(2)　表１の空らんAにあてはまる都道府県に所在する政令指定都市の数として正しいものを次のア～エから１つ選び、記号で答えなさい。

ア　0　　イ　1　　ウ　2　　エ　3

問２　下線部bについて次の図４は2022年時に日本に暮らす外国人の割合を国、地域別に上位５つを示したものです。このうち図中のXにあてはまる国名として正しいものを下のア～エから１つ選び、記号で答えなさい。※図４のグラフの単位は％です。

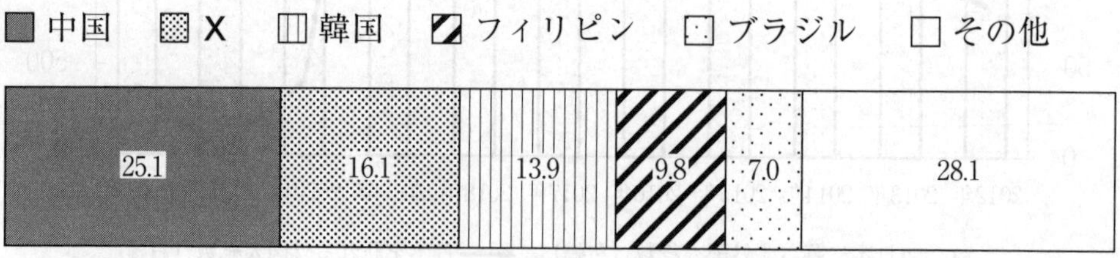


図４　令和４（2022）年度国籍・地域別日本に暮らす外国人の割合

【法務省資料より作成】

ア　ロシア　　イ　ベトナム

ウ　アメリカ合衆国　　エ　オーストラリア

問３　下線部**c**について、観光資源としての機能も持ち合わせる「世界遺産」が2023年時点で日本国内に25件存在します。そのうち「世界自然遺産」として登録されている遺産として正しいものを次の**ア**～**エ**から１つ選び、記号で答えなさい。

**ア**　佐渡島　　　**イ**　白神山地　　　**ウ**　富士山　　　**エ**　伊豆大島

問４　下線部**d**について次の図５は「３大都市圏《けん》における転入者数から転出者数を引いた数の推移」を表したものです。この図から読み取れることとしてあやまっているものを以下の**ア**～**エ**から１つ選び、記号で答えなさい。

※転入者数：引っ越しなどで他の県や国などから入ってくる人の数

　転出者数：引っ越しなどで他の県や国などに出ていく人の数

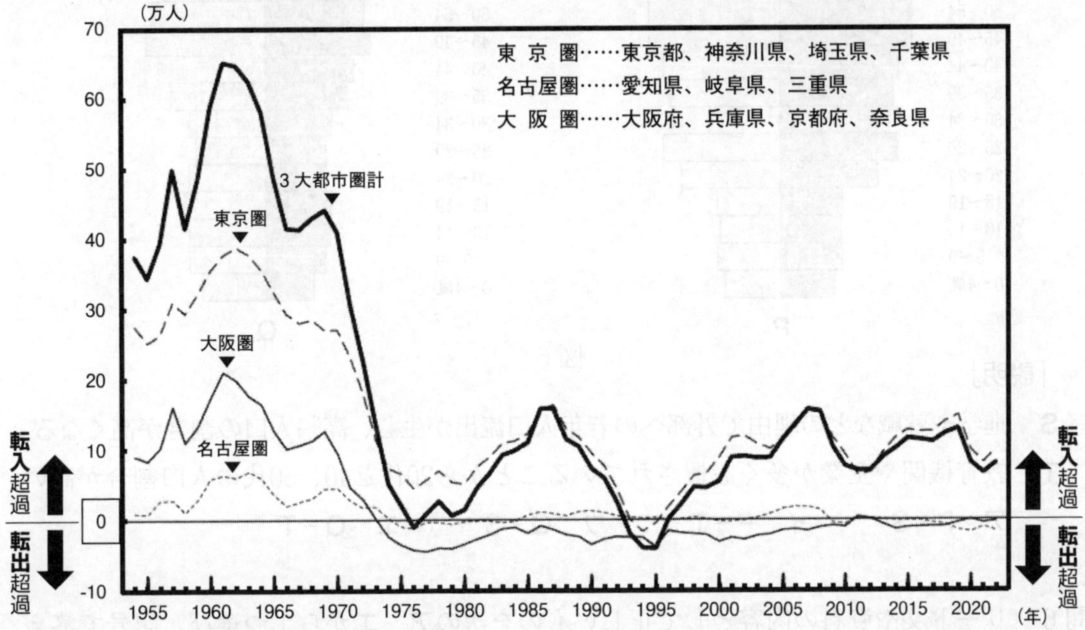


注）1954 年から 2013 年までは、日本人のみ。

図５【総務省統計局資料より引用】

**ア**　名古屋圏の推移をみると、1954年以降で「転入超過」数が10万人を超えた年はない。

**イ**　1954年以降で最も早く「転出超過」が起きたのは大阪圏である。

**ウ**　東京圏の「転入超過」数は常に３大都市圏計の「転入超過」数を下回っている。

**エ**　2010年以降の３大都市圏計の推移をみると、東京圏への一極集中の傾向がみられる。

問５　下線部**e**について次の図６が示す２つの人口ピラミッド**P**，**Q**は2022年度における「東京都」か「鳥取県」のいずれかのもので、文章**S**，**T**はその説明をしたものです。このうち、**東京都の人口ピラミッド**と**説明**の組み合わせとして正しいものを下の**ア**～**エ**から１つ選び、記号で答えなさい。

**「人口ピラミッド」**

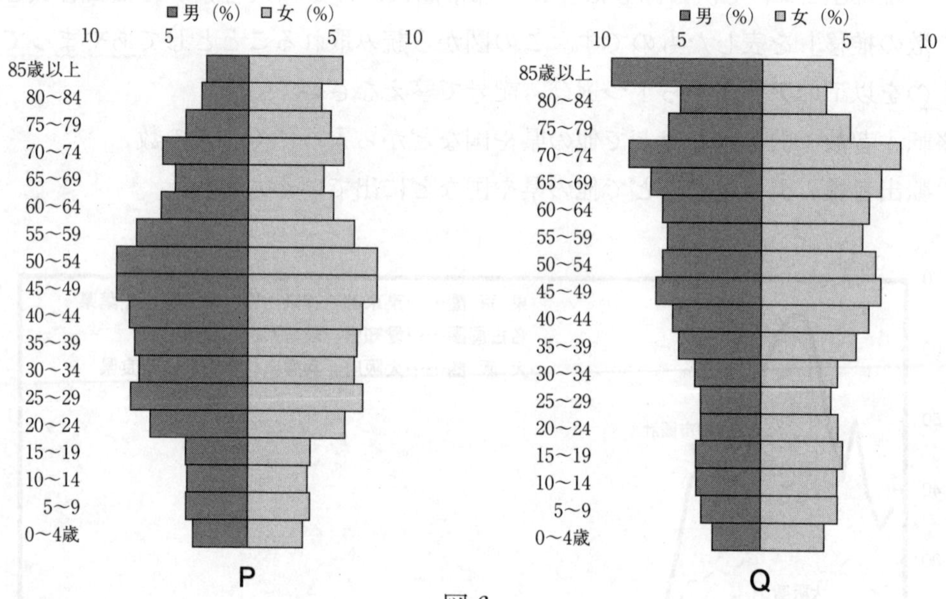


図６

**「説明」**

**S**　進学や就職などの理由で外部への若年人口流出が生じ、高齢人口の割合が高くなる。

**T**　教育機関や企業が多く設置されていることから20代と40、50代の人口割合が高い。

**ア**　**P－S**　　**イ**　**P－T**　　**ウ**　**Q－S**　　**エ**　**Q－T**

問６　リード文や資料の内容として正しいものを次の**ア**～**エ**から１つ選び、記号で答えなさい。

**ア**　図１より出生数が最も多かったのは1950年だが、合計特殊出生率が最も高かったのは1972年であることがわかる。

**イ**　図２より日本の高齢化率は年々上昇しており、2030年にはその割合が40％を超えると予想されていることがわかる。

**ウ**　図３より日本に暮らす外国人数が2017年に250万人を超え、それ以降250万人を下回った年はない。

**エ**　現在、増加し続けている世界の総人口は2100年に初めて100億人に到達することが予想されている。

問７　次の図７に示された25,000分の１の地形図は、愛知県田原市の一部を示したものです。これに関する以下の問いに答えなさい。

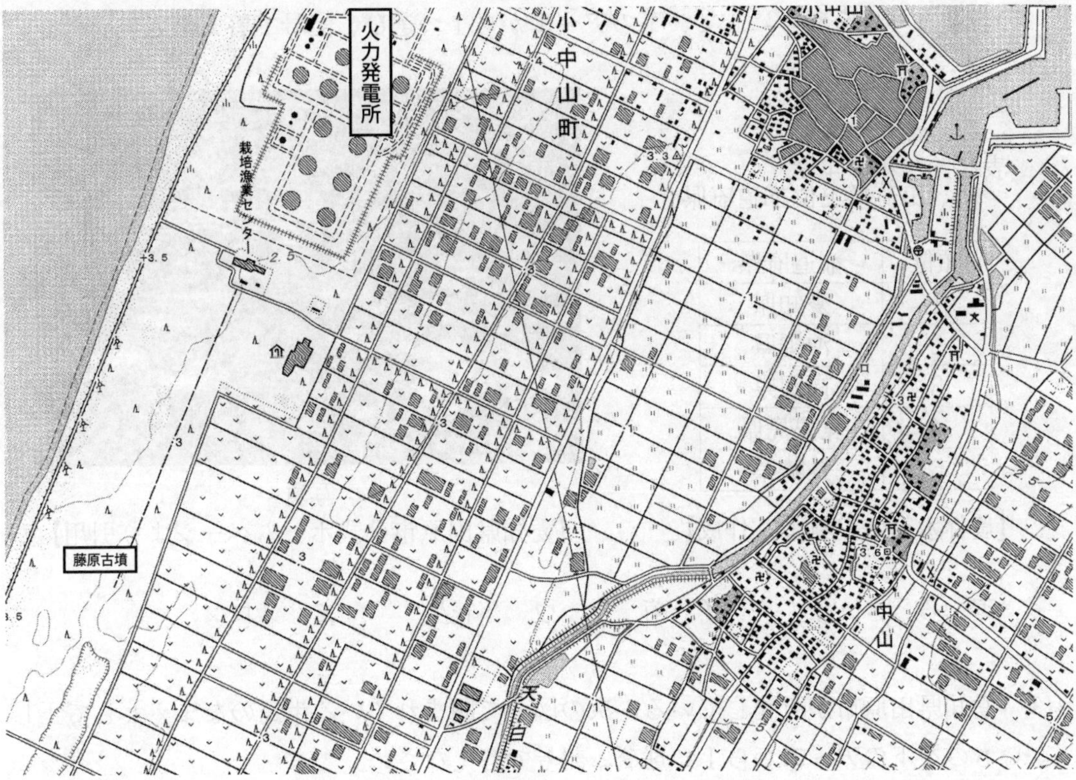


図７

(1)　図７の地形図の説明として正しいものを次の**ア**～**エ**から１つ選び、記号で答えなさい。

**ア**　「藤原古墳」付近の海岸沿いには風車がみられる。

**イ**　「火力発電所」の周辺部には果樹園がみられる。

**ウ**　地形図が示す範囲には寺院のみがみられ、神社はみられない。

**エ**　地形図が示す範囲には高等学校がみられる。

⑵　愛知県田原市の農地では夜間に以下の写真のような夜間に照明のついたビニールハウスをみることができる。**このようなビニールハウス**で作られている農作物を次の表２と写真を参考にして、下の**ア**～**エ**から１つ選び、記号で答えなさい。

表２　令和３年度
出荷量上位都道府県

| 順位 | 都道府県 |
|---|---|
| 1 | 愛知県 |
| 2 | 沖縄県 |
| 3 | 福岡県 |
| 4 | 鹿児島県 |
| 5 | 長崎県 |

【農林水産省資料より作成】

写真
【愛知県田原市公式ホームページより引用】

**ア**　らっきょう　　**イ**　菊　　**ウ**　落花生　　**エ**　メロン

⑶　愛知県田原市が所在している、次の図８で囲まれている半島のなまえとして正しいものを下の**ア**～**エ**から１つ選び、記号で答えなさい。

図８　愛知県全図【Craft MAPより引用】

**ア**　知床《しれとこ》半島　　**イ**　渥美《あつみ》半島　　**ウ**　牡鹿《おしか》半島　　**エ**　知多《ちた》半島

**2**　次の文章を読んで、あとの問いに答えなさい。

日本はきれいな自然がたくさんある国ですが、地震、津波、台風などの自然の力で災害が起こることがあります。古代から現代にいたるまで、これらの災害は日本の歴史に大きく影響を与えてきました。

縄文時代では人々の生活はいつも自然の脅威《きょうい》にさらされていたため、人々はあらゆる自然物や自然現象に霊魂《れいこん》の存在を認めました。このような信仰を［ ア ］といいます。

日本最古の地震記録は①奈良時代の書物に記されています。また地震による最古の被害記録は②推古天皇が在位していた599年に③大和国で大きな被害があったこと、地震の神を祀《まつ》ったことが記されています。

奈良時代では大きな地震だけでなく、各地で飢饉《ききん》や疫病が続き、社会の動揺が広まっていきました。こうした状況の中で、④聖武天皇は、多くの政策をおこないました。

平安時代にも浅間明神が引き起こしたと伝えられる864年の富士山大噴火、869年の貞観三陸地震など大きな災害が起こったことが記録されています。こうした激しい自然災害の中で天災や疫病《えきびょう》などを引き起こす神々に関心があつまります。⑤恨みを抱いて死んだ人々の霊が天災や疫病をもたらすという考え方に基づき、怨霊《おんりょう》や厄神《やくじん》を祀ることで災厄から逃れようとする御霊信仰《ごりょうしんこう》が広まりました。

約150年間続いた⑥鎌倉時代では寛喜の大飢饉により多くの人が命を落とし、疫病も流行したため、社会不安が広がっていきました。こうした中、⑦だれにでもわかりやすく、実行しやすい新しい仏教が生まれ、武士や民衆に広まっていきました。

近世では大飢饉が起こるようになりますが、それは火山活動と関係があります。火山噴火による直接的な被害だけでなく、降灰による河川の氾濫《はんらん》や遮光《しゃこう》による日照不足などを原因とする不作により飢饉が起こるという二次的な被害が発生してしまいました。そうした要因もあり、江戸時代では⑧三大飢饉と呼ばれる大きな飢饉が発生しています。不作は作物の価格を高騰《こうとう》させ、人々の暮らしをより厳しいものにしました。そのため幕府は価格を安定させるための政策を行いました。

このように自然災害は人間がこの大地に生きていく以上逃れることができないものです。自然災害と共生するために、どのように向き合い、いかに備えをするかがとても大切なことです。

問1　空らん［ア］に入ることばを**カタカナ5字**で答えなさい。

問2　下線部①としてあやまっているものを次の中から1つ選び、記号で答えなさい。
**ア**　古事記　**イ**　日本書紀　**ウ**　万葉集　**エ**　徒然草

問3　下線部②について、このときの政治の内容としてあやまっているものを次の中から1つ選び、記号で答えなさい。
**ア**　冠位十二階の制度を定めて、人材登用の道を開いた。
**イ**　小野妹子を隋に派遣して、技術や制度を学ぼうとした。
**ウ**　墾田永年私財法を出して、開墾した土地の永久私有を認めた。
**エ**　十七条の憲法を制定して、役人としての心構えを示した。

問4　下線部③の大部分は現在の何県にあたるか答えなさい。

問5　下線部④について、聖武天皇の政策の特徴を「仏教」ということばを用いて説明しなさい。

問６　下線部⑤について、その様子を描いた作品として正しいものを次の中から１つ選び、記号で答えなさい。

ア　北野天神縁起絵巻《きたのてんじんえんぎえまき》

イ　鳥獣戯画《ちょうじゅうぎが》

ウ　来迎図《らいごうず》

エ　伴大納言絵巻《ばんだいなごんえまき》

問７　下線部⑥では、円滑な裁判が行われるように御成敗式目が作られました。次の史料は御成敗式目の内容を簡単にまとめたものです。御成敗式目の説明として正しいものを下の中から１つ選び、記号で答えなさい。

［史料］

一、諸国の守護のしごとは、頼朝公のときに定められたように、京都の御所の警備と、むほんや殺人などの犯罪人のとりしまりである。
一、武士が20年以上、実際に土地を支配しているのならば、その者の所有となる。
一、女子に所領をゆずったのち、親子の不和があったとき、親は男子と同じようにあとからとりあげる権利がある。
一、女性が養子をとることは頼朝公のとき以来現在に至るまで、女性が土地をゆずりあたえる事例は、武家の慣習として数えきれないほどある。

**ア**　守護のしごとは頼朝公がいる鎌倉の警備である。
**イ**　親は子供に渡した所領をとりあげることができる。
**ウ**　女性が養子をとることは認められなかった。
**エ**　武士が15年支配していた土地の所有が認められる。

問８　下線部⑦について、鎌倉時代の新しい仏教の説明として正しいものを次の中から１つ選び、記号で答えなさい。

**ア**　一遍は時宗を開き、念仏に合わせておどる踊念仏を広めた。
**イ**　法然は浄土真宗を開き、念仏を唱えればだれでも救われると説いた。
**ウ**　最澄は静かな山に寺を建て、修行する天台宗を広めた。
**エ**　坐禅《ざぜん》でさとりを開く禅宗では、栄西が曹洞宗、道元が臨済宗を開いた。

問９　下線部⑧についてまとめた次の表を見て、あとの問いに答えなさい。

| 名前 | 享保の飢饉 | [X]の飢饉 | 天保の飢饉 |
|---|---|---|---|
| 時期 | 18世紀前半 | 18世紀後半 | 19世紀前半 |
| 権力者 | 徳川吉宗 | ⑨田沼意次 | 徳川斉昭 |
| 説明 | ・西日本を中心としたイナゴやウンカの虫害による飢饉。<br>・飢饉用の穀物の栽培を推奨し、青木昆陽によって[Y]の栽培が普及した。 | ・東北地方の冷害など天候不順による飢饉。<br>・浅間山の噴火による影響で農業が大打撃を受け、飢饉はさらに悪化した。 | ・全国規模で発生した冷害や暴風雨による飢饉。<br>・人々を救済するため、大塩平八郎が挙兵した。 |

(1)　空らん[X]、[Y]にあてはまることばの組み合せとして正しいものを次の中から１つ選び、記号で答えなさい。

ア　[X]：寛政　[Y]：サツマイモ
イ　[X]：寛政　[Y]：トウモロコシ
ウ　[X]：天明　[Y]：サツマイモ
エ　[X]：天明　[Y]：トウモロコシ

(2)　以下の文章は表中の下線部⑨の命令で作られたお金の説明です。[Z]にあてはまる数を**算用数字**で答えなさい。

当時江戸では金貨が、大阪では銀貨が使用されており、商人たちは江戸と大阪を行き来するたびに、それぞれのお金を両替する必要がありました。

この不便な両替がなくなるように、右図の南鐐二朱銀《なんりょうにしゅぎん》と呼ばれる銀貨が作られました。この銀貨は１枚で二朱（金の単位）と同じ価値を持ちます。

金貨は一両＝十六朱という単位なので、このお金を[Z]枚集めると金貨一両と同等の価値になります。

**3**　次の文章Ⅰ・Ⅱを読んであとの問いに答えなさい。

Ⅰ

①日本国憲法で定められている自由権は国家にしばられず自分の考えをもつ権利が保障されるということなのです。私が［　②　］のも、この権利の一部である経済活動の自由が保障されているからです。

Ⅱ

③法律が国民に向けたルールであるのに対して、憲法は国が守らなくてはいけないルールといえます。そのため、国民の④義務や責任に関する規定は少なくなっており、憲法は人権に関する規定が中心となっています。

問1　下線部①について、あとの問いに答えなさい。

(1)　次の［　　　］は、下線部①の三つの基本原理のどの説明をしているか。下の図中**ア**～**ウ**の中から1つ選び、記号で答えなさい。

大日本帝国憲法での天皇主権を否定して、国民が国の政治を決定する権利

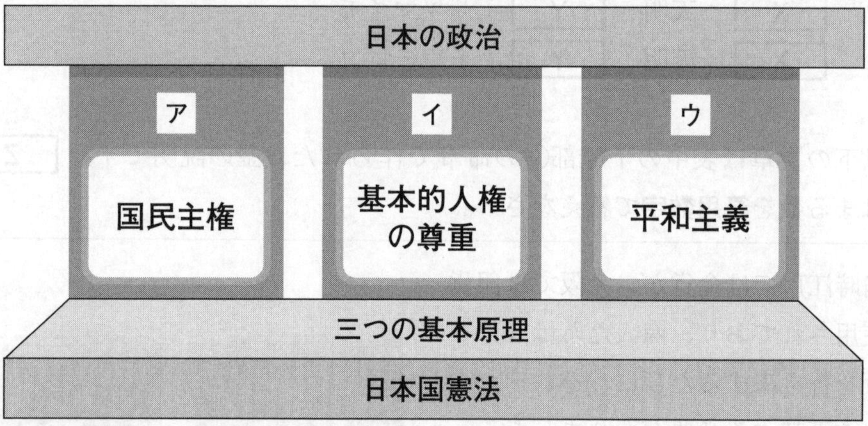


(2)　次の文章は下線部①第13条の条文です。次の［　X　］にあてはまる語句を解答欄に合わせて答えなさい。

すべて国民は、個人として尊重される。生命、自由及び幸福追求に対する国民の権利については、［　X　］に反しない限り、立法その他の国政の上で、最大の尊重を必要とする。

問２　Ⅰの本文中の［　②　］にあてはまる最も適当なものを次の中から１つ選び、記号で答えなさい。

ア　キリスト教を信仰している

イ　春日部に住んでいる

ウ　校内新聞で自分の考えを発信している

エ　ヘイトスピーチ反対の抗議デモに参加している

問３　下線部③に関して，男女共同参画社会基本法に最も関連するものを次の中から１つ選び、記号で答えなさい。

ア

イ

ウ

エ

【さいたま市父子手帳より】

問４　下線部④に関して、日本国憲法にさだめられている国民の義務として正しいものを次の中から１つ選び、記号で答えなさい。

ア　普通教育を受ける義務

イ　兵役の義務

ウ　納税の義務

エ　選挙に行く義務

**【理　科】〈第１回午後入試〉（社会と合わせて60分）〈満点：50点〉**

**1**　太郎くんとお父さんの会話文を読み、次の各問いに答えなさい。

太郎　　：やっぱりテニスは楽しいな！はやく中学生になってテニス部で思いっきりテニスがしたいな！…このボールも古くなってきたね。そういえば、気体が抜《ぬ》けた古いテニスボールはどうして新しいものより跳《は》ねないんだろう？

お父さん：ボールはね、変形した状態から元に戻ろうとする性質によって跳ねるんだ。ボールが同じだけ変形したときは気体がたくさん入っているほど、同じボールならたくさん変形するほど元に戻ろうとする性質が強いんだよ。

太郎　　：そうなんだ。新しいボールと古いボールでどのくらい跳ね方に差があるか確かめてみよう！

**実験**

太郎　　：古くなって気体が抜けると、思っていた以上に跳ね方が小さくなったね！やっぱり新しいボールが一番だね！…でも、同じ新しいボールでも土のコートとコンクリートのコートで跳ね方が違《ちが》うのはなぜだろう？

お父さん：それはね、コンクリートのコートの方がボールを（　①　）からよく跳ねるんだよ。

問１　床《ゆか》とぶつかる直前のボールの速さに対する、ぶつかった直後のボールの速さの割合は、ボールによって決まった値になります。この割合が大きいほどよく跳ねるボールだといえます。以下の**表１**の結果より**A**～**D**のボールをよく跳ねる順に並べたものを次の**ア**～**オ**から１つ選び、記号で答えなさい。

**表１**

| | 床とぶつかる直前の速さ〔m／秒〕 | 床とぶつかった直後の速さ〔m／秒〕 |
|---|---|---|
| **A** | 5 | 3 |
| **B** | 10 | 7 |
| **C** | 20 | 15 |
| **D** | 30 | 20 |

**ア**　A→B→C→D　　**イ**　A→D→B→C　　**ウ**　B→C→D→A
**エ**　C→B→D→A　　**オ**　D→C→B→A

問２　太郎くんは新しいボールと古いボールの跳ね方の差を調べるために、いろいろな高さから新しいボールと古いボールを落として、跳ねた後の最高点の高さを調べました。**表２**の実験１～６のうち新しいボールの結果であると考えられるものの組合わせを次の**ア～カ**から１つ選び、記号で答えなさい。ただし、ボールは新しいものと古いものの２種類しかないものとし、ボールはそっと落としたとします。

**表２**

| 実験 | 落とした高さ〔cm〕 | 最高点の高さ〔cm〕 |
|---|---|---|
| 1 | 30 | 17 |
| 2 | 50 | 21 |
| 3 | 90 | 38 |
| 4 | 100 | 56 |
| 5 | 150 | 84 |
| 6 | 300 | 126 |

**ア**　１、２、３　　**イ**　４、５、６　　**ウ**　１、３、５
**エ**　２、４、６　　**オ**　２、３、６　　**カ**　１、４、５

問３　会話文中の最後のお父さんの発言が正しくなるように、（　①　）にあてはまる言葉を会話文を参考にして、簡単に答えなさい。

問４　やわらかい粘土《ねんど》でできた球は、床に落としてもほとんど跳ねません。会話文を参考にして、その理由を簡単に答えなさい。

**2** 以下の文章を読み、次の各問いに答えなさい。

**[実験１]**

ごはんつぶをすりつぶし、水にうすめたものを６本の試験管**A**～**F**に同じ量ずつ分けて入れました。**B**, **D**, **F**には少量のだ液を入れ、**A**, **C**, **E**にはだ液と同じ量の水を入れました。これらを、**図**のように5℃, 40℃, 80℃の水の中にそれぞれ10分間入れました。

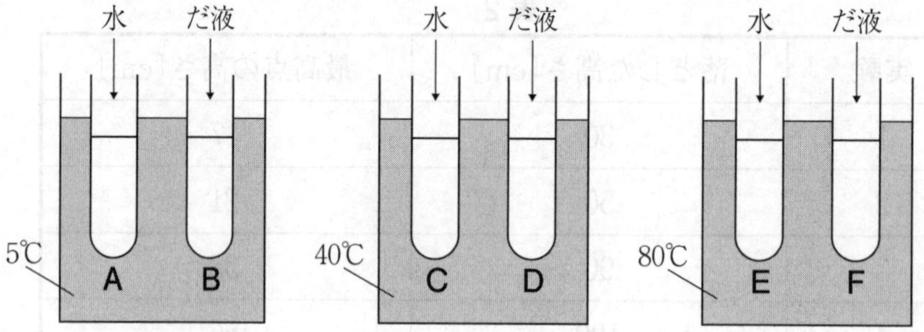


**図**

**[実験２]**

**実験１**で用いた試験管**A**～**F**からそれぞれ取り出した液に、ヨウ素液を加えて色の変化を観察しました。また、**A**～**F**の試験管からそれぞれ取り出した液にベネジクト液(※)を加えて加熱し、色の変化を観察しました。**表１**はその結果であり、色が変化した試験管を○、変化しなかった試験管を×で表しています。

**表１　A～Fの色の変化**

| 試験管 | A | B | C | D | E | F |
|---|---|---|---|---|---|---|
| ヨウ素液 | ○ | ○ | ○ | × | ○ | ○ |
| ベネジクト液<br>＋加熱 | × | × | × | ○ | × | × |

※ごはんつぶに含《ふく》まれるものが分解されてできた麦芽糖《ばくがとう》などを含む液体にベネジクト液を加えて加熱すると、色が変化します。

[**実験３**]

**実験１,２**で用いた試験管**A,B,E,F**を水から引き上げ、すべて40℃の水の中にそれぞれ10分間入れました。その後、**A,B,E,F**の試験管の液に、それぞれ**実験２**と同じ操作を行い、色の変化を観察しました。**表２**はその結果であり、○と×は**表１**と同じものを表します。

**表２　A,B,E,Fの色の変化**

| 試験管 | A | B | E | F |
|---|---|---|---|---|
| ヨウ素液 | ○ | × | ○ | ○ |
| ベネジクト液<br>＋加熱 | × | ○ | × | × |

問１　ヨウ素液は何に反応して何色に変化しますか。解答欄《らん》の空欄に適切な言葉を入れなさい。

問２　**実験１,２**の結果から、だ液のはたらきについてわかることを、温度と試験管内のものの変化に注目して簡単に答えなさい。

問３　**実験３**の結果から、だ液のはたらきについてわかることは何ですか。もっとも適当なものを次の**ア**～**ウ**から１つ選び、記号で答えなさい。

**ア**　だ液のはたらきは、５℃の水の中で冷やすとなくなる。

**イ**　だ液のはたらきは、80℃の水の中で温めるとなくなる。

**ウ**　だ液のはたらきは、温度の影響《えいきょう》をうけない。

問４　だ液のはたらきによって体に吸収されやすくなったものは、水とともに主にどこから吸収されますか。もっとも適当なものを次の**ア**～**エ**から１つ選び、記号で答えなさい。

**ア**　胃　　**イ**　十二指腸　　**ウ**　小腸　　**エ**　大腸

**3**　月、太陽、地球の位置関係について、次の各問いに答えなさい。

下の**図１**は、月、太陽、地球の位置関係を示した模式図です。月は時期に応じて図中①～⑧の各位置を、約29.5日の周期で一周しています。各観察地点は**A**、**B**、**C**、**D**の４地点であり、それぞれに人が立っている様子を示しています。また、地球の中心にある●は北極点を示しています。

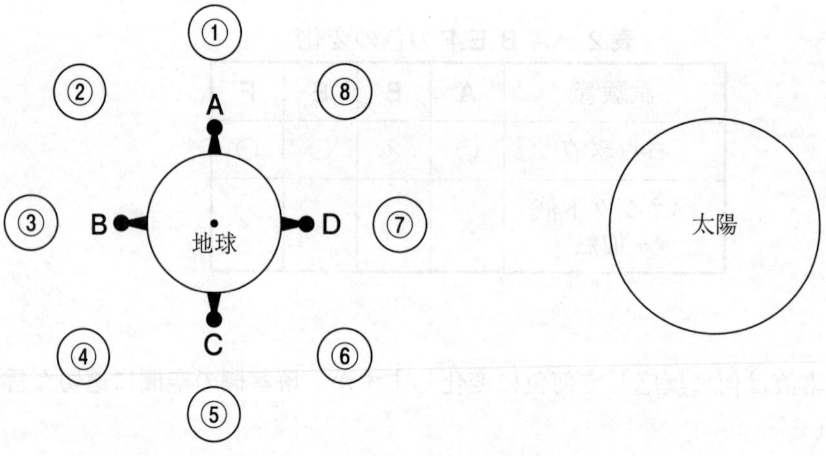


**図１**　月、太陽、地球の位置関係

問１　日食、月食が起きるときの月の位置として最も適当なものを図中①～⑧からそれぞれ１つずつ選び、記号で答えなさい。

問２　東の地平線付近に満月が見えました。このときの観察地点（**A**～**D**）と、観察した月の位置（①～⑧）をそれぞれ答えなさい。

問３　満月の月面を観察したところ、右の**図２**に示した位置に山が観察されました。

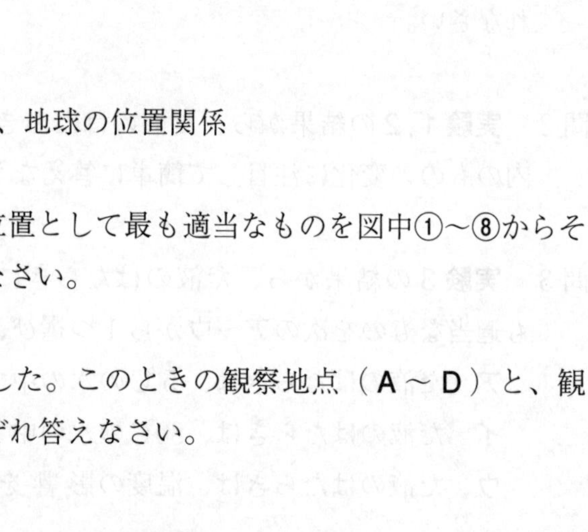

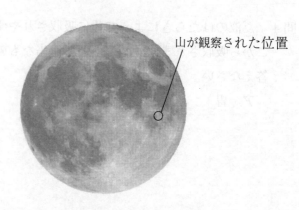


**図２**

後日、ある日の夕方に月が南中しました。

(1)　夕方に月が南中したときの観察地点（**A**～**D**）と、観察した月の位置（①～⑧）をそれぞれ答えなさい。

(2)　このときの月面を拡大すると、明るく輝《かがや》くところに**図２**で観察された山と同じ山が観察できました（**図３**）。

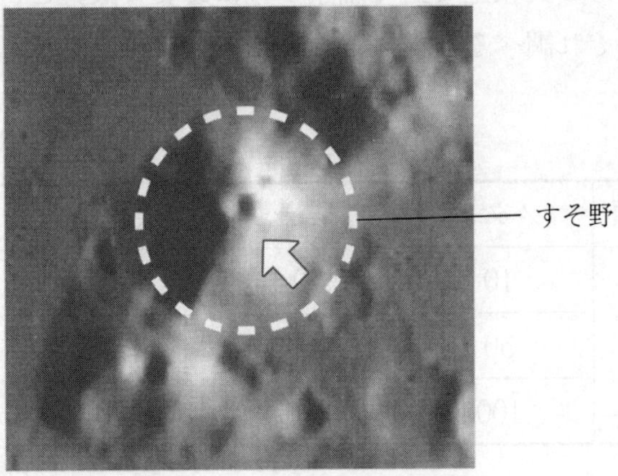


**図３**　月面の山
（図中の矢印は山頂を、点線は山のすそ野を示しています）

その２週間後、時間を変えて再び南中した月を観察し、月面を拡大してみました。このとき、**図３**で観察した山にはどのような影が観察されると考えられますか。最も適当なものを次の**ア**～**オ**から１つ選び、記号で答えなさい。ただし選択肢《せんたくし》の図中の濃いところは山にできた影を、・は山頂を、点線はすそ野を示しています。

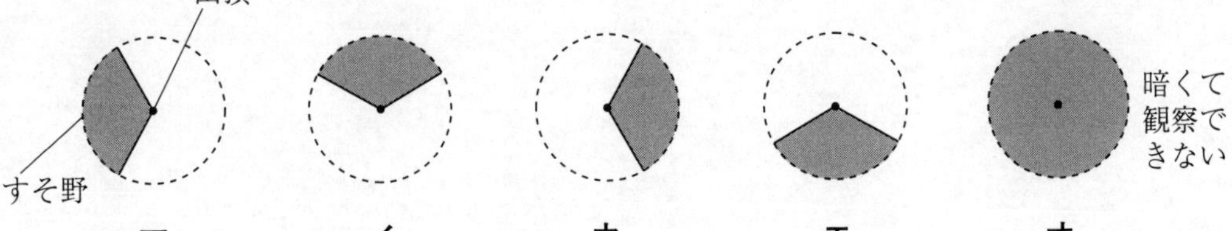


**ア**　　**イ**　　**ウ**　　**エ**　　**オ**

**4**　以下の文章を読み、次の各問いに答えなさい。

有機物は、炭素という成分をふくんでいて、これを酸素といっしょに燃やすと二酸化炭素と水蒸気が発生します。この有機物が気体の場合は、燃える「有機物」と「酸素」と発生する「二酸化炭素」と「水蒸気」の体積に簡単な比が成り立つことが知られています。

たとえば、有機物の一種であるメタンという気体について考えます。さまざまな体積のメタンを準備し、ある実験室で全て燃やすのに必要な酸素と、発生した二酸化炭素と水蒸気の体積をそれぞれ調べると、以下の**表１**のようになりました。

**表１**

| 気体の種類 | メタン | 酸素 | 二酸化炭素 | 水蒸気 |
|---|---|---|---|---|
| 体積〔mL〕 | 10 | 20 | 10 | 20 |
| | 50 | 100 | 50 | 100 |
| | 100 | 200 | 100 | 200 |

問１　下線部について、発生した気体が二酸化炭素であることを調べるための方法として、石灰水を用いた実験があります。二酸化炭素を石灰水に通したときの結果を簡単に説明しなさい。

問２　水蒸気を50mL得るためには何mLのメタンを燃やす必要があるか答えなさい。

四

次に、同じ実験室で有機物の一種であるプロパン10mLを全て燃やすのに必要な酸素と、発生した二酸化炭素と水蒸気の体積をそれぞれ調べると、以下の**表2**のようになりました。

**表2**

| 気体の種類 | プロパン | 酸素 | 二酸化炭素 | 水蒸気 |
|---|---|---|---|---|
| 体積〔mL〕 | 10 | 50 | 30 | 40 |

問3　ある量のプロパンを20mLの酸素といっしょに燃やすと、発生した水蒸気は10mLでした。このとき、余った酸素は何mLか答えなさい。

問4　メタンとプロパンが混ざった気体を、十分な量の酸素といっしょに燃やすと、発生した二酸化炭素は19mL、水蒸気は28mLでした。混ざった気体にふくまれていたメタンとプロパンはそれぞれ何mLか答えなさい。

四　次の表は日本の２０２０年現在の人口等と、２０７０年の人口等変化予測についてまとめたものです。この表を見て、後の問に答えなさい。

表　**日本の人口等変化予測**

| 項　目 | 2020年 | | 2070年 | |
|---|---|---|---|---|
| ①総人口 | １億2615万人<br>（１億2340万人） | | 8700万人<br>（7761万人） | |
| ②高齢率 | 28.6％<br>3.5人に１人 | | 38.7％<br>2.6人に１人 | |
| ③生産年齢人口の割合 | 59.5％<br>（59％） | | 52.1％<br>（49.7％） | |
| ④人口に占める外国人の割合 | 2.2％ | | 10.8％ | |
| ⑤平均寿命 | 男 | 81.58年 | 男 | 85.89年 |
| | 女 | 87.72年 | 女 | 91.94年 |

（注）　日本経済新聞　2023年４月27日「50年間でこう変わる」より
　　カッコ内は日本人のみの数字

問一　表内の項目①～⑤から二つを自由に選び、その二つの変化がどのように関連しているのかを説明しなさい。

問二　問一で選んだ項目の変化について、どのような備えや対策が必要だと考えますか。あなたの考えを述べなさい。

問五　〜〜部３「通りに面した窓の外には平日のビジネス街が、ぼくたちには無関心に広がっている」という描写の説明として適当なものを、次の中から一つ選び、記号で答えなさい。

ア　慣れない東京という地に旅行に来たテツローたちは初めての経験に興奮しているが、ビジネス街の人々はそんな彼らに冷たい視線を向けているということ。

イ　春休みとはいえ平日に街中を自転車で駆け抜けていくテツローたちのことを、通勤中のビジネスマンたちはあまり快く思っていないということ。

ウ　急な坂道をのぼり、苦労してファミレスまでたどりついたテツローたちとは対照的に、ビジネス街では朝から積極的に運動をするような人はいないということ。

エ　春休みに自転車旅行という冒険をするテツローたちは初めての経験に胸を躍らせているが、それに反してビジネス街は普段と変わらない様子であるということ。

問六　〜〜部４「丸ノ内線はちょうどぼくたちがいる新宿通りのましたをとうっているのだ」の中には、日本語の表現として誤っている部分が一箇所あります。それを含む**一文節**を抜き出し、正しい表現に直しなさい。

問七　〜〜部５「腕を組んで散歩するカップルと同じ速度になる」で用いられている表現技法として適当なものを、次の中から一つ選び、記号で答えなさい。

ア　隠喩《ゆ》　イ　直喩　ウ　擬人法　エ　体言止め

問八　〜〜部６「みんな見えかただけ工夫するのがうまいのだ」から読み取れる街の人々の説明として適当なものを、次の中から一つ選び、記号で答えなさい。

ア　街にいる全ての人が自分はおしゃれで自由だと思い込んでいるが、実際には通勤などの時間に縛られているということ。

イ　街の人々は実際には裕福や自由でなくても、外見を着飾るなどして自由であるかのように振る舞っているということ。

ウ　街の人々は、自分が自由で豊かであると見せかけることで、周囲より優位に立とうと考えているということ。

エ　自分の居場所を確立するために、街の人々は自由を装って周囲に溶け込もうと懸命になっているということ。

問九　問題文の表現の特徴の説明として、ふさわしいものを次の中から一つ選び、記号で答えなさい。

ア　テツローからダイ、ジュン、ナオトへと視点が切り替わることによって、四人の価値観の違いが表現されている。

イ　会話文を多用することによって、思春期の少年たちの揺れ動く繊細な気持ちの移り変わりが鮮明に表現されている。

ウ　風景描写を詳細に描くことで、冷たく緊張感をはらんだ東京の景色が象徴的に表現されている。

エ　登場人物たちの様子や心情、風景描写がイメージしやすくなるように、比喩表現が多用されている。

道は四角いコンクリートタイルから白い大理石に、街灯は明るいだけの素っ気ないモダンデザインからガス灯をまねたちいさな笠《かさ》つきのガラス製になる。

ひるすぎの新宿の人出は平日でも圧倒的だった。誰もおりはしなかったけれど、伊勢丹や紀伊國屋のまえでは、いくら高性能のマウンテンバイクでも**5**腕を組んで散歩するカップルと同じ速度になる。スタジオアルタの電光掲示板のしたで、ぼくたちは自転車をとめて記念写真を撮ることにした。おのぼりさんみたいだが、こんなことは東京に生まれてもめったにできないことなのだ。

ナオトは八百万画素あるという新しいデジタルの一眼レフで、デートの相手を待つ人たちのなかで妙に浮いたぼくたち三人を撮影した。なんだか修学旅行みたいだった。ひとりずつ交代で全員がはいるように四枚撮ったのだ。頭上のディスプレイではタモリとレギュラータレントが百万回目のリズムゲームをやっている。ジュンが※2ブラウン運動みたいに対流する東口広場の人波を眺めて、マウンテンバイクにまたがった。

「なんだか繁華街っておもしろいよな。みんな、自分はいかに自由に時間がつかえて、どれだけ金もちかってことを見せびらかしてるみたいだ」

ダイが続けた。

「それに、自分がどれだけもてるかってこともな」

確かにそこにいる人はみなおしゃれで、自由で豊かであるように見えた。**6**みんな見えかただけ工夫するのがうまいのだ。

（石田衣良『４ＴＥＥＮ』より）

※１　ジロ・デ・イタリア…毎年五月にイタリアで行われるプロ自転車ロードレース。

※２　ブラウン運動…液体や気体中に浮遊する微粒子が不規則に運動する現象。

問一　[A]～[D]にあてはまることばとして適当なものを、次の中からそれぞれ一つ選び、記号で答えなさい。（ただし、同じ記号を二度以上使ってはいけません）

ア　ばりばり　　イ　だんだん　　ウ　がんがん

エ　じりじり　　オ　がらがら

問二　═══部「おのぼりさん」の意味として適当なものを、次の中から一つ選び、記号で答えなさい。

ア　無理して大人のようにふるまう子ども。

イ　恥じらいもなく人前ではしゃいでいる人。

ウ　都会見物のために田舎から出てきた人。

エ　他人の目を気にせず気分のままに動く人。

問三　〰〰部**1**「ぼくは笑った」とありますが、その理由として適当なものを、次の中から一つ選び、記号で答えなさい。

ア　ダイは帰り道に楽をしようとしているが、実際には一度もペダルを踏まずに坂を下りるのは難しいだろうとあきれたから。

イ　現在上っている坂道を、ダイの言うように帰りは一度もペダルをこがずに下りることができるかもしれないと期待したから。

ウ　いつも運動より食事を最優先するダイが、目先の昼食よりも帰り道の運動量を気にしていることが意外でおかしかったから。

エ　自転車の特性を生かして、帰り道では追い風を利用して一度もペダルをこがずに下りられることが楽しみで仕方ないから。

問四　〰〰部**2**「勉強のこと、高校のこと、社会にでてからの仕事や恋愛なんかのこと、普段は口にしない不安のすべてを、思い切り笑い飛ばしたくなったのだ」とありますが、テツローがこのように思ったのはなぜですか。五十字以内で説明しなさい。（句読点も字数にふくみます）

やわらかなむかい風のなか、全身の筋肉を左右交互につかって坂道を　A　とのぼっていくと、突然お腹の底から笑いたくなってくる。2 勉強のこと、高校のこと、社会にでてからの仕事や恋愛なんかのこと、普段は口にしない不安のすべてを、思い切り笑い飛ばしたくなったのだ。ぼくは息を荒くして、マラソン選手のように二拍ずつ鼻から吸い、口から吐きながら、ひとりで笑っていた。お濠の対岸の緑は手いれのされていないジャングルみたいで、遠くあとにした霞が関の官庁街はガラスのさいころのようだった。世界は始まったばかりの春のなかにあって、なにもいえなくなるほど美しく、大声で笑いたくなるほどばからしかった。

そのとき、ぼくがどうしたかって？

ぼくはジュンとナオトが休んでいるところまでいき、マウンテンバイクを芝のうえに倒した。ウインドブレーカーを脱ぐと腰に巻きつけ、自転車のフレームについたホルダーからボトルを取った。なかには朝家をでるときに氷をいっぱいにつめこんであったのだ。ボトルは垂直、顔は空をむく。目を開けると淡い雲が切れて、まだらな青空がのぞいていた。滝のようにのどを落ちた水のうまさ、冷たさ。ぼくは半リットルの水をのみ、そのまま芝のうえに倒れこんだ。

ダイが到着したときにはみんな立ちあがり、拍手で迎えてやった。やつはアカデミー賞受賞の挨拶みたいにおおげさに拍手を静める。

「出迎えご苦労。でも、おれもちょっと休ませてくれ」

そういうとダイは頭からボトルの水をかぶり、芝に倒れこんだ。

半蔵門からはひたすら西に新宿通りを走るだけだった。四谷までの一キロは鼻歌をうたうくらい軽かった。通りは朝のラッシュアワーだが、幅の広い歩道を通勤する人たちを避けながら走った。

四谷見附《よつやみつけ》をすぎて最初に目についたファミレスで早めの昼食にした。四人とも一番安いランチメニューを選んだ。3 通りに面した窓の外には平日のビジネス街が、ぼくたちには無関心に広がっている。ナオトがひと息で氷水のコップをのみほしていった。

「なんだか、ばかみたいだな。電車なら二、三十分でいける新宿まで、こんなに苦労するなんてさ」

ダイは口のなかで　B　と残りのロックアイスをかみくだいた。

「そうだな。なんかいつもの遠出とぜんぜん変わんないし」

注文のイタリアンハンバーグが届くと、みな無言で飛びついた。朝の五時半から起きていると昼にたべる最初のひと口はもう魔法みたいなうまさになる。その店はランチタイムのごはんのお代わりが自由だったから、普段は小食なナオトでさえ二枚目を頼んでいた。ダイはたっぷりとチーズのかかったハンバーグをおおきく五つに切り分け、小皿のライス一枚にひと切れの割合でたいらげていった。おかずが足りなくなると、塩を振ってごはんを崩していく。店にしたら迷惑な客だ。

昼まえなので　C　の店内でコーヒーと冷水をお代わりしながら、三十分ほど食休みをした。昼食を終えて外にでると、街はようやく朝から昼の顔になっていた。ジュンはポケット地図を見ていった。

「ここまできたら、もう新宿なんてすぐだから、ゆっくりいこう。歩行者も信号も多いから、無理して急いでもあんまり時間は変わんないと思う」

ぼくはサドルにまたがりながら、新宿まで丸ノ内線の駅でいくつあるか考えてみた。4 丸ノ内線はちょうどぼくたちがいる新宿通りのましたをとうっているのだ。四谷三丁目、新宿御苑《ぎょえん》前、新宿三丁目、新宿。どれも地下鉄にのっているときには、新宿の近くの駅というイメージしかない駅名ばかりだった。

新宿御苑をすぎると、　D　と街のイメージが変わっていった。オフィス街からデパートや映画館なんかがならんだ繁華街になる。歩

イ　子供には自由な選択権はないが、親から愛情を注がれる権利を持っているということ。

ウ　子供には自由はないが、親の愛情をたくさん受けていれば幸福に過ごせるということ。

エ　自立していない子供には自由がなく、親の愛情を拒否する手段を持たないということ。

問十　～～部8「教養をつけ、心を鍛える、という内面の管理」の例として**ふさわしくないもの**を次の中から一つ選び、記号で答えなさい。

ア　一日の終わりに、今日の自分の行動が自分勝手でなかったか反省する。

イ　図書館に行って、普段は手にしないようなジャンルの本を読んでみる。

ウ　尊敬すべき人に自分の言動を注意された時、素直にそれを聞き入れる。

エ　話す相手に不愉快な思いをさせないように、話し方を学ぶ教室に通う。

## 三

次の文章を読んで、後の問に答えなさい。

　中学二年生のテツロー（ぼく）は、春休みを利用して、親友であるジュン、ナオト、ダイとともに四人で自転車旅行をすることにした。目的地である新宿中央公園に行くまでの道中、四人は普段とは異なるように見える東京の風景を楽しんでいた。

　だが、桜田門の先、三宅坂《みやけざか》から半蔵門までの坂道はさすがにきつかった。なにせ日比谷ではすぐ手の届くところにあったお壕《ほり》の水面がどんどんしたに落ちていくのだ。水面の位置は変わらないので、道はおおきく皇居の形に沿ってうねりながら、急激に傾斜を加えていくのである。ぼくはあまり汗かきではないけれど、すぐにダイと同じようにタオルを首に巻くことになった。それはジュンやナオトも同じだ。ダイがだいぶ後方から声をかけてきた。

「テツロー、おれが今なに考えてるか、わかるか」

　坂のうえから吹いてくる風にむかって叫んだ。

「昼めしのことだろ、どうせ」

「違うよ。帰り道はこの坂を、ずっとペダルを、こがずにおりてやる。それだけ」

　1ぼくは笑った。自転車はすごく便利なのりものだけど、むかい風とのぼり坂には極端に弱いのだ。その分くだりは何十倍も楽になる。もしかしたらダイのいうとおり半蔵門から日比谷まで、一回もペダルを踏まずに到着できるかもしれなかった。

　三宅坂をすぎて、無愛想な積み木みたいな最高裁を横目に皇居の周回路をのぼり続けた。このあたりまでくるとお壕は緑の急斜面のはるかしたにたまってる濁った筆洗い用の水と同じだった。坂の部分をほぼあがり切った東京FMのあたりで、ジュンとナオトは休息していた。ガードレールにマウンテンバイクをもたせかけ、自分たちは歩道わきの芝に腰をおろしている。こちらにむかって手を振った。

「早く、こーい。出発しちゃうぞ」

　冗談じゃない。ぼくはダイにつきあうのをやめて、胸にひきつけるようにハンドルをにぎりしめ、腹筋をつかってしっかりとペダルを踏み抜いた。※1ジロ・デ・イタリアの難所には、わずか十三キロのあいだに標高差千二百メートルを駆けあがる猛烈なセクションがあるという。最大勾配《こうばい》は二十パーセントを軽く超えるそうだ。どんな世界でもプロというのは化けものだと思った。ぼくには日比谷から半蔵門まで、五十メートルものぼるのが精いっぱいだ。それでも春の日ざしともないからこそ、親は理屈など考えもせず、とにかく子供を守るのだ。親鳥の羽の下でなら、零下《れいか》にまで下がる気温の中でも、7ペンギンの雛《ひな》は親の足の間でぬくぬくと眠るのである。

品というものは、多分に勉強によって身につく。本を読み、謙虚《けんきょ》に他人の言動から学び、感謝を忘れず、利己的にならないことだ。受けるだけでなく、与えることは光栄だと考えていると、それだけでその人には気品が感じられるようになるものである。

健康を志向し、美容に心がける。たいていの人が、その二点については比較的熱心にやっている。しかし8教養をつけ、心を鍛《きた》える、という内面の管理についてはあまり熱心ではない。どうしてなのだろう、と私は時々不思議に思っている。

（曽野綾子『人間にとって成熟とは何か』より）

※1　氾濫…（好ましくない）ものがあふれるほどに出回っていること。
※2　闊達…性格が明るくて、こだわりがなく人の意見などをよく受け入れる様子。

問一　A～Dに入る適当なことばを、次の中からそれぞれ一つ選び、記号で答えなさい。（ただし、同じ記号を二度以上使ってはいけません）

ア　むしろ　　イ　つまり　　ウ　だから
エ　しかし　　オ　もちろん

問二　══部a「謙譲語」を、次の中から一つ選び、記号で答えなさい。

ア　ご覧になる　　イ　差し上げる　　ウ　召し上がる
エ　おっしゃる　　オ　くださる

問三　══部b「緩急」と同じ組み立ての熟語を、次の中から一つ選び、記号で答えなさい。

ア　無難　　イ　減刑　　ウ　行進　　エ　黒板　　オ　伸縮

問四　Xに入る語を、漢字一字で答えなさい。

問五　1～3には、「船長（さん）」もしくは「キャプテン」のいずれかが入ります。どちらが入るのかを、次の中からそれぞれ一つ選び、記号で答えなさい。

ア　船長（さん）　　イ　キャプテン

問六　4に入ることばとして適当なものを、次の中から一つ選び、記号で答えなさい。

ア　厳しさ　　イ　個性
ウ　けじめ　　エ　思いやり

問七　〰〰部5「群れようとする心境を自分に許さない」とはどういうことですか。適当なものを次の中から一つ選び、記号で答えなさい。

ア　人と同じような格好では個性を出せないので、自分の好きな服を着るということ。
イ　誰かを頼るといつまでも自立できないので、誰とも付き合わずにいるということ。
ウ　相手が自分にとって損か得かをよく見極めて付き合う人を選んでいくということ。
エ　本当に理解し合える人を自分で選んで、その人たちと付き合っていくということ。

問八　〰〰部6「川の流れの中に立つ杭」とはどのような人のたとえですか。五十字以内で書きなさい。（句読点も字数にふくみます）

問九　〰〰部7「ペンギンの雛は親の足の間でぬくぬくと眠る」とはどのようなことを説明したものですか。適当なものを次の中から一つ選び、記号で答えなさい。

ア　子供には自由がなく哀れだと思う親が、たっぷりと愛情をかけ育てているということ。

言葉を駆使《くし》できない人になることをあまり恐れない。

昔、私は故吉田茂総理のお嬢さんで、麻生太郎元総理のお母さまに当たる麻生和子さんと、何度か仕事の上でお目にかかったことがあった。いわゆる社交的な遊びではない。約束の時間に会合の場所に行くと、一、二分の差で全員が集まった。お互いに大切な相手の時間を無駄にしないという礼儀からである。しかし始まると、相談すべき事柄のやり取りは※2闊達《かったつ》で、和子さんは時々「べらんめえ調」にさえなられた。「そう言ってやりゃあいいんだ、でしょう」などと巻き舌で口まねをしたりされた。話はb緩急《かんきゅう》自在。少しもお上品ぶってはいないどころか、下町風の気っぷさえ感じられるのだが、始めと終わりはきちんとした挨拶《あいさつ》で締《し》めくくる。「今日は、ほんとうに恐れ入りました。それでは、ごきげんよう」とおっしゃる。集まりの時間は予定が一時間ならきっかり一時間で、女同士がだらだら喋《しゃべ》って、「お昼にデパートでお蕎麦《そば》でも食べて帰らない?」式に延びることは決してなかった。誰もが、次の約束を抱えているからである。

時と場合に応じて、どんな喋り方もできる。しかし[4]は失わない。それが私の若い時からの理想だった。

今の時代に品などという言葉を持ち出すと笑われるだろうが、私はやはり或《あ》る人が品がいいと感じる時には、まちがいなくその人が成熟した人格であることも確認している。

品はまず流行を追わない。写真を撮られる時に無意識にピースサインを出したり、成人式に皆が羽織る制服のような白いショールなど身につけない。あれほど無駄で個性のない衣服はない。それくらいなら、お母さんか叔母さんのショールを借りて身につけた方がずっと個性的でいい。有名人に会いたがったり、サインをもらいたがったりすることもない。そんなものは、自分の教養とは全く無関係だからだ。

品は、5群れようとする心境を自分に許さない。自分が尊敬する人、会って楽しい人を自分で選んで付き合うのが原則だが、それはお互いの人生で独自の好みを持つ人々と理解し合った上で付き合うのだ。単に知り合いだというのは格好がいいとか、その人といっしょだと得なことがあるかということで付き合うものではない。

その意味で、最近流行《はや》りのフェイスブックなどというものを(私はまだ利用したことがないので詳しいことはわからないのだが)信じる気にならない。

品を保つということは、一人で人生を戦うことなのだろう。それは別にお高く止まる態度を取るということではない。自分を失わずに、誰とでも穏やかに心を開いて会話ができ、相手と同感するところと、拒否すべき点とを明確に見極め、その中にあって決して流されないことである。この姿勢を保つには、その人自身が、6川の流れの中に立つ杭《くい》のようでなければならない。この比喩《ひゆ》は決してすてきな光景ではないのだが、私は川の中の杭という存在に深い尊敬を持っているのである。

世の中の災難、不運、病気、経済的変化、戦争、内乱、すべてがボロ切れかゴミのようになってこの杭にひっかかるのだが、それでも杭はそれらを引き受け、朽《く》ちていなければ倒れることなく、端然《たんぜん》と川の中に立ち続ける。これがほんとうの自由というものの姿なのだと思う。

この自立の精神がない人は、つまり自由人ではない。

子供はまだ修業中だから、子供には自由はない。子供にも人権があるから自由だ、などと、言葉の意味も深く考えずに平気で口にする人もいるが、経済的にも、肉体的にも自立していない人間が、自由に生きられるわけがない。ただ子供は、あふれるような親の愛情を浴びて育つのが原則だ。それがなければ、子供は、食事を与えられなくても、警察に訴えることもできず、一命の危険にさえ陥《おちい》る。力もなく、自由で

# 2024年度 春日部共栄中学校

【国語】〈第一回午後入試〉（五〇分）〈満点：一〇〇点〉

一　次の――部について、漢字をひらがなに、カタカナを漢字に直しなさい。

① 父はハイクを習い始めた。
② それはスイロンに過ぎない。
③ ギモン点を解決していく。
④ ノキサキに洗濯物をつるす。
⑤ サイゲツ人を待たず。
⑥ 議論がサカんになる。
⑦ チャンスがオトズれる。
⑧ 養蚕業を営む。
⑨ 感情の機微を感じる。
⑩ 先祖を敬う。

二　次の文章を読んで、後の問に答えなさい。

英語には、尊敬語も a謙譲語《けんじょう》も日本語のような形ではない。［A］楽でいいなあ、と思う時があるが、日本人は昔から、別に高学歴でなくとも耳学問で、誰《だれ》もが実にデリケートな尊敬語や謙譲語を使いこなして生きてきたものであった。もっとも最近では［X］の浮くような過度の敬語が※1氾濫《はんらん》している。閣僚《かくりょう》が「なになにさせていただく」という言い方を乱発するのは、多くの場合嫌らしい。［B］自信と責任の欠如《けつじょ》を感じさせる。

「患者さま」などという医院や医者にはかかりたくない、と言う人も私の周囲には多い。丁寧に言っておけば、人気が出るだろう、失敗した時にも許してもらい易《やす》いだろう、という計算があるのではないか、と私のようなひがみ根性の者は邪推する。

昔、私は商船に関する基本的な知識を教わったのだが、その時、この世界にも繊細《せんさい》なおもしろい表現があることを知った。普通、商船の船長のことを、民間では英語で「キャプテン」と言う。［C］日本語で船長さんと言っていけないことはないのだが、船の世界の人たちは、もっと微妙な使い方をする。

「あなたが○○丸の［1］でいらっしゃいますか？」

と言う代わりに、私たちは尊敬をこめる場合には、

「あなたが○○丸の［2］でいらっしゃいますか？」

と聞くのである。すると相手は、

「はい、私が○○丸の［3］です」

と答える。この場合は、船長という単語を日本語にすることが、習慣的な謙譲語となっている。

一等航海士は普通チーフ・オフィサーだが、私たちが相手に、

「あなたが○○丸のチーフ・オフィサーでいらっしゃいますね」

と確かめるとする。すると相手は、

「はい、私がチーフメートです」

と答えるのである。メートというのは英語でオフィサーと同じ航海士ということだが、わざとオフィサーではなくメートを使うことで、慣用的な陰影をつけて謙譲語にしたのだろうか。英語で育っていない私は、外国語になるといつも細かいニュアンスを理解するのにもどかしさを感じるのだが、いずれにせよ言葉というものはそれほどに多彩な感情をこめて使わなければならないものなのである。それが成熟というものだ。

［D］多くの現代人は、加齢と共に皺《しわ》になることは恐れても、

2024年度

# 春日部共栄中学校　▶解説と解答

## 算　数　＜第１回午後入試＞（50分）＜満点：100点＞

### 解　答

1 (1) ①　8　②　3.33　③　5　(2) ①　5　②　625cm$^3$　2 (1)　2.71％　(2)　2484円　(3)　30度　3 (1) ①　解説の図１を参照のこと。　②　30.84cm$^2$　(2) ①　65.94cm$^3$　②　150.72cm$^2$　4 (1)　91　(2)　300　(3)　1000　5 (1)　(エ)　(2)　13cm$^2$　(3)　4.5秒後と11秒後　6 (1)　9　(2)　81　(3)　984

### 解　説

**1　四則計算，計算のくふう，逆算，単位の計算**

(1)　①　$(25+2)\times4-100=27\times4-100=108-100=8$　②　$5.55+4.44-3.33\times2.22\div1.11=9.99-3.33\times(2.22\div1.11)=9.99-3.33\times2=9.99-6.66=3.33$　③　$3\frac{1}{5}\times5-2\frac{3}{4}\times4=\frac{16}{5}\times5-\frac{11}{4}\times4=16-11=5$

(2)　①　$\left(1\frac{5}{14}-\frac{\square}{22}\right)\times77=87$より，$1\frac{5}{14}-\frac{\square}{22}=87\div77=\frac{87}{77}$，$\frac{\square}{22}=1\frac{5}{14}-\frac{87}{77}=1\frac{5}{14}-1\frac{10}{77}=\frac{5}{14}-\frac{10}{77}=\frac{55}{154}-\frac{20}{154}=\frac{35}{154}=\frac{5}{22}$　よって，□＝5　②　1L＝10dL＝1000cm$^3$より，1dL＝100cm$^3$となる。よって，$6\frac{1}{4}$dL＝6.25dL＝625cm$^3$とわかる。

**2　割合と比，売買損益，角度**

(1)　１日目の不良品の数は，1200×0.03＝36(個)である。また，２日目と３日目につくった数の合計は，2800－1200＝1600(個)だから，２日目と３日目につくった数はどちらも，1600÷２＝800(個)となる。よって，２日目と３日目の不良品の数はどちらも，800×0.025＝20(個)なので，不良品の数は全部で，36＋20×２＝76(個)とわかる。したがって，３日間の不良品の割合は，76÷2800×100＝2.714…(％)だから，小数第３位を四捨五入すると2.71％となる。

(2)　23個の利益の合計が276円なので，１個あたりの利益は，276÷23＝12(円)である。よって，１個あたりの仕入れ値は，120－12＝108(円)だから，仕入れ値の合計は，108×23＝2484(円)とわかる。

(3)　多角形の外角の和は360度なので，右の図のように，正六角形の１つの外角は，360÷６＝60(度)，１つの内角は，180－60＝120(度)になる。また，三角形BCAは二等辺三角形だから，角BCAの大きさは，(180－120)÷２＝30(度)であり，角ACDの大きさは，120－30＝90(度)とわかる。さらに，三角形CGDで，角CGD＋角GDC＝角ACDという関係があるので，㋐の角の大きさは，90－60＝30(度)と求められる。

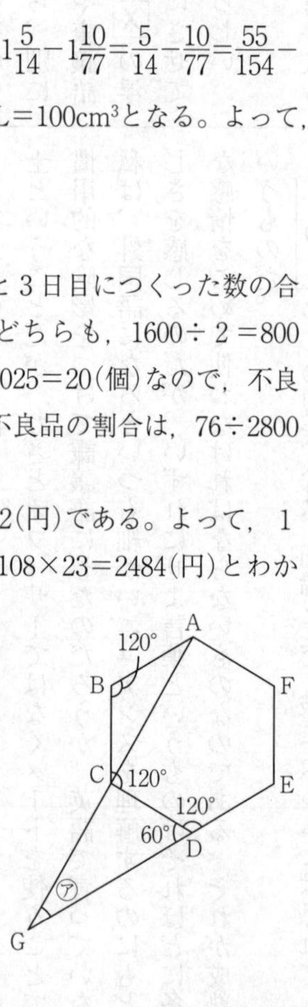

## 3 図形の移動，面積，体積，表面積

⑴ ① 円が通過したのは下の図１の斜線《しゃせん》部分である。 ② 図１の★の部分を合わせると半径１cmの円になるから，その面積は，１×１×3.14＝１×3.14(cm$^2$)である。また，☆の部分は半径が６cmで中心角が90度のおうぎ形から，半径が，６－１×２＝４(cm)で中心角が90度のおうぎ形を除いたものなので，その面積は，$6\times6\times3.14\times\frac{90}{360}-4\times4\times3.14\times\frac{90}{360}$＝(９－４)×3.14＝５×3.14(cm$^2$)とわかる。さらに，長方形の部分は，長い方の辺の長さが，10－６－１＝３(cm)，短い方の辺の長さが，１×２＝２(cm)だから，２つの長方形の面積の合計は，３×２×２＝12(cm$^2$)と求められる。よって，円が通過した部分の面積は，１×3.14＋５×3.14＋12＝６×3.14＋12＝18.84＋12＝30.84(cm$^2$)である。

図１

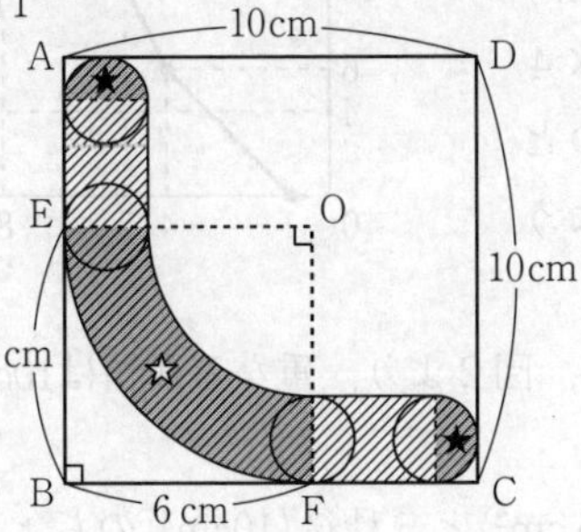


図２

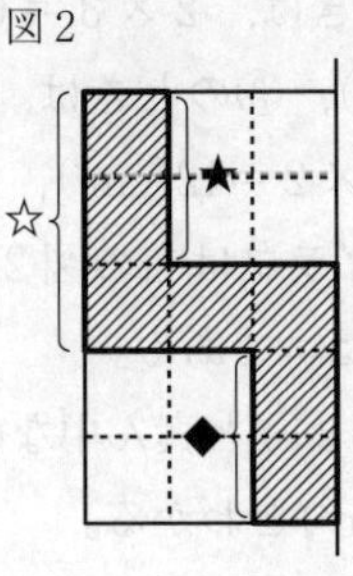

図３

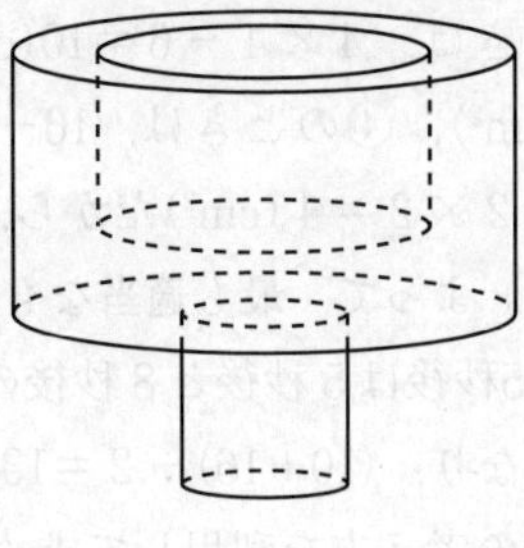

⑵ ① 上の図２の斜線部分を１回転させると，上の図３のような立体になる。上の部分は円柱から円柱を取り除いた立体であり，体積は，３×３×3.14×３－２×２×3.14×２＝(27－８)×3.14＝19×3.14(cm$^3$)とわかる。また，下の部分は円柱であり，体積は，１×１×3.14×２＝２×3.14(cm$^3$)となる。よって，この立体の体積は，19×3.14＋２×3.14＝21×3.14＝65.94(cm$^3$)と求められる。 ② 図３の立体を真上と真下から見ると半径３cmの円に見えるので，それらの面積の合計は，３×３×3.14×２＝18×3.14(cm$^2$)となる。また，図２の☆の部分の側面積は，３×２×3.14×３＝18×3.14(cm$^2$)，★の部分の側面積は，２×２×3.14×２＝８×3.14(cm$^2$)，◆の部分の側面積は，１×２×3.14×２＝４×3.14(cm$^2$)だから，この立体の表面積は，18×3.14＋18×3.14＋８×3.14＋４×3.14＝(18＋18＋８＋４)×3.14＝48×3.14＝150.72(cm$^2$)と求められる。

## 4 数列，周期算

⑴ 右の図１のように，列(い)の数はとなり合う数の差が２ずつ大きくなる。よって，10番目の数は９番目の数よりも18大きいから，73＋18＝91とわかる。

図１

| | | | | | | | | | | |
|---|---|---|---|---|---|---|---|---|---|---|
| (い) | 1 | 3 | 7 | 13 | 21 | 31 | 43 | 57 | 73 | □ |
| 差 | 2 | 4 | 6 | 8 | 10 | 12 | 14 | 16 | 18 | |

⑵ 列(あ)の数を３で割った余りは右の図２のようになり，{２，１，０}の３個がくり返される。300÷３＝100より，１番目から300番目まではこれが100回くり返されるので，３で割った余りの和は，(２＋１＋０)×100＝300と求められる。

図２

| | | | | | | | | | |
|---|---|---|---|---|---|---|---|---|---|
| (あ) | 2 | 4 | 6 | 8 | 10 | 12 | 14 | 16 | 18 |
| | ⬇ | ⬇ | ⬇ | ⬇ | ⬇ | ⬇ | ⬇ | ⬇ | ⬇ |
| 余り | 2 | 1 | 0 | 2 | 1 | 0 | 2 | 1 | 0 |

⑶ 列(い)の数を５で割った余りは右の図３のようになり，{１，３，２，３，１}の５個がくり返される。

図３

| | | | | | | | | | | |
|---|---|---|---|---|---|---|---|---|---|---|
| (い) | 1 | 3 | 7 | 13 | 21 | 31 | 43 | 57 | 73 | 91 |
| | ⬇ | ⬇ | ⬇ | ⬇ | ⬇ | ⬇ | ⬇ | ⬇ | ⬇ | ⬇ |
| 余り | 1 | 3 | 2 | 3 | 1 | 1 | 3 | 2 | 3 | 1 |

500÷５＝100より，１番目から500番目まではこれが100回くり返されるから，５で割った余りの

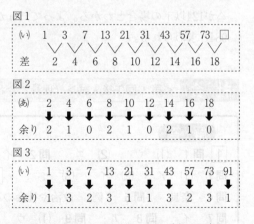

和は，（１＋３＋２＋３＋１）×100＝1000と求められる。

## 5 グラフ―図形の移動，面積

図１

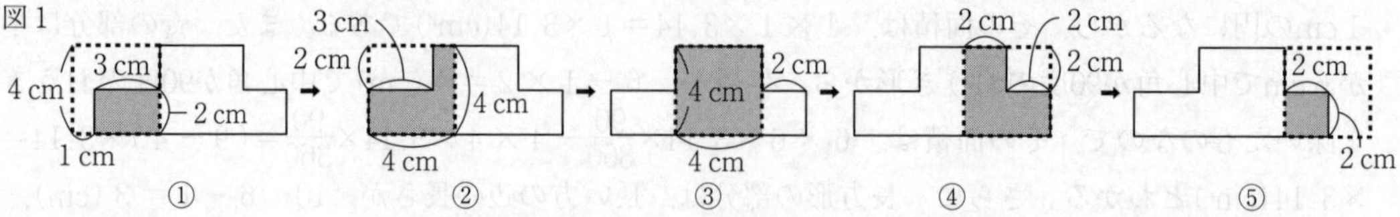


(1)　移動を開始して１秒後に重なり始め，その３秒後には上の図１の①のようになる。また，①の１秒後に②，②の３秒後に③，③の２秒後に④，④の２秒後に⑤のようになる。重なる部分の面積は，①のときは，２×３＝６($cm^2$)，②のときは，４×４－６＝10($cm^2$)，③のときは，４×４＝16($cm^2$)，④のときは，16－２×２＝12($cm^2$)，⑤のときは，２×２＝４($cm^2$)だから，グラフは右の図２のようになる。よって，最も適当なものは(エ)である。

図２

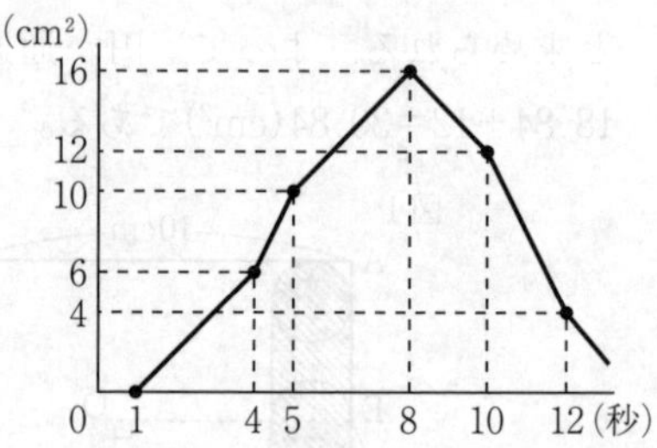


(2)　6.5秒後は５秒後と８秒後のちょうど真ん中なので，図２より，重なる面積は10$cm^2$と16$cm^2$の平均になり，(10＋16)÷２＝13($cm^2$)とわかる。

(3)　(2)の考え方を利用して求める。１回目は４秒後(６$cm^2$)と５秒後(10$cm^2$)のちょうど真ん中だから，(４＋５)÷２＝4.5(秒後)である。また，２回目は10秒後(12$cm^2$)と12秒後(４$cm^2$)のちょうど真ん中なので，(10＋12)÷２＝11(秒後)とわかる。

## 6 素数の性質

(1)　512を素数の積で表すと，512＝２×２×２×２×２×２×２×２×２となる。よって，２で９回まで割ることができるから，[512，２]＝９となる。

(2)　３で４回まで割ることができるので，$m$＝３×３×３×３×□＝81×□と表すことができる(ただし，□には３で割り切れない数が入る)。$m$が２桁《けた》になるのは□が１の場合だけであり，$m$＝81×１＝81となる。

(3)　２で３回まで割ることができるので，$n$＝２×２×２×△＝８×△と表すことができる(ただし，△には２で割り切れない奇数《きすう》が入る)。また，999÷８＝124余り７より，$n$が３桁になるのは△が124以下の場合とわかる。よって，$n$が最大になるのは△が123の場合であり，$n$＝８×123＝984と求められる。

# 社　会　＜第１回午後入試＞（理科と合わせて60分）＜満点：50点＞

**解　答**

1　問１　(1)　ウ　(2)　エ　問２　イ　問３　イ　問４　ウ　問５　イ　問６　ウ　問７　(1)　ア　(2)　イ　(3)　イ　2　問１　アニミズム　問２　エ　問３　ウ　問４　奈良　問５　(例)　政治や社会の不安を仏教の力で取り除こうとした。　問６　ア　問７　イ　問８　ア　問９　(1)　ウ　(2)　８　3　問１　(1)　ア　(2)　公共の福祉

**問２**　イ　**問３**　エ　**問４**　ウ

**解説**

## 1 世界と日本の人口と愛知県田原市の地理についての問題

**問１**　(1)　日本の人口は東京・大阪・名古屋の３大都市圏《けん》に集中しており，東京都の人口は日本の総人口の１割以上を占《し》めている。東京都の次に人口が多いのはウの神奈川県で，人口は900万人を超《こ》えている。一方，山陰地方の鳥取県や島根県，南四国の高知県と徳島県などでは少子高齢化が進み，人口の減少が深刻になっている。なお，アの北海道の人口は全国８位，イの千葉県の人口は全国６位，エの福岡県の人口は全国９位である(2022年)。　(2)　表１中Ａの神奈川県には，横浜市，川崎市，相模原《さがみはら》市の３つの政令指定都市がある。横浜市の人口は日本の都市(東京23区は除く)の中では最も多い375万人で，２位の大阪市よりも約100万人多い(2023年)。

**問２**　図３からも読み取れるように，日本に暮らす外国人の数は新型コロナウイルス感染症《かんせんしょう》拡大の影響《えいきょう》を受けて減少したものの，おおむね増加傾向《けいこう》にある。中でも東アジアや東南アジアの国の割合が大きく，中国に次いでベトナム，韓国，フィリピンの順に多くなっている(イ…○)。また，日系人の多いブラジル国籍《こくせき》の人口が多いことも特徴《とくちょう》である(2022年)。

**問３**　青森県と秋田県の県境に位置するイの白神山地には，世界最大級のブナの原生林が広がっており，多種多様な動植物が分布・生息していることから，1993年にユネスコ(国連教育科学文化機関)の世界自然遺産に登録された。なお，アの佐渡島は世界文化遺産の候補地，ウの富士山は世界文化遺産登録地，エの伊豆大島はユネスコの世界ジオパーク認定地である。

**問４**　図５より，1973年ごろまでは東京圏の転入超過《ちょうか》数が３大都市圏の転入超過数を常に下回っていたが，1974年以降は東京圏の転入超過数が３大都市圏の転入超過数を上回っている年が多くなっていることが読み取れる(ウ…×)。

**問５**　図６の人口ピラミッドを比較《ひかく》すると，Ｐの人口ピラミッドは15歳《さい》以上65歳未満の生産年齢人口の割合が大きく，Ｑの人口ピラミッドは65歳以上の老年人口の割合が大きいことがわかる。東京には大学や企業《きぎょう》が多いので，高校卒業後に地方から東京へ進学や就職のために移住する人が多い。反対に鳥取県からは進学や就職を理由とする若年人口の流出が多くなり，高齢者の割合が大きくなる。したがって，Ｐの人口ピラミッドとＴの説明が東京都を表していると判断できる。

**問６**　図３の日本で暮らす外国人の数を表した棒《ぼう》グラフと表の左のめもりを見ると，日本に暮らす外国人は2017年に250万人を超えて以降，250万人を下回ったことがないことが読み取れる(ウ…○)。なお，図１より，出生数も合計特殊《とくしゅ》出生率も1950年が最も多い(ア…×)。図２の折れ線グラフより，日本の高齢化率は急激に上昇《じょうしょう》しているが，40％に達するのは2030年ではなく2060年と推測されている(イ…×)。リード文中に「2080年の104億人でピークに達し，2100年までそのレベルにとどまる」とあるので，世界人口は2100年以前に100億人に到達《とうたつ》すると予想されていることがわかる(エ…×)。

**問７**　(1)　「藤原古墳」付近の海岸線に沿って，風車(⚲)が並んでいる(ア…○)。なお，火力発電所の周辺部に広がっているのは，果樹園(ó)ではなく針葉樹林(Λ)である(イ…×)。地形図中を流れる天白《てんぱく》川流域の中山の集落には寺院(卍)だけでなく，神社(⛩)も見られる(ウ…×)。小・中学校(文)はあるが，高等学校(⊗)は見られない(エ…×)。　(2)　愛知県田原市は，太平洋側に位置する渥美《あつみ》半島の大部分を占める都市である。渥美半島ではビニールハウス内を電灯で照らして菊《きく》の開花時期を遅《おく》らせる電照菊の栽培《さいばい》がさかんで，愛知県の菊の出荷量は全国一多い(イ…○)。なお，アのらっきょうは鳥取県，ウの落花生は千葉県，エのメロンは茨城県の生産量が最も多い(2022年)。

(3)　愛知県南部にある2つの半島のうち，東部にある半島を渥美半島，西部にある半島を知多半島という(イ…○，エ…×)。なお，アの知床《しれとこ》半島は北海道の北東部，ウの牡鹿《おしか》半島は宮城県の北東部にある半島である。

**2　自然災害を題材にした各時代の歴史的ことがらについての問題**

**問1**　あらゆる自然物や自然現象には霊《れい》あるいは霊魂《れいこん》が宿っていると考え，それらを信仰《しんこう》することをアニミズムという。これは縄文時代の日本だけではなく世界各地で見られた信仰で，宗教の原型の1つであるとされる。縄文時代の人々が土偶《どぐう》をつくって子孫の繁栄《はんえい》や豊かな恵《めぐ》みを願ったことや屈葬《くっそう》による埋葬《まいそう》を行ったことも信仰の表れといえる。

**問2**　エの『徒然草』は，鎌倉時代から南北朝時代に活躍《かつやく》した歌人・随筆《ずいひつ》家である吉田兼好が著《あらわ》した随筆である。清少納言の『枕草子』，鴨長明の『方丈記』とともに三大随筆とされる。なお，アの『古事記』とイの『日本書紀』は奈良時代に編纂《へんさん》された歴史書，ウの『万葉集』は奈良時代につくられた現存する日本最古の歌集である。

**問3**　墾田永年私財法は奈良時代の743年に聖武天皇が出した法令である(ウ…×)。なお，推古天皇の時代には聖徳太子(厩戸《うまやど》皇子)が摂政《せっしょう》として天皇に代わって政治を行い，天皇中心の政治の確立を目指した。アは603年，イは607年，エは604年に聖徳太子が行った政治について説明している。

**問4**　大和《やまと》国は現在の奈良県全体をふくむ地域の旧国名で，五畿内の一国である。701年に制定された大宝律令によって地方が五畿七道と国・郡・里に分けられた。五畿は畿内とも呼ばれ，大和国のほか山城国(現在の京都府中南部)と摂津《せっつ》国(現在の大阪府北中部と兵庫県南東部)，河内《かわち》国・和泉《いずみ》国(ともに現在の大阪府)からなる。

**問5**　聖武天皇が政治を行った奈良時代は，飢饉《ききん》や伝染病の流行に加え，貴族どうしの勢力争いも多く，社会が乱れていた。そこで，仏教を厚く信仰していた聖武天皇は，仏教の力で政治や社会の不安を取り除こうと考え，国ごとに国分寺・国分尼《に》寺を建てさせ，全国の国分寺の中心である東大寺に大仏をつくるよう命じた。

**問6**　『北野天神縁起絵巻』は，菅原道真の一生と，死後に北野天満宮に祀《まつ》られるまでの逸話《いつわ》や伝説を描《えが》いた絵巻物である。平安時代の貴族である菅原道真は，894年に遣唐《けんとう》使の廃止《はいし》を進言したことで知られるが，藤原時平に陥《おとしい》れられて左遷《させん》された大宰府の地で非業《ひごう》の死を遂《と》げた(ア…○)。なお，『鳥獣戯画《ちょうじゅうぎが》』は平安～鎌倉時代に描かれた大和絵の代表作(イ…×)，『来迎《らいごう》図』は阿弥陀《あみだ》三尊が菩薩《ぼさつ》とともに白雲に乗って念仏者を極楽に迎えに来る様子を描いたもの(ウ…×)，『伴《ばん》大納言絵巻』は応天門の変(866年)を題材にした絵巻物である(エ…×)。

**問7**　史料中3つ目の条項に，親子の不和があったとき，親は男子と同じように女子からもゆずった所領をあとからとりあげる権利がある，と書かれている(イ…○)。なお，守護の仕事については1つ目の条項に，京都の御所の警備と犯罪人の取りしまりとある(ア…×)。女性が養子をとることは武家の慣習として数えきれないほどあると4つ目の条項に書かれている(ウ…×)。2つ目の条項から，15年ではなく20年以上の支配で土地の所有が認められることがわかる(エ…×)。

**問8**　鎌倉時代になると武士や庶民《しょみん》にもわかりやすく信仰しやすい新しい仏教が生まれ，一遍は時宗を開き，踊念仏《おどり》を広めた(ア…○)。なお，法然は浄土宗，親鸞が浄土真宗を説いた(イ…×)。最澄が比叡山《ひえい》に延暦寺《えんりゃく》を開いて天台宗を広めたのは，平安時代初期である(ウ…×)。宋《そう》(中国)から伝わった禅《ぜん》宗では，臨済宗を日本に伝えた栄西が幕府からの保護を受け，道元は曹洞《そうとう》宗を開いた(エ…×)。

**問９**　⑴　老中の田沼意次《おきつぐ》が政治を行っていたとき，東北地方の冷害や浅間山の噴火《ふんか》によって江戸の三大飢饉の１つである天明の飢饉が起こり，多数の餓死《がし》者が出たため，田沼意次は失脚《しっきゃく》した。また，享保の改革を行った江戸幕府第８代将軍の徳川吉宗は，蘭学《らんがく》者の青木昆陽《こんよう》が提案した飢饉対策を取り入れ，サツマイモ(かんしょ)の栽培を奨励《しょうれい》した(ウ…○)。　⑵　文章より，図の南鐐《なんりょう》二朱銀は１枚で二朱(金の単位)と同じ価値があることがわかる。また，金貨一両は十六朱と等価であると書かれているので，南鐐二朱銀が８枚あると十六朱と交換《こうかん》でき，金貨一両と等価になると考えられる。

**3**　**日本国憲法と法律についての問題**

**問１**　⑴　日本国憲法第１条は，大日本帝国憲法下では主権者であった天皇の地位を日本国と日本国民統合の象徴《しょうちょう》とするとともに，主権が国民にあることを規定している。主権とは国の政治のあり方を最終的に決める権限で，国民主権については日本国憲法の前文にも規定がある(ア…○)。なお，日本国憲法では，基本的人権は第11条で「侵《おか》すことのできない永久の権利」とし，平和主義は第９条で戦争や武力を「永久にこれを放棄《ほうき》する」と定められている(イ，ウ…×)。　⑵　日本国憲法第13条は国民の権利や自由について，「すべて国民は，個人として尊重される。生命，自由及《およ》び幸福追求に対する国民の権利については，公共の福祉に反しない限り，立法その他の国政の上で，最大の尊重を必要とする」と定めている。なお，公共の福祉とは社会全体の利益を意味する。

**問２**　自由権の１つである経済活動の自由には，居住・移転・職業選択の自由(第22条)と財産権の保障(第29条)がふくまれる。春日部に住むことは居住の自由である(イ…○)。なお，キリスト教を信仰することは，信教の自由にあたる(ア…×)。自分の考えを発信したり，デモに参加したりすることは，表現の自由にふくまれる(ウ，エ…×)。信教の自由と表現の自由はどちらも経済活動の自由ではなく，精神の自由に分類される。

**問３**　男女共同参画社会基本法とは，性別による差別を受けることなく，男性も女性も個人として能力を発揮《はっき》できる機会が確保された社会の形成を目指す法律である。したがって，女性が妊娠《にんしん》したときに交付される母子手帳の父親版であるエの父子手帳が，最も関連が深いといえる。

**問４**　日本国憲法に定められた国民の三大義務は，子どもに普通教育を受けさせる義務(第26条２項)，勤労の義務(第27条１項)，納税の義務(第30条)である(ウ…○)。なお，普通教育は受ける権利はあるが，受ける義務はない(ア…×)。兵役は大日本帝国憲法下での国民の義務である(イ…×)。選挙を通じて政治に参加することは権利であって義務ではない(エ…×)。

## 理 科 ＜第１回午後入試＞（社会と合わせて60分）＜満点：50点＞

### 解 答

**1** **問１** エ　**問２** カ　**問３** （例） たくさん変形させる　**問４** （例） 変形した状態から元に戻らないから。　**2** **問１** でんぷん(に反応して)青むらさき(色に変化する。)　**問２** （例） 40℃ででんぷんを麦芽糖などに変えるはたらきがあること。　**問３** イ　**問４** ウ　**3** **問１** **日食**…⑦　**月食**…③　**問２** **観察地点**…A　**月の位置**…③　**問３** (1) **観察地点**…A　**月の位置**…①　(2) オ　**4** **問１** （例） 白くにごる。　**問２** 25mL　**問３** 7.5mL　**問４** **メタン**…４mL　**プロパン**…５mL

### 解 説

**1** **物体の運動についての問題**

**問１** 表１より，床《ゆか》とぶつかる直前の速さに対する，ぶつかった直後の速さの割合を求めると，Aは，３÷５＝0.6，Bは，７÷10＝0.7，Cは，15÷20＝0.75，Dは，20÷30＝0.66…になる。この割合が大きいほどよく跳《は》ねるボールだといえるので，よく跳ねる順にC→B→D→Aとなる。

**問２** 表２より，ボールを落とした高さに対する，最高点の高さの割合を計算すると，実験１は，17÷30＝0.56…，実験２は，21÷50＝0.42，実験３は，38÷90＝0.42…，実験４は，56÷100＝0.56，実験５は，84÷150＝0.56，実験６は，126÷300＝0.42となる。よって，新しいボールの方がよく跳ねるのだから，割合がおよそ0.56となっている実験１，実験４，実験５が新しいボールである。

**問３** お父さんの最初の発言に「同じボールならたくさん変形するほど元に戻《もど》ろうとする性質が強い」とある。このことから，土のコートよりもコンクリートのコートの方が，ボールがたくさん変形し，元に戻ろうとする性質が強くはたらくため，よく跳ねると考えられる。

**問４** やわらかい粘土《ねんど》でできた球は，床に落とすと変形するだけで，元に戻ろうとしない。そのため，跳ねる力が生まれない。

**2** **だ液のはたらきについての問題**

**問１** ヨウ素液は，でんぷんがあるかどうかを調べるときに用いるもので，でんぷんと反応して青むらさき色に変化する。ごはんつぶをすりつぶし，水にうすめたものにはでんぷんが多く含《ふく》まれているので，表１や表２で，でんぷんが残っている試験管ではヨウ素液の色が変化する。

**問２** 表１で，試験管D以外はでんぷんが残っているが，試験管Dではでんぷんがなくなっていて，麦芽《ばくが》糖などができている(ベネジクト液を加えて加熱した結果より)。試験管Dはだ液を入れて40℃に保ったものだから，だ液は40℃のとき，でんぷんを麦芽糖などに変化させるはたらきをすると考えられる。なお，試験管Cと試験管Dを比べることにより，試験管Dにおいてでんぷんが麦芽糖などに変化したのが，40℃という温度のせいではなく，だ液のはたらきのせいであることが確認できる。

**問３** 表２で，試験管Bでは，でんぷんがなくなっていて，麦芽糖などができている。よって，だ液は５℃でははたらかないが，あとで40℃にするとはたらくようになるといえる。一方，試験管Fでは，でんぷんが残っていて，麦芽糖ができていない。したがって，だ液は80℃にするとはたらきを失い，あとで40℃にしても失われたはたらきは元に戻らないことがわかる。

**問４**　でんぷんは，だ液のはたらきによって麦芽糖などに分解されたあと，十二指腸から出る消化液などでさらに分解されてブドウ糖となり，小腸において水といっしょに吸収される。

## ３ 月の見え方についての問題

**問１**　日食は，地球―月―太陽がこの順に一直線上に並ぶことで，太陽と月が重なり，太陽が欠けて見える現象のことである。よって，地球から見て月が太陽と同じ方向にあるときに起こるので，このときの月は⑦の位置にあり，新月となっている。一方，月食は，月―地球―太陽がこの順に一直線上に並ぶことで起こる。このときの月は③の位置にあり，満月である。月食では地球のかげの中に満月が入り，満月が欠けて見える。

**問２**　満月は③の位置の月であり，これが東に見えるのはＡ地点である。なお，Ｂ地点では南，Ｃ地点では西に見える。Ｄ地点からは③の位置の月は見えない。

**問３**　⑴　Ａ地点は太陽が西に見えるので夕方の位置，Ｂ地点は太陽が見えないので真夜中の位置，Ｃ地点は太陽が東に見えるので朝の位置，Ｄ地点は太陽が南に見えるので正午ごろの位置である。夕方のＡ地点で月が南中したとき，その月は①の位置にある。　⑵　①の位置の月は，右半分が光って見える半月(上げんの月)である。図２より，観察した山はその右半分の範囲《はんい》内にあるので，図３のように山のすがたを見ることができた。ところが，その２週間後には月が⑤の位置に移動しており，左半分が光って見える半月(下げんの月)となる。このとき，月の右半分には太陽光があたっていないので，図３の山を観察することはできない。

## ４ 気体の燃焼についての問題

**問１**　二酸化炭素を石灰水に通すと，二酸化炭素と石灰水にとけている水酸化カルシウムが反応し，水にとけない炭酸カルシウムができる。そのため，水よう液が白くにごる。

**問２**　表１より，メタン10mLが燃えると，水蒸気が20mL発生することがわかる。よって，水蒸気を50mL得るためには，$10\times\frac{50}{20}=25$(mL)のメタンを燃やす必要がある。

**問３**　表２より，プロパン10mLが燃えるとき，酸素50mLを使い，水蒸気40mLが発生することがわかる。よって，発生した水蒸気が10mLのとき，燃えたプロパンは，$10\times\frac{10}{40}=2.5$(mL)で，これが燃えるのに使われる酸素は，$50\times\frac{10}{40}=12.5$(mL)となる。したがって，余った酸素は，$20-12.5=7.5$(mL)である。

**問４**　表１より，メタン１mLが燃えると二酸化炭素１mLと水蒸気２mLが発生し，表２より，プロパン１mLが燃えると二酸化炭素３mLと水蒸気４mL発生する。ここで，メタンとプロパンが混ざった気体に含まれるメタンの体積を□mL，プロパンの体積を○mLとすると，発生した二酸化炭素の関係式は，□×１＋○×３＝19(…①)となり，発生した水蒸気の関係式は，□×２＋○×４＝28(…②)となる。①の式を２倍すると，□×２＋○×６＝38になり，この式と②の式を比べることで，○×(６－４)＝38－28，○×２＝10が導き出せる。よって，○＝10÷２＝５，□＝19－５×３＝４とわかるので，メタンとプロパンが混ざった気体に含まれるメタンの体積は４mL，プロパンの体積は５mLと求められる。

## 国　語　<第１回午後入試>（50分）<満点：100点>

### 解　答

一　①～⑦　下記を参照のこと。　⑧　ようさん　⑨　きび　⑩　うやま(う)　二　問1　A　ウ　B　ア　C　オ　D　エ　問2　イ　問3　オ　問4　歯　問5　1　ア　2　イ　3　ア　問6　ウ　問7　エ　問8　（例）　自分を失わずに，誰とでも穏やかに会話ができ，相手の同感する所と拒否すべき点とを明確に見極められる人。　問9　ウ　問10　エ　三　問1　A　エ　B　ア　C　オ　D　イ　問2　ウ　問3　イ　問4　（例）　春の美しい景色を前にしてみたら，普段は口にしない不安のすべてが小さなことのように思えたから。　問5　エ　問6　とうって→とおって　問7　ア　問8　イ　問9　エ　四　問1　（例）　項目…②，⑤／⑤の平均寿命が男女ともに延びたことで，②の高齢率が上昇している。　問2　（例）　高齢者のケアを充分に行うだけでなく，子育て世代を支援することで少子化の対策をすることが必要である。

●漢字の書き取り

一　①　俳句　②　推論　③　疑問　④　軒先　⑤　歳月　⑥　盛(ん)　⑦　訪(れる)

### 解　説

**一　漢字の書き取りと読み**

①　季語をもりこんだ，五・七・五の十七音からなる短い詩。　②　事実をもとに未知のことがらを予想し，論じること。　③　正しいかどうかが疑わしいこと。　④　屋根のはしで建物の外に出た部分の先のほう。　⑤　としつき。　⑥　音読みは「セイ」「ジョウ」で，「盛大」「繁盛《はんじょう》」などの熟語がある。訓読みにはほかに「も(る)」がある。　⑦　音読みは「ホウ」で，「訪問」などの熟語がある。訓読みにはほかに「たず(ねる)」がある。　⑧　まゆをとるために，蚕を飼育すること。　⑨　表面だけでは知ることのできない細かい事情。　⑩　音読みは「ケイ」で，「尊敬」などの熟語がある。

**二　出典：曾野綾子《そのあやこ》『人間にとって成熟とは何か』。**言葉を使いこなすことの大切さや，品を身につけるとはどのようなことかといったことなどが説明されている。

**問1**　**A**　英語は「尊敬語も謙譲《けんじょう》語も日本語のような形ではない」から，「楽でいいなあ，と思う時がある」という文脈になる。よって，前のことがらを理由として，後にその結果をつなげるときに用いる「だから」が入る。　**B**　「過度の敬語」は，相手に対する敬意よりも「自信と責任の欠如《けつじょ》を感じさせる」と述べられている。よって，二つのことがらを並べて，前のことがらより後のことがらを選ぶ気持ちを表す「むしろ」が合う。　**C**　商船の船長のことを「日本語で船長さんと言っていけないことはない」というのは当然のことなので，「もちろん」が入る。　**D**　「多彩《たさい》な感情を」こめて言葉を使うことこそ「成熟というもの」だが，「多くの現代人」は「言葉を駆使《くし》できない人になることをあまり恐《おそ》れない」という文脈になっている。よって，前のことがらを受けて，それに反する内容を述べるときに用いる「しかし」が入ると考えられる。

**問2**　「差し上げる」は，自分がへりくだることで相手に敬意を表す謙譲語。「ご覧になる」「召《め》し上がる」「おっしゃる」「くださる」は，その人の動作を高めて敬意を表す尊敬語。

**問３**　「緩急《かんきゅう》自在」とは，その場に応じて早くしたりおそくしたりできるということ。「緩急」と「伸縮《しんしゅく》」は，反対の意味をもつ漢字で組み立てられている。なお，「無難」は，上の漢字が下の漢字の意味を打ち消す組み立ての熟語。「減刑《げんけい》」は，上の漢字が動作を表し，下の漢字がその動作の対象を表す組み立ての熟語。「行進」は，似た意味の漢字を重ねた組み立ての熟語。「黒板」は，上の漢字が下の漢字を修飾《しゅうしょく》する組み立ての熟語。

**問４**　「歯の浮《う》くような」は，わざとらしい言動によって不快になるさまを表す慣用句。

**問５**　**１～３**　「船長という単語を日本語にすることが，習慣的な謙譲語となっている」とあるので，船長は自分自身のことを「キャプテン」といわず，「船長」ということがわかる。船長に対して「船長でいらっしゃいますか」とたずねるところを，敬意をこめた表現では「キャプテンでいらっしゃいますか」となり，船長自身は，謙そんする気持ちをこめて自分のことを「船長です」というのである。

**問６**　麻生和子《あそうかずこ》さんの話し方は，「お上品ぶってはいないどころか，下町風の気っぷさえ感じられる」ものだったが，「始めと終わりはきちんとした挨拶《あいさつ》」で締《し》めくくられ，会合は決められた予定時間ちょうどで収められた。麻生さんは，「時と場合に応じて，どんな喋《しゃべ》り方もできる」人であったが，きちんとしたけじめも持ち合わせていたということができる。

**問７**　「品」がいい付き合い方は，「知り合いだというのは格好がいい」とか「その人といっしょだと得なことがある」といった理由で付き合うものではない。単に集まることを目的とするのではなく，「自分が尊敬する人，会って楽しい人」に対して「お互《たが》いの人生で独自の好みを持つ人々と理解し合った上で付き合う」ことだと筆者は述べているので，エの内容が合う。

**問８**　「川の流れの中に立つ杭《くい》」は，「ボロ切れ」や「ゴミ」が引っかかっても，「端然《たんぜん》と川の中に立ち続け」ている。それと同じように，「品を保つ」ためには，「世の中の災難，不運」などがあったときも，「自分を失わずに，誰《だれ》とでも穏《おだ》やかに心を開いて会話」ができ，「相手と同感するところ」と「拒否《きょひ》すべき点」とを明確に見極《みきわ》めて，「決して流されない」という姿勢を保つことが大切だと筆者は述べている。

**問９**　ペンギンの雛《ひな》が，「零下《れいか》にまで下がる気温の中」でも，親の足の間でならぬくぬくと眠《ねむ》れるのと同じように，人間の子供には自分で生きていく「力」も自由もないが，「あふれるような親の愛情を浴びて育つ」のが大切なのである。

**問10**　「内面の管理」に大切な「品」について，「本を読み，謙虚《けんきょ》に他人の言動から学び，感謝を忘れず，利己的にならないこと」と述べられていることに着目する。自分の行動を反省するというアの内容は，「利己的にならない」という部分に合う。また，本を読むことも大切なので，イも合う。さらに，他人からの注意を素直に聞き入れるというウの内容も，「謙虚に他人の言動から学」ぶという点に一致する。エの内容は，「内面の管理」として，教養をつけたり，心を鍛《きた》えたりすることではないので，ふさわしくない。

**三**　**出典：石田衣良《いしだいら》『４ TEEN』**。中学二年生のテツロー（「ぼく」）たち四人は，春休みを利用して，新宿中央公園まで自転車で旅行をする。

**問１**　**Ａ**　急な坂を「全身の筋肉を左右交互《こうご》」に使ってのぼっている場面なので，少しずつ動くさまを表す「じりじり」が入る。　**Ｂ**　かたい「ロックアイス」をかみくだいている音なので，

「ばりばり」が入る。　**C**　「昼まえ」の空いている店内のようすなので，「がらがら」が入る。**D**　新宿御苑《ぎょえん》を過ぎ，「オフィス街」から「繁華《はんか》街」に変わり，歩道も「コンクリート」から「白い大理石」に少しずつ変化していったことが読み取れるので，「だんだん」が入る。

**問２**　「おのぼりさん」は，都会を見物するために地方から出てきた人。

**問３**　自転車は，「むかい風とのぼり坂には極端《きょくたん》に弱い」だけに，くだりは「何十倍も楽」になる。テツローは，「もしかしたらダイのいうとおり半蔵門から日比谷まで，一回もペダルを踏《ふ》まずに到着できる」かもしれないと期待し，楽しくなったのである。

**問４**　波線部２と同じ段落に，「お濠《ほり》の対岸の緑」が「ジャングル」に見えたり，「官庁街」が「ガラスのさいころ」のように見えたりして，大声で「笑いたくなるほどばからしかった」と書かれている。テツローは，いつもは口にしないさまざまな不安が，「春の日ざしとやわらかなむかい風」の中で，「精いっぱい」に自転車をこいでいるうちに，取るに足りない小さなことのように思えてきたのだと考えられる。

**問５**　テツローたちにとって自転車旅行は特別なものであり，四人とも気持ちは高ぶっているが，それに対して平日のビジネス街はいつもと変わらなかったことが「無関心」という言葉で表現されている。

**問６**　「とうっているのだ」は，漢字で書くと「通っているのだ」と考えられる。よって，正しくは「とおっているのだ」となる。

**問７**　ここでは「高性能のマウンテンバイク」の速度が「腕《うで》を組んで散歩するカップル」の速度にたとえられている。このように「ようだ」「みたいだ」などの語を用いずに，ある事物を間接的にたとえる表現技法を隠喩《いんゆ》という。これに対して，「ようだ」「みたいだ」などの語を用いて，ある事物を直接的にほかの事物にたとえることを直喩という。擬人法は，人間でないもののようすや状態を人間の動作になぞらえて表現すること。体言止めは，文末を名詞で止めて余韻《よいん》を残したり印象を強めたりすること。

**問８**　前の文の最後が「～あるように見えた」となっていることに着目する。街の人々は，外見を装《よそお》うことで，豊かであったり自由であったりするように見せかけていると，テツローは思ったのである。

**問９**　「滝のようにのどを落ちた水」「ブラウン運動みたいに対流する東口広場の人波」など，登場人物や街のようすに比喩表現が多用されているので，エが合う。

**四**　**資料の読み取り**

**問１**　①の総人口と③の生産年齢《ねんれい》人口の割合の数値が小さくなっているのに対して，②の高齢率と④の外国人の割合と⑤の平均寿命《じゅみょう》の数値はどれも大きくなっていることに着目し，項目間の関連を考察する。たとえば，②と⑤を選んだ場合は，平均寿命が延びたことで，高齢率も上昇したと推測できる。また，②と③を選んだ場合は，高齢率が上がったことで生産労働力の中心となる生産年齢人口の割合が低くなったと推測できる。

**問２**　平均寿命が延びたことで高齢率が上昇した背景には，現在もすでに問題となっている少子化があると考えられる。また，労働力不足も現時点で深刻な問題となっている。備えや対策としては，子育てしやすい環境を整えること，男女共同参画社会を計画的に実現していくこと，外国からの移住者の住環境を整えることなどが考えられる。

***Memo***

***Memo***

# 2023 年度 春日部共栄中学校

【算　数】〈第１回午前入試〉（50分）〈満点：100点〉

**注意**　１．定規，分度器，コンパス，計算機は使用してはいけません。
２．問題文中にある図は必ずしも正確ではありません。
３．円周率は3.14として計算しなさい。

**1**　次の各問いに答えなさい。

(1)　次の計算をしなさい。

①　$24 + 16 \div 8 \times 2 - 1$

②　$\left\{\left(\frac{1}{2} - \frac{1}{5}\right) - 1\frac{1}{3} \times \frac{1}{6}\right\} \div \frac{1}{9}$

③　$2 \div \left\{1.2 + \left(0.8 - \frac{2}{3}\right) \times 6\right\}$

(2)　次の $\square$ に適当な数を入れなさい。

①　$\frac{1}{6} + \frac{2}{3} \times \left(\square \div 3 - \frac{1}{4}\right) = 1\frac{1}{3}$

②　分速1.2 km＝秒速 $\square$ m

**2**　次の □ に適当な数を入れなさい。

⑴　図のように，長方形を直線ＰＱで折り返したとき，㋐の角度は □ 度です。

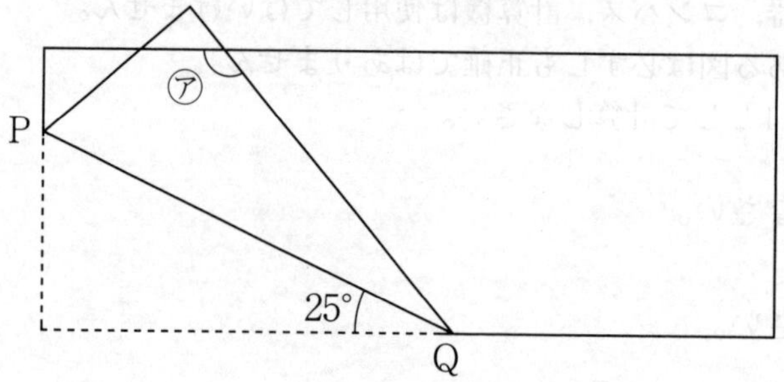


⑵　長さ 10 cm のテープを 1 cm ずつ重ねてのりづけして，50 枚を 1 枚のテープにします。テープの全長は □ cm になります。

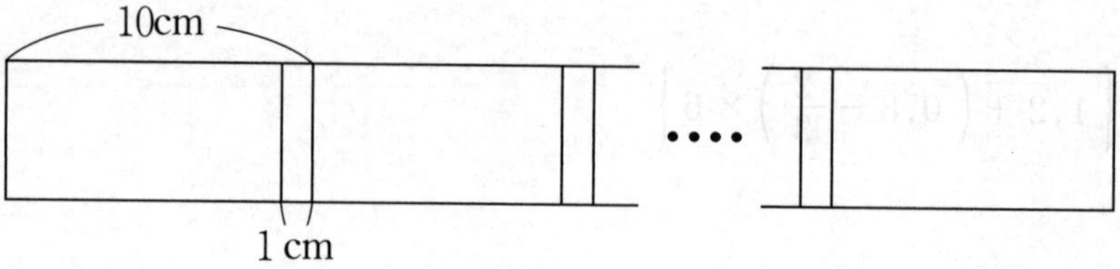


⑶　はじめに兄と弟の所持金の比は 3：2 でした。兄は 1000 円もらい，弟が 500 円使ったので，その比は 8：3 になりました。最初の兄の所持金は □ 円です。

**3** 次の各問いに答えなさい。ただし，円周率は3.14とします。

(1) 図のように，１辺の長さが６cmの正三角形ABCと正三角形ADEがあります。
正三角形ADEは辺ACと辺ADが重なった状態から点Aを中心に矢印の向きに回転し，辺ABと辺AEが重なるまで移動します。
次の問いに答えなさい。

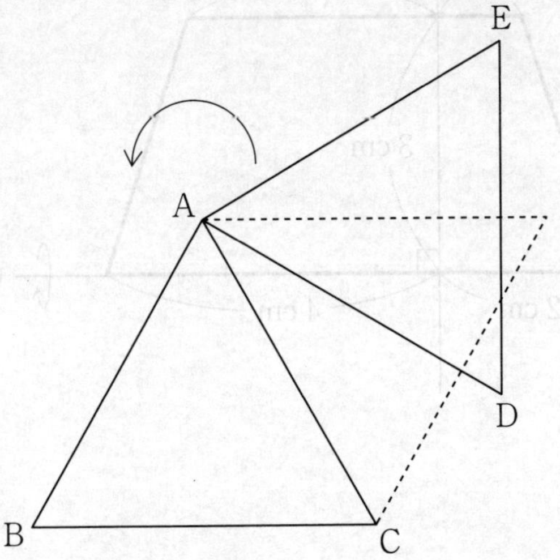


① 正三角形ADEが通過する部分を斜線《しゃせん》で図示しなさい。

② 正三角形ADEが通過する部分の面積を求めなさい。

⑵　図のような等脚台形があります。次の問いに答えなさい。

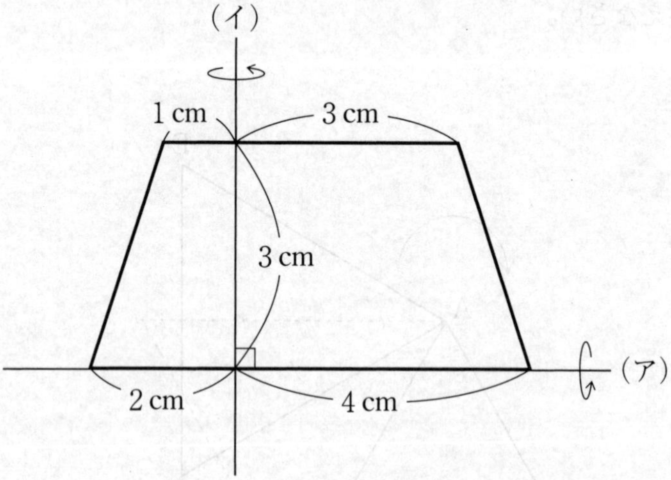


①　軸《じく》（ア）で１回転させてできる立体の体積を求めなさい。

②　軸《じく》（イ）で１回転させてできる立体の体積を求めなさい。

**4** 図のように，どの２本も平行でなく，どの３本も１点で交わることのないように何本かの直線を引きます。
次の □ に適当な数を入れなさい。

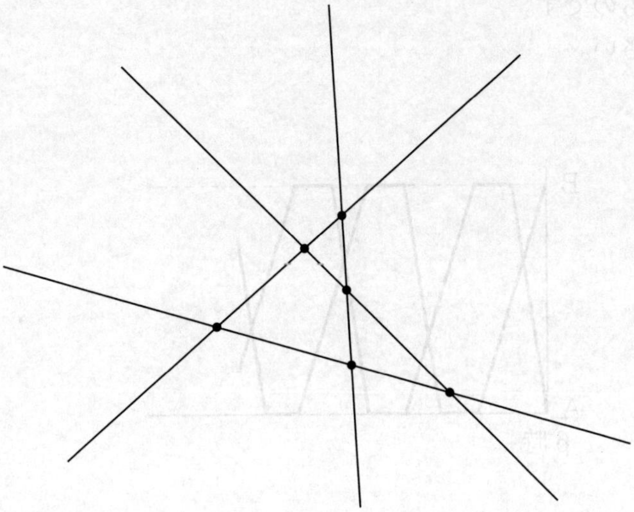

(1) ５本の直線があるとき，交わる点の数は全部で □ 個です。

(2) □ 本の直線があるとき，交わる点の数は全部で 21 個です。

(3) 直線の本数を増やしていくと，交わる点の数がはじめて 100 個以上になるのは，
□ 本目の直線を引いたときです。

**5**　20 km 離れたＡ地点とＢ地点があります。２台のバスが，それぞれの地点を６時に出発して，Ａ，Ｂの間を，10分間の停車時間をふくめて１時間で往復しています。ＡからＢへは下り坂で，どちらのバスも時速60 km の速さで進みます。ＢからＡへは上り坂で，下り坂の1.5倍の時間がかかります。下のグラフは，２台のバスの運行のようすを表したものです。
次の問いに答えなさい。

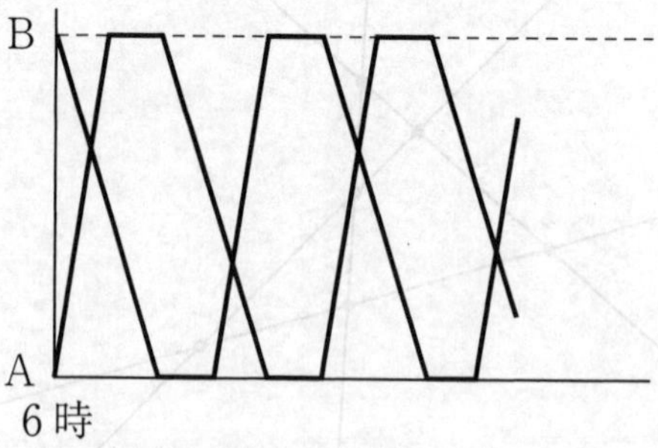


(1)　ＢからＡへ向かうバスの速さは時速何 km ですか。

(2)　２台のバスが初めて出会うのは，Ａから何 km の地点ですか。

(3)　２台のバスが２回目に出会うのは何時何分ですか。

**6**　$n$ が１以上の整数のとき，１から $n$ までの整数のうちで，$n$ と最大公約数が１となるものの個数を【$n$】とします。

例えば，
１から６の整数のうち，６と最大公約数が１となるものは１と５
なので，【６】＝２

次の □ に適当な数を入れなさい。

(1)　【12】＝ □

(2)　【９】＋【27】＝ □

(3)　$n$ を２から20までの整数とするとき，【$n$】＝ $n-1$ となるような $n$ は □ 通りです。

**【社　会】**〈第１回午前入試〉（理科と合わせて60分）〈満点：50点〉

**１**　次の文章を読み、次のページの北陸地方の４県（北陸４県）の地図を参考にしながら以下の問いに答えなさい。

なお、地図中の**Ａ～Ｄ**はそれぞれ県を表し、問題文中の**Ａ～Ｄ**と同じものを示しており、**Ｘ**は北陸新幹線の北陸地方での路線を大まかに示しています。

2022年は、日本で鉄道が開業してから150周年を迎える節目の年でした。①鉄道による物資・人の移動の活性化は日本経済を大きく発展させました。一方で、直接目的地にたどり着ける自動車が普及したことや沿線地域の人口の減少により乗客数が減少したことで、地方では廃線となる路線もあります。そこで、今回は地方と鉄道の関わりを見てみましょう。

鉄道などの交通網が整備されると、地方の人口は特に経済が発展している東京へと流出していきます。東京への人口・産業の一極集中は災害や外部からの攻撃のリスクを高める危険性があるため、地方への②都市機能の分散が必要です。また、人口の減少は労働力の減少を招き、特に③第一次産業や伝統産業での担い手不足をおこすうえ、地方の税収の低下などの問題も発生させます。

しかしながら、高速交通網の発達は必ずしも人口の流出につながるとは言い切れず、短時間で長距離の移動が可能になれば、④出身地を離れることなく首都圏への通勤が可能になります。そのためには、地方の人々がその地域に住み続けたいと思うような魅力を発信する必要があります。⑤観光名所のような特別な場所があることも重要ですが、日常生活を送る際に鉄道の担う役目は大いに重要です。

現在、鉄道は単なる輸送・移動手段にとどまらず、地域との結びつきを強化し、地域の住民から好まれるような工夫をしています。例えば、⑥北陸４県のうち１つの県内を走る路線に「えちごトキめき鉄道」という路線があり、これは地域名や県のシンボルを名称に取り入れています。また、特別な車両を走らせることで、鉄道自体を観光の目的に押し上げることもあります。

鉄道は沿線に住む人々の生活を支える存在でもあります。自動車の普及は鉄道利用客減少の理由の１つと考えられます。しかし、学生や高齢者は自動車に乗れないことが多く、そのような人々にとって路線の廃止や運行本数の減少は生活に著しい困難をもたらし、さらなる人口の流出につながります。また、北陸地方は冬の降雪量が多いため、公共交通機関である電車を頼りにするという人は多くいます。そのようなことから、鉄道は地域の観光を支える側面と日常生活を支えるふたつの側面を持った重要な存在となっています。

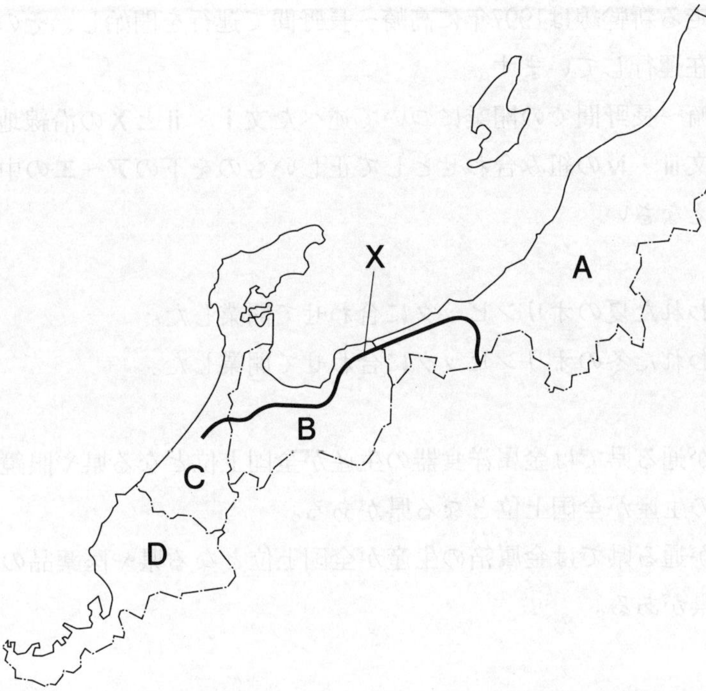


問１　下線部①に関して、地図を参考に以下の問いに答えなさい。

⑴　下の表は北陸４県におけるJR線を利用した「出発地ごとに見た到着地別の鉄道旅客者数」をまとめたものです。この表から読み取れることとしてあやまっているものを下のア～エの中から１つ選び、記号で答えなさい。

| 単位：千人 | | 到着地 A | 到着地 B | 到着地 C | 到着地 D |
|---|---|---|---|---|---|
| 出発地 | A | 39872.8 | 64.4 | 45.2 | 4.6 |
| 出発地 | B | 64.3 | 5102.8 | 507.1 | 15.4 |
| 出発地 | C | 45.2 | 508.7 | 12114.5 | 490.8 |
| 出発地 | D | 4.4 | 15.8 | 496.3 | 6094.3 |

【国土交通省　府県相互間輸送人員表より作成】

**ア**　北陸４県において最も旅客者数が多いのは同じ県内への移動である。

**イ**　北陸４県内の他県への移動が最も少ないのは**A**県を出発地とする旅客者である。

**ウ**　北陸４県において最も旅客者が少ないのは隣接していない県への移動である。

**エ**　北陸４県内の他県への移動で最も旅客者が少ないのは**A**県から**D**県への移動である。

(2)　**X**の路線を走る新幹線は1997年に高崎～長野間で運行を開始し、その後**X**の路線まで延伸し現在運行しています。

1997年の高崎～長野間での開業について述べた文**ⅰ**・**ⅱ**と**X**の沿線地域の産業について述べた文**ⅲ**・**ⅳ**の組み合わせとして正しいものを下の**ア**～**エ**の中から１つ選び、記号で答えなさい。

【開業】

**ⅰ**　日本で行われた夏のオリンピックに合わせて開業した。

**ⅱ**　日本で行われた冬のオリンピックに合わせて開業した。

【産業】

**ⅲ**　**X**の路線が通る県では金属洋食器の生産が全国上位となる県や眼鏡枠（メガネフレーム）の生産が全国上位となる県がある。

**ⅳ**　**X**の路線が通る県では金属箔《はく》の生産が全国上位となる県や医薬品の生産が全国上位となる県がある。

**ア**　開業－**ⅰ**　産業－**ⅲ**　　**イ**　開業－**ⅰ**　産業－**ⅳ**

**ウ**　開業－**ⅱ**　産業－**ⅲ**　　**エ**　開業－**ⅱ**　産業－**ⅳ**

問２　下線部②に関して、北陸４県にある政令指定都市の数として正しいものを次の中から１つ選び、記号で答えなさい。

**ア**　１つ　　**イ**　２つ　　**ウ**　３つ　　**エ**　政令指定都市はない

問３　下線部③に関して、次の文Ⅰ・Ⅱはそれぞれ地図中の**B**および**C**県の産業について述べたものである。Ⅰ・Ⅱと**B**・**C**の組み合わせとして正しいものを下の**ア**～**エ**のうちから１つ選び、記号で答えなさい。

Ⅰ　この県では雪深い冬の間の職業として発達した輪島塗や加賀友禅が有名である。

Ⅱ　この県では雪解け水を利用した稲作のほかに、チューリップの球根の栽培も盛んである。

**ア**　Ⅰ－**B**　Ⅱ－**B**　　**イ**　Ⅰ－**B**　Ⅱ－**C**

**ウ**　Ⅰ－**C**　Ⅱ－**B**　　**エ**　Ⅰ－**C**　Ⅱ－**C**

問４　下線部④に関連して、大都市周辺に存在する、大都市に通勤・通学する人が多く住むため夜間に比べ昼間の人口が少なくなる住宅中心の都市を何とよびますか。カタカナで答えなさい。

問５　下線部⑤に関して、**D**県に存在する、巨大な岩の柱が連なる断崖のなまえを下の写真を参考に次の**ア**～**エ**の中から１つ選び、記号で答えなさい。

**ア**　黒《くろ》部《べ》渓谷《けいこく》　　**イ**　兼六園《けんろくえん》　　**ウ**　千枚《せんまい》田《だ》　　**エ**　東尋坊《とうじんぼう》

問６　下線部⑥に関して、この路線が走っていると考えられる県を地図中の**A**～**D**の中から１つ選び、アルファベットで答えなさい。

問７　本文の内容から読みとれるものとしてあやまっているものを１つ選び、記号で答えなさい。

**ア**　現在の鉄道は単なる人や物資の移動手段ではなく、それ自体が観光の目的となることがある。

**イ**　自動車に乗る人が増えることにより鉄道利用客がへり、廃線となる路線がある。

**ウ**　高速交通網の整備は地方から人口を流出させるのみで、地方に人をとどまらせる効果はない。

**エ**　高齢者の多い地域や降雪量の多い地域では鉄道は重要な交通機関となっている。

問８　次の２つの地形図はそれぞれ北陸地方の一地域を示した２万５千分の１地形図です。この地形図を見て以下の問いに答えなさい。

【地形図１】

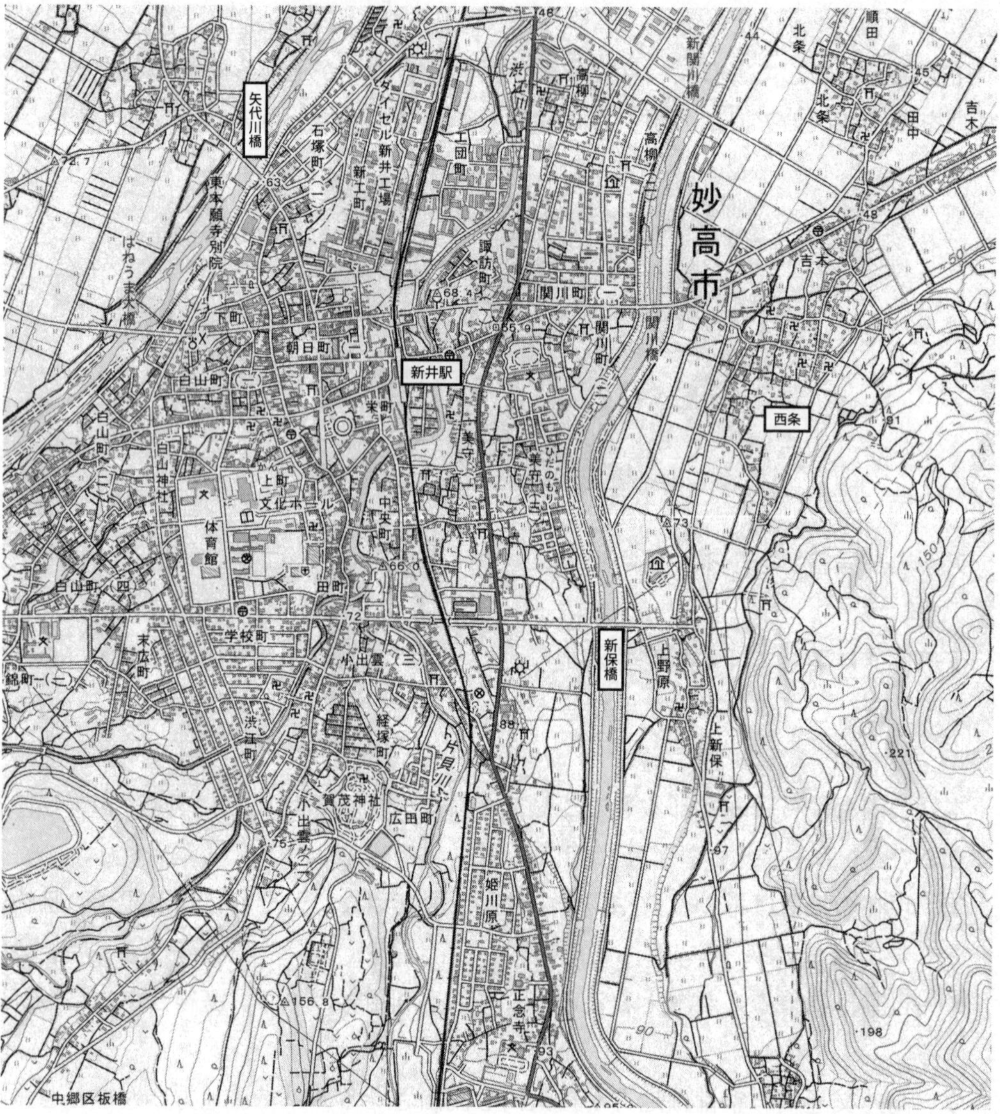


(1)　地形図１を見て読みとれる内容としてあやまっているものを次の中から１つ選び、記号で答えなさい。

**ア**　新井駅の西側には市役所がある。

**イ**　西条地区の北には複数の寺院がある。

**ウ**　矢代川橋のかかる川の両岸には堤防が造られている。

**エ**　新保橋の西には工場がある。

【地形図２】

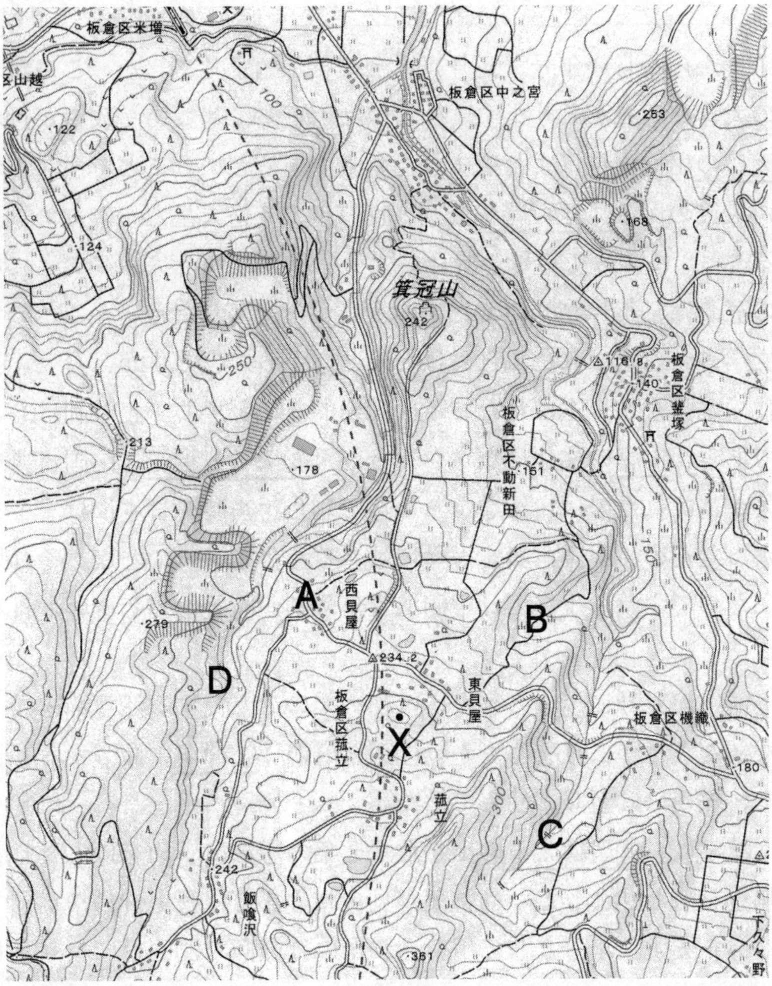


(2) 地形図２中に点**X**で示した地点から周囲の**A**～**D**で示した地点を見渡したとき、等高線から判断した場合に見通すことができない地点はどこか、アルファベットで答えなさい。

**2** 次の文章を読んで、以下の問いに答えなさい。

2019年5月1日から新しい年号（元号）「令和」が始まりました。この新しい年号には、ふたつの大きな意義があります。ひとつは①憲法に基づいた政治が行われてから初めて、②天皇の生前退位により生まれた年号であるということです。これまでで生前退位をした最後の例は③江戸時代後期、1817年の光格《こうかく》天皇だったため、譲位（存命中に位を譲ること）によって年号が新しくなったのは約200年ぶりのことになります。

もうひとつの意義は、年号が初めて日本の古典から選ばれたということです。しかも、これまで文学書から選ばれたことはほとんどなかったのですが、『（　④　）』という奈良時代の文学書から選ばれたことは画期的なことです。年号制はもともと中国起源のものであり、⑤唐の文化にならおうとした⑥7～8世紀に中国古典をもとにして日本の年号が選ばれたのは自然ななりゆきでした。当時の日本にはまとまった古典的書物がなかったため、中国古典をもとにせざるを得ませんでした。それ以来その伝統が続いていたのですが、現在では中国でも年号制が断絶してしまい、日本の年号制だけが続いています。

「令」という漢字が元号に用いられたのは初めてのことです。江戸幕末に「令徳《れいとく》」が有力候補になったことがありましたが、江戸幕府が「⑦徳川に命令する」とはけしからぬと反対し、採用には至りませんでした。

「和」という漢字は、⑧聖徳太子の出した十七条の憲法に「和を以て貴《たっと》しとなし、さからうこと無きを宗《むね》とせよ」という言葉が見られるなど、歴史資料や年号で用いられることがよくあります。年号として用いられたのは今回で20回目になりました。

問1　下線部①に関連して、大日本帝国憲法および日本国憲法について述べた文のうちあやまっているものを次の中から1つ選び、記号で答えなさい。

**ア**　大日本帝国憲法は、1889年に天皇が国民にあたえるという形で発布された。

**イ**　大日本帝国憲法は、君主権の強いフランスの憲法を手本にしてつくられた。

**ウ**　日本国憲法は、国民主権・基本的人権の尊重・平和主義を原則としている。

**エ**　日本国憲法が施行された5月3日は現在、憲法記念日として国民の祝日となっている。

問２　下線部②に関連して、鎌倉幕府を滅ぼしたあと建武の新政を行った天皇のなまえを次の中から１つ選び、記号で答えなさい。

ア　後白河天皇　　イ　後醍醐天皇　　ウ　推古天皇　　エ　白河天皇

問３　下線部③に関連する次の【資料１】【資料２】を読んで、下の各問いに答えなさい。

【資料１】江戸時代の三大改革

| 改革のなまえ | （　A　）の改革 | （　B　）の改革 | （　C　）の改革 |
|---|---|---|---|
| 改革した人物 | 徳川吉宗 | 松平定信 | 水野忠邦 |

【資料２】江戸時代に歌われた狂歌とその解説

狂歌

白河の　清きに魚も　住みかねて　もとの濁《にご》りの　田沼恋しき

解説

この歌にある「白河」とは白河藩のことを指す。白河藩主であった㋐松平定信が行った政治は世の中を清くしたが、厳しすぎるあまりきゅうくつであったため、以前の㋑濁っていたが自由だった田沼意次の時代がなつかしいという皮肉をこめた歌である。

(1)　【資料１】中のA～Cにあてはまる年号（元号）の組み合わせとして正しいものを次の中から１つ選び、記号で答えなさい。

ア　A：享保　B：天保　C：寛政　　イ　A：享保　B：寛政　C：天保
ウ　A：寛政　B：享保　C：天保　　エ　A：寛政　B：天保　C：享保

(2)　【資料２】の解説中にある下線部㋐の内容として正しいものを次の中から１つ選び、記号で答えなさい。

ア　朱子学を重視し、昌平坂学問所で朱子学以外の学問を教えることを禁止した。
イ　鎖国体制を維持するため異国船打払令を出した。
ウ　民衆の意見を広く聞き入れるために目安箱を設置した。
エ　生類憐《あわれ》みの令を出し、動物を極端に保護した。

(3)　【資料２】の解説中にある下線部㋑とはどのような政治を意味しているか説明しなさい。

問4　文章中の（　④　）にあてはまる文学書を**漢字**で答えなさい。

問5　下線部⑤に関連する文として正しいものを次の中から1つ選び、記号で答えなさい。

**ア**　平清盛は兵庫（神戸）の港を整備し、この国と貿易を行った。

**イ**　足利義満はこの国の皇帝から日本国王と認められた。

**ウ**　小野妹子はこの国に使いとして派遣された。

**エ**　元明《げんめい》天皇はこの国の都を手本にした平城京をつくった。

問6　下線部⑥の時期におこった次の**ア～エ**のできごとを年代の古い順に並べかえたときに、**3番目**にあてはまるできごとを1つ選び、記号で答えなさい。

**ア**　聖武天皇は国ごとに国分寺と国分尼寺を建てるように命じた。

**イ**　中大兄皇子は中臣鎌足と協力し、蘇我入鹿を暗殺した。

**ウ**　藤原不比等《ふひと》らによって大宝律令がつくられた。

**エ**　桓武天皇は政治を立て直すため、平安京に都を移した。

問7　下線部⑦に関連して、徳川家光が武家諸法度で定めた、大名が江戸と領地を行き来する制度のことを何というか漢字で答えなさい。

問８　下線部⑧の人物が建てた建築物を次の中から１つ選び、記号で答えなさい。

ア

イ

ウ

エ

**3**　次の文章は、1994年（平成６年）２月３日に行われた内閣総理大臣記者会見の抜粋です（原文の意味を損なわない範囲で省略・改行した部分もあります）。文章を読んで、以下の問いに答えなさい。

税制改革について、本日政府与党から対応を一任されたことを踏まえまして、私の案として、お手元に配布をしております税制改革草案を作りまして、提示させていただきました。そのポイントを申し上げますと、第一に、①所得税、住民税の減税、総額六兆円でございます。うち所得税、住民税減税は総額で五兆三〇〇〇億円、実施日は平成六年一月一日ということでございます。第二に、仮称でございますが、国民福祉税を創設をいたしまして、消費税を廃止いたします。実施日は平成九年の四月一日。税率は七％ということでございます。

いましがた代表者会議、経済問題協議会、政府与党首脳会議におきまして、これを政府案として②国会に提出させていただくことで御了承を得たところでございます。

この結果、③国家財政は三年間で十八兆円の減収。言い換えますと、三年間で十八兆円の家計の所得の増加に伴う景気浮《ふ》揚《よう》効果を持つ訳でございます。

現在、我が国はアメリカ、ヨーロッパ諸国の何倍というスピードで④高齢化社会に入りつつある訳で、高齢化社会になっても活力を失わない、豊かな社会を築いていくということが我々の責務でございますし、元旦に発表させていただきました二十一世紀のビジョンを推進をして、活力のある豊かな社会を築いていく。そして、その中で社会保障の充実を図り、生活環境、社会資本の整備を推進してまいりますためには、多額のコストが掛かることは改めて申すまでもございません。（中略）

高齢化社会を支えていくためには、どうしても⑤働き盛りの人たちの負担の軽減、つまり所得課税を軽減して、消費課税の※ウエートを上げて、みんなで高齢化社会に必要な費用というものを支えていく負担の仕組みというものがどうしても必要であるというふうに考えております。

（注）

※ウエート…比重のこと

問１　下線部①のような、負担する人とおさめる人が同じ税を何というか。**漢字３字**で答えなさい。

問２　下線部②の働きとしてあやまっているものを次の中から１つ選び、記号で答えなさい。

**ア**　内閣総理大臣を指名する。　　**イ**　条約を承認する。

**ウ**　裁判官を裁判する。　　**エ**　天皇の国事行為に助言と承認をする。

問３　下線部③に関して、次のグラフは各年度の日本の歳出について表したものである。［　A　］にあてはまるものとして正しいものを下の中から１つ選び、記号で答えなさい。

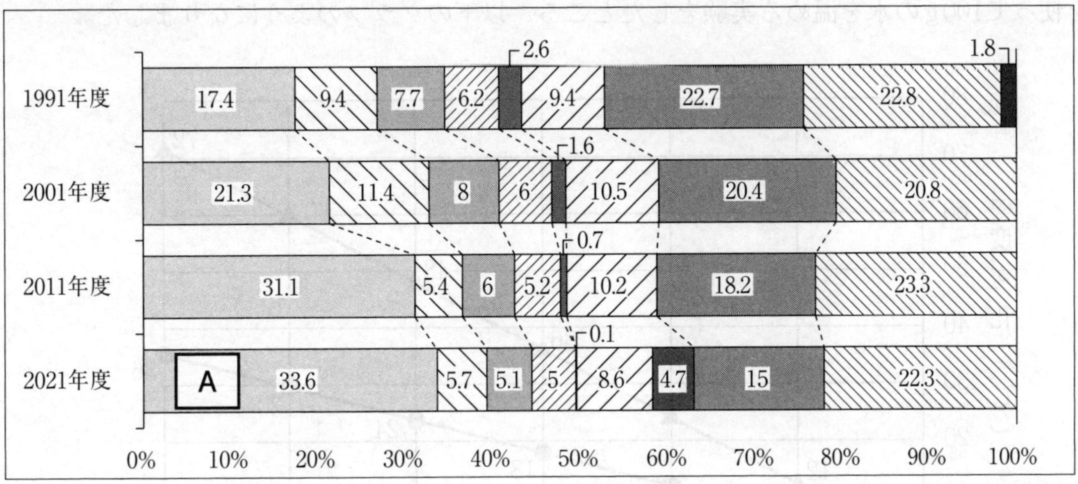


【財務省資料より作成】

**ア**　国債費　　**イ**　社会保障関係費

**ウ**　地方交付税交付金　　**エ**　防衛関係費

問４　下線部④について、高齢化社会の定義とは全人口にしめる［　X　］才以上の人の割合が［　Y　］％以上になることをいう。空欄に入る適切な数字の組み合わせとして正しいものを次の中から１つ選び、記号で答えなさい。

**ア**　［　X　］：60　［　Y　］：7　　**イ**　［　X　］：65　［　Y　］：7

**ウ**　［　X　］：60　［　Y　］：35　　**エ**　［　X　］：65　［　Y　］：35

問５　下線部⑤に関して、労働者について述べた文としてあやまっているものを次の中から１つ選び、記号で答えなさい。

**ア**　日本全体で2012年から2021年まで、外国人労働者数は年々増えてきている。

**イ**　日本国憲法において、国民の義務として勤労の義務が定められている。

**ウ**　新型コロナウイルス流行により、テレワークなど働き方が変わってきている。

**エ**　すべての労働者の権利として労働組合をつくる権利が認められている。

【理　科】〈第１回午前入試〉（社会と合わせて60分）〈満点：50点〉

**1**　暑い夏のある日、太郎くんはコンビニエンスストアで買ったお弁当の「レンジ加熱目安500Ｗ　３分00秒、1500Ｗ　１分00秒」という表示が気になり調べてみると、Ｗはワットと読み、電力の単位であることがわかりました。さらに調べていくと、電力とは１秒あたりに消《しょう》費《ひ》される電気エネルギーであることもわかりました。次の各問いに答えなさい。

太郎くんは加熱時間と温度変化の関係を調べるために、500Ｗと1000Ｗの電子レンジを使って100ｇの水を温める実験をしたところ、以下のグラフのようになりました。

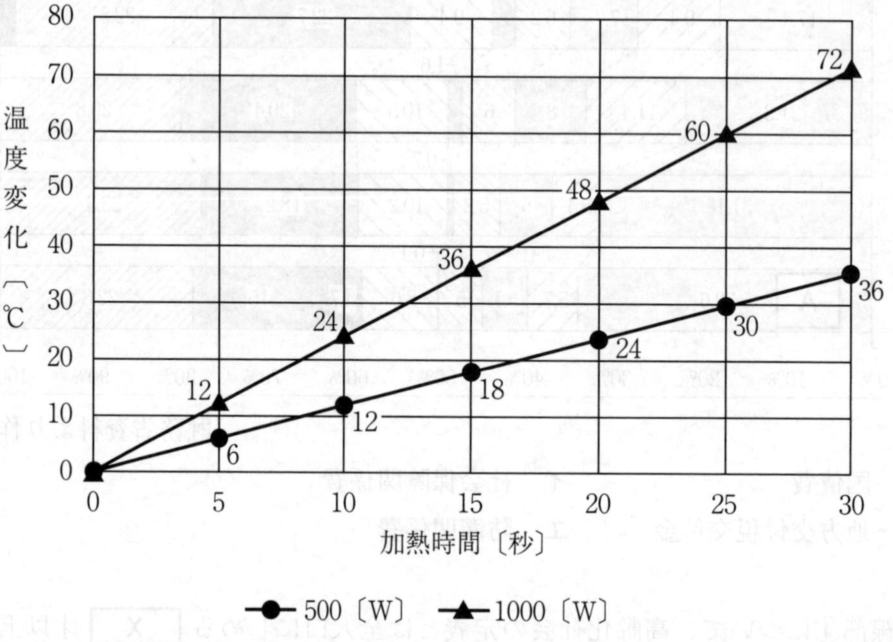


**図**　加熱時間と温度変化の関係

問１　水100ｇを1500Ｗの電子レンジを使って10秒加熱した場合、水の温度は何℃上がると考えられますか。

問２　太郎くんが買ったお弁当を600Ｗの電子レンジを使って温めるとき、加熱する時間は何分何秒が適当だと考えられますか。

問３　以下の**A**、**B**の場合ではどちらのほうが温度変化が大きくなると考えられますか。記号で答えなさい。

**A**　水100 gを1500 Wの電子レンジで40秒加熱した。

**B**　水100 gを600 Wの電子レンジで２分加熱した。

太郎くんが電子レンジで温めたお弁当を食べながらニュースを見ていると、電力のひっ迫《ぱく》への対応として、夕方の節電を呼びかけていました。太郎くんは夏の夕方に電力が足りなくなることに疑問《ぎもん》をいだき、調べてみると以下のようなことがわかりました。

気温が高い夏は、［　①　］などの消費電力の大きい家電を使用する機会が多くなります。気温が最も高くなるのは昼ごろですが、夏の昼ごろは［　②　］発電が盛《さか》んに行われています。いっぽう夕方になると、［　②　］発電が十分に行えなくなり、電力が足りなくなるのです。

数年前まではこのように電力がひっ迫することはあまりありませんでしたが、現在は地球温暖化防止《ぼうし》を目的とした脱《だつ》［　③　］の流れが加速しているため、［　④　］発電所の休止や廃止《はいし》が進んでいます。そのため、安定した電力の供給《きょうきゅう》ができなくなっているのです。

問４　上の文の①～④に当てはまる語句を以下の**ア**～**シ**から１つずつ選び、それぞれ記号で答えなさい。ただし、同じ番号には同じ語句が当てはまります。

**ア**　テレビ　　**イ**　掃除機《そうじき》　　**ウ**　エアコン　　**エ**　LED電球

**オ**　火力　　**カ**　水力　　**キ**　太陽光　　**ク**　原子力

**ケ**　酸素　　**コ**　水素　　**サ**　炭素　　**シ**　よう素

**2** 水溶《よう》液について次の各問いに答えなさい。

食塩水、石灰水《せっかいすい》、アンモニア水、炭酸水、塩酸を用意して、いろいろな実験を行いました。下の**表**は、それぞれのにおいについて調べ、その後、それぞれを蒸発皿に少量とり、熱して蒸発させた結果を表しています。

**表** 水溶液のにおいと蒸発させたときの蒸発皿のようす

| 水溶液 | におい | 蒸発させたときの蒸発皿のようす |
|---|---|---|
| 食塩水 | においなし | (あ) |
| 石灰水 | においなし | 白いものが残った |
| アンモニア水 | (い) | 何も残らなかった |
| 炭酸水 | においなし | 何も残らなかった |
| 塩酸 | つんとするにおい | (う) |

問１ **表**の（あ）～（う）に当てはまるものを次の**ア～エ**から１つずつ選び、それぞれ記号で答えなさい。ただし、同じ記号を何度選んでもよいものとします。

**ア** においなし　**イ** つんとするにおい
**ウ** 白いものが残った　**エ** 何も残らなかった

問２ 蒸発させたときに何も残らなかった水溶液に共通していることは何ですか。「溶《と》けているものが」に続けて答えなさい。

問３ 各水溶液を赤色リトマス紙と青色リトマス紙につけて、それぞれの色の変化を調べたところ、赤色リトマス紙を青く変えたものがありました。それは何ですか。次の**ア～オ**から**すべて**選び、記号で答えなさい。

**ア** 食塩水　**イ** 石灰水　**ウ** アンモニア水
**エ** 炭酸水　**オ** 塩酸

問４ 炭酸水は水に何が溶けているものですか。名前を答えなさい。

**3** 以下の文章を読み、次の各問いに答えなさい。

多くの動物は他の生物を食べることで栄養分を得て成長しています。しかし、多くの植物は他の生物を食べることなく、①光エネルギーを利用した方法で栄養分を作り、さらに土から別の養分を取り込《こ》むことで成長していきます。また、動物と植物はそれぞれが得た②栄養分を空気中の酸素と体内で一緒《いっしょ》に反応させることで生きるためのエネルギーを作り出しています。このとき体内の栄養分は消費されています。

問１　下線部①について、この方法とは何か答えなさい。

問２　下線部②について、この反応の名前を答えなさい。

植物の成長に関して次のような実験を行いました。実験方法と実験結果を読み、次の各問いに答えなさい。

【実験方法】

大きさ、葉の枚数、重さが同じホウセンカを４つ用意し、同じ量の養分を与え、それぞれ**A**～**D**の条件にしました。その後、屋外で３日間置き、ホウセンカの重さをはかり、結果にまとめました。ただし、その３日間は十分な水分があり、枯《か》れませんでした。

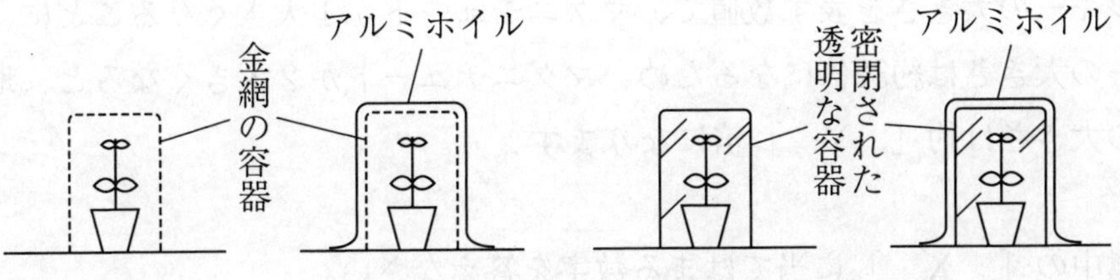


**A**　　**B**　　**C**　　**D**

**A**：ホウセンカを植えた鉢《はち》を金網《あみ》の容器に入れた。

**B**：ホウセンカを植えた鉢を金網の容器に入れ、全体をアルミホイルでおおった。

**C**：ホウセンカを植えた鉢を透明《とうめい》な容器に入れ密閉した。

**D**：ホウセンカを植えた鉢を透明な容器に入れ密閉し、全体をアルミホイルでおおった。

【実験結果】

| 条件 | ホウセンカの重さ |
|---|---|
| A | 重くなった |
| B | 軽くなった |
| C | 重くなった |
| D | 軽くなった |

問３　Aのホウセンカが実験前と比べて重くなったのはなぜですか。理由を簡単に答えなさい。

問４　透明な容器、容器内の気体、ホウセンカ、土、鉢の全てを含《ふく》めた重さをはかると、Cの実験前後の重さとDの実験前後の重さは、それぞれ変わりませんでした。その理由を簡単に答えなさい。

**4**　以下の文章を読み、次の各問いに答えなさい。

地震《じしん》が発生すると、ニュースでは震源《しんげん》や震度《しんど》、マグニチュードなどの情報が発表されます。震源とは、地震が発生した場所のことです。震度とは、観測地での地震によるゆれの強さを表す数値で、震度は［　X　］段階に分けられます。マグニチュードとは、地震のエネルギーの大きさを表す数値で、マグニチュードが１大きくなるごとに、地震のエネルギーの大きさは約32倍になるため、マグニチュードが２大きくなると、地震のエネルギーの大きさは約［　Y　］倍になります。

問１　文章中の［　X　］に当てはまる数字を答えなさい。

問２　文章中の［　Y　］に当てはまる数字として最も適切なものを次の**ア**～**カ**から１つ選び、記号で答えなさい。

**ア**　16　**イ**　64　**ウ**　128　**エ**　250　**オ**　512　**カ**　1000

問３　ある半島の岬《みさき》は、ふだんはゆっくりと沈降《ちんこう》していますが、125年ごとに大地震が発生すると同時に急激に隆起《りゅうき》します。その隆起量は、ふだんの沈降量よりも大きく、前回の大地震直後に比べて30cm隆起します。このような地殻《ちかく》（地球の外表の部分）の変動は、過去10万年間にわたり続いてきたと考えられています。また隆起の原因となる大地震は、プレートの境界で起こる地震であると考えられています。**図１**は、日本（本州）の東西断面の模式図であり、海のプレートと陸のプレートの境界を表しています。また、**図２**は、この半島の岬での隆起と沈降の変化を表したグラフです。

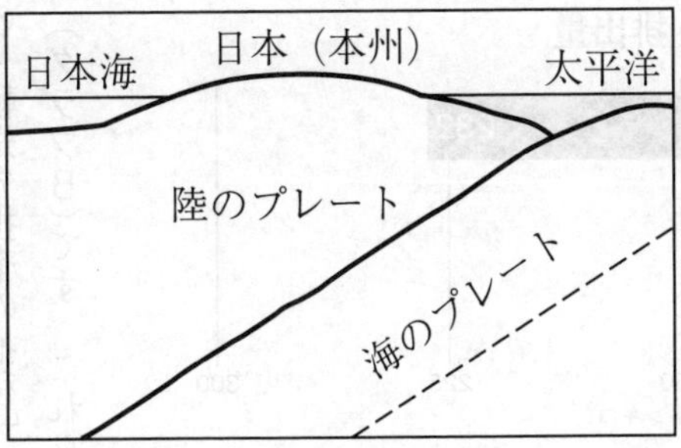


**図１**

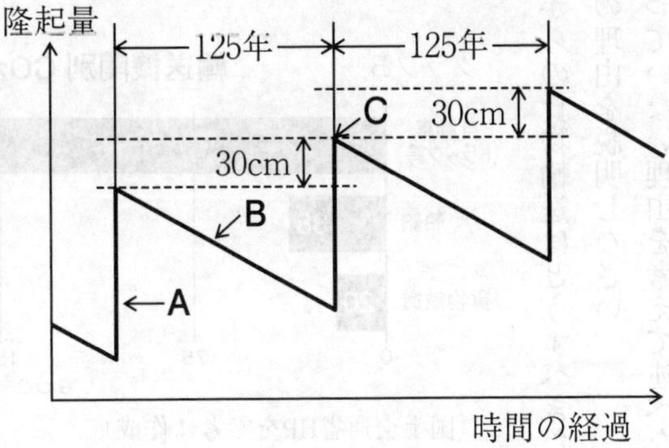


**図２**

(1)　日本列島は４つのプレートが衝突《しょうとつ》する場所に存在します。４つのプレートとして**適切でないもの**を次の**ア**～**オ**から１つ選び、記号で答えなさい。

**ア**　フィリピン海プレート　　**イ**　大西洋プレート

**ウ**　太平洋プレート　　**エ**　ユーラシアプレート

**オ**　北アメリカプレート

(2)　次の文章は、**図２**の**A**と**B**の部分の説明をしたものです。［①］～［③］には、「海」もしくは「陸」という言葉が入ります。説明が合うようにそれぞれ言葉を選んで答えなさい。

| |
|---|
| **A**はプレートの境界で地震が発生し、［①］のプレートが隆起したことを示しており、**B**は［②］のプレートに引きずられて、［③］のプレートが沈降したことを示している。 |

(3)　この半島の岬が**図２**の**C**から7.8ｍ隆起するのに何年かかりますか。

化し表現するセンスを持つ人物である。

## 四

次のグラフは、日本の貨物輸送での「輸送分担率の推移」（グラフA）、「輸送機関別$CO_2$排出量」（グラフB）です。これらを見て後の問に答えなさい。

グラフA　輸送分担率の推移（日本）

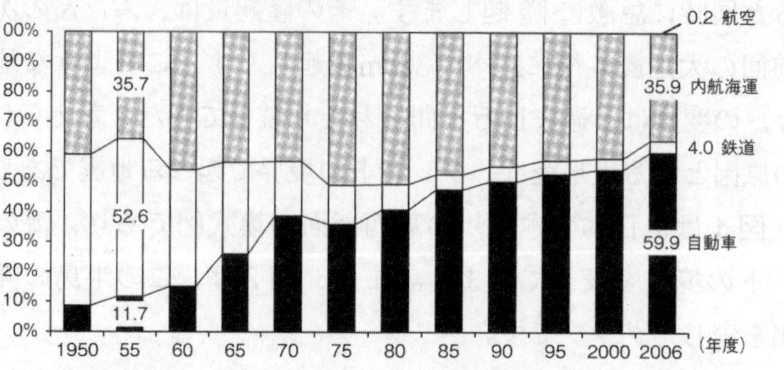


（中央三井トラスト・ホールディングス　2008/秋　63号より）

グラフB　輸送機関別 $CO_2$ 排出量

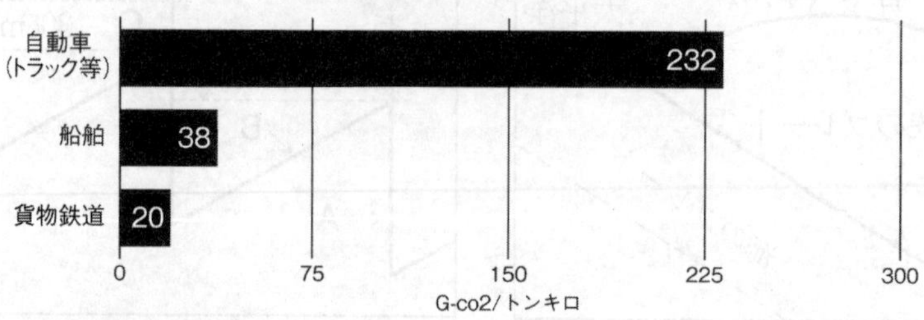


（国土交通省HPを参考に作成）

問一　グラフA・Bを見くらべ、これからの貨物輸送はどうすべきだと考えますか。あなたの考えとその理由を説明しなさい。

問二　問一のあなたの考えに今現在なっていない理由を考えて述べなさい。

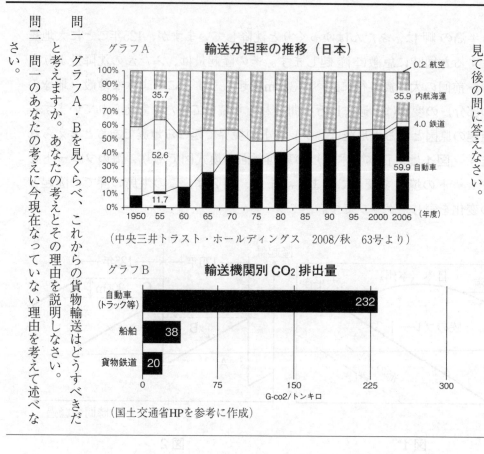

て適当なものを次の中から一つ選び、記号で答えなさい。

ア　春子は美術大学を卒業したことに大きな誇りを持っており、少しでも自信のない作品を見られることはプライドが許さないことだったから。

イ　春子は自分の作品を他人に見られることに慣れておらず、どうせ律子や沙希に見せるなら完璧な作品を見せたいと考えたから。

ウ　春子が多くの作品を作成した中で、部屋の中にある中途半端な出来の作品だけを見られることにより、自分の才能を判断されたくなかったから。

エ　春子は自分にとって不満足な作品を、才能があると言い切る律子に見られることに困惑し、自信のある作品を飾れば良かったと思ったから。

問四　X に入ることばとして、適当な漢字一字を問題文中から書き抜きなさい。

問五　～～部2「沙希の話を聞きたい、と春子は思った」とありますが、その理由として適当なものを次の中から一つ選び、記号で答えなさい。

ア　律子の目線で語られる才能についての話が長く退屈に感じ、沙希の話を聞くことで違う話になり、気分転換になると思ったから。

イ　沙希がなにもできないと決めつける母親の律子に対し強い怒りを感じ、娘である沙希の本当の気持ちを律子に聞かせたかったから。

ウ　母である律子はなにもできないと沙希のことを決めつけているが、沙希自身は何がしたかったのか、本当の気持ちに興味を持ったから。

エ　律子の「なんもできへん」という発言に大変衝撃を受け、その衝撃を沙希とも共感したいと感じ、沙希の意見を聞きたかったから。

問六　～～部3「その小さな石が、もっと形の曖昧な塊になって体の中でどんどん大きくなっていくような、そんな感触がした」とありますが、その理由として**ふさわしくないもの**を次の中から一つ選び、記号で答えなさい。

ア　先ほどまで一緒にいた律子と沙希がいた空間で一人になり、急に孤独を感じたから。

イ　律子に自分の才能を示すだけの作品を見せることができず、後悔の念が広がっていたから。

ウ　「結石」が体内にあることと、春子の言語化できない気持ちのイメージが重なったから。

エ　律子との会話に違和感を感じ、春子の中で整理できないもどかしさを感じていたから。

問七　～～部4「律子に言われてひっかかっていたこと」とありますが、具体的にどのようなことですか、五十字以内で説明しなさい。(句読点も字数にふくみます)

問八　問題文中の人物像の説明として、適当なものを次の中から一つ選び、記号で答えなさい。

ア　春子は常に相手の立場を考え、全ての質問に対し丁寧な返答をする、他人を思いやる姿勢の持ち主である。

イ　沙希は思ったことをそのまま発言する素直さを持ち、母親と家庭を何よりも大事にする人物である。

ウ　律子は明るくテンポのいい会話を好み、他人とのコミュニケーションを取ることに長けた人気者である。

エ　みづきはまっすぐに感情を表現する面と、物事を的確に言語従業員は外に出ることが多くなり、水曜日の昼過ぎに社内に残っていたのは、春子と岩井みづきだけだった。
元々きっちり十二時から昼休みを取る習慣のない会社だが、二人とも、自分の席でコンビニで買ってきたおにぎりなんかを　**B**　食べ、そのままパソコンに向かって作業を続けていた。
「あー、もうなんもかもめんどくさいわあ」
突然、みづきの声がフロアに反響した。声がしたほうを春子が見ると、営業部長の席にみづきがファイルを叩きつけるように置いたところだった。
「どうしたん、急に」
「めんどくさいことばっかりやないですか、あれもこれも」
みづきは、凝っている肩をほぐすように首を動かしながら歩いてきて、春子のうしろの椅子に　**C**　音をたてて座った。
「岩井さんは優秀な人やから、とか言うて、体《てい》よく雑用ばっかりですよ」
みづきはそう言いながら、春子の隣のデスクを指さした。春子が作成している資料も、その人からの頼み事だった。
しばらく、岩井みづきが抱えている、というよりはほとんど押しつけられた案件の話を聞き、近頃の仕事の愚痴を言い合った。
「優秀やとか、できる人やから、って持ち上げてるつもりなんでしょうね、言うてる人は」
みづきの言葉を聞いて、春子は、先日の沙希と律子のことを話してみた。4律子に言われてひっかかっていたことと、似ている気がしたからだった。
みづきは、大きく頷き、語気を強めた。
「そういうの、すぐ言う人っていますよねー。たとえば、外国語話せる人とか資格持ってる人とかにでも、才能ある人はいいね、すごいねって。わたし、思うんですけど、要するに相手の努力を認めてへんのんちゃうかな。賞賛してるようでいて、つまりは、元からできたんやからたいしたことない、って言うてることになりません？」
「あー、なるほど。なんか、すごい納得」
律子が才能だとか違うとかを繰り返すたびに、遠ざけられているような気分になっていた理由を、春子はやっとはっきりわかった気がした。
「それに、結局は見下されてるような気もしてくるんですよね。絵かなんか知らんけどわけのわからんもん作っていいご身分ですねえ、わたしら地道に働いてるからそんなん関係ないですけど、って」
みづきの話し方は、整然としていてわかりやすかった。辛辣《しんらつ》でも、きつくは聞こえない。シンプルに見えて襟や袖の形が凝っていてセンスのいい、みづきの洋服と通じるところがあった。

（柴崎友香『待ち遠しい』毎日新聞出版より）

※1　拓矢…沙希の夫。
※2　ゆかりさん…春子が住む離れの母屋に住んでいる女性。拓矢の叔母にあたる。

問一　**A**～**C** に入る適当なことばを、次の中からそれぞれ一つ選び、記号で答えなさい。（ただし、同じ記号を二度以上使ってはいけません）
ア　ささっと　イ　がつがつと　ウ　ぽんぽんと
エ　どさっと　オ　そろそろと

問二　══部「憮然《ぶぜん》として」の問題文中における意味として、適当なものを次の中から一つ選び、記号で答えなさい。
ア　不満そうにして　イ　怒りをあらわにして
ウ　打ちのめされて　エ　驚いて

問三　〰〰部1「春子は急に後悔した」とありますが、その理由とし

「そのころは、漫画家になってお金儲けて楽させてよ、なんて言うてたんやけど。まあ、わたしの子供やし、そんなんできるわけないのはわかってたんですけどね。なんもできへんけど、それでもうちには、この子がいちばんやから」

なんもできへん。

春子の頭の中で、その言葉は律子ではない別の声で再生された。一つではなく、いくつもの声だった。自分の声も、混ざっていた。

2沙希の話を聞きたい、と春子は思ったが、沙希は、立ち上がってわざとらしく軽い調子で言った。

「ハハちゃん、急になに言うてるん」

「えー、そう？　いっつも誉めてるやん」

律子は沙希の両肩を抱き、ほとんどほおずりしそうに顔を近づけた。沙希は上着を着込み、つぶやくように言った。

「わたし、なんでも話せるんはハハちゃんだけやわ。わたしのことわかってくれるんは、ハハちゃんだけ」

少し頑《かたく》なに響いたその声は、春子の耳にずっと残った。

階段を下りながら、律子が言った。

「早《は》よ帰らんと、※1拓矢くんが気ぃ悪くするからね」

「えー、だって今日も自分だけ飲みに行ってるし」

「男の人はつきあいうもんがあるのよ」

男の人、という言葉と、幼さの残る拓矢の横顔は、春子の中では結びつかなかった。あの黄色い家の中では、沙希は、拓矢に対してどんな顔で接しているのだろうか、とふと思った。

沙希と律子の声が、庭を横切って遠くなり、聞こえなくなった。二階に上がった春子は、窓から黄色い家に明かりがついたのを確かめ、そのままベッドに寝転がった。

仲のいい母娘。いっしょに買い物に行ったり、恋愛の相談もするような、自分が若い頃には「一卵性母娘」なんて言葉が流行《はや》ったこともあったな、と春子はぼんやり思い出した。

相談、などと改まったことではなく、誰がかっこいいとか、誰が浮気しそうだとか、そんな話も気軽にするのかもしれない。同級生でも、そんなふうに親やきょうだいと友だちのような関係の子はいた。小学校のとき、バレンタインデーのチョコレートを誰にあげるかお母さんと決めると同級生に聞いて、ものすごく驚いたことを思い出した。いろんな親子関係があって当然なのだが、今ひとつ実感できない。※2ゆかりさんも子供がいると言っていたけど、ここに遊びに来たりはしないんだろうか。

春子は、寝転がったまま体を横に向けた。下になった右側に意識が向かう。あんなに痛い思いをしたのに、今はなんの感覚もない。中には石が排出されたことに気がつかない人もいるらしいが、医師に説明を受けたほんの数ミリの小さな石は、おそらくまだ体のどこかにある。インターネットで「結石」と検索してみたら、棘《とげ》の塊のような結晶の画像がいくつも表示されて、怖くて画面を閉じてしまった。

体の中に、自分には見えない、普段はなんの感覚もない、しかし、固い塊が確実にある。

いつも一人で特にさびしいと思ったこともないのに、賑やかな客が帰って急に静かに感じられる部屋の中でじっとしていると、3その小さな石が、もっと形の曖昧《あいまい》な塊になって体の中でどんどん大きくなっていくような、そんな感触がした。

十二月が近づいて、春子の職場は忙《せわ》しなくなり始めた。年内に間に合わせてほしいという受注の書類作成やその他もろもろの雑用が増え、春子も定時で帰れない日々が増えた。

ア　新聞は紙と電子装置を使った魅力的なメディアではあるが、発行に時間がかかる点で他のメディアに劣っている。

イ　今までのように読者を「顧客」とみなし、へりくだってお客さん扱いする新聞社の態度は改めるべきである。

ウ　新聞社が持っていた地域の情報を中心とした層の厚い取材網もウェブやテレビなどにいずれ奪われてしまう。

エ　新聞の生命はいつの時代もスクープであるため、とにかく早くスクープを報道する記者が英雄視される。

三　次の文章を読んで、後の問に答えなさい。

一人暮らしをする春子の離れの家に、近所の黄色い家に住む沙希とその母、律子が訪れた場面である。

律子は沙希とは三日前にも会ったようだったが、それでも話すことがあれこれあるらしく、しばらく近所の誰かについての噂話などをしていた。

「あんたの同級生のマリちゃん、お姉ちゃんと二人とも結婚してへんらしいからねえ。やっぱりええとこの大学出たら高望みになるんかしらね」

春子が、この話の展開は自分の苦手な、そして実家に帰るたびに繰り返される同級生の母親たちや親戚たちの会話のパターンやな、と警戒しかかったとき、沙希が遮るように言った。

「北川さんは、一人が楽しいねんて」

「あら、いいですねえ、楽しめる人は。それも才能やと思うんですよ。うちなんかねえ、親子揃ってなんの取り柄もないから」

「わたしも、そんな……、べつに全然普通ですよ」

春子が少し戸惑って返答すると、さらに沙希は言った。

「美術大学に行ってはったんやんね」

「ほら、才能があるんやないですか。やっぱり、違うと思たわあ」

壁に掛けてある刺繍《ししゅう》や版画を指さして、律子は言った。自分では出来に満足していないそれらを飾っていることを、1春子は急に後悔した。

律子は上機嫌で、大げさな抑揚で言い続けた。

「うちらとは、ちゃうねえ。なんか、着てはるもんもしゅっとしてはるし」

誉められているのかなんなのか、よくわからない。沙希と同じく、思ったことを素直に口に出しているだけだと、春子は思った。思うことにした。

律子は、話しながらも、食器を流しに下げて洗い始めた。その手際のよさのせいというか、習慣になっている動作の一部として滑らかに片付いていくので、春子が遠慮を X にする隙もなかった。

「沙希も、小学校のときはよう絵を描いてたけど、そんなんはもう子供の落書きやから」

流し台の前に立ったまま、律子は言った。それは春子にとっては意外な言葉だった。

「そうなの？　絵とか描くの？」

「描いてへん」

急に憮然《ぶぜん》として、沙希は答えた。

「描いてたやないの、自分で作った絵本やら漫画みたいなん」

「やめてよ、そんな昔のこと持ち出すのん。どうせ下手くそな、落書きなんやし」

沙希は最後のほうは笑いながら言ったが、とにかくこの話をしたくないという感情が表に出ていた。

洗い物を終えて手を拭いた律子は、沙希の肩を A 叩いた。

でも新聞の生命はスクープである。ただし、3今後はこれまで以上に質が問われる。

大企業の人事を抜いた。発表前に白書をスクープした。これまでなら英雄扱いされただろうが、いまや、それだけでは十分でない。新聞社にしかできない、がっちりとした調査報道にもとづくスクープが求められている。それができる記者。それを積極的にやらせる部長・デスク。彼らが主役になるだろう。

（中馬清福『新聞は生き残れるか』より）

問一　A～Dに入る適当なことばを、次の中からそれぞれ一つ選び、記号で答えなさい。（ただし、同じ記号を二度以上使ってはいけません）

ア　しかし　　イ　つまり　　ウ　ただし
エ　もし　　オ　だから

問二　Xに入ることばとして、適当なものを次の中から一つ選び、記号で答えなさい。

ア　肩　　イ　足　　ウ　耳　　エ　手

問三　══部a「やむをえない」の意味として適当なものを、次の中から一つ選び、記号で答えなさい。

ア　難しい　　イ　仕方がない
ウ　都合が悪い　　エ　ちょうどいい

問四　══部b「優秀」と熟語の組み立てが同じものを、次の中から一つ選び、記号で答えなさい。

ア　選択　　イ　地震　　ウ　直線
エ　屋内　　オ　無罪

問五　〰〰部1「その商品はちょっと変わっている」とありますが、どのような点が他の商品と変わっているのですか。それぞれ問題文の内容に合うものには○、合わないものには×で答えなさい。

ア　新聞は他の商品とは異なり、ときに新聞社に不利益になるようなことでも報道しなければならない点。
イ　新聞は他の商品とは異なり、公共性が高いため、いかなる場合でも誤った情報を発信してはならない点。
ウ　新聞は他の商品とは異なり、有益性・言論性・影響性の三つの性質を含んでいなければならない点。
エ　新聞は他の商品とは異なり、たった一日で価値が激減する一方で比較的長く保存されるという点。

問六　〰〰部2「二一世紀の新聞づくり」にはどのようなことが必要だと筆者は考えていますか。四十字以内で説明しなさい。（句読点も字数にふくみます）

問七　〰〰部3「今後はこれまで以上に質が問われる」とありますが、なぜそう言えるのですか。その理由として**ふさわしくない**ものを次の中から一つ選び、記号で答えなさい。

ア　紙面の編集のクオリティは、他のメディアの情報の質に直接関わるため、情報の吟味が格段に厳しくなるから。
イ　他社にはない有益な情報を求める読者の要望に応えるために、情報に付加価値をつけることが求められるから。
ウ　地域の情報を取得する層の厚い取材網を持った優秀な記者を、人員削減を含むリストラで手放してしまうから。
エ　紙面に対しての視聴者からの反応も早くなり、デスクも今まで以上に厳しく原稿を点検するようになったから。

問八　問題文中には、次の一文が抜けています。〈ア〉～〈エ〉のどこに入れるのが適当ですか。記号で答えなさい。

【お互いが甘えを捨て、鍛えあうのである。】

問九　問題文の内容として適当なものを次の中から一つ選び、記号で答えなさい。

〈ウ〉

朝日新聞の「くらし」面など、読者が参加して紙面をつくる試みが増えてきた。記者にも読者にも学ぶところが多かったそうだ。読者を巻き込む。一緒に仕事をする。こういう積み重ねが新聞と読者をパートナーの関係にもっていく。しかし、それだけでは十分でない。もっと双方向性を強める必要がある。〈エ〉

「くらし」面は二〇〇三年一月、「ちょっとまてよ…」という企画を始めた。ねらいは「決まりだから守るという発想を変え、そのルールが本当に必要なのかどうかを問い直す」だという。第一回は「学校の天井、高いのはなぜ」だった。だが、せっかく学校をとりあげながら、登場するのは役人だけである。天井が高くてせいせいしている、あるいは、もったいないと思っているのは、子どもであり親であり先生である。どうして彼らを「探偵団」に加えないのか。双方向性を強めるいい機会ではないか。

この企画そのものは悪くない。暮らしだけでなく、政治、経済、外交、みんなが疑問に思っていることは多いからだ。むかし「もの申す」という人気の高い欄が朝日新聞にあった。読者から寄せられた役所などへの苦情・抗議を、記者が代わって役所にもちこみ解決の道を探る。

これも双方向性のひとつだろうが、いまはこれだけではだめだろう。読者と記者がいっしょに解決にあたるのだ。自衛隊の海外派遣が決まる前に「ちょっとまてよ」と待ったをかけ、(新聞の第一面的な視点ではなく)「くらし」面的な視点からじっくり考える紙面を、読者とともにつくる。そんな工夫に想像をめぐらすことは、2二一世紀の新聞づくりに大いにヒントになるのではあるまいか。

新聞社と新聞記者が変わらなければ、新聞力は強くならない。

「編集のクオリティと経済的な成功は表裏一体である」。一九七四年、米国の新聞シンジケート、ナイト・リッダー社の創業者の一人だったリー・ヒルズの言葉である。有益で、他社にない優れた情報をいかに早く取得するか。読者の要望に応《こた》えるために、情報のブランド力を高めるために、それにどんな付加価値をつけるべきなのか。すべては編集のクオリティを向上させることであり、これが新聞力を強めることにつながる。

編集のクオリティは紙面だけではなく、ウェブ、テレビ、端末などの情報の質に直接影響してくる。D、情報の吟味は格段に厳しくなる。これまでは、読者が紙面に文句を言ってくるのは早くて翌日だった。しかし、ウェブなどをお得意にするようになると、そうはいかない。早いか遅いか、正しいか不正確か、ためになるかならないか、視聴者からの反応は瞬時にやってくる。新聞はそれに答える義務がある。記事には記者の署名が入り、デスクはこれまで以上に厳しく原稿を点検するようになる。一方で、なんの反応もない情報は「価値なし」。どのメディアもその社からは買わなくなってしまう。

質のいい新聞をつくるにはb優秀な記者が要る。新聞社の人員削減を含むリストラは間違いなく進行するが、新聞記者を、とくに地域の情報を押さえている記者を、手軽に手放す経営者は、のちのち大いに後悔することになろう。これほど層の厚い取材網をもっているのは新聞だけであり、代わりはそう簡単に補充できない。ウェブやテレビや端末の情報企業がどうあがいても、こればかりは促成栽培できない。

しかし、記者の淘汰《とうた》は避けられない。読者と視聴者の吟味に堪えられる記者だけが残るのだ。新聞社のスターであり、編集局の主柱でもある取材記者ですら安泰ではない。「今日からOPEC」とか「サミットで勢ぞろい」といった前触れ的な記事、「答申を受けてガッチリ握手」といった退屈な写真など、だれも相手にしなくなる。いつの世

2023年度

# 春日部共栄中学校

【国語】〈第一回午前入試〉（五〇分）〈満点：一〇〇点〉

一　次の――部について、漢字をひらがなに、カタカナを漢字に直しなさい。

① 力士の断髪式が行われた。
② 彼は非凡な才能の持主だ。
③ 鈍い音を立てて花瓶が割れた。
④ もとの文にチュウジツに訳す。
⑤ フランス大使館をホウモンする。
⑥ 電車のモケイを作る。
⑦ 友だちとコウロンになる。
⑧ 図書館で本をヘンキャクする。
⑨ 祖母のカンビョウに行く。
⑩ センデンの効果はばつぐんだ。

二　次の文章を読んで、後の問に答えなさい。

なかば冗談だが、the newspaper を日本語にするとき、ペーパーの訳に「(目で見る)紙」ではなく「(耳で聞く)聞」をあてた先人は賢明だった。日本の新聞は最初から大きな可能性を秘めていたのだ。紙と電子装置を使い、目と耳のふたつの感覚器官に訴える魅力的なメディア、新聞。これは決して夢ではないのである。［Ａ］、それには、新聞が新しい環境下で生き続けるための「常識」を創出し、それに沿って行動する、という条件を必要とする。では、新しい常識とは何か。

「新聞力」は私の造語である。いまや新聞人の日常語になった観のある「(新聞の)商品力」という言葉にはどこか違和感があり、四、五年前から使っている。新聞は商品ではない、といっているのではない。立派な商品である。［Ｂ］、1その商品はちょっと変わっている。

第一に、読者にとって意味のあるものならば、新聞社はたとえ損をしてでも報道しなければならない。大事件があればカネがかかる。号外を出せばカネがかかる。それはときに損得を離れておこなわなければならない。〈ア〉

第二に、この商品はたった一日で価値が激減し、多くは捨てられる。それでも人びとが新聞紙を買うのは、それが扱う情報に用があるからだ。情報の質は目には見えず触ることもできないが、選択の基準はある。有益性(おもしろくて、ためになるか)、言論性(主義・主張が明瞭で、権力監視の役割を果たしているか)、影響性(世論の形成にどれほどの貢献をしているか)である。いずれも、ふつうの商品を選ぶときの基準と異なる。だから新聞に求められるのは、ふつうの商品力に有益・言論・影響の三つを加えたものとなる。それが新聞力である。

［Ｃ］、この三つの特性抜きで、ただ商品力だけが売り物だったら、それは新聞ではない。〈イ〉

読者は「顧客」です。これも新聞人の常套《じょうとう》句になった。しかし私は「パートナー」と呼ぶ。顧客というからには一方に店主がいるわけだ。本心はともかく、主人が揉《も》み［Ｘ］をしながら客と接している、そんな風景が目に浮かぶ。もちろん、購読者と向き合う新聞社の姿勢が悪すぎたのである。しばらくは反省の意味からもお客さん扱いはａやむをえないだろう。だが、いつまでたっても「店主と顧客」では、新聞の将来は知れている。二一世紀、新聞と読者は対等だ、パートナーなのだ、ということをまず確認しあうことから始めなければならない。

**2023年度**

# 春日部共栄中学校 ▶解説と解答

## 算 数 ＜第１回午前入試＞（50分）＜満点：100点＞

### 解 答

1 (1) ① 27　② $\frac{7}{10}$　③ 1　(2) ① 6　② 秒速20m　2 (1) 130度　(2) 451cm　(3) 3000円　3 (1) ① 解説の図１を参照のこと。　② 94.2cm$^2$　(2) ① 131.88cm$^3$　② 116.18cm$^3$　4 (1) 10個　(2) ７本　(3) 15本目　5 (1) 時速40km　(2) 12km　(3) ６時48分　6 (1) 4　(2) 24　(3) ８通り

### 解 説

**1 四則計算，逆算，単位の計算**

(1) ① $24+16\div 8\times 2-1=24+2\times 2-1=24+4-1=28-1=27$　② $\left\{\left(\frac{1}{2}-\frac{1}{5}\right)-1\frac{1}{3}\times\frac{1}{6}\right\}\div\frac{1}{9}=\left\{\left(\frac{5}{10}-\frac{2}{10}\right)-\frac{4}{3}\times\frac{1}{6}\right\}\div\frac{1}{9}=\left(\frac{3}{10}-\frac{2}{9}\right)\div\frac{1}{9}=\left(\frac{27}{90}-\frac{20}{90}\right)\div\frac{1}{9}=\frac{7}{90}\times\frac{9}{1}=\frac{7}{10}$　③ $2\div\left\{1.2+\left(0.8-\frac{2}{3}\right)\times 6\right\}=2\div\left\{\frac{6}{5}+\left(\frac{4}{5}-\frac{2}{3}\right)\times 6\right\}=2\div\left\{\frac{6}{5}+\left(\frac{12}{15}-\frac{10}{15}\right)\times 6\right\}=2\div\left(\frac{6}{5}+\frac{2}{15}\times 6\right)=2\div\left(\frac{6}{5}+\frac{4}{5}\right)=2\div\frac{10}{5}=2\div 2=1$

(2) ① $\frac{1}{6}+\frac{2}{3}\times\left(\square\div 3-\frac{1}{4}\right)=1\frac{1}{3}$より，$\frac{2}{3}\times\left(\square\div 3-\frac{1}{4}\right)=1\frac{1}{3}-\frac{1}{6}=\frac{4}{3}-\frac{1}{6}=\frac{8}{6}-\frac{1}{6}=\frac{7}{6}$，$\square\div 3-\frac{1}{4}=\frac{7}{6}\div\frac{2}{3}=\frac{7}{6}\times\frac{3}{2}=\frac{7}{4}$，$\square\div 3=\frac{7}{4}+\frac{1}{4}=\frac{8}{4}=2$　よって，$\square=2\times 3=6$　② １kmは1000mだから，1.2kmは1200mである。また，１分は60秒なので，分速1.2kmを秒速に直すと，1200÷60＝20(m)になる。

**2 角度，植木算，倍数算，比の性質**

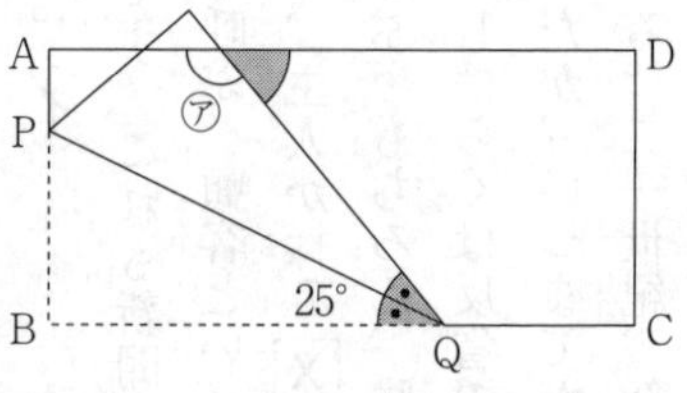


(1) 右の図で，●印をつけた角の大きさは等しい。また，ADとBCは平行だから，かげをつけた角の大きさも等しい。よって，かげをつけた角の大きさは，25×２＝50(度)なので，㋐の角度は，180－50＝130(度)とわかる。

(2) テープ50枚の長さの合計は，10×50＝500(cm)である。また，のりづけする部分は全部で，50－１＝49(か所)あるから，のりづけして短くなる部分の長さの合計は，１×49＝49(cm)とわかる。したがって，テープの全長は，500－49＝451(cm)と求められる。

(3) 最初の兄の所持金を③，弟の所持金を②とすると，(③＋1000)：(②－500)＝８：３という式を作ることができる。ここで，$A：B＝C：D$のとき，$B\times C＝A\times D$となるので，(②－500)×８＝(③＋1000)×３，⑯－4000＝⑨＋3000，⑯－⑨＝3000＋4000，⑦＝7000より，①＝7000÷７＝1000(円)と求められる。よって，最初の兄の所持金は，1000×３＝3000(円)とわかる。

## 3 図形の移動，面積，体積，相似

⑴ ① 三角形ADEは右の図１のように移動するから，三角形ADEが通過するのは斜線《しゃせん》部分である。 ② 斜線部分は，半径が6cmで中心角が，360－60＝300(度)のおうぎ形である。よって，面積は，$6\times6\times3.14\times\frac{300}{360}$＝30×3.14＝94.2($cm^2$)となる。

図１
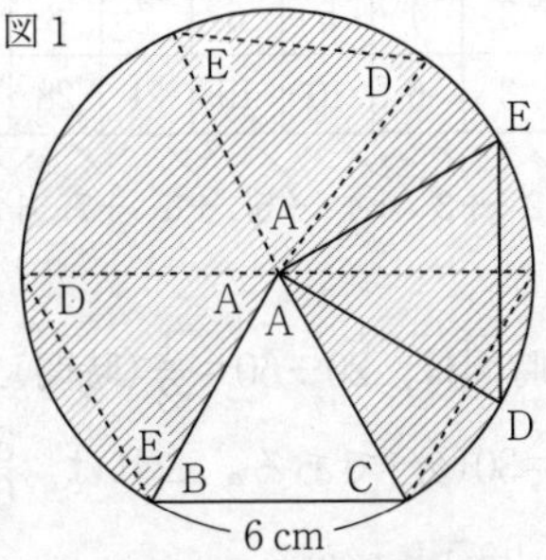


⑵ ① 右の図２の台形を㋐で１回転させてできる図形は，かげをつけた部分を１回転させてできる円すいと斜線部分を１回転させてできる円柱に分けることができる。

図２
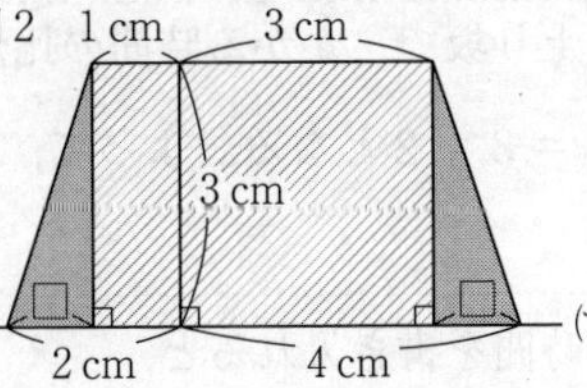


図３
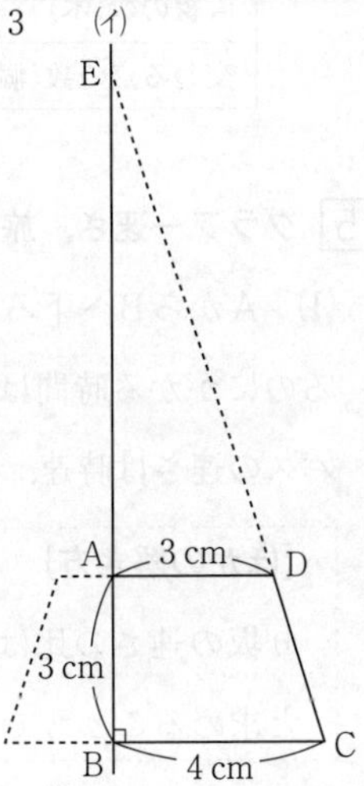


□の長さはどちらも，２－１＝４－３＝１(cm)なので，かげをつけた部分を１回転させてできる円すいの体積はどちらも，３×３×3.14×１÷３＝３×3.14($cm^3$)となる。また，斜線部分を１回転させてできる円柱の体積は，３×３×3.14×(１＋３)＝36×3.14($cm^3$)だから，全部で，３×3.14×２＋36×3.14＝(６＋36)×3.14＝42×3.14＝131.88($cm^3$)と求められる。 ② 上の図３で，㋑の右側の台形ABCDだけを１回転させてできる立体の体積を求めればよい。図３のように，CDを延長した直線が㋑と交わる点をEとすると，この立体は，三角形EBCを１回転させてできる円すいから，三角形EADを１回転させてできる円すいを取り除いた形の立体(円すい台)になる。ここで，三角形EADと三角形EBCは相似であり，相似比は，AD：BC＝３：４だから，EA：AB＝３：(４－３)＝３：１となり，EAの長さは，$3\times\frac{3}{1}$＝９(cm)，EBの長さは，９＋３＝12(cm)とわかる。よって，三角形EBCを１回転させてできる円すいの体積は，４×４×3.14×12÷３＝64×3.14($cm^3$)，三角形EADを１回転させてできる円すいの体積は，３×３×3.14×９÷３＝27×3.14($cm^3$)なので，この立体の体積は，64×3.14－27×3.14＝(64－27)×3.14＝37×3.14＝116.18($cm^3$)と求められる。

## 4 図形と規則

⑴ 問題文中の図のように，４本の直線があるとき，交わる点の数は６個である。そこへ右の図１の点線のように，５本目の直線を引くと，すでに引いてある４本の直線と１回ずつ交わるから，交わる点の数は４個増える(図の○)。よって，５本の直線があるとき，交わる点の数は，６＋４＝10(個)である。

図１
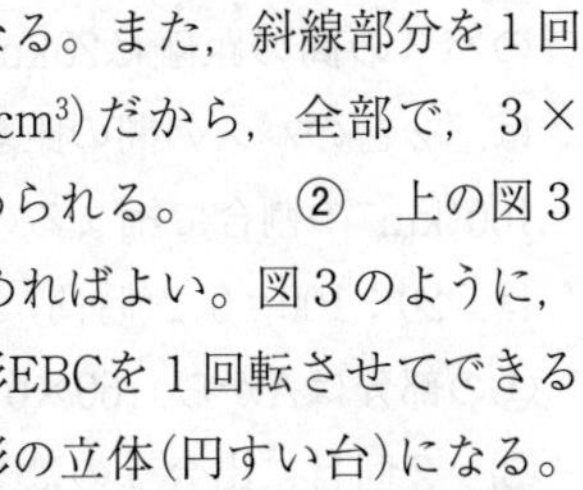

⑵ ⑴から，$N$本目の直線を引くと交わる点の数は($N$－１)個増えることがわかる。よって，表にまとめると下の図２のようになるので，交わる点の数が21個になるときの直線の数は７本とわかる。

⑶ 図２から，交わる点の数がはじめて100個以上になるのは，15本目の直線を引いたときである。

図２

| 直線の数(本) | 1 | 2 | 3 | 4 | 5 | 6 | 7 | 8 | 9 | 10 | 11 | 12 | 13 | 14 | 15 |
|---|---|---|---|---|---|---|---|---|---|---|---|---|---|---|---|
| 交わる点の数(個) | 0 | 1 | 3 | 6 | 10 | 15 | 21 | 28 | 36 | 45 | 55 | 66 | 78 | 91 | 105 |

＋1　＋2　＋3　＋4　＋5　＋6　＋7　＋8　＋9　＋10　＋11　＋12　＋13　＋14

## 5 グラフ－速さ，旅人算

⑴　ＡからＢへ下るのにかかる時間は，$20\div60=\frac{1}{3}$(時間)，$60\times\frac{1}{3}=20$(分)だから，ＢからＡへ上るのにかかる時間は，$20\times1.5=30$(分)である。これは，$\frac{30}{60}=\frac{1}{2}$(時間)なので，ＢからＡへ向かうバスの速さは時速，$20\div\frac{1}{2}=40$(km)とわかる。

**［ほかの解き方］**　下り坂と上り坂で，かかる時間の比が，$1:1.5=2:3$だから，下り坂と上り坂の速さの比は，$\frac{1}{2}:\frac{1}{3}=3:2$となる。よって，上り坂の速さは時速，$60\times\frac{2}{3}=40$(km)と求めることもできる。

⑵　グラフに出発してからの時間を書き入れると，右のようになる。初めて出会うのは①の部分なので，かげの部分の三角形に注目する。初めの２台のバスの間の距離《きょり》は20kmであり，かげの部分では，２台のバスの間の距離は１時間に，$60+40=100$(km)の割合で縮まるので，かげの部分の時間は，$20\div100=0.2$(時間)と求められる。よって，①の部分はAから，$60\times0.2=12$(km)の地点とわかる。

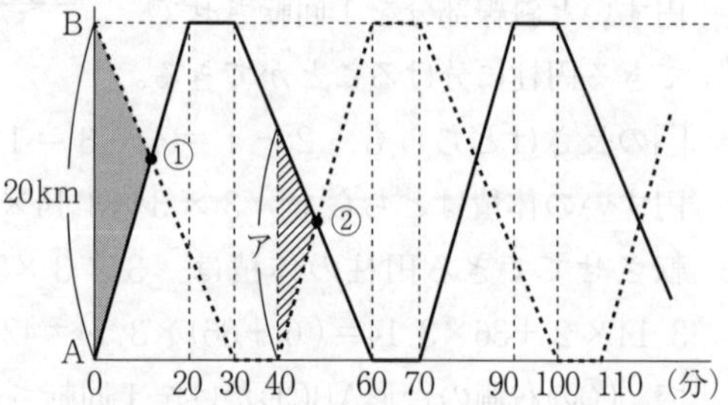


⑶　２回目に出会うのは②の部分だから，斜線部分の三角形に注目する。ＢからＡに向かうバスが，30分後から40分後までの，$40-30=10$(分)で進む距離は，$40\times\frac{10}{60}=\frac{20}{3}$(km)なので，アの距離は，$20-\frac{20}{3}=\frac{40}{3}$(km)と求められる。また，かげの部分と同様に，斜線部分でも２台のバスの間の距離は１時間に100kmの割合で縮まるから，斜線部分の時間は，$\frac{40}{3}\div100=\frac{2}{15}$(時間)，$60\times\frac{2}{15}=8$(分)とわかる。よって，②の部分の時刻は，６時＋40分＋８分＝６時48分である。

## 6 約束記号，整数の性質

⑴　１から12までの整数のうち，12との最大公約数が１になる数は{1，5，7，11}の４個ある。よって，【12】＝４となる。

**［ほかの解き方］**　全体から，12との公約数が１以外にある数の個数をひいて求めてもよい。１から12までの12個の整数のうち，12との公約数が１以外にある数は{2，3，4，6，8，9，10，12}の８個ある。よって，12との最大公約数が１になる数の個数は，$12-8=4$(個)と求めることもできる。

⑵　１から９までの９個の整数のうち，９との公約数が１以外にある数は{3，6，9}の３個ある。よって，９との最大公約数が１になる数の個数は，$9-3=6$(個)とわかる。同様に，１から27までの27個の整数のうち，27との公約数が１以外にある数は{3，6，9，12，15，18，21，24，27}の９個あるから，27との最大公約数が１になる数の個数は，$27-9=18$(個)と求められる。し

たがって，【９】＋【27】＝６＋18＝24とわかる。

⑶　$n$自身は$n$との最大公約数が１ではないから，$n$との最大公約数が１になる数には含《ふく》まれない。よって，【$n$】＝$n$－１という関係があるのは，１から$n$までの整数のうち，$n$との最大公約数が１になる数が$n$以外のすべてとなる数である（右の図を参照）。つまり素数なので，２から20までには，｛２，３，５，７，11，13，17，19｝の８通りある。

| | | |
|---|---|---|
| $n$＝２ | １，~~２~~ | 【２】＝１○ |
| $n$＝３ | １，２，~~３~~ | 【３】＝２○ |
| $n$＝４ | １，~~２~~，３，~~４~~ | 【４】＝２× |
| $n$＝５ | １，２，３，４，~~５~~ | 【５】＝４○ |
| $n$＝６ | １，~~２~~，~~３~~，~~４~~，５，~~６~~ | 【６】＝２× |
| $n$＝７ | １，２，３，４，５，６，~~７~~ | 【７】＝６○ |

## 社　会　＜第１回午前入試＞（理科と合わせて60分）＜満点：50点＞

### 解　答

１　問１　⑴　エ　⑵　エ　問２　ア　問３　ウ　問４　ベッドタウン　問５　エ　問６　Ａ　問７　ウ　問８　⑴　エ　⑵　Ｃ　２　問１　イ　問２　イ　問３　⑴　イ　⑵　ア　⑶　（例）　わいろ政治が行われていたこと。　問４　万葉集　問５　エ　問６　ア　問７　参勤交代　問８　ア　３　問１　直接税　問２　エ　問３　イ　問４　イ　問５　エ

### 解　説

**１　北陸４県と鉄道についての問題**

**問１**　⑴　地図中のＡ県は新潟県，Ｂ県は富山県，Ｃ県は石川県，Ｄ県は福井県である。　ア　Ａ～Ｄ県のいずれも，最も旅客者数が多いのは出発地と到着地が同じ県内となっている移動である。　イ　Ａ県を出発地とした場合，到着地がＡ県以外のＢ～Ｄ県となる移動の旅客者数の合計は，64.4千＋45.2千＋4.6千＝114.2千人で，Ｂ～Ｄ県の他県への移動よりも少ない。　ウ　地図を参考に表のＡ～Ｄ県の旅客者の移動先をみると，Ａ県とＢ県はＤ県への，Ｃ県とＤ県はＡ県への旅客者が最も少ない。　エ　Ａ～Ｄ県の他県への移動で最も旅客者が少ないのはＤ県からＡ県への移動であるため，あやまっている。　⑵　Ｘの路線を走っているのは北陸新幹線である。北陸新幹線は1998年の冬季に行われる長野オリンピックに合わせるため，1997年に高崎～長野間で長野新幹線として部分開業した。また，Ｘの路線は，新潟県，富山県，石川県の３県を通っているが，現在のところ眼鏡枠（メガネフレーム）の生産で有名な福井県の区間は開業していない。なお，金属洋食器の生産が全国上位なのは新潟県，金属箔の生産が全国上位なのは石川県，医薬品の生産が全国上位なのは富山県である。

**問２**　北陸４県にある政令指定都市は，2007年４月１日に指定された新潟県新潟市のみである。

**問３**　Ⅰ　輪島塗《ぬり》と加賀友禅《ゆうぜん》は石川県の伝統的工芸品である。日本海側の気候に属するために冬の降水（雪）量が多いことから，農業ができない間の副業として発展した。　Ⅱ　雪解け水を利用した稲作，チューリップの球根の栽培《さいばい》が有名なのは富山県である。チューリップの球根の栽培は，稲作の裏作として収穫後の冬に行われる。

**問４**　ベッドタウンは，大都市の周辺に位置する住宅都市で，大都市に通勤・通学する人が多く住むため，夜間に比べて昼間の人口が少なくなる都市である。

**問５**　Ｄ県である福井県に存在する巨大な岩の柱が連なる断崖《だんがい》は，東尋坊《とうじんぼう》である。福井県坂井市に位置する崖《がけ》で，世界有数の巨大な柱状の岩(柱状節理)を持ち，日本海の荒波の侵食《しんしょく》による豪快《ごうかい》な景観で知られ，天然記念物となっている。なお，アは富山県黒部市，イは石川県金沢市，ウは石川県輪島市にある。

**問６**　「えちごトキめき鉄道」の「えちご」は新潟県の旧国名から，「トキ」は佐渡《さどが》島で保護飼育されている特別天然記念物の鳥であるトキからとっていると考えられるので，新潟県を指すＡがあてはまる。

**問７**　「高速交通網の発達は必ずしも人口の流出につながるとは言い切れず，短時間で長距離の移動が可能になれば，出身地を離れることなく首都圏への通勤が可能にな」るとあるため，ウがあやまっている。

**問８**　⑴　ア　特にことわりのないかぎり，地形図上では上が北となる。新井駅の西側に市役所の地図記号(◎)がある。　イ　西条地区の北には寺院の地図記号(卍)が複数ある。　ウ　矢代川橋のかかる川の両岸には堤防の地図記号()がある。　エ　新保橋の西には発電所の地図記号()はあるが，工場(☼)はないためあやまっている。　⑵　地形図２中のＸは，山あいにある盆地地形にある。ＸとＣの間をさえぎるようにおよそ南北に尾根があるため，ＸからＣは見通すことができない。

**２　日本の年号(元号)を題材とした問題**

**問１**　ア　大日本帝国憲法は天皇が国民に与える形で発布された欽定《きんてい》憲法である。　イ　大日本帝国憲法は，君主権の強いドイツ(プロシア)のワイマール憲法を手本につくられたため，あやまっている。　ウ　日本国憲法の三大原則は，国民主権・基本的人権の尊重・平和主義である。

エ　日本国憲法は1946年11月３日に公布され，翌1947年５月３日に施行された。11月３日は文化の日，５月３日は憲法記念日として国民の祝日となっている。

**問２**　1333年に鎌倉幕府を滅ぼし，建武の新政を行ったのは後醍醐天皇である。なお，アの後白河天皇とエの白河天皇は平安時代，ウの推古天皇は飛鳥時代の天皇である。

**問３**　⑴　徳川吉宗が1716～45年に行ったＡの改革は享保の改革，松平定信が1787～93年に行ったＢの改革は寛政の改革，水野忠邦が1841～43年に行ったＣの改革は天保の改革である。　⑵　ア　松平定信が行った寛政の改革の取り組みである寛政異学の禁の内容として正しい。　イ　異国船打払令は江戸幕府第11代将軍徳川家斉《いえなり》のころに出された。　ウ　目安箱の設置は第８代将軍徳川吉宗が行った享保の改革の取り組みである。　エ　生類憐《あわれ》みの令を出したのは第５代将軍徳川綱吉である。　⑶　田沼意次は第10代将軍徳川家治《いえはる》の時に老中となり，株仲間を認めて営業を独占させるかわりに税を納めさせることなどを通して幕府の財政を改善させる取り組みを行った。その一方で，幕府の役人の間でわいろや縁故《えんこ》による人事が行われたため，それを「濁り」と表された。

**問４**　「令和」という年号の典拠とされるのは，奈良時代に完成した現存する日本最古の和歌集である万葉集である。

**問５**　ア　平清盛は1167年に武士として初めて太政大臣となった人物で，現在の神戸港にあたる大《おお》輪田泊《わだのとまり》を整備し，宋(中国)との貿易に力を入れた(日宋貿易)。　イ　室町幕府第３代将軍であった足利義満は1404年から明(中国)との間で貿易を始めた(日明貿易)。この貿易では勘合とよばれる合い札を用いたことから勘合貿易ともいう。　ウ　聖徳太子(厩戸皇子《うまやどのおうじ》)は607年に遣隋使《けんずいし》として小野妹子を隋(中国)に派遣し，隋の進んだ制度や文化を取り入れようとした。　エ　710年，元明天皇は唐(中国)の都である長安を手本につくった平城京に都を移した。よって，正しい。

**問６**　アは741年，イは645年，ウは701年，エは794年のできごとなので，年代の古い順にイ→ウ→ア→エとなる。

**問７**　徳川家光が定めた，大名が江戸と領地を行き来する制度のことを参勤交代という。原則として１年交替で江戸と領地に住まわせる仕組みで，大名の妻子は江戸に住むことが強制され，幕府の人質となった。また，移動や江戸滞在にかかる大名の出費が大きかった一方で，全国の交通が発達した。

**問８**　聖徳太子が建てた建築物はアの法隆寺である。なお，イは足利義満が建てた金閣，ウは藤原頼通《よりみち》が建てた平等院鳳凰《ほうおう》堂，エは聖武天皇にまつわる品物が納められた正倉院である。

### 3　日本の財政や政治などについての問題

**問１**　直接税は，税を負担する人とおさめる人が同じ税のことで，所得税や法人税，住民税などがこれにあたる。なお，税を負担する人とおさめる人が異なる税を間接税といい，消費税などがあてはまる。

**問２**　日本国憲法第３条は，天皇が行う国事行為について「内閣の助言と承認を必要とし，内閣が，その責任を負ふ」と定めている。

**問３**　2021年度の日本の歳出で最も多いのは，社会保障関係費である。少子高齢《こうれい》化によって年金などの支払いが増えたことで，2021年度の歳出のうち社会保障関係費が約34％を占《し》めている。

**問４**　高齢化社会とは，一般《いっぱん》に全人口に占める65歳以上の人の割合が７％以上になることをいう。

**問５**　労働組合をつくる権利である団結権は，日本国憲法28条で保障されているが，自衛隊員や警察官，消防職員，海上保安庁職員などの公務員には制限がある。

## 理　科　＜第１回午前入試＞（社会と合わせて60分）＜満点：50点＞

### 解　答

1　**問１**　36℃　**問２**　２分30秒　**問３**　B　**問４**　①　ウ　②　キ　③　サ　④　オ　2　**問１**　あ　ウ　い　イ　う　エ　**問２**　(溶けているものが)気体である。　**問３**　イ，ウ　**問４**　二酸化炭素　3　**問１**　光合成　**問２**　呼吸　**問３**　(例)　光合成をして成長したから。　**問４**　(例)　容器全体にものの出入りがないから。　4　**問１**　10　**問２**　カ　**問３**　(1)　イ　(2)　①　陸　②　海　③　陸　(3)　3250年

### 解　説

### 1　電力についての問題

**問１**　グラフより，同じものを温める場合には，電子レンジの電力の値が，1000÷500＝２(倍)になると，温度変化が，24÷12＝２(倍)になるとわかる。つまり，電子レンジの電力の値と温度変化は比例している。よって，電子レンジの電力の値が1500Wになると，500Wの，1500÷500＝３(倍)

の温度変化をするので，1500Wの電子レンジで10秒加熱したときの水の温度変化は，12×3＝36(℃)になると考えられる。

**問2**　500Wで3分00秒加熱したときに消費される電気エネルギー全体の量は，500×60×3＝90000となる。この電気エネルギーの量を600Wの電子レンジで消費するために必要な時間は，90000÷600＝150(秒)より，2分30秒となる。

**問3**　消費される電気エネルギー全体の量が大きいほど，温度変化が大きくなる。AとBのそれぞれの場合について，消費される電気エネルギー全体の量を求めると，Aは，1500×40＝60000，Bは，600×60×2＝72000となる。したがって，BのほうがAよりも温度変化が大きくなる。

**問4**　①　選択肢《し》のうち，気温が高くなると使用が増える家電として，エアコンが選べる。②　夏の昼ごろは太陽の光が強く，太陽光発電が盛んに行われる。いっぽう夕方になると，太陽の光が十分に太陽光パネルにあたらず，太陽光発電が十分に行えなくなる。　③　近年，地球温暖化の大きな原因となる二酸化炭素をはじめとする温室効果ガスの排出《はいしゅつ》量を実質ゼロにする脱《だつ》炭素(社会)の実現に向けた取り組みが推進されている。　④　火力発電では石油や石炭など化石燃料を燃焼させて電気を作り出しているので，大量の二酸化炭素が排出される。そのため，二酸化炭素の排出量を減らす取り組みとして，日本では2017年度からの5年間で，火力発電所の廃止《はいし》や運転休止が進み，火力発電による電力供給量が約1600万kW減った。

## 2 水溶液《すいようえき》についての問題

**問1**　**あ**　食塩水には固体の食塩が溶《と》けているので，水分を蒸発させると白い食塩の固体が残る。**い**　アンモニア水には気体のアンモニアが溶けていて，鼻をさすようなつんとするにおいがある。**う**　塩酸には気体の塩化水素が溶けているため，水分を蒸発させると何も残らない。

**問2**　アンモニア水，炭酸水，塩酸はいずれも溶けているものが気体である。気体が溶けている水溶液は，水分を蒸発させると水蒸気とともに溶けていた気体も空気中に出て行くので，何も残らない。

**問3**　アルカリ性である石灰《かい》水やアンモニア水を青色リトマス紙につけても色は変化しないが，赤色リトマス紙につけると青く変化する。なお，酸性の炭酸水と塩酸は青色リトマス紙につけると赤く変化するが，赤色リトマス紙につけても色は変化しない。中性の食塩水の場合は，赤色リトマス紙と青色リトマス紙のどちらにつけても色の変化は見られない。

**問4**　水に気体の二酸化炭素が溶けた水溶液を炭酸水という。部屋に置いた炭酸水から出てくるあわの正体は二酸化炭素である。

## 3 植物の成長についての問題

**問1**　植物が光エネルギーを利用して，二酸化炭素と水からでんぷんなどの栄養分を作るはたらきを光合成という。このとき，酸素も作り出される。

**問2**　動物や植物が栄養分と酸素から生きるためのエネルギーを作り出すはたらきを呼吸という。呼吸をすると，水と二酸化炭素ができる。

**問3**　日中，Aのホウセンカは太陽の光があたるので光合成を行うことができる。実験中に呼吸よりも光合成が盛んに行われたため，Aのホウセンカは栄養分が多く作られて実験前よりも重くなっている。

**問4**　CとDは密閉《みっぺい》されているので，容器の中と外でものの出入りがない。そのため，ホウセンカ自体の重さに変化があっても，透明《とうめい》な容器，容器内の気体，ホウセンカ，土，鉢《はち》の全てを含《ふく》めた容器全体の重さは実験の前後で変化しない。

**4 地震《じしん》についての問題**

**問１** 震度は，０，１，２，３，４，５弱，５強，６弱，６強，７の10段階に分けられている。震度０では地震計にはゆれが記録されるが人はゆれを感じず，震度７では人は立っていることができず，固定していない家具のほとんどは移動したりたおれたりし，耐《たい》震性の低い木造の建物などはかたむいたりたおれたりする。

**問２** マグニチュードが１大きくなると地震のエネルギーは約32倍になると述べられていることから，マグニチュードが２大きくなると地震のエネルギーは，32×32＝1024より，約1000倍になると求められる。

**問３** (1) プレートとは，地球の表面をおおっている十数枚の岩盤《がんばん》のことである。日本周辺には４つのプレートがあり，そのうち太平洋プレートとフィリピン海プレートは海のプレート，ユーラシアプレートと北アメリカプレートは陸のプレートである。 (2) 日本付近では海のプレートが陸のプレートを引きずりこみながら，陸のプレートの下にしずみこんでいる。そのため，Bのように，岬《みさき》は沈降《ちんこう》していき，それにともない陸のプレートにひずみがたまっていく。それが限界をこえると陸のプレートがはね上がり，プレートの境界で地震が発生して，Aのように岬が隆起《りゅうき》する。
(3) 125年ごとに大地震が発生して，前回の大地震直後よりも30cm隆起するので，図２のCから7.8m隆起するのにかかる年月は，125×(780÷30)＝3250(年)と求められる。

## 国 語 ＜第１回午前入試＞（50分）＜満点：100点＞

### 解 答

一 ① だんぱつ ② ひぼん ③ にぶ(い) ④～⑩ 下記を参照のこと。 二 問１ A ウ B ア C エ D オ 問２ エ 問３ イ 問４ ア 問５ ア ○ イ × ウ ○ エ × 問６ (例) 記者と読者が一緒に紙面をつくることを通じて，新聞と読者の双方向性を強めること。 問７ ウ 問８ ウ 問９ イ
三 問１ A ウ B ア C エ 問２ ア 問３ エ 問４ 口 問５ ウ 問６ イ 問７ (例) 律子の「才能ある」という言葉が，賞賛しているようで春子の努力を認めていないように感じること。 問８ エ 四 問１ (例) 貨物輸送の面で地球環境を考えた場合，貨物鉄道が一番$CO_2$の排出量が少ないので，これからは，貨物鉄道を増やすべきだ。 問２ (例) 今の鉄道は過去と比べて，人を正確に早く運ぶことが優先され整備されているため，貨物を取り扱うスペースが少なくなってしまったから。

●漢字の書き取り

一 ④ 忠実 ⑤ 訪問 ⑥ 模型 ⑦ 口論 ⑧ 返却 ⑨ 看病 ⑩ 宣伝

### 解 説

**一 漢字の読みと書き取り**

① まげを切り落とすこと。 ② 平凡《へいぼん》でなく，特にすぐれているようす。 ③ 音読みは「ドン」で，「鈍感」などの熟語がある。 ④ 内容をごまかしたり省略したりすることなく，そのままに示すようす。 ⑤ ある目的を持って，他人の家やある場所を訪《おとず》れること。 ⑥ 実物の形をまねてつくったもの。 ⑦ 互《たが》いに自分の意見を主張したり，相手を責めたりして，言い争いをすること。 ⑧ 借りていたものを返すこと。 ⑨ 病人のそばについて世話をすること。 ⑩ 世間に広く伝え知らせること。

**二 出典は中《ちゅう》馬清福《まきよふく》の『新聞は生き残れるか』による。**新聞は，他の商品とはちがう特性を持っている。これからの時代，新聞は読者との関係を見直し，変わっていく必要があると述べられている。

**問１** **A** 新聞は，「紙と電子装置を使い，目と耳のふたつの感覚器官に訴《うった》える」ことも夢ではないと述べた後で，「それには，新聞が～という条件を必要とする」と続けているので，前のことがらについて条件を示すときに用いる「ただし」があてはまる。 **B** 新聞は「立派な商品である」とした後で，「その商品はちょっと変わっている」と反対のことを述べているので，前のことがらを受けて，それに反する内容を述べるときに用いる「しかし」がふさわしい。 **C** 「ふつうの商品力に有益・言論・影響《えいきょう》の三つを加えたもの」が「新聞力」であり，「この三つの特性抜《ぬ》きで，ただ商品力だけが売り物だったら，それは新聞ではない」と述べているので，あることを仮定するときに使う「もし」が合う。 **D** 直前で述べた「編集のクオリティは紙面だけではなく，ウェブ，テレビ，端末《たんまつ》などの情報の質に直接影響してくる」ことによって「情報の吟味《ぎんみ》は格段に厳しくなる」のであるから，前のことがらを理由・原因として，後にその結果をつなげるときに用いる「だから」が選べる。

**問２** 「揉《も》み手をする」は，“何かを頼《たの》むときに手をこすり合わせる”という意味である。

**問３** 「やむをえない」は，“そうするよりほかに方法がない”という意味である。

**問４** 「優秀《ゆうしゅう》」とアの「選択《せんたく》」は，似た意味の漢字を重ねた熟語。なお，イの「地震《じしん》」は上の漢字が主語，下の漢字が述語を表す組み立て。ウの「直線」とエの「屋内」は，上の漢字が下の漢字を修飾《しゅうしょく》している組み立て。オの「無罪」は，上の漢字が下の漢字の意味を打ち消している組み立て。

**問５** 続く部分に注目すると，新聞が他の商品と変わっている点が説明されている。「第一に」から始まる文では，「読者にとって意味のあるものならば，新聞社はたとえ損をしてでも報道しなければならない」点があげられており，アがこれに合う。「第二に」から始まる文では，新聞が「たった一日で価値が激減し，多くは捨てられる」ことがあげられているが，エは，「比較《ひかく》的長く保存される」とあるので，ふさわしくない。また，同じ段落で，新聞には「有益・言論・影響」の三つの特性があると説明されているので，ウは合う。なお，イは本文中で述べられていないので，合わない。

**問６** 空らんXのある段落に，「二一世紀，新聞と読者は対等だ，パートナーなのだ，ということをまず確認《かくにん》しあうことから始めなければならない」と述べられ，次の段落でパートナーの関係になるにはどうすればいいかが説明されている。さらに，それだけでなく「もっと双方向《そうほうこう》性を強める必要がある」という筆者の意見が述べられている。よって，「記者と読者が一緒《いっしょ》に紙面をつくることでパートナーになり，双方向性を強めていくこと」のようにまとめられる。

**問７** 空らんDの直前の段落に，他社にはない優《すぐ》れた情報を早く取得するためにも，読者の要望に応え，情報のブランド力を高めるような付加価値をつけるためにも，編集のクオリティを向上させなくてはならないと述べられているので，イはふさわしい。また，空らんＤの段落に，「編集のクオリティ～直接影響してくる」ことによって「情報の吟味は格段に厳しくなる」と述べられているので，アも合う。さらに，そのため「デスクはこれまで以上に厳しく原稿《げんこう》を点検するようになる」とあるので，エもふさわしい。

**問８**　もどす文に「お互《たが》い」とあることに注目する。〈ウ〉に入れると，「新聞と読者」の「お互い」がこれまでの「店主と顧客《こきゃく》」という甘《あま》えた関係を捨て，対等な関係になって鍛《きた》えあうということになり，文意が通る。

**問９**　問８でみたように，これまで「新聞と読者」は「店主と顧客」という関係だった。しかし，筆者は「二一世紀，新聞と読者は対等だ，パートナーなのだ，ということをまず確認しあうことから始め」て，「双方向性を強める必要がある」と述べている。よって，イがふさわしい。

**三　出典は柴崎友香《しばさきともか》の『待ち遠しい』による。**春子は，近所に住む律子や沙希《さき》と話し，違和感《いわかん》をいだく。そして，職場で同僚《どうりょう》のみづきにその話をする。

**問１**　**Ａ**　律子が，機嫌《きげん》をそこねたようすのむすめの沙希をなだめるように，肩《かた》を叩《たた》くようすを表す言葉なので，ウの「ぽんぽんと」が合う。　**Ｂ**　忙《いそが》しい職場できっちり昼休みをとることもなく，手早く昼食をすませるようすを表す言葉なので，アの「ささっと」が選べる。　**Ｃ**　いらいらしているみづきが，音を立てて椅子《いす》に座《すわ》る場面なので，エの「どさっと」があてはまる。

**問２**　「憮然《ぶぜん》として」は，意外なことにあきれているようすを表す。ここでは，とつぜん自分の幼い頃《ころ》の話を始めた母に対してあきれている沙希のようすを表している。

**問３**　同じ文にあるように，春子は「自分では出来に満足していない」のに，それらの作品を見た律子に「才能がある」と言われることに戸惑《とまど》ったのである。よって，エがふさわしい。

**問４**　食器を流しに下げて洗ってくれた律子に対して，春子が遠慮《えんりょ》の言葉をかける隙《すき》もなかったということであるから，「口」があてはまる。

**問５**　律子がむすめの沙希のことを「なんもできへん」と言うのを聞いて，春子は，沙希自身はどう思っているのか聞いてみたかったのだと考えられる。

**問６**　波線部３は，先ほどまでの律子や沙希とのやりとりの中で生まれたもやもやした気持ちが，二人が帰って急に静かになったことで，春子の中で存在感を増していったことを表していると考えられる。春子は，才能があると言われたいわけではないので，イはふさわしくない。

**問７**　春子の心でひっかかっていたのは，律子に言われた「才能がある」という言葉である。みづきの「要するに相手の努力を認めてへんのんちゃうかな」という言葉を聞いて納得《なっとく》し，律子に「遠ざけられているような気分になっていた理由」がわかったとあるので，「律子の『才能がある』という言葉は，ほめているようで実は春子の努力を認めていないように感じたこと」のようにまとめられる。

**問８**　みづきは，仕事を押《お》しつけてきた部長に対する怒《いか》りをかくすことなく態度に出している。また，春子の話を聞いて，春子が言葉にできなかった気持ちを的確に言葉にしてくれている。よって，エがふさわしい。

**四　資料の読み取り**

**問１**　グラフＡから，貨物輸送における自動車の割合が増えてきていることがわかるが，グラフＢを見ると，自動車の$CO_2$排出《はいしゅつ》量はほかの輸送機関に比べて特に多い。地球環境《かんきょう》を考えると，$CO_2$

排出量の少ない輸送機関による輸送を増やしていくべきだと考えられる。

**問２**　グラフＡで鉄道に注目すると，以前は半分以上を占めていたのに2006年度ではわずか４％になっている。なぜ以前に比べて鉄道による輸送が減ったのかを考えて書く。

**2023 年度**

# 春日部共栄中学校

【算　数】〈第１回午後入試〉（50分）〈満点：100点〉

**注意**　１．定規，分度器，コンパス，計算機は使用してはいけません。
２．問題文中にある図は必ずしも正確ではありません。
３．円周率は3.14として計算しなさい。

**1**　次の各問いに答えなさい。

(1)　次の計算をしなさい。

①　$19 \times 19 - 20 \times 18$

②　$\dfrac{3}{10} \div 1\dfrac{4}{5} + \dfrac{7}{9} \times \dfrac{3}{7}$

③　$10 \times \left(1\dfrac{5}{8} - 0.75 \div 1.2\right) - \dfrac{3}{4} \div 0.15$

(2)　次の □ に適当な数を入れなさい。

①　$\left\{(\square - 10) \times \dfrac{1}{2} + 25\right\} \div 0.2 = 150$

②　$1\,\mathrm{m}^2 : 50\,\mathrm{cm}^2 = \square\ \mathrm{L} : 2\,\mathrm{dL}$

**2**　次の □ に適当な数を入れなさい。

(1)　１円玉が20枚，５円玉が４枚，10円玉が２枚あります。
１円玉がＡ枚，５円玉がＢ枚，10円玉がＣ枚で20円にするとき，
Ａ，Ｂ，Ｃに当てはまる数の組合せは，全部で □ 通りあります。
ただし，Ａ，Ｂ，Ｃは０であってもよいものとします。

(2)　三角形ＡＢＣで，角Ｂは角Ａより55度大きく，角Ｃは角Ｂより50度小さいとき，角Ａの大きさは □ 度です。

(3)　原価350円の品物を定価で10個売ったときの利益と，定価の10%引きで50個売ったときの利益が同じになりました。この品物の定価は □ 円です。ただし，消費税は考えないものとします。

**3**　次の各問いに答えなさい。ただし，円周率は3.14とします。

(1)　図１は正三角形を８個合わせた立体の見取り図で，図２はその展開図です。次の問いに答えなさい。

図１

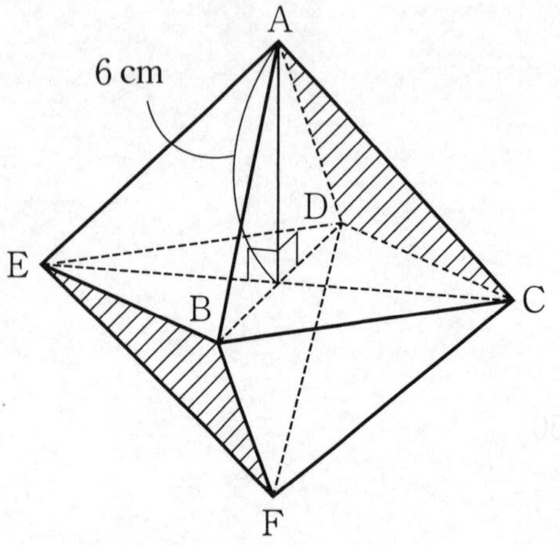


図２

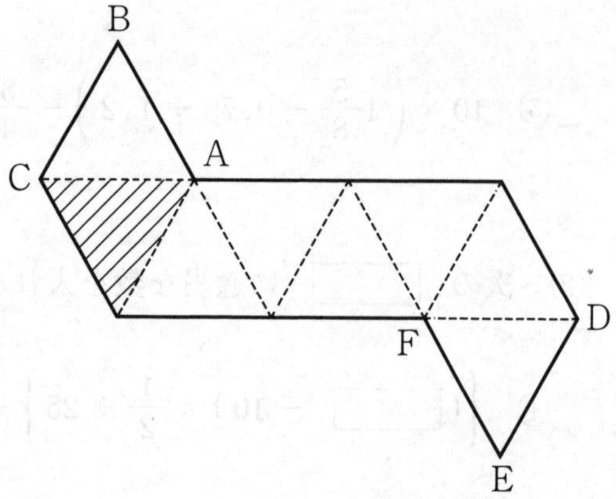


①　図２は，図１で斜線《しゃせん》がついている２つの面のうち，１つの面が示されています。もう１つの面を斜線《しゃせん》で示しなさい。

②　図１の立体の体積を求めなさい。

(2)　直方体ＡＢＣＤ－ＥＦＧＨを軸《じく》（ア）で１回転させてできる立体を考えます。次の問いに答えなさい。

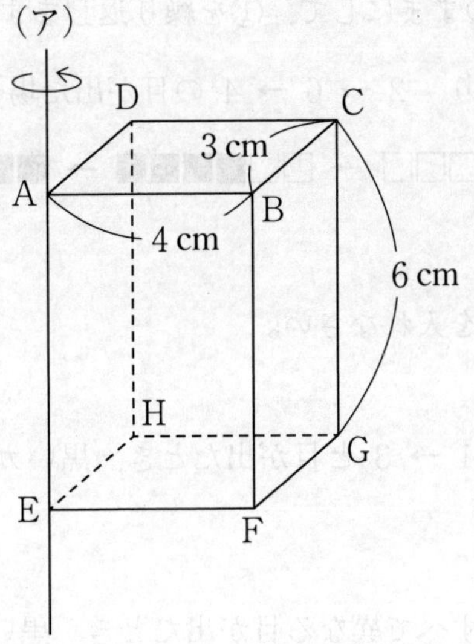


①　１回転させてできる立体の体積を求めなさい。

②　１回転させてできる立体の表面積を求めなさい。

**4**　表が白，裏が黒である６枚のカードを１列に並べます。最初はすべて表になっています。次のルールにしたがってカードをひっくり返します。

ルール　① さいころを振り，出た目の数と同じ枚数のカードを左から返します。
　　　　② カードはそのままにして，①を繰り返します。

例えば，さいころを３回振り，２ → ６ → ４ の目が出た場合

□□□□□□ → ■■□□□□ → □□■■■■ → ■■□□■■

となります。

次の［　　］に適当な数を入れなさい。

(1)　５ → １ → ４ → ２ → １ → ３ と目が出たとき，黒いカードは［　　］枚です。

(2)　さいころを６回振り，すべて異なる目が出たとき，黒いカードは［　　］枚です。

(3)　さいころを６回振り，□■□■□■ となるさいころの目の出方は全部で［　　］通りです。

**5** 次の図は，１辺の長さが１cm の正方形９個をすき間なく並べたものです。点Ｐ はＡを出発しＥを通り，Ｂまで動き，点ＱはＡを出発しＦを通り，Ｃまで動きます。また，点ＲはＡを出発しＧを通り，Ｄまで動きます。ただし，点Ｐ，Ｑ，Ｒは同時にＡを出発し，遠回りすることなく秒速１cm の速さで一定に進みます。
次の問いに答えなさい。

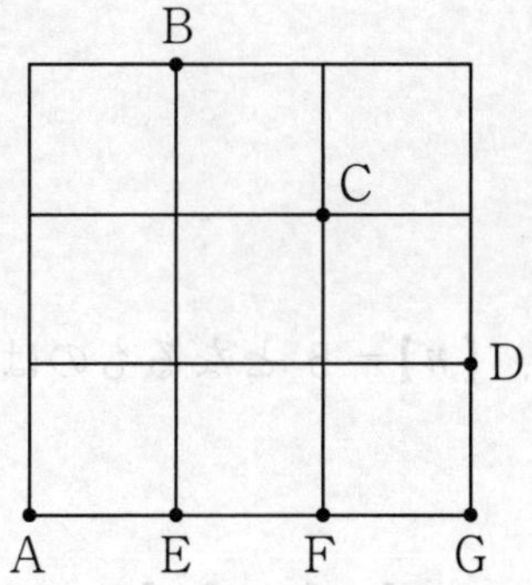


(1) 点Ｒが点Ａを出発してからの時間と，三角形ＡＤＲの面積の関係を表したグラフとして，最も適当なものを下の（ア）～（エ）より１つ選びなさい。

（ア）

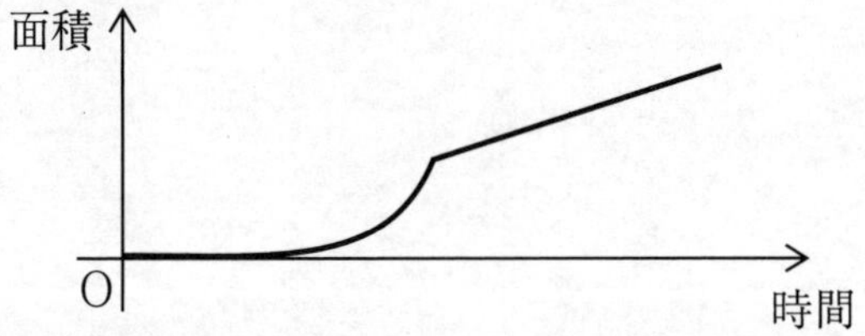


（イ）

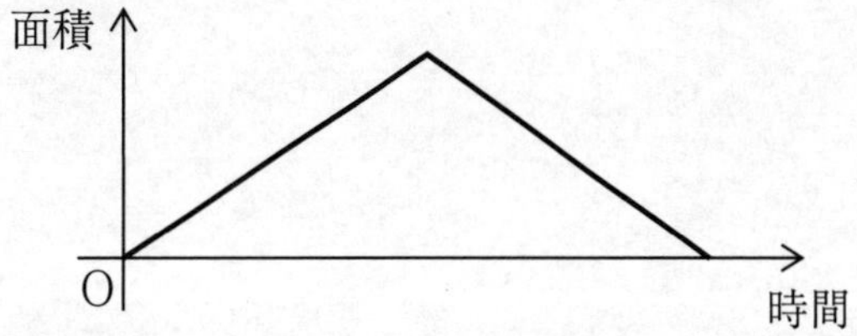


（ウ）

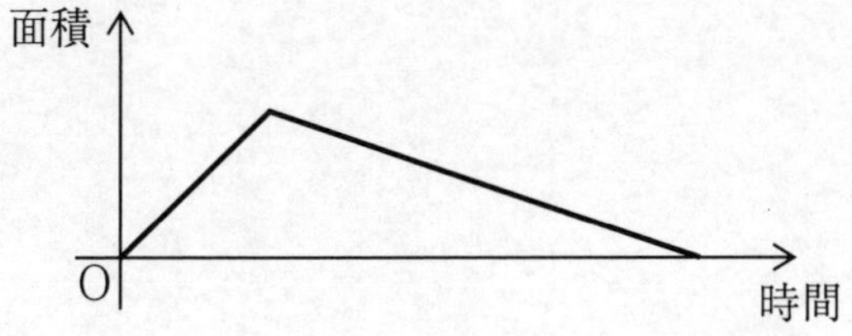


（エ）

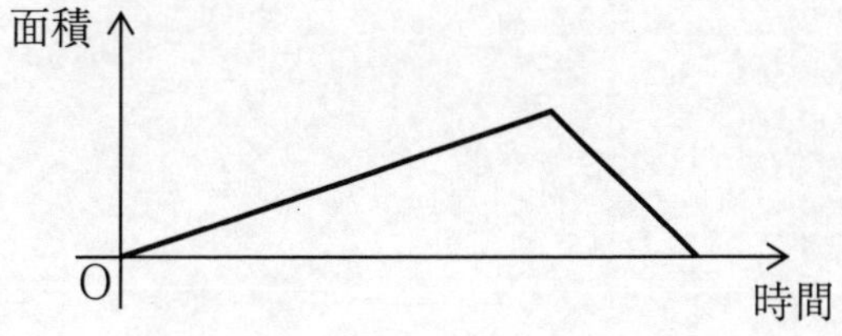


(2) 点ＰがＡを出発してから$2\frac{1}{2}$秒後の三角形ＡＰＱの面積を求めなさい。

(3) 三角形ＡＤＲの面積と三角形ＡＣＱの面積が等しくなるのは，$0\,\mathrm{cm}^2$ のときをのぞくと，点ＲがＡを出発してから何秒後ですか。

**6**　２以上の整数 $a$ の約数のうち，２番目に小さいものを【$a$】と表します。

例えば，12の約数は１，２，３，４，６，12であるから【12】＝２

　　　　３の約数は１，３であるから【３】＝３

次の □ に適当な数を入れなさい。

(1)　【91】＝ □

(2)　２以上100以下の整数 $n$ で，【$n$】＝５となるものは全部で □ 個です。

(3)　２以上100以下の整数 $m$，$l$ で，【$m$】×【$l$】＝10となる $m$，$l$ の組は全部で □ 通りです。
ただし，$m$ は $l$ より小さいものとします。

【社　会】〈第１回午後入試〉（理科と合わせて60分）〈満点：50点〉

**1**　東北地方について、あとの問いに答えなさい。地図上の**A**～**F**は県を示しており、問題中の**A**～**F**と同じものを指します。

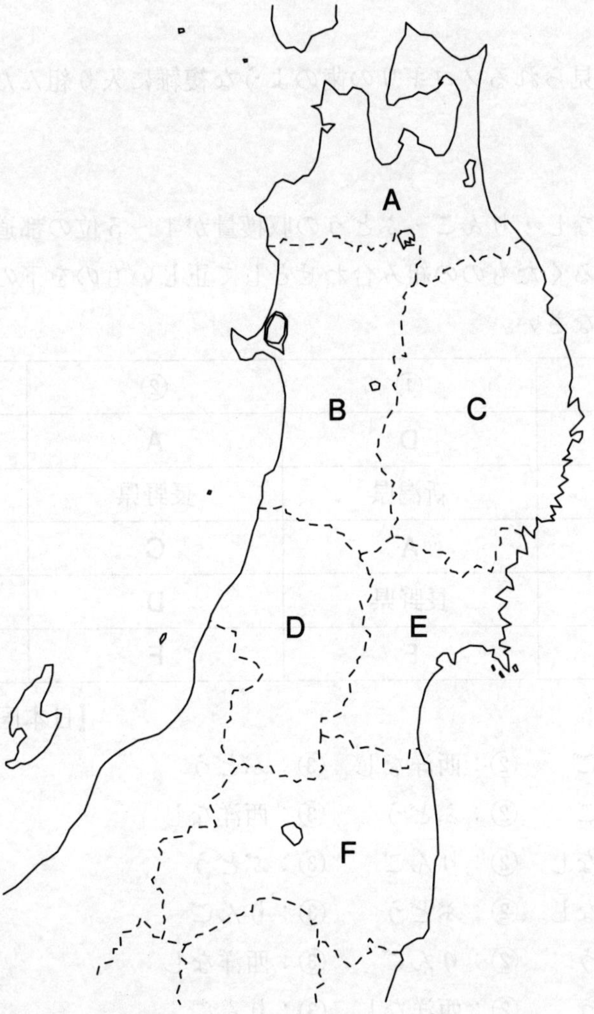


問１　秋田県・山形県が**A**～**F**のどこにあてはまるか、組み合わせが正しいものを次の**ア**～**エ**から１つ選び、記号で答えなさい。

**ア**　秋田県：**B**　山形県：**D**　　**イ**　秋田県：**B**　山形県：**E**

**ウ**　秋田県：**C**　山形県：**D**　　**エ**　秋田県：**C**　山形県：**E**

問２　**A**～**F**の中で県名と県庁所在地名がちがう県はいくつあるか、その数を答えなさい。

問３　東北地方に吹くやませについて正しく説明しているものを次の中から１つ選び、記号で答えなさい。

**ア**　冬に北東から吹く温かい風　　**イ**　冬に南西から吹く温かい風
**ウ**　夏に北東から吹く冷たい風　　**エ**　夏に南西から吹く冷たい風

問４　**C**や**E**などに見られるノコギリの歯のような複雑に入り組んだ海岸のなまえを答えなさい。

問５　次の表は西洋なし・りんご・ぶどうの収穫量が１～５位の都道府県を表しています。①～③に入るくだものの組み合わせとして正しいものを下の**ア**～**カ**から１つ選び、記号で答えなさい。

| | ① | ② | ③ |
|---|---|---|---|
| 1位 | **D** | **A** | 山梨県 |
| 2位 | 新潟県 | 長野県 | 長野県 |
| 3位 | **A** | **C** | **D** |
| 4位 | 長野県 | **D** | 岡山県 |
| 5位 | **F** | **F** | 福岡県 |

【日本国勢図会2021／22】

**ア**　①：りんご　②：西洋なし　③：ぶどう
**イ**　①：りんご　②：ぶどう　③：西洋なし
**ウ**　①：西洋なし　②：りんご　③：ぶどう
**エ**　①：西洋なし　②：ぶどう　③：りんご
**オ**　①：ぶどう　②：りんご　③：西洋なし
**カ**　①：ぶどう　②：西洋なし　③：りんご

問６　次の表は、発電の種類別に東北地方と関東地方の発電所の数と最大出力（電力）の合計を表しています。**X**～**Z**の組み合わせとして正しいものを下の**ア**～**カ**から１つ選び、記号で答えなさい。

| | | X | Y | Z |
|---|---|---|---|---|
| 東北地方 | 発電所の数（基） | 112 | 257 | 44 |
| | 最大出力の合計（kW） | 1,430,378 | 5,099,898 | 18,884,400 |
| 関東地方 | 発電所の数（基） | 20 | 161 | 112 |
| | 最大出力の合計（kW） | 148,860 | 6,616,915 | 47,439,359 |

【資源エネルギー庁2022年度統計表一覧「発電所数・出力」】

**ア**　**X**：火力発電所　　**Y**：水力発電所　　**Z**：風力発電所
**イ**　**X**：火力発電所　　**Y**：風力発電所　　**Z**：水力発電所
**ウ**　**X**：水力発電所　　**Y**：火力発電所　　**Z**：風力発電所
**エ**　**X**：水力発電所　　**Y**：風力発電所　　**Z**：火力発電所
**オ**　**X**：風力発電所　　**Y**：火力発電所　　**Z**：水力発電所
**カ**　**X**：風力発電所　　**Y**：水力発電所　　**Z**：火力発電所

問７　次の写真は東北地方の特産品である南部鉄器と津軽塗です。これらはどの県の特産品か、正しい組み合わせを下の**ア**～**エ**から１つ選び、記号で答えなさい。

南部鉄器

津軽塗

**ア**　南部鉄器：**B**　津軽塗：**A**　　**イ**　南部鉄器：**B**　津軽塗：**E**
**ウ**　南部鉄器：**C**　津軽塗：**A**　　**エ**　南部鉄器：**C**　津軽塗：**E**

問８　東北地方には日本で初めて登録された世界自然遺産があります。山岳地帯にブナの原生林が広がるこの世界自然遺産のなまえを答えなさい。

問9　次の地形図を見て、あとの問いに答えなさい。

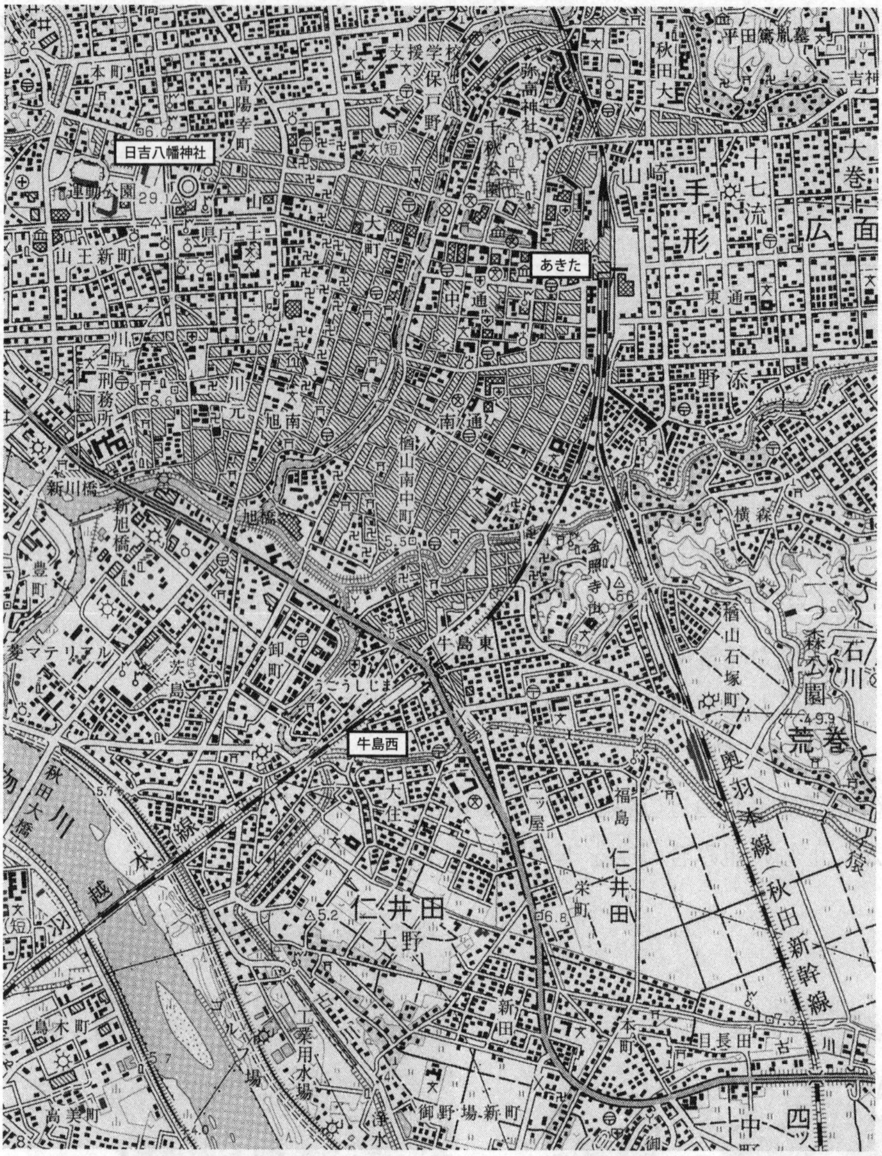


(1)　この地形図から読み取れることとしてあやまっているものを次の中から1つ選び、記号で答えなさい。

**ア**　秋田（あきた）駅の西には博物館がある。

**イ**　日吉八幡神社の周辺には電波塔がある。

**ウ**　牛島西の東には警察署がある。

**エ**　秋田新幹線の沿線には住宅地と田の両方がある。

(2)　秋田（あきた）駅と市役所の距離が5万分の1の地形図上で約5㎝のとき、実際の距離は約何㎞か答えなさい。

**2**　次の文章を読んで、あとの問いに答えなさい。

2022年は、沖縄が本土に復帰して50年となります。九州からは500km以上も離れている島々である沖縄諸島は、どのような歴史をたどっていったのでしょう。

沖縄でも港川《みなとがわ》人などの旧石器時代の化石人骨が発掘されており、１万年以上前から人が住み着いていたことがわかっています。およそ6600年前には、九州・奄美《あまみ》からやってきた人々によって縄文文化が伝えられ、その影響を受けて、沖縄諸島では11世紀ごろまで①貝塚文化が栄えていました。名前からわかる通り、主に貝類などの食料採集を行い生活していました。縄文時代に日本本土では②土偶が多く作られていた一方で、沖縄諸島では貝がらを材料に、斧《おの》・ナイフといった道具や、首飾りなどの装飾品を製作していました。

貝や貝製品は、約2000年前の弥生時代に貿易で日本本土にもたらされ、その貿易路は「貝の道」と呼ばれました。南海産の貝を使った装飾品は北海道にもおよんでいます。それだけ③日本本土では、弥生時代になると貿易にたずさわることができる人がいました。次第に日本本土へもたらされる貝の種類も増え、沖縄の人々はそれと引き換えに穀物・金属器・布などを得ていました。

沖縄で農業が始まったのは８~９世紀ごろとされ、11~12世紀には米や麦などを栽培していました。日本本土では奈良時代から平安時代、鎌倉時代へと移り変わってゆくころです。奈良時代に活躍した④鑑真の伝記には、鑑真を乗せた遣唐使船が「阿児《あこ》奈波《なは》」に着いたと書かれており、また鎌倉時代の⑤『平家物語』には「おきなは」の名が現れています。その後徳川将軍に仕えた新井白石の『南島史』にて「沖縄」の表記が初めて現れ、日本ではその呼び方が多く使われるようになりました。

一方で中国からは「琉球」と呼ばれ、古くから正式な国号として用いられていました。飛鳥時代が始まって間もなく、⑥隋の歴史書に「流求」の名前が初めて現れ、明の時代には「琉球」と表記されました。1429年には沖縄本島が中山王のもとに⑦琉球王国として統一され、海上交易が盛んに行われるようになりました。

しかしその琉球は⑧江戸時代に薩摩藩に侵攻され、島津氏の支配下に置かれます。1853年には、浦賀におもむく前の（　⑨　）も琉球に来航しています。明治時代になると初め「琉球藩」と呼ばれましたが、のちに「沖縄県」と呼ばれるようになりました。日本本土で自由民権運動が盛んになると、沖縄でも参政権を獲得しようとする運動が展開されました。

その後、第二次世界大戦が始まり、太平洋戦争末期の1945年４月１日にアメリカ軍が沖縄へ上陸しました。３か月間も激しい地上戦が行われ、日本軍の守備隊は全滅し、県民の10万人以上が亡くなりました。戦後、⑩冷戦時代に、沖縄はアメリカのアジア拠点としてその統治下に入り、多くの米軍基地が建設されました。しかし1960年以降、祖国復帰のため日本とアメリカとの交渉が行われ、1971年に沖縄返還協定が結ばれ、翌年に沖縄は本土復帰を果たしました。一方で軍基地の使用権はアメリカにあるままで、現在でもなお基地問題は根深く残っています。

沖縄の歴史を知ることは、どのように他国と関係を築くべきか、ヒントを与えてくれます。今なお戦争が絶えないなかで、歴史をひもとき、歴史に学ぶことは、よりよい未来を作り上げていくうえでとても大切なことなのです。

問１　下線部①について、1877年に日本で貝塚を発見した人物と、その人物が発見した貝塚の名前の組み合わせとして正しいものを下の**ア**～**エ**から１つ選び、記号で答えなさい。

**人物**　**X**　シーボルト　**Y**　モース

**貝塚**　**Ⅰ**　加曽利貝塚　**Ⅱ**　大森貝塚

**ア**　**X**－**Ⅰ**　**イ**　**X**－**Ⅱ**　**ウ**　**Y**－**Ⅰ**　**エ**　**Y**－**Ⅱ**

問２　下線部②として正しいものを次の中から１つ選び、記号で答えなさい。

**ア**

**イ**

**ウ**

**エ**

問３　下線部③は、弥生時代に以下のグラフに示される変化があったことが一つの要因です。この変化について、理由を明らかにしながら15字以上25字以内で説明しなさい。

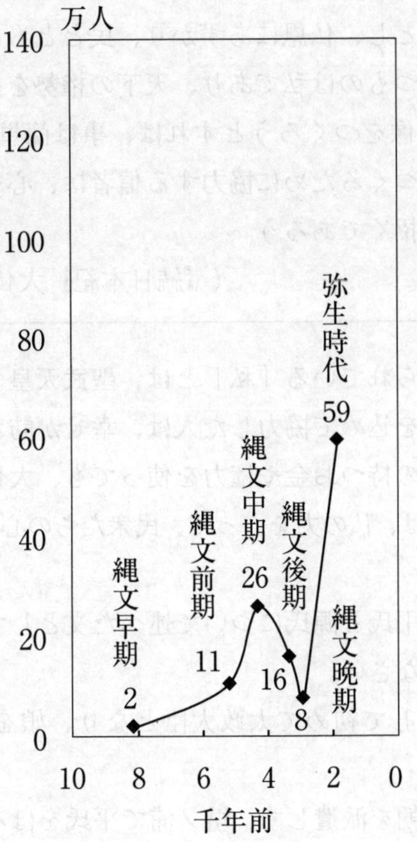


＜各時代における日本の人口の推計＞

問４　下線部④が日本におもむいた時代、東大寺には大仏が建立されていました。そのできごとについての次の史料を読んで、あやまっているものを下の**ア**～**エ**から１つ選び、記号で答えなさい。

> 私は民の心を一つとし、仏恩にあずかり、民とともに悟りの境地に達したい。さて、天下の富を持つものは私であり、天下の権勢を持つのも私である。この富と権勢をもって仏像をつくろうとすれば、事は簡単に運ぶだろうが、……それで、ともに仏像をつくるために協力する信者は、心を込めて至誠を尽くすならば大いなる幸福を招くであろう。
>
> （『続日本紀』大仏造立の詔《みことのり》）※現代語訳

**ア**　この史料で述べられている「私」とは、聖武天皇のことである。
**イ**　大仏の建立に心を込めて協力した人は、幸せが訪れると述べている。
**ウ**　詔を出した人物の持つお金や権力を使っても、大仏を建立するのは難しい。
**エ**　詔を出した人物は、仏の力をもって、民衆たちの心をまとめたいと考えている。

問５　下線部⑤について、平氏と源氏について述べた文として正しいものを次の中から１つ選び、記号で答えなさい。

**ア**　平将門は武士として初めて太政大臣となり、娘を天皇の后として権力をふるった。
**イ**　源義経は弟の頼朝を派遣して、壇ノ浦で平氏をほろぼした。
**ウ**　源頼朝の死後、その妻の一族で有力御家人であった北条氏が院政を始めた。
**エ**　北条政子は源頼朝の御恩と御家人の団結をうったえ、上皇の勢力を承久の乱で破った。

問６　次の史料は下線部⑥の一節である。史料中の下線部が指している中国の人物の名前を答えなさい。

> 大業三年、倭の王多利思比孤《たりしひこ》が使者を派遣して朝貢してきた。…その国書には、「日出処《ひいづるところ》の天子、書を日没する処の天子に致す。つつがなきや云々《うんぬん》」と書かれていた。帝はこれを見て不機嫌になり、鴻臚卿《こうろけい》に「蛮人の国書に無礼きわまるものがある。二度と奏上するでない」と言った。
>
> （『隋書』倭国伝）※現代語訳

問７　下線部⑦について、以下は琉球王国の文物《ぶんぶつ》とそれらに関連する写真です。これらの写真についての**まとめ**の文章の空欄にあてはまる組み合わせとして正しいものを下の**ア**～**エ**から１つ選び、記号で答えなさい。

A

B

C

D

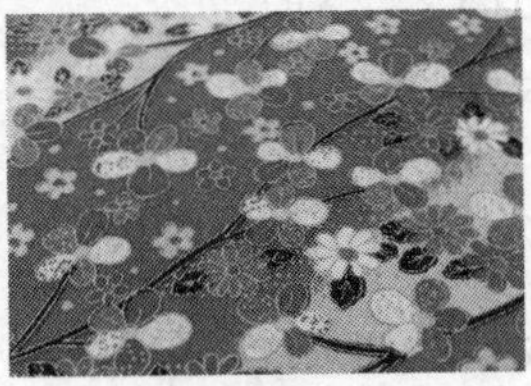

E

**まとめ**

Aは琉球王国の都に建てられた【　X　】城で、かつて王が住んでいた城です。正面には竜の装飾があしらわれているのが特徴です。一方、Bは北京の紫禁城《しきんじょう》で、かつて皇帝が住んでいた城です。こちらも正面には竜の装飾があしらわれています。

Cは沖縄の民族衣装である琉球びんがたの布地です。Dは日本の友禅染、Eはインドネシアのバティックの染め布地です。これらの写真から、沖縄（琉球）は【　Y　】独自の文化を形成していったことがわかります。

【　X　】　Ⅰ　那覇　　Ⅱ　首里

【　Y　】　い　他の国と交流する中で、その国の文化を柔軟に受け入れながら

ろ　他の国との交流を断ち、まわりの国の文化に対抗しながら

ア　X－Ⅰ、Y－い　　イ　X－Ⅰ、Y－ろ

ウ　X－Ⅱ、Y－い　　エ　X－Ⅱ、Y－ろ

問８　下線部⑧に出された決まりごとの文章としてあやまっている史料を次のア～エから１つ選び、記号で答えなさい。

| | |
|---|---|
| **ア**<br>一、外国に船を出すことは禁止する。<br>一、日本人が異国へ行ってはならない。かくれて外国に行けば、本人は死罪。<br>一、外国に住んでいた日本人が帰国すれば死罪となる。 | **イ**<br>一、朝は早く起きて草をかり昼は田畑を耕し、晩にはなわをつくってたわらをあみ、しっかり仕事せよ。<br>一、酒や茶を買って飲むな。<br>一、麦・あわ・ひえ・大根などの雑穀をつくって食べ、なるべく米を食べないようにせよ。<br>一、着物は、麻・木綿以外は使うな。 |
| **ウ**<br>一、下田・函館のほか神奈川、長崎、新潟、兵庫を開くこと。<br>一、全ての輸出入品について、別に定めた関税を、日本の役所に納めること。<br>一、日本人に対して法をおかしたアメリカ人は、領事裁判所で取り調べ、アメリカの法律で罰すること。 | **エ**<br>一、農民が、刀・弓・やり・鉄砲などの武器を持つことを禁止する。不要な武器を持ち、年貢を出ししぶり、一揆をくわだて、武士に反抗すれば厳しく罰する。<br>一、とりあげた武器は、無駄にせず、大仏をつくるための釘《くぎ》やかすがいに使うから、仏のめぐみでこの世だけでなく、あの世までも農民は救われることになるだろう。 |

問９　空欄（　⑨　）にあてはまる人物の肖像として正しいものを次の中から１つ選び、記号で答えなさい。

ア

イ

ウ

エ

問10　下線部⑩の内容が正式に取り決められたのは、1951年にアメリカと日本が結んだ平和条約においてでした。以下の写真と条文は、その条約に関するものです。この条約が結ばれた都市の名前を答えなさい。

一、日本は朝鮮の独立を承認し、台湾・千島列島・南樺太を放棄する。
一、沖縄・小笠原諸島はアメリカ合衆国が統治する。
一、占領軍は撤退するが、二国間の協定によって、外国軍が日本にとどまることを認める。

**3**　次の文章は、中学生の共栄くんと春日先生との会話である。これを読んで、あとの問いに答えなさい。

共栄くん：①日本国憲法は、1947年に施行されてから一度も改正されたことがなかったとは。知らなかったです。

春日先生：そうでしたか。だけど、近年憲法改正の是非が盛んに議論されているのですが、知っていますか？

共栄くん：②憲法９条の自衛隊明記ですか？

春日先生：１つはそうですね。「９条の２項を残しつつ③自衛隊を明記する」という改正案がありました。憲法改正には至らなかったのですが、2007年には憲法改正の手続きを定めた法律を成立させたり、2014年には憲法解釈の変更により集団的自衛権を限定的に使えるという見解に変更したりしました。９条よりも先に改正を目指していたものがありますが、わかりますか？

共栄くん：んー、わからないです。

春日先生：それは、憲法96条の憲法改正に関する条文です。憲法改正をするためには、「衆参両院の総議員の三分の二以上の賛成による発議が必要」とされていますが、このときは総議員の二分の一以上の賛成に改正しようと考えていました。

共栄くん：これについてもいろいろな議論がされそうですね。

春日先生：そうですね。④アメリカでも、憲法は上下両院それぞれ三分の二以上の賛成がなければ改正できないのだから、日本が二分の一に改正条件を緩めるのはおかしいと言う人もいます。ただ、この問題で重要とされたのは、憲法改正は国会が発議して最終的には [⑤] ができるという点です。実はアメリカには、[⑤] がないのです。

共栄くん：そうだったのですね。知らなかったです。アメリカは憲法改正をしたことはあるのですか？

春日先生：ありますよ。他にもドイツやフランス、中国などもしたことがあります。

共栄くん：そうですか。でも、他国が憲法改正をしているから日本もというわけにはいかないですよね。憲法は国の最高法規ですから、慎重な議論が今後も必要になりますね。

問1　下線部①の条文としてあやまっているものを次の中から1つ選び、記号で答えなさい。

**ア**　すべて国民は、健康で文化的な最低限度の生活を営む権利を有する。

**イ**　天皇は、日本国の象徴であり日本国民統合の象徴であつて、この地位は、主権の存する日本国民の総意に基《もとづ》く。

**ウ**　人の身体を傷害した者は、15年以下の懲役又は50万円以下の罰金に処する。

**エ**　すべて公務員は、全体の奉仕者であつて、一部の奉仕者ではない。

問2　次の文章は下線部②の条文です。次の [X] にあてはまる語句を漢字で答えなさい。

> 第9条　日本国民は、正義と秩序を基調とする国際平和を誠実に希求し、国権の発動たる戦争と、武力による威《い》嚇《かく》又は武力の行使は、国際紛争を解決する手段としては、永久にこれを放棄する。
>
> 2　前項の目的を達するため、陸海空軍その他の戦力は、これを保持しない。国の [X] は、これを認めない。

問３　下線部③についての記述として正しいものを次の中から１つ選び、記号で答えなさい。

**ア**　自衛隊は、朝鮮戦争をきっかけに作られた警察予備隊、のちの保安隊を発展させ、作られた。

**イ**　自衛隊の最高指揮監督権は、天皇にのみ認められている権利である。

**ウ**　自衛隊は、紛争後の平和実現のために、停戦や選挙を監視するNGOに参加している。

**エ**　政府は憲法ができてから一貫して、自衛隊は憲法９条でいう「戦力」にあてはまるものとしている。

問４　下線部④に関連して、次の表は在日米軍施設・区域（米軍管理）の面積上位５都道府県と日本全体の在日米軍施設・区域面積に占める割合を示したものです。

Y にあてはまる県を下の**ア～エ**から１つ選び、記号で答えなさい。ただし、一時利用は含まないものとする。

| | 都道府県 | 在日米軍施設・区域の土地面積（千㎡） | 日本全体の在日米軍施設・区域面積に占める割合 |
|---|---|---|---|
| 1 | 沖縄県 | 184,525 | 70.27％ |
| 2 | Y | 23,744 | 9.04％ |
| 3 | 神奈川県 | 14,730 | 5.61％ |
| 4 | 東京都 | 13,176 | 5.02％ |
| 5 | 山口県 | 8,672 | 3.30％ |

【防衛省　在日米軍施設・区域（専用施設）都道府県別面積より作成】

**ア**　岐阜県　　**イ**　愛媛県　　**ウ**　青森県　　**エ**　奈良県

問５　⑤ にあてはまる語句を**漢字４字**で答えなさい。

【理　科】〈第１回午後入試〉（社会と合わせて60分）〈満点：50点〉

**1**　図１のようにばねをつるし、何もつるしていないときのばねの長さをはかりました。次にばねに様々な重さのおもりをつるし、ばねの長さを調べました。この実験をＡ～Ｅのばねについて同様に行うと図２のようになりました。

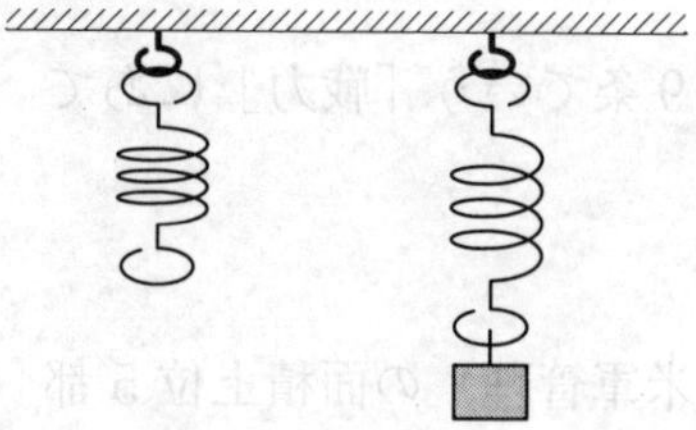

図１　実験の様子

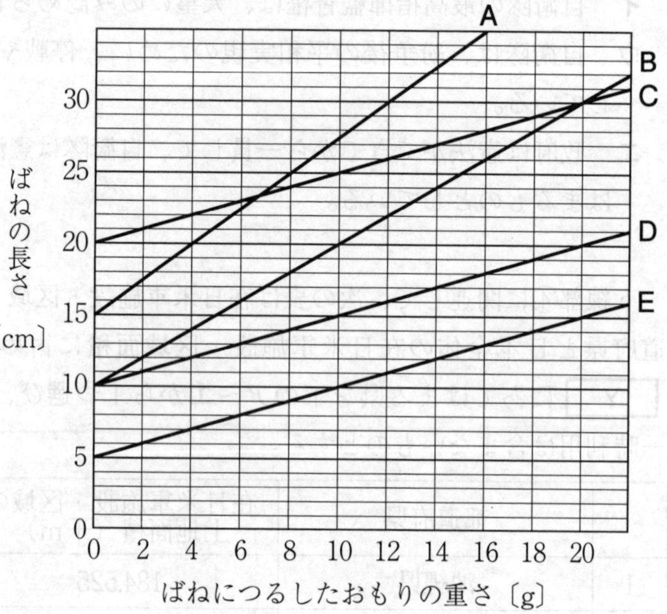


図２　ばねにつるしたおもりの重さとばねの長さの関係

問１　Ｂのばねに30ｇのおもりをつるしたとき、ばねの長さは何cmになりますか。もっとも適当なものを次のア～エから１つ選び、記号で答えなさい。

ア　20cm　　イ　30cm　　ウ　40cm　　エ　50cm

問２　Ｃのばねに30ｇのおもりをつるしたとき、ばねののびは何cmになりますか。もっとも適当なものを次のア～エから１つ選び、記号で答えなさい。

ア　５cm　　イ　10cm　　ウ　15cm　　エ　20cm

問３　同じ材質で同じように作ったばねは、何もつるしていないときのばねの長さが２倍、３倍になると、同じ重さのおもりをつるしたときのばねののびが、２倍、３倍になることがわかっています。

Ａ、Ｃ～Ｅのばねの中で、Ｂのばねと同じ材質で同じように作ったと考えられるばねはどれですか。Ａ、Ｃ～Ｅから１つ選び、記号で答えなさい。

問４　**図３**のように２つの同じばねをつるし、重さを無視できる棒でつないでおもりをつるしました。20ｇのおもりをつるすとばねの長さはともに20cmになりました。

**図３**の２つのばねは**Ａ～Ｅ**のどのばねであると考えられますか。**Ａ～Ｅ**から１つ選び、記号で答えなさい。

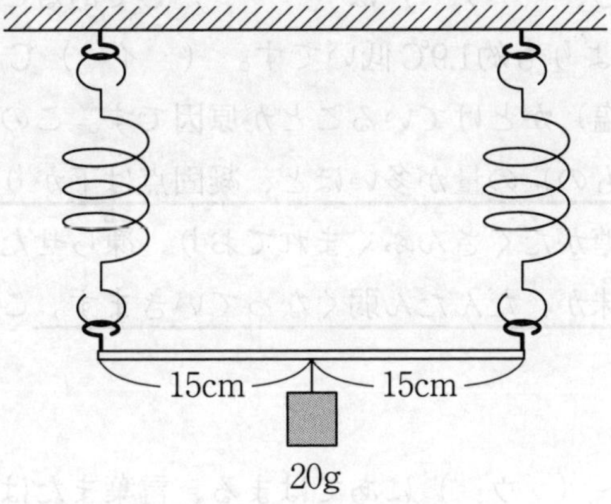


**図３**　２つ目の実験の様子

問５　**図４**のように**Ｘ**、**Ｙ**の２つのばねをつるし、重さを無視できる棒でつないで30ｇのおもりをつるすと、棒は水平になりました。

棒を水平にするには**Ａ～Ｅ**のどのばねを用いればよいですか。**Ｘ**、**Ｙ**に入る組み合わせを**Ａ～Ｅ**から２組選び、それぞれ記号で答えなさい。ただし、同じ記号を何度選んでも良いものとします。

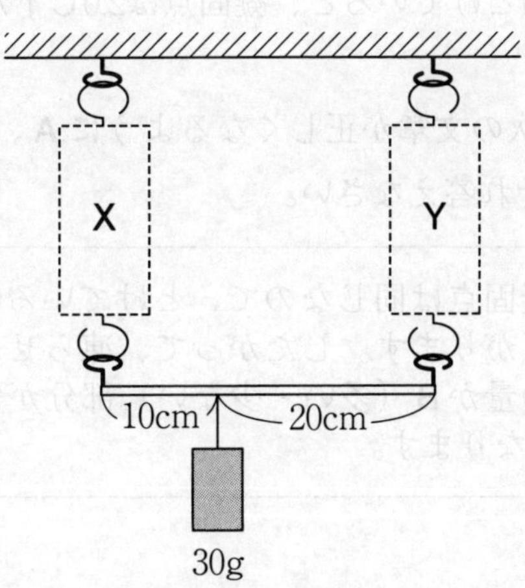


**図４**　３つ目の実験の様子

**2** 以下の文章を読み、次の各問いに答えなさい。

水は、温度が変化することで固体・液体・気体と変化します。これを状態変化といいます。また、液体から固体に変化するときの温度を凝《ぎょう》固《こ》点、固体から液体に変化するときの温度を融《ゆう》点、液体から気体に変化するときの温度を（　ア　）といいます。水の凝固点と融点は（　イ　）℃、（　ア　）は（　ウ　）℃であることがわかっています。

一方、海水の凝固点は水よりも約1.9℃低いです。（　イ　）℃よりも下がっているのは、塩化ナトリウム（食塩）がとけていることが原因です。この現象を①凝固点降下といい、とけている物質（もの）の量が多いほど、凝固点は下がります。

スポーツドリンクには砂糖がたくさんふくまれており、凍《こお》らせたスポーツドリンクをとかしながら飲むと、②甘味《あまみ》が、だんだん弱くなっていきます。これも凝固点降下が関係しています。

問１　文中の（　ア　）～（　ウ　）にあてはまる、言葉または数字を答えなさい。

問２　下線部①について、以下の関係を用いて、１Ｌの水に塩化ナトリウムが45ｇとけているとき、凝固点は何℃下がるか答えなさい。

１Ｌの水に塩化ナトリウムが
- ６ｇとけていると、凝固点は0.2℃下がる。
- 30ｇとけていると、凝固点は1.0℃下がる。
- 60ｇとけていると、凝固点は2.0℃下がる。

問３　下線部②について、次の文章が正しくなるように**Ａ**、**Ｂ**の（　　）から適当な言葉を選んで、それぞれ答えなさい。

> 水よう液の融点と凝固点は同じなので、とけている物質の量が**Ａ**（多い・少ない）ほど融点は下がります。したがって、凍らせたスポーツドリンクでは、とけている砂糖の量が**Ｂ**（多い・少ない）部分が先にとけていくため、とけ始めは甘味が強くなります。

**3**　以下の文章を読み、次の各問いに答えなさい。

オーストリアの動物学者、カール・フォン・フリッシュの行った研究の一つに、ミツバチの色覚（色を区別すること）に関する研究があります。彼は「ミツバチは色を区別できるのか？」という問いに対して、次のような実験を行いました。

まず、青い色紙の上に砂糖水を入れた小皿（餌《えさ》場）を置き、ミツバチに「青い色紙の上には餌がある」ということを学ばせました（**実験１**）（**図１**）。次に**実験１**のミツバチと何も置いていない赤い色紙と青い色紙を用意し、どちらにミツバチが集まるかを観察しました（**実験２**）（**図２**）。その結果、ミツバチは青い色紙に集まり、「ミツバチはどちらの色に餌場があったかを覚えており、赤と青が区別できるのだ」という主張につながりました。しかしこれは、いくつかの反論を受けることとなります。反論の一つは「ミツバチは赤と青を区別したのではなく、各色のインクの匂《にお》いで区別したのではないか？」というものです。しかしこうした反論に対してもフリッシュは見事な実験を行い、ミツバチには色覚があることを証明しました。

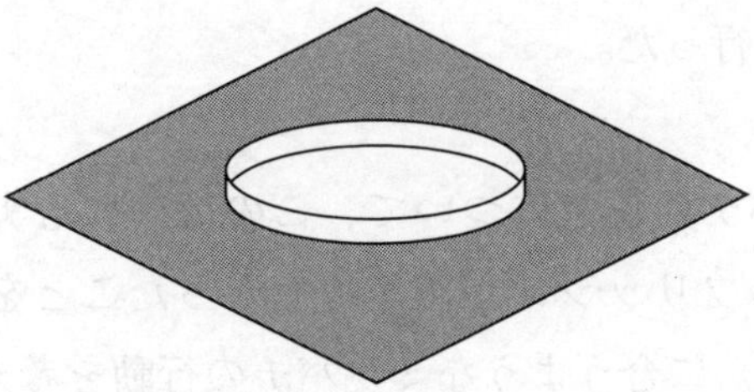

**図１**　青い色紙の上の餌場

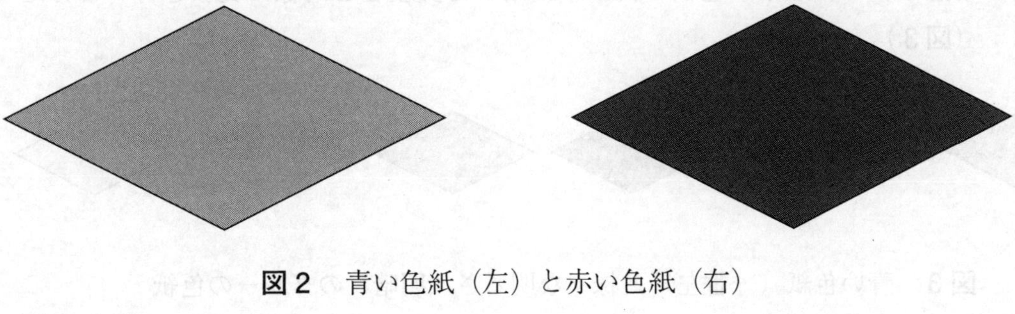

**図２**　青い色紙（左）と赤い色紙（右）

問１　ミツバチの羽の枚数は何枚ですか。数字で答えなさい。

問２　文中下線部について、もしミツバチがインクの匂いで餌場を区別しているとすると、**実験１**の後に(1)〜(3)の実験を行うと、ミツバチはどのような行動を示すと考えられますか。次の**ア〜エ**からそれぞれ１つずつ選び、記号で答えなさい。ただし、同じ記号を何度選んでも良いものとします。

**ア**　青い色紙に集まる　　**イ**　赤い色紙に集まる

**ウ**　どちらの色紙にも集まらない　　**エ**　青い色紙と赤い色紙、両方に集まる

(1)　完全に無臭《しゅう》の青と赤の色紙を用意し、**実験２**と同様の実験を行った。

(2)　完全に無臭の赤い色紙に、青い色紙の匂いをつけ、**実験２**と同様の実験を行った。

(3)　**実験２**と同じ色紙を用意し、それぞれの色紙を透明《とうめい》なガラス板で完全に覆《おお》い**実験２**と同様の実験を行った。

問３　フリッシュはミツバチの色覚について、このほかにも実験を行っています。以下の**実験３**を読み、フリッシュが確かめたかったことをまとめた次の文章の（　①　）、（　②　）に合うようなミツバチの行動を考え、簡単に書きなさい。

**実験３**　まず**実験１**を行いました。その後、様々な明るさ（明暗）のグレーの色紙を用意し、これを赤い色紙の代わりに用いて**実験２**と同様の実験を行いました（**図３**）。

**図３**　青い色紙（一番左）と様々な明るさ（明暗）のグレーの色紙

この実験で、もしミツバチが（　①　）ならば、ミツバチは青とグレーの違《ちが》いを認識できるということになる。もし、ミツバチが（　②　）ならば、ミツバチは色ではなく、色の明るさ（明暗）を使って餌場を判断していると考えられる。

**4**　栄太君がお父さんと温泉旅行に行ったときの会話です。
以下の文章を読み、次の各問いに答えなさい。

栄太　　：温泉って地下にある水があたたまってできているんだよね？

お父さん：そうだよ、日本は火山が多いから温泉もたくさんあるんだよ。

栄太　　：なんで日本には火山が多いの??

お父さん：それは、日本には４枚の（　あ　）が集まっているからなんだ。陸の（　あ　）の下に海の（　あ　）が沈《しず》み込《こ》み、水をとりこんだ（　あ　）からマグマができるんだ。そのマグマによって地下の水があたためられて温泉になっているんだよ。ちなみに、①マグマが地表に流れ出て冷えて固まることを繰《く》り返すと火山になって、そのマグマに溶《と》けているものの割合で山の形や色が決まるんだよ。

栄太　　：へぇ、火山ってそうやってできてるんだね。じゃあ、②昼間に登った山で見つけた白っぽい岩石や軽石もマグマが冷えて固まったものなの？たくさん地面にあったけど。

お父さん：そうだよ、ねばりけが強いドロドロとしたマグマが急速に冷えて固まるときに、中から③ガスが抜《ぬ》けて穴だらけの軽石ができるんだよ。中がスポンジみたいだから水に入れると浮《う》くんだよ。

栄太　　：そうなの!?拾ってきて水に浮くか試してみたいな。

お父さん：それはダメだよ。自然に存在するものに人が手を加えると、生態系などにも影響《えいきょう》するから持ってきてはいけないんだよ。でも、自然について考えるのはとても大切なことだから、またどこかに旅行しようね。

問１　文中の（　あ　）にあてはまる語句を答えなさい。

問２　下線部①について地表に流れ出たマグマは別の名前でよばれます。それは何か答えなさい。

問３　下線部②についてこの山はどれだと考えられますか。次の**ア**～**エ**から１つ選び、記号で答えなさい。

**ア**　三原山《みはらやま》　　**イ**　富士山　　**ウ**　有珠《うす》山　　**エ**　桜島

問４　下線部③のガスとは火山ガスのことです。火山ガスに一番多くふくまれている気体は何ですか。名前を答えなさい。

表2　**全読書冊数のうち、電子書籍による読書が占める割合**

| | 電子書籍の割合 | 電子書籍(冊) | 全読書冊数(冊) |
|---|---|---|---|
| 小学生 | 9.5% | 564 | 5,953 |
| 中学生 | 24.2% | 769 | 3,181 |
| 高校生 | 25.9% | 828 | 3,202 |

参考：栃木県庁ＨＰ　令和3（2021）年度子どもの読書活動に関する実態調査結果　より

問一　表1の1～21の項目のうち、**小中高生のいずれかの割合が8％を超える項目**のうち**二つ以上**を比較して、小学生と中高生の「本を選ぶきっかけ」の違いを述べなさい。

問二　表2を見ると、電子書籍による読書の割合は、中高生になると増加していますが、全体から見ると未だに多くはないようです。あなたは**小学生の電子書籍利用**に対して賛成ですか、反対ですか。どちらかの立場で、その理由を説明しなさい。

イ　居心地のよい家に景介と二人きりでいられることが嬉しく、本の整理を通じて心が通いあうのではないかと期待する気持ち。

ウ　この頃は他人のようだった景介が以前のように話してくれるようになり、このまま本の整理を続けていきたいと思う気持ち。

エ　本の整理という理由があれば、景介とふたりで過ごすことができるので、もっとたくさんの本があって欲しいと思う気持ち。

問七　～～部**5**「晶子には、そのときの景介の心が、ずっと遠くにあるように思えて仕方なかった」とありますが、この表現に関する説明として適当なものを、次の中から一つ選び、記号で答えなさい。

ア　時期の終わってしまったキンポウゲの花が本当に残っているかという景介の疑問が遠回しに表現されている。

イ　景介が、洋館に通い出した頃は満開だったキンポウゲの花を懐かしく思い出していることを表している。

ウ　景介の意識が目の前にいる晶子ではなく、今は姿の見えない「ゆりあ」に向いていることを表している。

エ　離ればなれになってしまった「ゆりあ」に景介の心が奪われてしまったという晶子の怒りが表現されている。

問八　問題文の表現の特徴の説明として、ふさわしいものを次の中から一つ選び、記号で答えなさい。

ア　終始、晶子が語り手となって物語が進むことで、揺れ動く少女の心情が繊細に表現されている。

イ　不思議な洋館に意識がとらわれている景介の様子が、スケッチという形で比喩的に表現されている。

ウ　物語の中心は会話文となっており、登場人物たちの心情が会話を通してめまぐるしく移り変わっている。

エ　「……」や「――」を用いることで、晶子や景介が小谷津さんに遠慮している様子を的確に表現している。

## 四

次の各表は、令和4年1月～2月にかけて、栃木県の小学五年生720名、中学二年生759名、高校二年生2，209名を対象に実施された読書活動に関する実態調査の結果である。これらを参考に、各問に答えなさい。

表1　**本を選ぶきっかけ（複数回答可）**

| | 小学生 | | 中学生 | | 高校生 | |
|---|---|---|---|---|---|---|
| | 件数 | 割合 | 件数 | 割合 | 件数 | 割合 |
| 1書店で見て | 251 | 9.2% | 447 | 14.1% | 1146 | 16.0% |
| 2図書館で見て | 325 | 11.9% | 183 | 5.8% | 343 | 4.8% |
| 3新聞や雑誌の記事や広告を見て | 40 | 1.5% | 55 | 1.7% | 166 | 2.3% |
| 4本を紹介するテレビやラジオで知って | 62 | 2.3% | 81 | 2.6% | 245 | 3.4% |
| 5インターネット上の情報を見て | 120 | 4.4% | 287 | 9.1% | 884 | 12.3% |
| 6先生にすすめられたから | 23 | 0.8% | 21 | 0.7% | 29 | 0.4% |
| 7家の人にすすめられたから | 131 | 4.8% | 101 | 3.2% | 176 | 2.5% |
| 8友達にすすめられたから | 156 | 5.7% | 185 | 5.9% | 328 | 4.6% |
| 9もらったから・家にあったから | 193 | 7.1% | 146 | 4.6% | 196 | 2.7% |
| 10著者が好きだから | 115 | 4.2% | 187 | 5.9% | 517 | 7.2% |
| 11書名がおもしろそうだから | 291 | 10.7% | 250 | 7.9% | 566 | 7.9% |
| 12表紙が好きだから | 153 | 5.6% | 265 | 8.4% | 494 | 6.9% |
| 13話題の本（ベストセラー）だから | 102 | 3.7% | 193 | 6.1% | 496 | 6.9% |
| 14昔から有名な本（ロングセラー）だったから | 46 | 1.7% | 69 | 2.2% | 147 | 2.1% |
| 15推薦図書・優良図書だから | 51 | 1.9% | 31 | 1.0% | 80 | 1.1% |
| 16教科書にのっていたから | 72 | 2.6% | 26 | 0.8% | 62 | 0.9% |
| 17映画やドラマの原作だから | 153 | 5.6% | 249 | 7.9% | 646 | 9.0% |
| 18習慣になっているから | 73 | 2.7% | 68 | 2.2% | 78 | 1.1% |
| 19授業・学習に役立てるため | 83 | 3.0% | 43 | 1.4% | 100 | 1.4% |
| 20部活動や趣味に役立てるため | 114 | 4.2% | 126 | 4.0% | 221 | 3.1% |
| 21将来のため・夢をかなえるため | 124 | 4.6% | 98 | 3.1% | 176 | 2.5% |

小谷津さんが言った。

「あ、ほんとだ……。そうか、なんか庭の感じが違うと思ってたんだ。キンポウゲがなくなってたのか……。でも晶ちゃんの絵……。」

と、景介がつぶやいた。

「うん。ちょっと盛ったの。でもほら、ないわけじゃないのよ、ちょっぴり残ってる！」

晶子が首を伸ばし、奥の方の垣根の間にふたつ三つある小さな黄色の点々を指さした。すると景介が［D］ソファーから立ち上がり、開いた窓から首を伸ばした。5晶子には、そのときの景介の心が、ずっと遠くにあるように思えて仕方なかった。

（高楼方子『黄色い夏の日』より）

問一　［A］～［D］にあてはまることばとして適当なものを、次の中からそれぞれ一つ選び、記号で答えなさい。

ア　しんと　　イ　ぱっと

ウ　ふわあっと　　エ　ぶるんと

問二　══部a「厳めしい」、b「精を出した」の意味として適当なものを、後の中からそれぞれ一つずつ選び、記号で答えなさい。

a「厳めしい」

ア　不気味で近寄りがたい

イ　しっかりと安定している

ウ　重々しく立派である

エ　不思議と心ひかれる

b「精を出した」

ア　気楽に働く　　イ　熱心に取り組む

ウ　楽しく仕事する　　エ　仕方なくこなす

問三　〰〰部1「そうかなあ……」と言ったときの晶子の心情として適当なものを、次の中から一つ選び、記号で答えなさい。

ア　自分でも悪くないと思える出来だったので、小谷津さんにほめられて謙遜《けんそん》しながらも嬉しく思う気持ち。

イ　自分でも満足のいく出来だったので、小谷津さんにほめてもらいたくてわざとおおげさに謙遜する気持ち。

ウ　自分では納得いかない出来だったので、思いがけない小谷津さんのほめ言葉を心から疑問に思う気持ち。

エ　自分では絵の出来にあまり自信がなく、景介の絵と比較されることが気まずく感じ、居心地の悪い気持ち。

問四　〰〰部2「小谷津さんは夢見るように続けた」とありますが、このときの小谷津さんの様子として適当なものを、次の中から一つ選び、記号で答えなさい。

ア　かつて憧れた洋館に現在住んでいる喜びをかみしめながら、当時感じた洋館の不思議な魅力を思い出している。

イ　現在住んでいる洋館に憧れを抱いていた少女の頃を思い出し、かつての思い出の中に心地よくひたっている。

ウ　以前はあった洋館から漂う不思議な雰囲気を思い出し、それがなくなってしまったことを残念に思っている。

エ　今も昔も変わらない洋館の様子を景介が的確にスケッチしたので、その絵の美しさに言葉が出なくなっている。

問五　〰〰部3「それはない！」とありますが、晶子が家族に小谷津さんの家に行っていることを言えないのはなぜですか。その理由を五十字以内で説明しなさい。（句読点も字数にふくみます）

問六　〰〰部4「晶子はそれを願いながら声をかけた」とありますが、このときの晶子の気持ちとして適当なものを、次の中から一つ選び、記号で答えなさい。

ア　体調を崩していた景介がまた倒れてしまわないか心配だったが、本の整理が気分転換になっているようだと安心する気持ち。

晶子が呼応した。景介が、もうおしまいというように手を出してスケッチブックを閉じたが、自分でもきっと、納得のいく出来栄えだったのだろう。

「描けてよかったです」

と、しっかりした声で言ったのだった。晶子が久しぶりに聞いた、景介らしい声だった。

　そのあと、晶子と景介の二人は、本の片付けにb精を出した。少しでも欲しいと思う本があったらあげるから言ってねと小谷津さんは言ってくれたが、家に持ち帰ったとき、何かのはずみに見つかって、この本どうしたのと聞かれかねないことを思うと、ためらわれる。家族仲がいいのはけっこうなことだったが、秘密を持ちにくいという欠点がどうしても付随《ふずい》する――。晶子は、居間の片隅に積んであった古本屋行きの本を、崩れないようにきちんと揃《そろ》えていきながら、いっそ母親に話してしまえば、自由に本がもらえるなあ……と思いかけて、即座に［　C　］首を振った。3それはない！

　隠さなければならないようなことではなかったけれど、この物語めいた薄暗い古い家を、ほかの人たちに開放したくなかった。そうか、きっと景介も、同じ気持ちで、だから家の人に言わなかったのかもしれない。そう思うと、景介が自分と一緒にここに来るのを嫌がらなかったことが嬉しかった。そして、このままどこまでも、小谷津さんと景介と自分だけの秘密の空間にしていたかった。――もっとも、本の片付けがすっかり終わってしまったら、景介とここに来ることなどあるだろうか……。いっそいつまでも、片付けが終わらなければいいのにと晶子は思う……。

　すぐ近くで、段ボールを組み立ててはガムテープで止めていく景介の様子が、おとといベッドにいた時に比べてかなり元気そうな気がし、ようやく嬉しかった。

「……奥にもまだ、本棚あるのよね？」

4晶子はそれを願いながら声をかけた。

「うん。でも、この辺で一度、古本屋さんに来てもらってもいいんじゃないかな」

「ああそうかもねえ〈みみずくや〉さんに頼むの？」

〈みみずくや〉は、晶子も景介もよく知っている古書店だった。小さいとき、母親たちと何度か一緒に行って、子どもの本の棚の前で立ち読みしたこともあった。

「……たぶん……」

「〈みみずくや〉さん、いいおじさんだものね。この頃はめったに行かないけど。景ちゃん行くことある？」

「まあ、時どきは……」

　景介は、家の誰かが本を出すとき、重たい紙袋を持つ係を頼まれるのだと言った。

　そんな話をしているところへ、小谷津さんがお盆を持ってやってきた。おやつの時間だった。

「きのう晶子さんにお電話もらったときから、用意しておいたの。プリンは私が作ったのよ」

　ガラスのお皿に大きなプリンと緑のメロンがのっていた。

「飲み物は何がいい？　いろんなものがあるわよ。言ってみて」

「菩提樹《ぼだいじゅ》の花茶にします」

　二人は同時にそう答え、思わず笑った。

　冷えた菩提樹の花茶を飲む三人の目に、今はもうキンポウゲの黄色は映らなかった。

「今年はどういうわけか、ずいぶんたくさん咲いたし、それにずいぶん長いこと咲いていたけど、さすがに終わったわねえ」

記号で答えなさい。

ア　有名人が「自分が使っていない商品」をオススメするのは、フェイクである。

イ　通常、選挙ポスターに、候補者の実績や目指す政策は書かれていない。

ウ　市民は、どんなときも印象による判断を控えるべきである。

エ　アカシカの雄ジカ同士は、角をつき合わせて戦うために角を見せ合う。

オ　立派な角は、装う知恵が生まれない範囲では〝力強さと健康の象徴〟である。

三　次の文章を読んで、後の問に答えなさい。

祖母の入院先の病院で知り合った「小谷津《こやつ》さん」という老婦人と偶然再会した景介は、彼女が住む洒落《しゃれ》た洋館に招かれた。小谷津さんは幼い頃にその洋館の裏に住んでいて、いつか自分が住んでみたいと思い続け、ついに十年前に買い取ったのだという。そこで出会った無邪気で可愛らしい少女「ゆりあ」に恋をした景介は、本の整理をするという理由をとりつけて人知れず洋館に通うようになる。熱に浮かされたようにぼんやりすることの多くなった景介を心配して、幼なじみの晶子は景介のあとをつけ、景介の様子がおかしいのは洋館に通っていることが原因ではないかと考えた。小谷津さんとも知り合いになった晶子は、景介を誘って洋館に一緒に行くことにした。美術部の二人はスケッチブックを持って洋館を訪れ、本の整理の前に家の外観をスケッチすることにした。

「まあ、きれい！　上手ねえ、晶子さん」

「1そうかなあ……」

「うん、いい感じだと思う」

景介も言った。

家の中に入ったあと、晶子は自分からスケッチブックを開いて描き終えたばかりの絵を見せた。大失敗だと思わない限り、晶子は描いた絵を人に見せるのがわりと好きだった。

「景ちゃんのも見せて！」

晶子が促すと、景介は黙って開いた。

「……あらまあ！」

「うわあ、すごい……。なんか引きこまれる。景ちゃん、ほんとうまい。いいなあ」

闇《やみ》にぼうっと浮かぶ光の中に、ぼんやり建っているような、［A］した線で描かれた鉛筆画に、小谷津さんと晶子は、思わず声をあげた。

へえ……と、小谷津さんは、しきりと繰り返した。

「へえ……。そう、この感じ。この感じだったのよ……。あの頃、木はそうなかったけども、この感じ、懐かしい……」

2小谷津さんは夢見るように続けた。

「裏にいたときって、裏からはよくこの家を見てたけど、前の道を通ることって、めったになかったの。でもたまには通るでしょ。そうすると、裏からとはまた違う、別の、［B］したっていうのかしら、近づきがたいような独特の感じがしたのよ。新しい、可愛いおうちなのに、どういうわけか、a厳めしいような、怪しいようなね……。そして、そう、晶子さんが言った通り、引きこまれるような感じがしたの。この絵、ほんとにそんな感じ……」

「……ほんと。ちょっと怪しいような感じがする。あ、ほら、吉の風と凶の風みたいな……。そんな感じがする」

問一　[A]～[D]に入る適当なことばを、次の中からそれぞれ一つ選び、記号で答えなさい。（ただし、同じ記号を二度以上使ってはいけません）

ア　もし　　イ　そして　　ウ　では
エ　しかも　　オ　たとえば

問二　━━部a「登場」とことばの組み立てが同じものを、次の中から一つ選び、記号で答えなさい。

ア　勝敗　　イ　乗車　　ウ　道路
エ　強風　　オ　日没

問三　━━部b「健康」とありますが、これに打ち消しの漢字をつけて三字熟語にするとき、同じ打ち消しの漢字を用いる熟語を、次の中から一つ選び、記号で答えなさい。

ア　公式　　イ　完成　　ウ　器用　　エ　条件

問四　～～部1「有名人がオススメする商品を有名人につられて買ってしまう」とありますが、それはなぜですか。「～から。」に続くよう、問題文中から三十二字で抜き出し、初めと終わりの五字を答えなさい。（句読点も字数にふくみます）

問五　～～部2「選挙運動においては大きな社会問題が生じている」とありますが、どのような問題ですか。次の中から一つ選び、記号で答えなさい。

ア　有名人が「自分が使っていない商品」をオススメするという問題。
イ　有権者が、投票に先立って候補者の情報を集めてしまうという問題。
ウ　人間がどの程度印象によって左右されるのか理解できていないという問題。
エ　政策や実績ではなく印象の演出によって政治家が選ばれかねないという問題。
オ　民主主義社会が扇動政治家によってコントロールされているという問題。

問六　～～部3「撮られた写真の中から〝最高の一枚〟をポスターにするのである」とありますが、それはなぜですか。「候補者は、」で始まるよう、五十字以内で答えなさい。（句読点も字数にふくみます）

問七　～～部4「力強さや美しさなどの印象判断」とありますが、人間がこのような判断をしてしまうのはなぜですか。「～から。」に続くよう、問題文中から四十字以内で抜き出し、初めと終わりの五字を答えなさい。（句読点も字数にふくみます）

問八　[1]～[5]には、後のⅠ～Ⅴのいずれかが入ります。その順番として適当なものを次の中から一つ選び、記号で答えなさい。

ア　Ⅳ→Ⅲ→Ⅰ→Ⅴ→Ⅱ
イ　Ⅱ→Ⅲ→Ⅴ→Ⅳ→Ⅰ
ウ　Ⅳ→Ⅴ→Ⅲ→Ⅰ→Ⅱ
エ　Ⅳ→Ⅲ→Ⅱ→Ⅰ→Ⅴ
オ　Ⅱ→Ⅴ→Ⅲ→Ⅳ→Ⅰ

Ⅰ　角の立派さを判断して戦わずに退散する習性が生まれる
Ⅱ　戦いには不利になるくらいの、大きくて重い角が発達する
Ⅲ　角が貧弱な個体は、戦っても傷を負うばかりである
Ⅳ　角をつき合わせて戦うことで雌を取り合う習性が生じる
Ⅴ　戦いの強さよりも立派な角のほうが雌をめぐる争いに有効になる

問九　問題文の内容の説明として適当なものを次のうちから**二つ**選び、

のだろうか。それはそうした文章よりも、顔写真のほうがより訴求力が高いという事実を、候補者自身がよく知っているからである。ぎっしり文字が書かれているポスターと、笑って力強くガッツポーズをとる写真のポスターを見比べれば、顔写真のポスターの候補者に一票を投じたくなるのもうなずける。だから立候補を決めた候補者は、腕のいい写真家に依頼して、髪型、表情、服装、ポーズを演出してもらい、3撮られた写真の中から〝最高の一枚〟をポスターにするのである。

　政治家は本来、政策や実績によって選ばれるべきものだろう。それが印象の演出によって選ばれているとすれば大問題である。印象に左右される市民が多いと、民主主義社会は扇動政治家によってコントロールされかねない。

　その問題を防ぐには、人間がどの程度印象によって左右されるのか、［　D　］、それはなぜなのかを理解しておく必要がある。それが理解できれば、市民はどんなときに印象に従って行動してよく、どんなときには印象による判断を控えるべきかがわかり、問題を最小限に抑えることができるだろう。

　意外なことかもしれないが、4力強さや美しさなどの印象判断の多くは、動物の時代に形成された「感情を司る機構」に由来している。本節では、動物の具体的な行動を示しながら、代表的な印象判断の生物学的な起源を解説する。

　雄ジカは立派な角を見せつけて、生殖の相手となる雌を他のライバル雄と争う習性がある。この「見せつけ」を動物行動学では、ディスプレー行動と呼ぶ。強い雄が、より多くの雌を獲得できるという構図は、哺乳類に広くみられるが、シカでは「立派な角」が強さのディスプレーになっているのだ。

　たとえば、北半球に広く分布しているアカシカの行動観察によれば、雄ジカ同士が鉢合わせしたとき、実際に角をつき合わせて戦うことは少なく、通常は角を見せ合うことで勝負がつく。実際に戦ってしまえば双方が傷を負うリスクが高いので、角を見せ合うことで勝負をつけるのは、多くのアカシカが生き残るうえでの有効な方法なのである。

「立派な角」が進化してきた過程は次の通りである。まず、［　1　］。しかし、［　2　］ので、［　3　］。すると、［　4　］。ときには、［　5　］、という具合である。

　実際、大きくて重い角をもっている雄のほうがb健康であると言えるので、雌ジカから見ても、立派な角は健康の指標になる。そのため、「立派な角を好む」判断機構がいったん生じると、その機構をもっている雌ジカのほうが健康な雄と交配して健康な子どもを設けやすく、判断機構の遺伝によって子孫に「立派な角を好む」特性が広まる。これが、立派な角の雄を好むような進化が生じる仕組みである。

　けっして「立派な角を持ちたい」と雄ジカが考えたから進化するのではなく、機械的な遺伝メカニズムによって進化が起きることに留意されたい。そして、私たち人間から見ても、シカの角が立派に見える事実は、何か立派なものを好む感情的な判断機構が哺乳類全般に広く機械的に遺伝していることを物語っている。

　こうして立派な角は〝力強さと健康の象徴〟となったのである。ところが、もしシカに、他のシカの角を拾って自分の角に結びつける知恵があったとしたらどうだろう。もはや立派な角は、その個体の力強さと健康の象徴とはならず、〝フェイク〟に転じてしまう。つまり、力強さと健康の象徴は、それを装う知恵が生まれない範囲で有効な仕組みなのである。

（石川幹人『だからフェイクにだまされる
―進化心理学から読み解く』より）

※　SUV…スポーツやレジャーに適した利便性の高い車両。

# 2023年度 春日部共栄中学校

【国語】〈第一回午後入試〉（五〇分）〈満点：一〇〇点〉

一 次の――部について、漢字をひらがなに、カタカナを漢字に直しなさい。

① 養殖のうなぎを食べる。
② 卒業式で感涙にむせぶ。
③ 赤い花を選んで摘む。
④ なんともツウカイな出来事だ。
⑤ ふとんをアッシュクして仕舞う。
⑥ クウフクに耐えかねて食べる。
⑦ 会社の経営ホウシンを読む。
⑧ 電車が終点にトウチャクした。
⑨ 何度もケイコクを受ける。
⑩ 不測のことにタイショする。

二 次の文章を読んで、後の問に答えなさい。

商品広告には、芸能人やスポーツ選手などの有名人がこぞって起用される。広告の中では、どんな商品であるかを表現する以前に、どんな人がオススメしているかが演出の決め手になる。広告にa登場する有名人がもっている誠実さ、力強さ、美しさ、知的さなどの印象によって、消費者は広告情報の信頼性を推し測って、商品の魅力を判断する傾向がある。

［ A ］、陸上で世界記録を打ち立てた女性アスリートがアウトドア向けの自家用車※ＳＵＶを宣伝していれば、そのアスリートがもつ力強さが商品に波及し、ＳＵＶ自体が力強く感じられる。消費者は、自然の中でワイルドに生活するアウトドアに、ＳＵＶが最適と思うのである。

［ B ］、そのアスリートがＳＵＶを運転したことがまったくないとなれば、こうした商品の宣伝テクニックは、フェイクと言えなくもない。ただよく考えると、商品広告の場合、有名人が「自分が使っていない商品」をオススメするのは、当然あり得ることである。

消費者の多くが、広告における情報のフェイク性を認識できているのであれば、フェイクでなく〝演出〟とみなされる。今日では、1有名人がオススメする商品を有名人につられて買ってしまうのも〝イメージ消費〟という消費の一形態として、企業の宣伝戦略に組み込まれている。

つまり私たちは、有名人の商品広告のように、伝えられた情報の信頼性が、それを伝える人の印象によって左右される現実を、すでによく知っているのである。だから、フェイクについて考える場合には、まずはその印象の影響を再確認しておく必要がある。

この印象による信頼性の変化は、商品広告ではそれほど問題ではないにしても、2選挙運動においては大きな社会問題が生じている。

投票所に行くと、決まって候補者一覧のポスターが貼られている。有権者は、投票に先立って候補者の情報を集めていればよいが、そうでなければポスターを見て候補者を選ぶことになる。かりにポスターに、候補者の目標とする政策やその実現手段、これまでの実績が細かく書かれていれば、それを読んで判断することもできるが、通常それは書かれていない。顔写真が大きく示されているだけなのである。その結果、芸能人の人気投票のような「印象による判断」で投票がなされてしまう。

［ C ］、なぜポスターに政策や実現手段が細かく書かれていない

2023年度

# 春日部共栄中学校　▶解説と解答

## 算　数　＜第１回午後入試＞（50分）＜満点：100点＞

### 解　答

[1] (1) ①　1　②　$\frac{1}{2}$　③　5　(2) ①　20　②　40L　[2] (1)　9通り　(2)　40度　(3)　400円　[3] (1) ①　解説の図Ⅱを参照のこと。　②　288cm$^3$　(2) ①　471cm$^3$　②　345.4cm$^2$　[4] (1)　2枚　(2)　3枚　(3)　720通り　[5] (1)　(エ)　(2)　1.25cm$^2$　(3)　$2\frac{2}{3}$秒後　[6] (1)　7　(2)　7個　(3)　350通り

### 解　説

**[1] 四則計算，逆算，単位の計算，比の性質**

(1) ①　$19\times19-20\times18=361-360=1$　②　$\frac{3}{10}\div1\frac{4}{5}+\frac{7}{9}\times\frac{3}{7}=\frac{3}{10}\div\frac{9}{5}+\frac{1}{3}=\frac{3}{10}\times\frac{5}{9}+\frac{1}{3}=\frac{1}{6}+\frac{2}{6}=\frac{3}{6}=\frac{1}{2}$　③　$10\times\left(1\frac{5}{8}-0.75\div1.2\right)-\frac{3}{4}\div0.15=10\times\left(\frac{13}{8}-\frac{3}{4}\div\frac{6}{5}\right)-\frac{3}{4}\div\frac{3}{20}=10\times\left(\frac{13}{8}-\frac{3}{4}\times\frac{5}{6}\right)-\frac{3}{4}\times\frac{20}{3}=10\times\left(\frac{13}{8}-\frac{5}{8}\right)-5=10\times\frac{8}{8}-5=10\times1-5=10-5=5$

(2) ①　$\left\{(\square-10)\times\frac{1}{2}+25\right\}\div0.2=150$より，$(\square-10)\times\frac{1}{2}+25=150\times0.2=30$，$(\square-10)\times\frac{1}{2}=30-25=5$，$\square-10=5\div\frac{1}{2}=5\times\frac{2}{1}=10$　よって，$\square=10+10=20$　②　1m$^2$は1辺の長さが1m(=100cm)の正方形の面積だから，1m$^2$=1m×1m=100cm×100cm=10000cm$^2$である。よって，1m$^2$：50cm$^2$=10000cm$^2$：50cm$^2$=10000：50=200：1となるので，□L：2dL=200：1と表すことができる。また，1L=10dLだから，2dL÷1×200=400dL=40Lより，□=40とわかる。

**[2] 場合の数，和差算，売買損益，比の性質，相当算**

(1)　右の図1のように，10円玉の枚数が0枚の場合は5通り，10円玉の枚数が1枚の場合は3通り，10円玉の枚数が2枚の場合は1通りある。これらはすべて枚数の条件に合うから，全部で，5＋3＋1＝9(通り)とわかる。

図1

| | | | | | | | | | |
|---|---|---|---|---|---|---|---|---|---|
| 1円玉(枚) | 20 | 15 | 10 | 5 | 0 | 10 | 5 | 0 | 0 |
| 5円玉(枚) | 0 | 1 | 2 | 3 | 4 | 0 | 1 | 2 | 0 |
| 10円玉(枚) | 0 | 0 | 0 | 0 | 0 | 1 | 1 | 1 | 2 |

(2)　三角形の内角の和は180度なので，右の図2のように表すことができる。図2より，角Bの大きさの3倍が，180＋55＋50＝285(度)なので，角Bの大きさは，285÷3＝95(度)とわかる。よって，角Aの大きさは，95－55＝40(度)と求められる。

図2

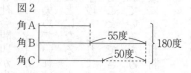

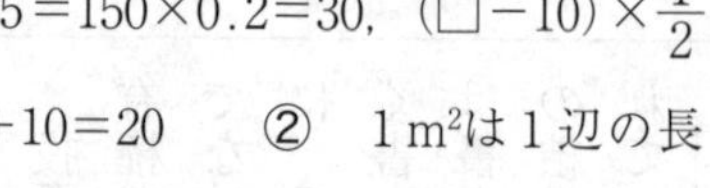


(3)　10個売ったときの利益と50個売ったときの利益が同じだから，1個あたりの利益の比は，$\frac{1}{10}$：

$\frac{1}{50}=50:10=5:1$である。よって，定価を１として図に表すと，右の図３のようになる。図３で，⑤－①＝④にあたる金額が定価の0.1倍なので，①にあたる金額は定価の，$0.1\div4=\frac{1}{40}$(倍)となり，⑤にあたる金額は定価の，$\frac{1}{40}\times5=\frac{1}{8}$(倍)とわかる。したがって，350円が定価の，$1-\frac{1}{8}=\frac{7}{8}$(倍)にあたるから，(定価)$\times\frac{7}{8}=350$(円)より，定価は，$350\div\frac{7}{8}=400$(円)と求められる。

図３
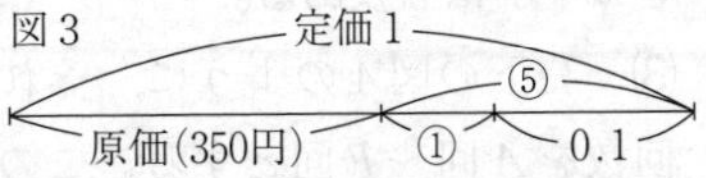


## 3 展開図，体積，表面積

(1) ①　右の図Ⅰで，面ABCと辺ACでつながっているのは面ACDである。よって，右の図Ⅱの(　)にあてはまる記号はDとわかる。同様に考えると，ほかの頂点は図Ⅱのように決まる。斜線《しゃせん》がついているのは面ACDと面BEFだから，図Ⅱのようになる。　②　図Ⅰの三角形AOCと三角形BOCで，ACとBCの長さは等しく，角AOCと角BOCの大きさはどちらも90度である。また，OCは両方に共通なので，三角形AOCと三角形BOCは合同とわかる。よって，BOの長さは6cmだから，四角形BCDEは対角線の長さが，$6\times2=12$(cm)の正方形となり，面積は，$12\times12\div2=72$($cm^2$)と求められる。したがって，四角すいA－BCDEと四角すいF－BCDEの体積はどちらも，$72\times6\div3=144$($cm^3$)なので，この立体の体積は，$144\times2=288$($cm^3$)とわかる。

図Ⅰ
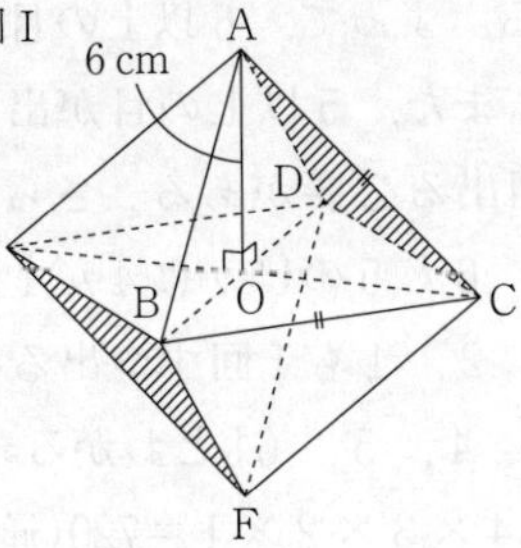


図Ⅱ
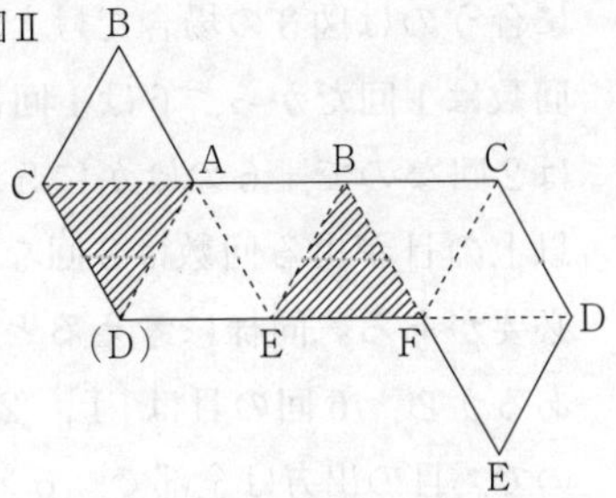


(2) ①　１回転させた立体を真上から見ると，右の図Ⅲのようになる。図Ⅲで，三角形ABCは直角をはさむ辺の長さが3cmと4cmの直角三角形なので，ACの長さは5cmである。よって，この立体は，底面の円の半径が5cmで高さが6cmの円柱だから，体積は，$5\times5\times3.14\times6=150\times3.14=471$($cm^3$)となる。　②　底面積は，$5\times5\times3.14=25\times3.14$($cm^2$)である。また，底面のまわりの長さは，$5\times2\times3.14=10\times3.14$(cm)なので，側面積は，$10\times3.14\times6=60\times3.14$($cm^2$)とわかる。よって，表面積は，$25\times3.14\times2+60\times3.14=(50+60)\times3.14=110\times3.14=345.4$($cm^2$)と求められる。

図Ⅲ
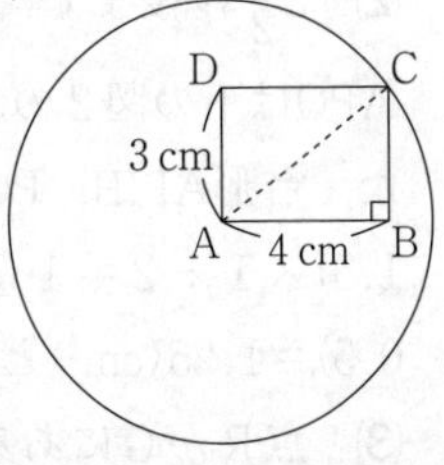


## 4 条件の整理

(1) {5，1，4，2，1，3}のうち１以上の目は６個あるから，左から１枚目のカードは６回ひっくり返される。また，２以上の目は４個あるので，左から２枚目のカードは４回ひっくり返され，３以上の目は３個あるから，左から３枚目のカードは３回ひっくり返される。同様に考えると，それぞれのカードがひっくり返される回数は下の図１のようになる。ひっくり返される回数が奇数《きすう》の場合は黒になり，ひっくり返される回数が偶数《ぐうすう》の場合は白になるので，黒いカードは２枚あることがわかる(左から３枚目と５枚目)。なお，順番に調べると下の図２のようになる。

(2) {1，2，3，4，5，6}について(1)と同様に考えると，下の図３のようになる。よって，黒いカードは３枚ある。

図1

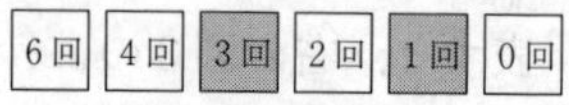


図2

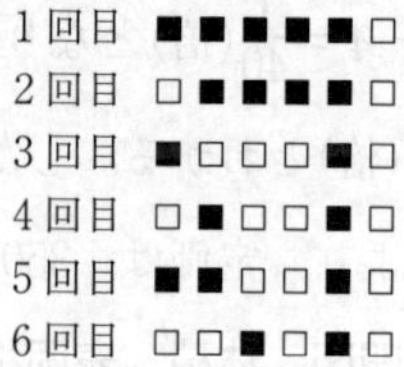


図3

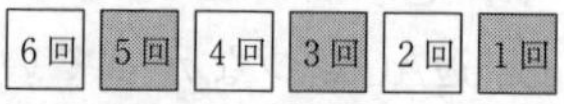


図4

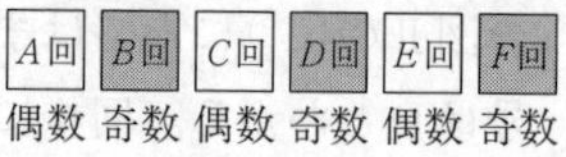


(3)　右下の図４のように，それぞれのカードがひっくり返される回数を$A$回～$F$回とする。このとき，１以上の目が出る回数よりも２以上の目が出る回数の方が多くなることはありえないから，$A$は$B$以上となる。また，$A$は偶数で$B$は奇数なので，$A$と$B$が等しくなることはありえない。つまり，$A>B$という関係がある。ほかのカードについても同様だから，$A>B>C>D>E>F$となる。ここで，$A$～$F$には０から６までの整数が入るので，条件に合うのは図３の場合だけとわかる。よって，６以上の目が出る回数は１回だから，６は１回出る。また，５以上の目が出る回数は２回なので，６のほかに５が１回出る必要がある。さらに，４以上の目が出る回数は３回なので，６と５のほかに４が１回出る必要がある。同様に考えると，３，２，１も１回ずつ出る必要があるから，６回の目は{１，２，３，４，５，６}とわかる。このとき，目が出る順番は関係ないので，目の出方は全部で，$6\times5\times4\times3\times2\times1=720$(通り)と求められる。

**５　平面図形―図形上の点の移動，グラフ，面積**

(1)　はじめの三角形ADRは直線ADだから，その面積は０cm$^2$である。その後，点RがAからGまで動く間は，三角形ADRの面積は一定の割合で増える。また，点RがGからDまで動く間は，三角形ADRの面積は一定の割合で減る。点RがGにくるのは出発してから，$3\div1=3$(秒後)であり，点RがDにくるのは出発してから，$4\div1=4$(秒後)なので，グラフは下の図１のようになる。よって，最も適当なものは(エ)である。

(2)　$2\frac{1}{2}$秒後までに点Pと点Qはそれぞれ，$1\times2\frac{1}{2}=2\frac{1}{2}=2.5$(cm)動くから，$2\frac{1}{2}$秒後の三角形APQは下の図２の斜線部分になる。図２で，正方形AFCHの面積は，$2\times2=4$(cm$^2$)である。また，台形APIH，PQCIと三角形AFQの面積はそれぞれ，$(0.5+2)\times1\div2=1.25$(cm$^2$)，$(0.5+1.5)\times1\div2=1$(cm$^2$)，$2\times0.5\div2=0.5$(cm$^2$)なので，三角形APQの面積は，$4-(1.25+1+0.5)=1.25$(cm$^2$)と求められる。

(3)　点RがGにあるときの三角形ADRの面積は，$3\times1\div2=1.5$(cm$^2$)である。また，点QがFにあるのは２秒後で，そのときの三角形ACQの面積は，$2\times2\div2=2$(cm$^2$)だから，出発してからの時間と三角形ADR，三角形ACQの面積の関係をグラフに表すと，下の図３のようになる。０～３秒後は三角形ADRの面積は毎秒，$1.5\div3=0.5$(cm$^2$)の割合で増えるので，２秒後の三角形ADRの面積は，$0.5\times2=1$(cm$^2$)であり，$\square=2-1=1$(cm$^2$)と求められる。また，２～４秒後は三角形ACQの面積は毎秒，$2\div(4-2)=1$(cm$^2$)の割合で減るから，かげの部分では２つの三角形の面積の差は毎秒，$0.5+1=1.5$(cm$^2$)の割合で縮まる。よって，かげの部分の時間は，$1\div1.5=\frac{2}{3}$(秒)とわかるので，２つの三角形の面積が等しくなるのは出発してから，$2+\frac{2}{3}=2\frac{2}{3}$(秒後)である。

図１

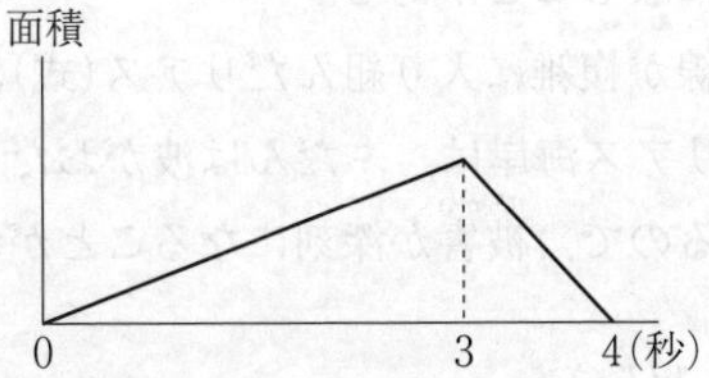


図２

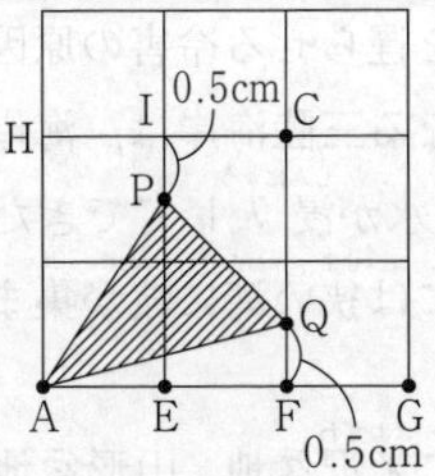


図３

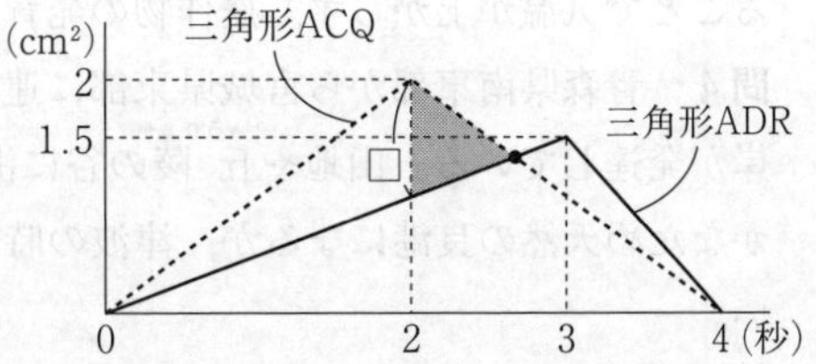


**6　約束記号，整数の性質**

⑴　91の約数は｛1，7，13，91｝だから，２番目に小さいものは7である。よって，【91】＝7となる。

⑵　【$n$】＝５となるためには$n$は５の倍数である必要があるので，$n$＝５×□(□は整数)と表すことができる。ただし，$n$が２の倍数の場合には，【$n$】＝２，$n$が３の倍数の場合には，【$n$】＝３となってしまうから，□は２の倍数や３の倍数であってはならない。また，□にあてはまる数は，100÷５＝20以下だから，□にあてはまる数は｛1，5，7，11，13，17，19｝の７個あることがわかる。よって，【$n$】＝５となるものは，｛5，25，35，55，65，85，95｝の７個ある。

⑶　【$m$】や【$l$】が１になることはないので，【$m$】と【$l$】の一方が２，もう一方が５の場合を考えればよい。【△】＝２となるような△は２の倍数なので，全部で，100÷２＝50(個)ある。また，【○】＝５となるような○は，⑵から７個あることがわかる。よって，△と○の組は，50×７＝350(通り)ある。ここで，△と○のうち，小さい方を$m$，大きい方を$l$にすればよいので，$m$と$l$の組も350通りである。

# 社 会　＜第１回午後入試＞（理科と合わせて60分）＜満点：50点＞

## 解　答

**1**　**問１**　ア　**問２**　2　**問３**　ウ　**問４**　リアス(海岸)　**問５**　ウ　**問６**　カ　**問７**　ウ　**問８**　白神山地　**問９**　⑴　ウ　⑵　(約)2.5(km)　**2**　**問１**　エ　**問２**　イ　**問３**　(例)　稲作が行われるようになり，人口が増加したから。　**問４**　ウ　**問５**　エ　**問６**　煬帝　**問７**　ウ　**問８**　エ　**問９**　ア　**問10**　サンフランシスコ

**3**　**問１**　ウ　**問２**　交戦権　**問３**　ア　**問４**　ウ　**問５**　国民投票

## 解　説

**1　東北地方の地理と地形図の読み取りについての問題**

**問１**　秋田県は西に男鹿半島が突き出たBである。秋田県の南に接するDが山形県で，いずれも日本海に面している。なお，Aは青森県，Cは岩手県，Eは宮城県，Fは福島県を指している。

**問２**　東北地方に属する６県のうち，県名と県庁所在地名が異なる県は岩手県と宮城県で，県庁所在地はそれぞれ盛岡市と仙台市である。なお，仙台市は東北地方で最も人口が多く，東北地方の中で唯一の政令指定都市になっている。

**問３**　やませは夏に寒流の千島海流(親潮)の上空を通り，東北地方の太平洋側の地域に吹《ふ》く冷たく

湿《しめ》った北東の風である。やませが吹くと霧《きり》が発生することがあり，その場合には日照時間が短くなることで気温が上がらず，農作物の発育を遅らせる冷害の原因になることがある。

**問４**　青森県南東部から宮城県東部に連なる三陸海岸は，海岸線が複雑に入り組んだリアス(式)海岸が発達している。山地や丘陵《きゅうりょう》の谷に海水が浸入《しんにゅう》してできたリアス海岸は，ふだんは波がおだやかなため天然の良港になるが，津波の時には狭《せま》い湾《わん》に波が集まるので，被害《ひがい》が深刻になることが多い。

**問５**　①　山形県を流れる最上川は流域に米沢《よねざわ》盆地，山形盆地，新庄《しんじょう》盆地など５つの盆地を形成し，盆地では果樹栽培《さいばい》や畜産《ちくさん》業がさかんである。山形県は西洋なしのほか，さくらんぼの生産量が日本一多い。統計資料は『日本国勢図会』2021／22年版による(以下同じ)。　②　冷涼《れいりょう》で乾燥《かんそう》した気候が栽培に適するりんごは，青森県が日本で最も生産量が多い。青森県は全国で生産されるりんごのおよそ５割を生産している。　③　甲府盆地が広がる山梨県は，ももとぶどうの生産量が日本一多い。ももとぶどうは生産上位県が似ているが，福島県が上位に入っていればもも，入っていなければぶどうと判断することができる。

**問６**　東北地方と関東地方のどちらの地方でも最大出力の合計が最も多いＺが，日本の電力の中心である火力発電とわかる。また，新しいエネルギーの１つである風力発電は最大出力の合計が小さく，発電所の数も古くからある水力発電より少ないので，Ｘが風力発電，Ｙが水力発電である。

**問７**　南部鉄器は17世紀ごろから岩手県の盛岡市や奥州市を中心につくられてきた鋳物《いもの》，津軽塗《ぬり》は青森県弘前《ひろさき》市を中心に生産される漆器《しっき》である。いずれも各県を代表する伝統的工芸品として知られる。

**問８**　青森県と秋田県の県境に位置する白神山地は，ブナの原生林が広がることから1993年に鹿児島県の屋久《やく》島とともに日本で初めてユネスコ(国連教育科学文化機関)の世界自然遺産に登録された。

**問９**　(1)　ア　地形図に方位記号が示されていないことから，地形図の上が北，下が南，右が東，左が西を表している。秋田駅の西には博物館(⌂)があるので，正しい。　イ　電波塔(♂)が日吉八幡神社の南北に見られるので，正しい。　ウ　牛島西の東にあるのは，警察署(⊗)ではなく交番(X)なので，あやまっている。　エ　秋田駅から南南東(右斜め下)に引かれている秋田新幹線の沿線には，住宅地や水田(II)が見られるので，正しい。　(2)　地形図上の長さに対する実際の距離は，(地形図上の長さ)×(縮尺の分母)で求められる。この地形図の縮尺は５万分の１なので，実際の距離は，５×50000＝250000(cm)＝2500(m)＝2.5(km)となる。

**2　沖縄を題材にした各時代の歴史的なことがらについての問題**

**問１**　お雇《やと》い外国人として来日していたアメリカ人の動物学者エドワード・Ｓ・モースは，1877年に大森貝塚を発見した。大森貝塚は東京都の品川区と大田区にまたがる縄文時代後期の貝塚で，モース貝塚ともよばれる。なお，シーボルトは江戸時代に長崎で鳴滝《なるたき》塾を開いたことで知られるドイツ人医師，加曽利《かそり》貝塚は千葉県にある日本最大級の貝塚である。

**問２**　土偶は縄文時代につくられた土製の焼物で，女性をかたどったものが多い。したがって，イが正しい。なお，アは縄文土器，ウははにわ(古墳時代)，エは銅鐸(弥生時代)である。

**問３**　グラフより，弥生時代になると日本の人口が急激に増加したことがわかる。縄文時代末期以降，大陸から日本に移り住んだ渡来人によって日本に稲作がもたらされた。稲作は弥生時代になると日本に広く普及《ふきゅう》し，安定した食料供給を可能にしたため，日本の人口はこの時期に急増したと考えられる。

**問4**　飢饉《ききん》や疫病《えきびょう》，貴族どうしの争いによって混乱した世の中を仏の力で治めようと考えた聖武天皇は，743年に大仏造立の詔を出し，東大寺に盧舎那仏《るしゃなぶつ》(大仏)をつくることを命じた。史料中に「この富と権勢をもって仏像をつくろうとすれば，事は簡単に運ぶだろうが」とあるので，ウがあやまっている。

**問5**　ア　武士として初めて太政大臣になったのは，平将門ではなく平清盛である。平清盛は1159年の平治の乱で勝利すると，1167年に太政大臣となって政治の実権を握った。なお，平将門は関東地方の武士で，10世紀に平将門の乱を起こした。　イ　鎌倉幕府を開き，鎌倉幕府初代将軍となった源頼朝が兄，壇《だん》ノ浦《うら》の戦い(1185年)で平氏をほろぼした源義経が弟なので，あやまっている。ウ　源頼朝の死後，北条氏が将軍の補佐役として執権となり，幕府の政治を行った。院政ではなく執権政治が正しいので，あやまり。なお，院政とは天皇が天皇の位を譲《ゆず》り，自らは上皇となって院で行う政治をいう。　エ　源氏の血筋が3代で途《と》絶《だ》えると，後鳥羽上皇は朝廷に政権を取り戻そうと考え，1221年に承久の乱を起こした。しかし，北条政子が頼朝の御恩を説いて御家人を団結させたことで幕府軍が朝廷方を破り，鎌倉幕府の勢力は西国にまでおよぶようになった。

**問6**　史料は，聖徳太子(厩戸皇子《うまやどのおうじ》)が隋(中国)との対等な関係を求めて小野妹子を隋に派遣《はけん》したときのようすを記したものである。したがって，史料中の「日出処の天子」が推古天皇，「日没する処の天子」が隋の第2代皇帝であった煬帝《ようだい》を指している。

**問7**　首里城は，琉球《りゅうきゅう》王国の都(現在の沖縄県那覇市)に建てられた王の居城である。写真A・Bより，首里城の構造や装飾《そうしょく》が中国の城郭《じょうかく》の影響《えいきょう》を受けていることがわかる。また，写真C・D・Eより，染め物の布地においては日本やインドネシアのものとも近い図柄《ずがら》や技術が見られることがわかる。つまり，これらの写真から琉球王国は，他国との交流をさかんに行い，交流の中で周辺国の文化を取り入れながら独自の文化を育んだと考えられる。

**問8**　エは，安土桃山時代の1588年に豊臣秀吉が出した刀狩令である。豊臣秀吉は一揆を防止し，兵農分離を進めるために，太閤《たいこう》検地や刀狩を行った。なお，アは鎖国令，イは江戸時代の百姓の生活の心得を示した慶安《けいあん》の触書，ウは日米修好通商条約の史料である。

**問9**　開国を求めるアメリカ大統領の国書を携《たずさ》えて，1853年に浦賀に来航したのはアのペリーである。ペリーはアメリカを出発して大西洋を渡り，南アフリカ・シンガポール・上海《シャンハイ》・沖縄などを経由して浦賀に至った。なお，イはオランダ人画家のゴッホ，ウはお雇い外国人として来日し，札幌農学校(現在の北海道大学)を開校したアメリカ人の教育者クラーク，エはシーボルト(問1の解説を参照)である。

**問10**　1951年，アメリカのサンフランシスコで第二次世界大戦の講和会議が開かれ，日本はアメリカをふくむ48か国との間でサンフランシスコ平和条約を結んだ。吉田茂首相(写真中央)が調印したこの条約によって，日本は主権を回復したが，沖縄・奄美《あまみ》大島・小笠原《おがさわら》諸島はアメリカの統治下に置かれることになった。また，サンフランシスコ平和条約締結と同日，日米安全保障条約が結ばれた。

**3　生徒と先生の会話を題材にした日本国憲法についての問題**

**問1**　ウは傷害罪について定めた刑法第204条の条文なので，あやまっている。なお，アは生存権について定めた日本国憲法第25条の条文，イは天皇の地位と国民主権について定めた日本国憲法第

１条の条文，エは公務員について定めた日本国憲法第15条第２項の条文である。

**問２**　日本国憲法の三大原則の１つである平和主義は，前文と第９条に記されている。第９条はその第１項で戦争の放棄を，第２項で戦力の不保持と交戦権の否認を定めているので，Ｘには交戦権があてはまる。

**問３**　ア　1950年に朝鮮戦争が始まると，GHQ（連合国軍最高司令官総司令部）の指示によって日本国内の治安を守るために，警察予備隊が設置された。警察予備隊は1952年に保安隊と改められ，1954年には自衛隊となった。　イ　自衛隊の最高指揮監督権は，天皇ではなく内閣総理大臣に認められた権利なので，あやまっている。　ウ　自衛隊が参加しているのは，NGO（非政府組織）ではなくPKO（国連平和維持活動）である。1992年にPKO協力法が制定されたことで，自衛隊はPKOや災害時の緊急援助活動などのため，世界各地に派遣されるようになった。　エ　日本政府は自衛隊について，日本を自衛するための必要最小限度の実力組織であり，憲法第９条でいう「戦力」にはあたらないとしている。

**問４**　日本には全国各地に約130の米軍施設があるが，全国にある米軍施設・区域の約70％が沖縄県に集中している。沖縄県についで米軍施設・区域面積が大きい県は，三沢基地がある青森県である。なお，岐阜県・愛媛県・奈良県には米軍管理の米軍施設・区域は存在しない。

**問５**　日本国憲法の改正案が衆参両議院の総議員の３分の２以上の賛成で可決されると，国会が憲法改正の発議を行い，改正案の賛否を国民に問う国民投票が実施される。国民投票の結果，有効投票数の過半数の賛成が得られると国民による承認がされたものとして，天皇が国民の名で憲法改正を公布する。つまり，日本では憲法改正を国会の審議だけで決定するのではなく，国民投票によって国民が直接，賛否の意思表示をすることができるという点でアメリカとは異なる。

## 理　科　＜第１回午後入試＞（社会と合わせて60分）＜満点：50点＞

### 解　答

**1**　**問１**　ウ　**問２**　ウ　**問３**　Ｅ　**問４**　Ｂ　**問５**　**Ｘ**…Ｄ，**Ｙ**…Ｂ／**Ｘ**…Ｅ，**Ｙ**…Ｄ　**2**　**問１**　**ア**　ふっ点　**イ**　０　**ウ**　100　**問２**　1.5℃　**問３**　**Ａ**　多い　**Ｂ**　多い　**3**　**問１**　４枚　**問２**　(1)　ウ　(2)　エ　(3)　ウ　**問３**　①　（例）　青い色紙のみに集まった　②　（例）　青い色紙と，青い色紙と同じ明るさのグレーの色紙の２つのみに集まった　**4**　**問１**　プレート　**問２**　よう岩　**問３**　ウ　**問４**　水蒸気

### 解　説

**1　ばねと力のつり合いについての問題**

**問１**　Ｂのばねは，何もつるしていないときの長さが10cmで，かかる重さ10ｇあたり10cmのびる。よって，30ｇのおもりをつるしたとき，長さは，$10+10\times\frac{30}{10}=40$（cm）となる。

**問２**　Ｃのばねは，かかる重さ10ｇあたり５cmのびる。したがって，30ｇのおもりをつるしたとき，のびは，$5\times\frac{30}{10}=15$（cm）になる。

**問３**　Ｅのばねは，何もつるしていないときの長さが５cmで，これはＢのばねの場合の半分であ

る。また，かかる重さ10ｇあたりののびが５cmであり，これもＢのばねの場合の半分になっている。このことから，ＢのばねとＥのばねは同じ材質で同じように作ったと考えられる。

**問４**　図３で，棒の両端《りょうはし》につないだばねにはそれぞれ，20÷２＝10(ｇ)がかかる。よって，10ｇがかかったときのばねの長さが20cmになるものを図２からさがす。

**問５**　図４で，30ｇのおもりは棒を，10：20＝１：２に分ける点につるしてあるので，棒の左端と右端にかかる重さの比は２：１になる。よって，Ｘのばねに，$30\times\frac{2}{2+1}=20$(ｇ)，Ｙのばねに，30－20＝10(ｇ)がかかった状態で，ＸとＹのばねが同じ長さになる場合を考えればよい。図２のグラフを見ると，ばねＤに20ｇ，ばねＢに10ｇがかかるときに，ばねの長さが同じ20cmとなることがわかる。また，ばねＥに20ｇ，ばねＤに10ｇがかかるときに，ばねの長さが同じ15cmになることもわかる。

**2　水や水よう液のすがたについての問題**

**問１**　**ア**　液体がふっとうしているとき，液体は気体に変化している。このときの温度をふっ点という。　**イ**　水が液体から固体に(水から氷に)，逆に固体から液体に(氷から水に)変化するときの温度，つまり水の凝固《ぎょうこ》点と融点《ゆうてん》は０℃である。　**ウ**　水が液体から気体に(水から水蒸気に)変化するときの温度，つまり水のふっ点は100℃である。

**問２**　示された関係を見ると，１Ｌの水にとけている塩化ナトリウムの重さと，凝固点の下がった温度は比例していることがわかる。よって，１Ｌの水に塩化ナトリウムが45ｇとけているとき，凝固点は，$1.0\times\frac{45}{30}=1.5$(℃)下がる。

**問３**　**Ａ**　凝固点降下はとけている物質の量が多いほど大きいので，融点もとけている物質の量が多いほど下がる。　**Ｂ**　とけている砂糖の量が多いところほど，融点が低いので先にとける。そのため，甘味《あまみ》はとけ始めがもっとも強く，しだいに弱くなっていく。

**3　ミツバチの色覚の実験についての問題**

**問１**　ミツバチはこん虫で，からだが頭・胸・腹の３つの部分に分かれており，４枚の羽が胸についている。

**問２**　「インクの匂《にお》いで餌《えさ》場を区別している」とすると，ミツバチは青い色紙の匂いを認識して集まっていることになる。この場合，両方の色紙とも完全に無臭《むしゅう》な(1)では，どちらにも集まらないはずである。また，両方の色紙とも青い色紙の匂いがある(2)では，両方の色紙に集まることになる。(3)では，色紙を透明《とうめい》なガラス板で完全に覆《おお》い，匂いがミツバチに届かないようにしているので，(1)と同様にどちらにも集まらないと考えられる。

**問３**　①　ミツバチが青とグレーの違《ちが》いを認識できるとすると，ミツバチは青い色紙にだけ集まり，グレーの色紙には集まらない。　②　ミツバチが色ではなく，色の明るさで餌場を判断しているとすると，ミツバチは青い色紙と，それと同じ明るさのグレーの色紙の２つに集まることになる。

**4　火山についての問題**

**問１**　地球の表面はプレートとよばれる十数枚の大きな岩ばんに覆われていて，日本の周辺には４枚のプレートがある。日本列島は陸のプレートである北アメリカプレートとユーラシアプレートの上にあり，それらの下に海のプレートである太平洋プレートとフィリピン海プレートが沈《しず》み込《こ》んでいる。

**問２**　地下深くで発生したマグマが上昇《じょうしょう》し，地表に流れ出たものはよう岩とよばれる。

**問３**　北海道にある有珠《うす》山のように，主に白っぽい岩石でできた火山は，ねばり気が強いマグマによってできており，噴火《ふんか》のようすははげしく，爆発《ばくはつ》をともなう場合が多い。また，よう岩が流れにくいため，盛り上がった形になりやすい。

**問４**　火山が噴火すると，よう岩だけでなく火山ガスも噴出する。火山ガスは，そのほとんどが水蒸気であるが，硫化《りゅうか》水素や二酸化硫黄《いおう》などの有毒な気体も含《ふく》んでいる。

## 国　語　<第１回午後入試>（50分）<満点：100点>

### 解　答

一　①　ようしょく　②　かんるい　③　つ(む)　④～⑩　下記を参照のこと。

二　**問１**　**A**　オ　**B**　ア　**C**　ウ　**D**　イ　**問２**　イ　**問３**　ウ　**問４**　伝えられた～左右される(から。)　**問５**　エ　**問６**　(例)　(候補者は,)政策や実現手段を書くよりも，顔写真をのせるほうが訴求力の高いポスターになることを知っているから。　**問７**　何か立派な(立派なもの)～伝している(から。)　**問８**　ア　**問９**　イ，オ

三　**問１**　**A**　ウ　**B**　ア　**C**　エ　**D**　イ　**問２**　**a**　ウ　**b**　イ　**問３**　ア　**問４**　イ　**問５**　(例)　この物語めいた不思議な家を，このまま小谷津さんと景介と自分だけの秘密の空間にしておきたかったから。　**問６**　エ　**問７**　ウ　**問８**　イ

四　**問１**　(例)　項目２と項目５を比較すると，小学生は図書館に行くことが本を選ぶきっかけになることが多いが，中高生はインターネットの情報をきっかけに本を選ぶことが多いことがわかる。　**問２**　(例)　私は賛成だ。なぜなら，小学生のうちから電子書籍に慣れておくことで，中学生，高校生になったとき，よりスムーズに多くの書籍にふれられるようになるからである。

**●漢字の書き取り**

一　④　痛快　⑤　圧縮　⑥　空腹　⑦　方針　⑧　到着　⑨　警告　⑩　対処

### 解　説

**一　漢字の読みと書き取り**

①　魚や貝，海藻《かいそう》などを人工的に増やし育てること。　②　深く感動して流す涙《なみだ》。　③　音読みは「テキ」で，「摘出」などの熟語がある。　④　すっきりとして非常に気持ちがよいようす。　⑤　物体や気体に圧力を加えて，容積を小さくすること。　⑥　おなかが減ること。　⑦　物事を実行するさいに目指す方向。　⑧　目的地に行き着くこと。　⑨　よくない事態が起こらないように注意を与《あた》えること。　⑩　状況《じょうきょう》に合わせてふさわしい処置をとること。

**二　出典は石川幹人《いしかわまさと》の『だからフェイクにだまされる―進化心理学から読み解く』による。**人間の判断は，ともすると印象によって左右される。その例として，商品広告や選挙ポスターがあげられる。しかも，その印象判断の多くは，動物の時代に形成されたものであると説明されている。

**問１**　**A**　消費者は，商品広告に起用された有名人の印象によって，「商品の魅力《みりょく》を判断する傾向《けいこう》がある」と述べた後で，「陸上で世界記録を打ち立てた女性アスリートがアウトドア向けの自家用

車SUVを宣伝」した場合を例に出しているので，具体的な例をあげるときに用いる「たとえば」が合う。　**B**　女性アスリートがSUVを宣伝するという例において，「そのアスリートがSUVを運転したことがまったくない」場合には「こうした商品の宣伝テクニックは，フェイクと言えなくもない」と述べられているので，“かりにこうだとすると”という意味の「もし」があてはまる。

**C**　選挙候補者のポスターに「候補者の目標とする政策やその実現手段，これまでの実績」は書かれておらず，「顔写真が大きく示されているだけ」なので，「『印象による判断』で投票がなされてしまう」と問題を指摘《してき》した後で，「なぜ～書かれていないのだろうか」とその理由に話題を移しているので，前のことがらを受けて，それをふまえながら次のことを導く働きの「では」がふさわしい。　**D**　直前の段落で述べた「印象に左右される市民が多いと，民主主義社会は扇動《せんどう》政治家によってコントロールされかねない」という問題を防ぐために「人間がどの程度印象によって左右されるのか」ということに加えて「それはなぜなのかを理解しておく必要がある」と述べているので，前のことがらを受けて，さらにつけ加える意味を表す「そして」が合う。

**問２**　「登場」とイの「乗車」は，上の漢字が動作を表し，下の漢字が動作の対象を表す組み立て。なお，アの「勝敗」は，反対の意味を持つ漢字を重ねた組み立て。ウの「道路」は，同じ意味を持つ漢字を重ねた組み立て。エの「強風」は，上の漢字が下の漢字を修飾《しゅうしょく》している組み立て。オの「日没《にちぼつ》」は，上の漢字が主語，下の漢字が述語を表す組み立て。

**問３**　「健康」につく打ち消しの漢字は「不」である。同じように「不」がつくのは，ウの「器用」である。なお，アは「非」をつけて「非公式」，イは「未」をつけて「未完成」，エは「無」をつけて「無条件」となる。

**問４**　次の文が「つまり」で始まることから，波線部１は「伝えられた情報の信頼《しんらい》性が，それを伝える人の印象によって左右される現実」の例であると考えられる。よって，ここからぬき出せる。

**問５**　続く部分で説明されているように，投票所に貼《は》られた候補者のポスターには，本来投票の判断材料とされるべき「候補者の目標とする政策やその実現手段，これまでの実績」は通常書かれていない。よって，有権者はポスターに大きく示された候補者の顔写真の印象で投票をしてしまうのである。

**問６**　波線部３をふくむ文の初めに「だから」とあるので，その前の部分に注目する。「政策や実現手段が細かく書かれ」た「文章よりも，顔写真のほうがより訴求《そきゅう》力が高いという事実を，候補者自身がよく知っている」とある。したがって，「ポスターに政策や実現手段を書くよりも，顔写真のほうが有権者に対する訴求力が高いことを知っているから」のようにまとめられる。

**問７**　「力強さや美しさなどの印象判断の多く」については，同じ文に「動物の時代に形成された『感情を司《つかさど》る機構』に由来している」とある。「判断機構の遺伝によって子孫に『立派な角を好む』特性が広まる」という雄《おす》ジカの角の例からもわかるように，人間に「シカの角が立派に見える」のも，「何か立派なものを好む感情的な判断機構が哺乳類全般《ほにゅうるいぜんぱん》に広く機械的に遺伝している」からだと説明されている。

**問８**　直前の段落に，雄ジカは「実際に角をつき合わせて戦うことは少なく，通常は角を見せ合うことで勝負がつく」と述べられている。よって，この部分は，もともとは実際に角をつき合わせて戦っていたが，角を見せ合うことで勝負するように変わっていった過程を説明した部分である。まず，実際に角をつき合わせて戦う習性が生じたと述べているⅣがきて，次に，なぜその習性が変わっていったのかを説明するⅢ，Ⅰがくる。そして，その結果どうなったかを述べたⅤ，Ⅱが続く。よって，Ⅳ→Ⅲ→Ⅰ→Ⅴ→Ⅱとなる。

**問９**　空らんＣの直前の段落に，「かりにポスターに，候補者の目標とする政策やその実現手段，これまでの実績が細かく書かれていれば～通常それは書かれていない」とあるので，イが選べる。また，本文の最後の段落に，「立派な角は“力強さと健康の象徴《しょうちょう》”となった」が，それは「装《よそお》う知恵《ちえ》が生まれない範囲《はんい》で有効な仕組み」だと述べられているので，オがふさわしい。

**三**　**出典は高楼方子《たかどのほうこ》の『黄色い夏の日』による。**晶子と景介は，景介が病院で知り合った小谷津《こやつ》さんという老婦人の住む洋館で，本の整理をしている。

**問１**　**Ａ**　景介の絵に描かれた洋館の「闇《やみ》にぼうっと浮《う》かぶ光の中に，ぼんやり建っているような」ようすを表す言葉なので，ウの「ふわあっと」があてはまる。　**Ｂ**　小谷津さんが感じていた，洋館の「近づきがたいような独特の」，しかも「厳《いか》めしいような，怪《あや》しいような」感じを表す言葉なので，アの「しんと」が合う。　**Ｃ**　晶子が，「いっそ母親に話してしまえば」という自分の思いつきに対して，「それはない！」と首を振《ふ》るようすなので，エの「ぶるんと」が選べる。　**Ｄ**　晶子が指さしたキンポウゲの花を見ようと，景介がソファーから立ち上がったようすを表す言葉なので，イの「ぱっと」がふさわしい。

**問２**　**ａ**　「厳めしい」は，近寄りがたいほど立派で威厳《いげん》があるようす。　**ｂ**　「精を出す」は，“精いっぱい物事をする”という意味。

**問３**　続く部分に「大失敗だと思わない限り，晶子は描いた絵を人に見せるのがわりと好きだった」とあるので，晶子はこのときの絵を悪くないと思っていたと考えられる。また，小谷津さんに「上手ねえ，晶子さん」とほめられた後の言葉なので，アがふさわしい。

**問４**　小谷津さんは，景介が描いた洋館の絵を見て，「この感じだったのよ～この感じ，懐《なつ》かしい」と言っている。「夢見るように」とあることから，小谷津さんが当時を思い出していい気分になっていることがわかるので，イがふさわしい。

**問５**　続く段落に「この物語めいた薄暗《うすぐら》い古い家を，ほかの人たちに開放したくなかった」，「このままどこまでも，小谷津さんと景介と自分だけの秘密の空間にしていたかった」とあるように，晶子は，小谷津さんの住む洋館に魅力《みりょく》を感じ，それについて母親にも話したくないと思っていると考えられる。

**問６**　問５でみたように，晶子は景介といっしょに小谷津さんの家で過ごす時間をとても大切なものだと感じている。そして，「いっそいつまでも，片付けが終わらなければいいのに」と思い，この時間がまだ続くことを期待して，「奥《おく》にもまだ，本棚《ほんだな》あるのよね？」と言ったと考えられる。よって，エがふさわしい。

**問７**　晶子は，小谷津さんの洋館で景介と本の整理をする中で，景介がかなり元気になったようすであることに安心し，景介といっしょにいられるこの時間が続けばいいと思っていた。しかし，キンポウゲの花を見ようと立ち上がった景介は，晶子のすぐそばにいるのに，晶子には「心が，ずっと遠くにあるように思え」たのである。波線部５は，景介の心が，晶子ではなくその場にいない「ゆりあ」に向いていることを表していると考えられる。よって，ウがよい。

**問８**　景介の描いた洋館のスケッチは，「怪しいような」，「引きこまれるような」ものだった。それは，景介自身が洋館や「ゆりあ」にひかれている思いの表れだと考えられる。

**四　資料の読み取り**

**問１**　本を選ぶきっかけとして，小学生では「図書館で見て」や「書名がおもしろそうだから」などの割合が高いが，中高生は小学生に比べて「書店で見て」や「インターネット上の情報を見て」などの割合が高くなっている。

**問２**　小学生の電子書籍《しょせき》利用に賛成の場合は，小学生のうちに電子書籍を利用することの長所を，反対の場合は，紙の本を利用することの長所をそれぞれ述べるとよい。

# Dr.福井の入試に勝つ！脳とからだのウルトラ科学

## 入試当日の朝食で，脳力をアップ！

朝食を食べない学生は，朝食をきちんと食べる学生に比べて成績が悪かった――という研究発表がある。まあ，ちょっと考えればわかると思うけど，朝食を食べないということは，車にガソリンを入れないで走らせようとするようなものだ。体がガス欠になった状態では，頭が十分に働くわけがない。入試当日の朝食はちゃんと食べよう！　朝食を食べた効果があらわれるように，試験開始の２時間以上前に食べるようにするとよい。

では，入試当日の朝食にふさわしいものは何か？

まず，脳の直接のエネルギー源はブドウ糖だけであるから，それを補給するためのご飯やパン，これは絶対に必要だ。また，砂糖や果物の糖分は吸収されやすく，効果が速くあらわれやすいので，パンにジャムをぬったり果物を食べたりするのもよいだろう。

次に，タンパク質。これは脳の温度を上げる作用がある。温度が低いままでは十分に働かないからね。タンパク質を多くふくむのは肉や魚，牛乳，卵，大豆などだが，ここでは大豆でできたとうふのみそ汁や納豆をオススメする。そして，記憶力がアップするDHAを多くふくんでいる青魚，つまりサバやイワシなども食べておきたい。

生野菜も忘れてはならない。その中にふくまれるビタミンBは，ブドウ糖を脳に吸収しやすくする働きを持つので，結果的に脳力アップにつながるんだ。

コーヒーや紅茶，緑茶は，カフェインという成分の作用で目覚めをうながすが，トイレが近くなってしまうので，飲みすぎに注意！　試験当日はひかえたほうがよいだろう。眠気を覚ましたいときはガムをかむといい。脳が刺激《しげき》されて活性化し，目が覚めるんだ。

Dr.福井《ふくい》(福井一成《かずしげ》)…医学博士。開成中・高から東大・文Ⅱに入学後，再受験して翌年東大・理Ⅲに合格。同大医学部卒。さまざまな勉強法や脳科学に関する著書多数。

## *Memo*

*Memo*

# 2022年度　春日部共栄中学校

〔電　話〕　(048)737－7611
〔所在地〕　〒344－0037　埼玉県春日部市上大増新田213
〔交　通〕　東武スカイツリーライン・アーバンパークライン―春日部駅よりスクールバス
　　　　　　東武アーバンパークライン―豊春駅より徒歩20分

**【算　数】**〈第１回午前入試〉（50分）〈満点：100点〉

**注意**　１．定規，分度器，コンパス，計算機は使用してはいけません。
　　　２．問題文中にある図は必ずしも正確ではありません。
　　　３．円周率は3.14として計算しなさい。

**1**　次の各問いに答えなさい。

(1)　次の計算をしなさい。

$$5-\frac{2}{5}\times 1.125\div\frac{9}{10}$$

(2)　次の □ に適当な数を入れなさい。

$$2-\left(\frac{\square}{15}-\frac{1}{5}\right)\times\frac{1}{2}=1\frac{2}{3}$$

**2** 次の □ に適当な数を入れなさい。

(1) ある仕事をするのに，Aさんは12日，Bさんは18日，Cさんは24日かかります。3人でこの仕事をいっしょに始めましたが，途中でCさんが何日か休んだので，仕事を終えるのには6日かかりました。Cさんは □ 日休みました。

(2) 図のようなカードを用いてゲームを行います。
箱の中に1～16までの数字がそれぞれ書かれた16個の玉が入っています。そして，次のような操作を繰り返します。

【操作】
箱から玉を1個を取り出し，取り出した玉の数字をかくにんし，その数字が書かれたカードの枠内をぬりつぶします。

| | | | |
|---|---|---|---|
| 1 | 2 | 3 | 4 |
| 5 | 6 | 7 | 8 |
| 9 | 10 | 11 | 12 |
| 13 | 14 | 15 | 16 |

取り出した玉は元に戻さないとします。たて，横，ななめのいずれか一列がぬられたとき，終了となります。

終了するまでに，玉を取り出す回数として最も多い回数は □ 回です。

(3) 1から4までの番号のついた4つのボールを1から4までの番号のついた4つの箱にそれぞれ1つずつ入れます。ボールの番号と箱の番号がすべて一致《いっち》しないような入れ方は □ 通りです。

(4)　下の図において，㋑の直角三角形の面積は㋐の直角三角形の面積の ☐ 倍です。ただし，●印はすべて同じ角度を表します。

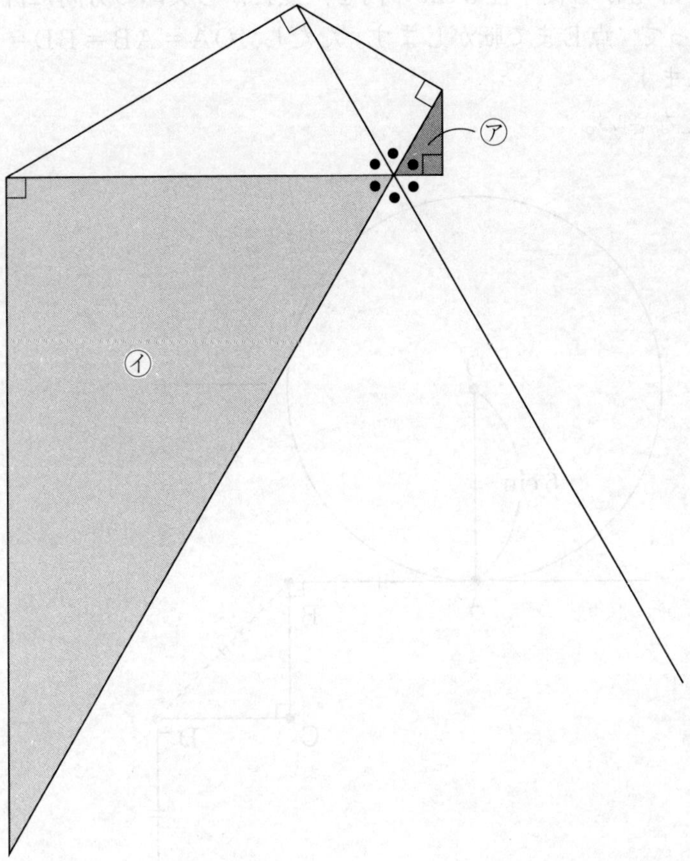


(5)　次の図は半円を組み合わせた図形です。このとき，斜線《しゃせん》部分の図形の周の長さは ☐ cm です。ただし，円周率は 3.14 とします。

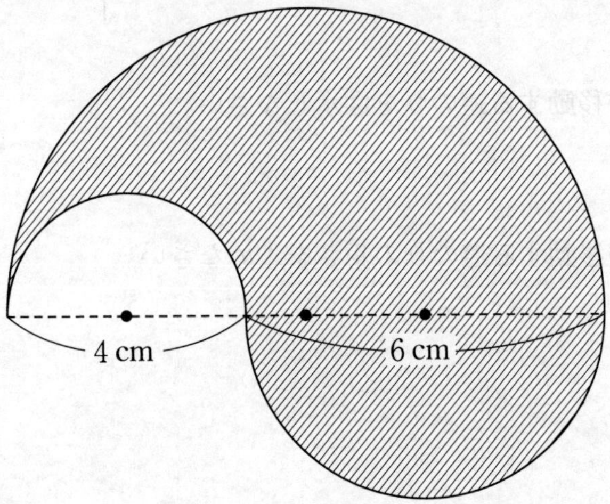

**3** 次の各問いに答えなさい。ただし，円周率は3.14とします。

(1) 図のように，中心がOで半径6cmの円を，点Aから矢印の方向に折れ線ABCDEにそって，点Eまで転がします。ただし，OA = AB = BD = DE = 6cm，BC = CDとします。
次の問いに答えなさい。

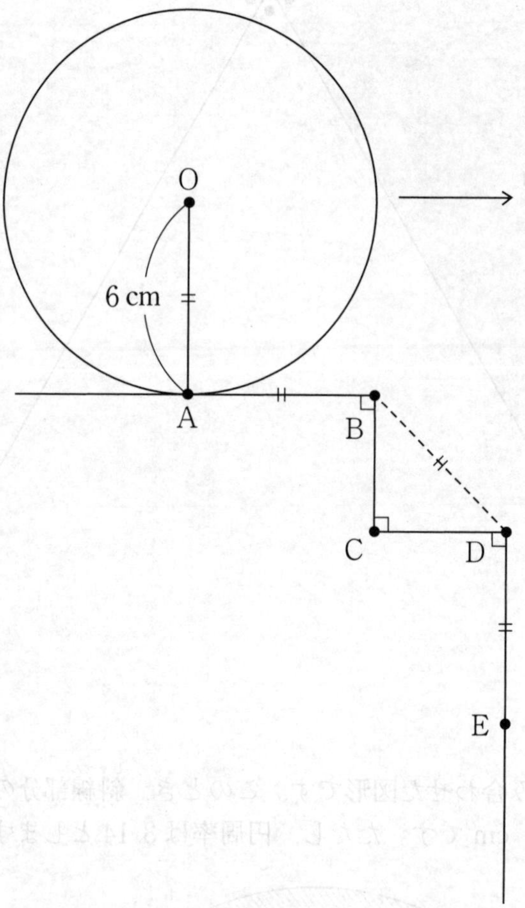


① 円の中心Oが移動する道のりを図示しなさい。

② 円の中心Oが移動する道のりの長さを求めなさい。

(2)　図のような直角二等辺三角形ＡＢＣを，軸《じく》（ア）で１回転させます。
次の問いに答えなさい。

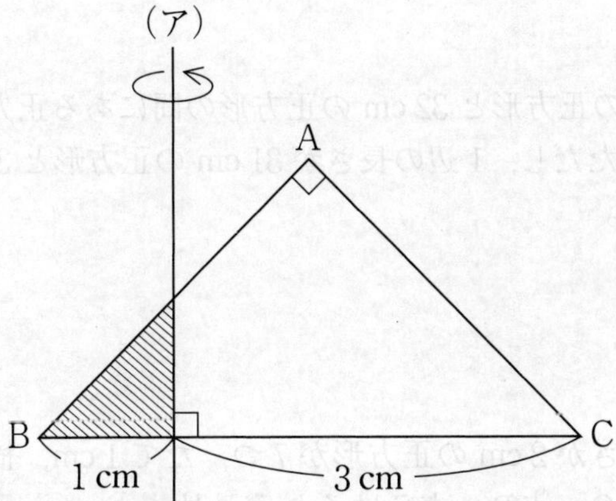


①　斜線《しゃせん》部分を軸《じく》（ア）で１回転してできる立体の体積を求めなさい。
ただし，答えは四捨五入し小数第２位まで求めなさい。

②　直角二等辺三角形ＡＢＣを軸《じく》（ア）で１回転してできる立体の体積を求めなさい。ただし，答えは四捨五入し小数第２位まで求めなさい。

**4**　図のように，面積が整数となるような正方形を小さい順に並べます。

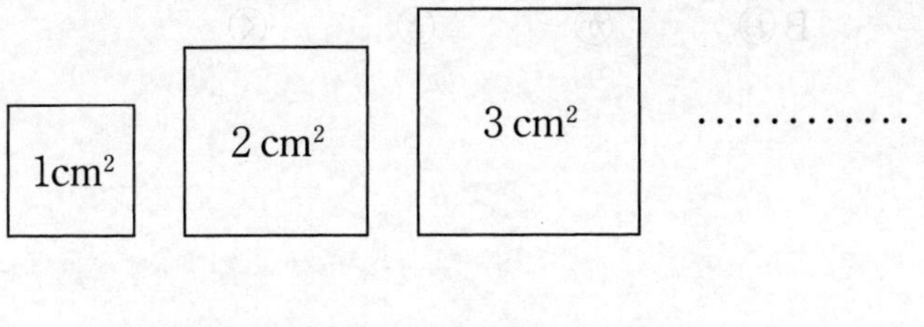


次の ＿＿ に適当な数を入れなさい。

(1)　１辺の長さが12 cmの正方形は，はじめから数えて ＿＿ 番目です。

(2)　面積が 2022 cm² の正方形までに，１辺の長さが整数になるのは全部で ☐ 個あります。

(3)　１辺の長さが 31 cm の正方形と 32 cm の正方形の間にある正方形は全部で ☐ 個あります。ただし，１辺の長さが 31 cm の正方形と 32 cm の正方形は数えないものとします。

**5**　図のように，１辺の長さが２cm の正方形が７つ，たて１cm，横２cm の長方形が４つあります。点Ｐ，点Ｑ，点Ｒ，点Ｓはそれぞれ地点㋐，㋑，㋒，㋓から同時に動き出し，毎秒１cm で進み，地点㋔，㋕，㋖，㋗のどこかにたどり着いたところで止まります。どの点も最初は下の方向に進み，たての線と横の線の交点で，下に進んでいた場合は横方向に，横に進んでいた場合は下方向に進む向きを変えます。

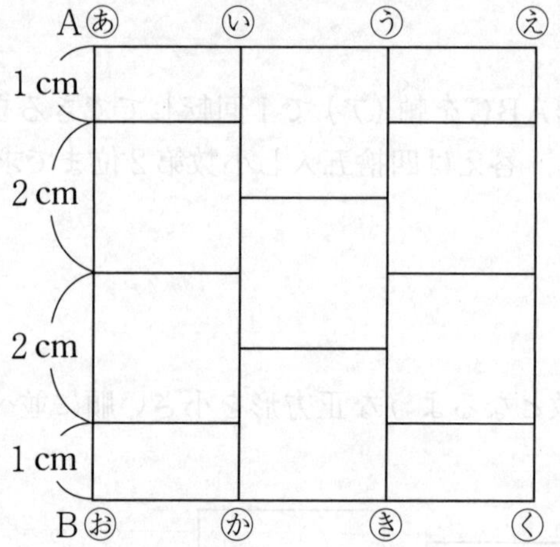

(1)　点が同時に動き出してからの時間と，三角形ＡＰＢの面積の関係を表しているグラフとして，最も適当なものを（ア）～（エ）より１つ選びなさい。

（ア）

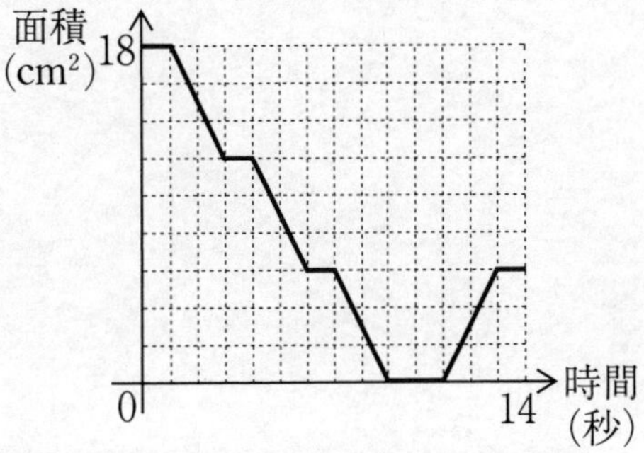


（イ）

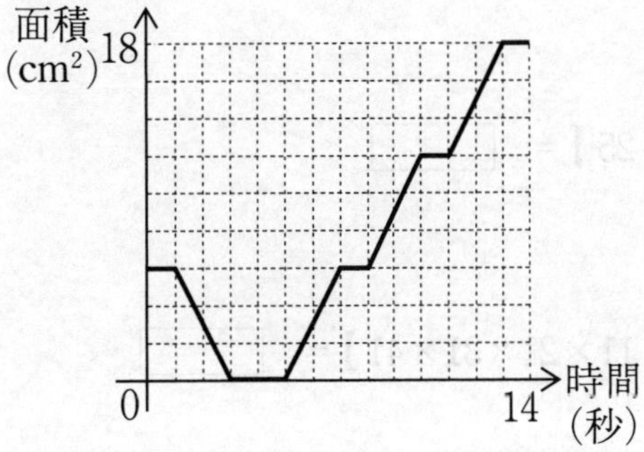


（ウ）

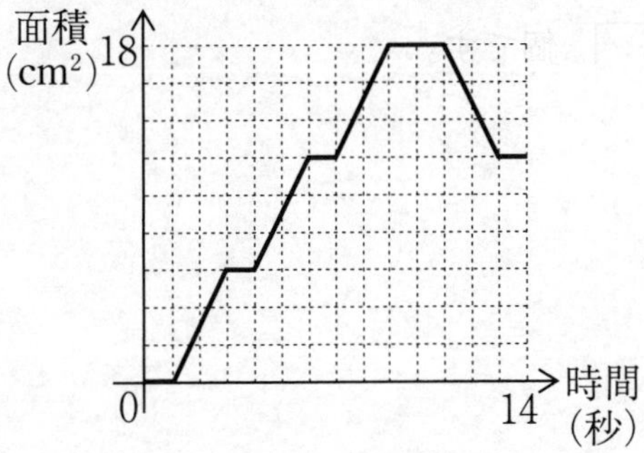


（エ）

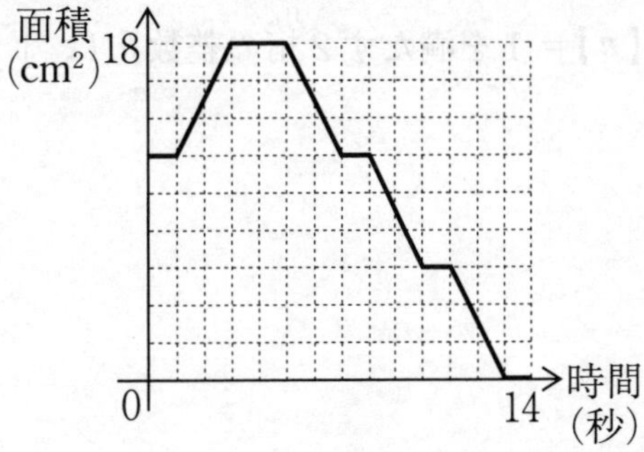


(2)　点が同時に動き出してから止まるまでに，三角形ＡＰＢと面積が同じになる瞬間が２回あるのは，三角形ＡＱＢ，三角形ＡＲＢ，三角形ＡＳＢのうちどれか答えなさい。

(3)　［　①　］，［　②　］　にあてはまる数字を答えなさい。

三角形ＡＰＢ，三角形ＡＱＢ，三角形ＡＲＢ，三角形ＡＳＢの面積を比べたときに，三角形ＡＱＢの面積が最も大きくなるのは，点が同時に動き出してから
［　①　］　秒後から　［　②　］　秒後までの間です。

**6**　整数 $a$ を４で割ったときの余りを【$a$】と表します。

例えば，【10】＝２，【16】＝０

次の □ に適当な数を入れなさい。

(1)　【25】＝ □

(2)　【11×21×31×41】＝ □

(3)　【$n$】＝１を満たす２桁《けた》の整数 $n$ は □ 個です。

**【社　会】**〈第１回午前入試〉（理科と合わせて60分）〈満点：50点〉

**1**　次の先生と生徒２人（春日くん・共子さん）の会話を読み、以下の問いに答えなさい。

先　　生：みなさんこんにちは。今日は右の**地図１**の地域を学習しましょう。

**地図１**

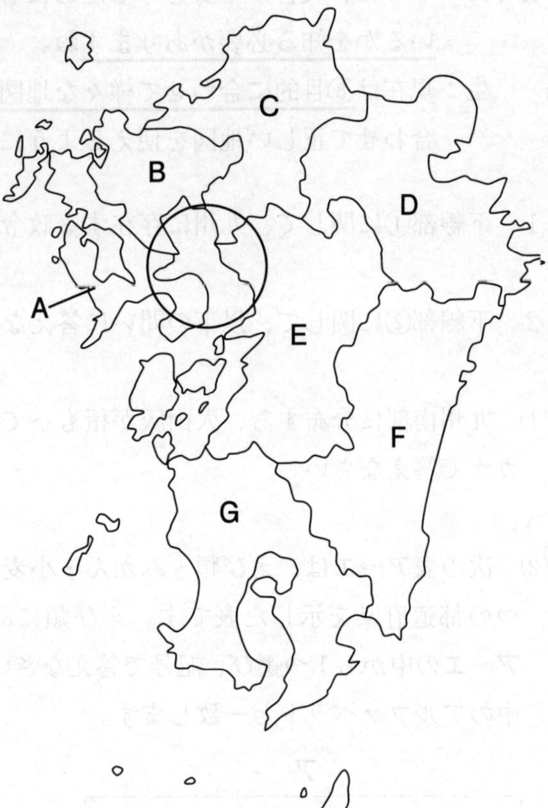


春日くん：これは九州ですね。九州は７つの県全ての県名と県庁所在地名が同じだから覚えやすいですね。

先　　生：それに九州には①政令指定都市も複数存在しているよ。

春日くん：関東からは離れているけれど、政治的に重要な地域なんですね。

共子さん：そういえば、九州には７つしか県がないのになぜ九州と言うのですか。

先　　生：それはね、昔はこの地方に九つの国があったことに由来するんだよ。

春日くん：旧国名が名前についている特産物や郷土料理もありますね。

共子さん：国の名前が特産物の名前になるなんて、②その特産物を育てるのにすごく適していたのですね。

先　　生：そうだね。それに私たちの住む関東とは気候も違うから、③農業全体として特色が出ているよ。

春日くん：気候と言えば、近年は温暖化の影響なのか九州で豪雨被害が発生することが多くなっていますね。

先　　生：気候や環境は細かいところで複雑に絡《から》み合っているから、少しの変化が思わぬところで大きな影響を与えてしまうこともあるんだ。今は④科学技術が発達したおかげで予想できる変化もあるから、その予想に合わせて備えておいたほうがいいね。

共子さん：私たちの生活は気候に合わせたものになっているから、急な変化には対応できなくなってしまいますね。⑤自然は私たちに恵みをもたらすだけではなく、災害となる危険性もあるんですね。

先　　生：そうだね。だからこそ、今の自然や環境を残していくための⑥持続可能な開発目標の達成が求められるんだよ。

春日くん：さらに、災害から身を守るためにも、⑦その地域がどのような地形になっているかを知る必要がありますね。

先　　生：現在は⑧目的に合わせて様々な地図が作成されているから、知りたいことに合わせて正しい地図を使えるようになっておきたいね。

問１　下線部①に関して、九州に存在する政令指定都市を漢字で１つ答えなさい。

問２　下線部②に関して、以下の問いに答えなさい。

(1)　九州南部に分布する、火山灰が積もってできた水はけのよい台地のなまえをカタカナで答えなさい。

(2)　次の表**ア**～**エ**は、えび類・みかん・小麦・サツマイモのいずれかの生産量上位５つの都道府県を示した表です。えび類にあてはまるものとして正しいものを次の**ア**～**エ**の中から１つ選び、記号で答えなさい。なお、表中のアルファベットは**地図１**中のアルファベットと一致します。

**ア**

| | 生産量（単位：ｔ） |
|---|---|
| 北海道 | 677,700 |
| **C** | 68,900 |
| **B** | 46,200 |
| 愛知 | 31,600 |
| 三重 | 23,000 |

**イ**

| | 生産量（単位：ｔ） |
|---|---|
| 和歌山 | 156,600 |
| 愛媛 | 125,400 |
| 静岡 | 85,900 |
| **E** | 80,700 |
| **A** | 54,000 |

**ウ**

| | 生産量（単位：ｔ） |
|---|---|
| **G** | 261,000 |
| 茨城 | 168,100 |
| 千葉 | 93,700 |
| **F** | 80,600 |
| 徳島 | 27,300 |

**エ**

| | 生産量（単位：ｔ） |
|---|---|
| **B** | 1,925 |
| 北海道 | 1,580 |
| 兵庫 | 1,118 |
| 石川 | 993 |
| 愛媛 | 840 |

【日本国勢図会2020／21、農林水産省作況調査、海面漁業生産統計調査より作成】

問３　下線部③に関して、下のグラフ①～④は埼玉県・東京都・長崎県・宮崎県の「農業出荷額に占める米・野菜・畜産・その他」の割合を示したものです。①～④のグラフと都道府県の組み合わせとして正しいものを下の**ア**～**エ**の中から１つ選び、記号で答えなさい。

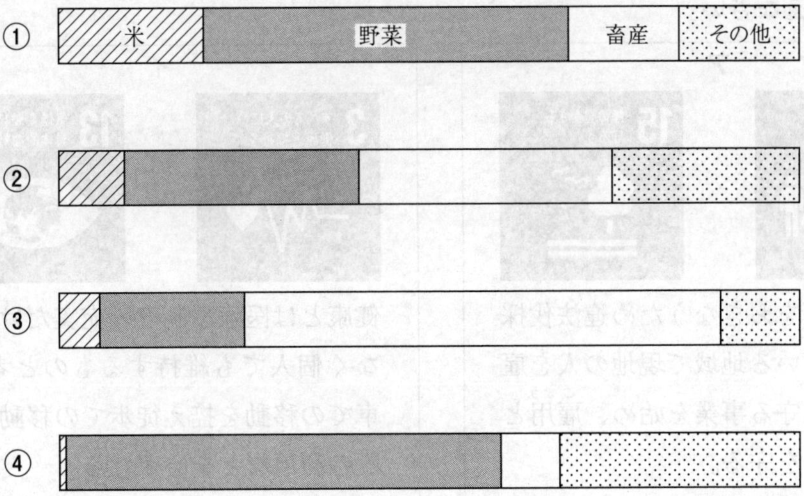


【データでみる県勢2020より作成】

**ア**　①：埼玉県　②：長崎県　③：宮崎県　④：東京都
**イ**　①：長崎県　②：埼玉県　③：東京都　④：宮崎県
**ウ**　①：宮崎県　②：東京都　③：埼玉県　④：長崎県
**エ**　①：東京都　②：宮崎県　③：長崎県　④：埼玉県

問４　下線部④に関して、技術が発達した一方で、日本には昔から変わらない技術や製法を用いて作られる伝統工芸品がいくつもあります。九州地方の伝統工芸品として正しいものを次の中から１つ選び、記号で答えなさい。

**ア**　輪島塗　**イ**　南部鉄器　**ウ**　西陣織　**エ**　有田焼

問５　下線部⑤に関して、**地図１**中の○で示した日本最大の干潟《ひがた》やのりの養殖、多様な生態系で有名な海のなまえを漢字で答えなさい。

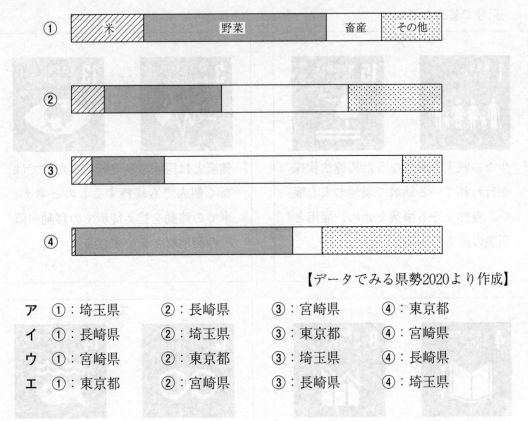

問６　下線部⑥とは国連で採択された、2030年までに国連加盟国が達成すべき17の目標です。この目標はお互いに関係しあっており、私たちや企業の１つの取り組みが複数の目標を達成へ近づけさせることができます。この関係しあう目標とその目標を達成するための取り組みとしてあやまっているものを次の**ア**～**エ**の中から１つ選び、記号で答えなさい。

**ア**

少ない収入をおぎなうため違法伐採が行われている地域で現地の人を雇い、森林を守る事業を始め、雇用《こよう》と環境の両方を守る。

**イ**

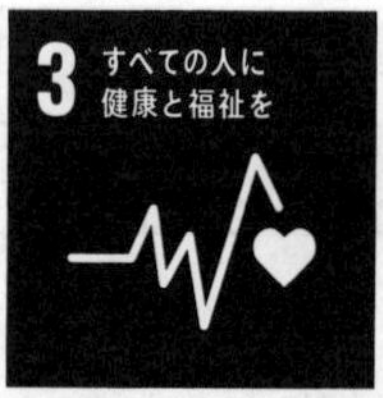

健康とは医療や制度の充実だけではなく個人でも維持するものと考え、車での移動を控え徒歩での移動や階段の利用などを心がける。

**ウ**

強い達成感を得られるような大きな仕事をこなすため、子どものうちから職業に特化した教育のみを行い、より長時間働いた社員を表彰する。

**エ**

ごみは別の製品の原料となることを考え、分別して処分したり使用後にリサイクルされる商品を積極的に購入したりすることで、ごみを有効活用する。

問７　下線部⑦に関して、次の問いに答えなさい。

(1)　次の表は海岸線の総延長上位５つの都道府県とその面積を示したものです。面積では国内でも小さいほうの「**A**」の海岸線総延長が面積の最も大きい北海道に次ぐ長さとなっている理由として主な要因ではないものを次の**ア**～**エ**の中から１つ選び、記号で答えなさい。なお、表中の**A**・**G**は**地図１**中の**A**・**G**と一致します。

| 都道府県 | 海岸線総延長（km） | 面積（$km^2$） |
|---|---|---|
| 北海道 | 4,460 | 83,424〔1〕 |
| **A** | 4,183 | 4,132〔37〕 |
| **G** | 2,665 | 9,186〔10〕 |
| 沖縄県 | 2,037 | 2,281〔44〕 |
| 愛媛県 | 1,716 | 5,676〔26〕 |

**【環境省 環境統計集より作成】**

面積の〔　〕内の数字は都道府県別の面積の順位をあらわす

**ア**　この県には多数の島が存在しており、島を取り囲む海岸線の距離が長くなるから。

**イ**　この県は陸で接する県が１つしかなく、海と接する距離が長くなるから。

**ウ**　この県の海岸は形が複雑なリアス海岸となっているため、海岸線の距離が長くなるから。

**エ**　この県は古くから海上貿易で栄えたため、自然の海岸を港に整備したことで海岸線が長くなったから。

(2)　次の地形図は熊本県阿蘇市周辺を表したものです。この地形図から読みとれることとしてあやまっているものを次の**ア**～**エ**の中から１つ選び、記号で答えなさい。

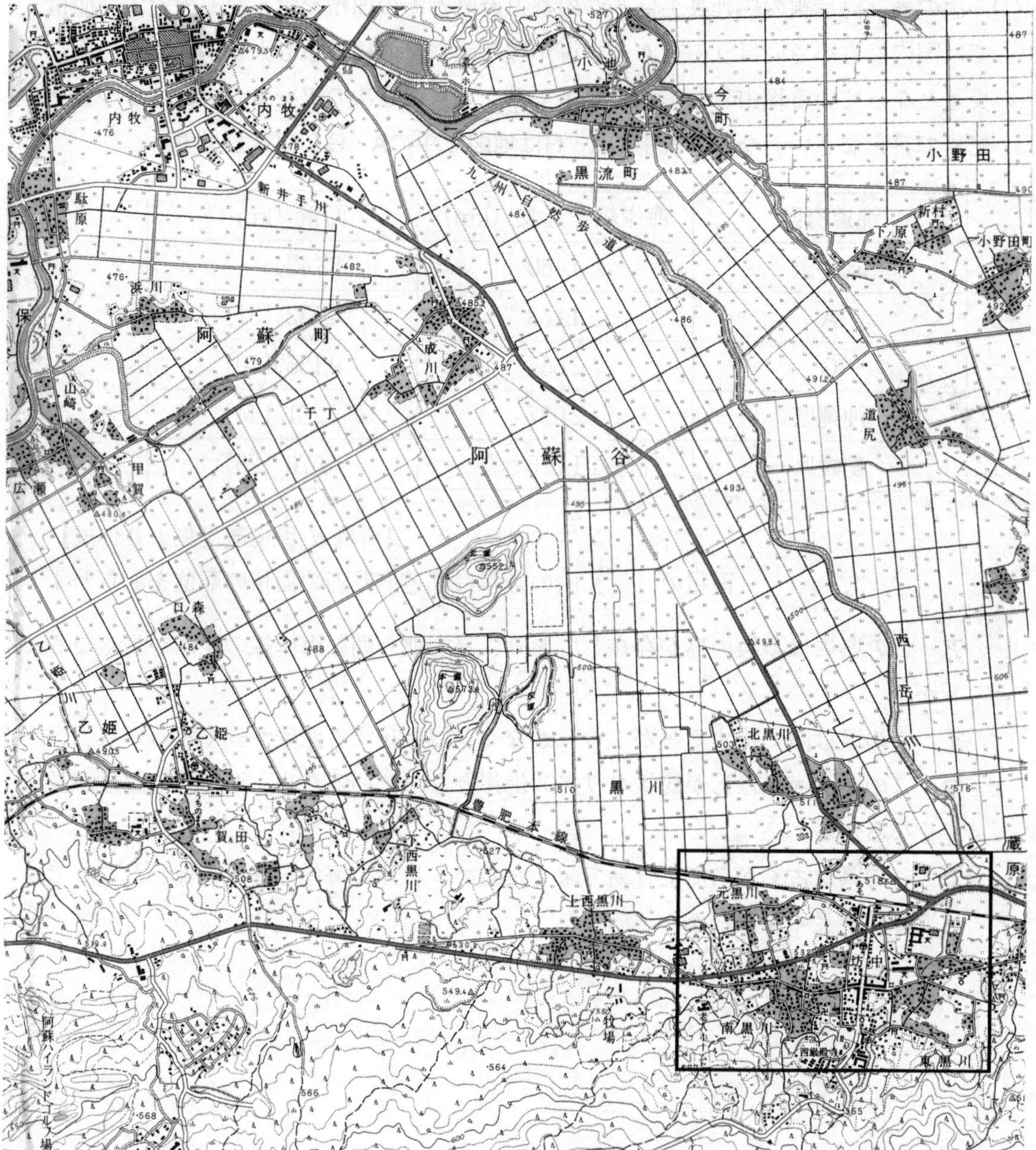


**ア**　阿蘇谷の大部分は水田として利用されている。

**イ**　山地地帯の土地利用は針葉樹林を中心に広葉樹林も見られる。

**ウ**　住宅は南部の山のふもとに広がる三角州に多くつくられている。

**エ**　郵便局や学校などは点在する住宅地の中につくられ、その住宅地をつなぐように道路や鉄道が伸びている。

問８　下線部⑧に関して、下の**地図２**は14ページにある地形図中の □ で囲った範囲のハザードマップです。このハザードマップを参考にした**Ａ～Ｄ**の各地点からの避難経路の説明として正しいものを次の**ア～エ**の中から１つ選び、記号で答えなさい。なお、地図中の　　は緊急避難場所を示しています。

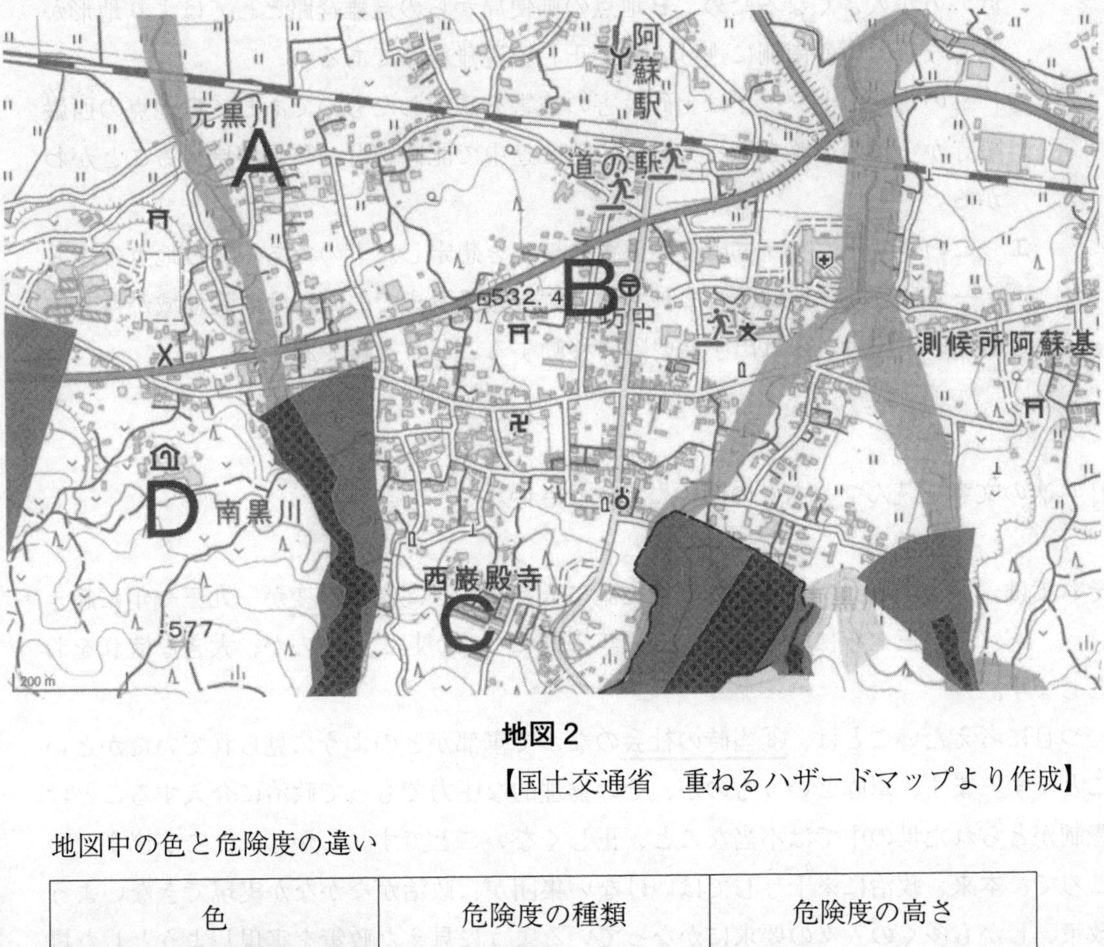


**地図２**

【国土交通省　重ねるハザードマップより作成】

地図中の色と危険度の違い

| 色 | 危険度の種類 | 危険度の高さ |
|---|---|---|
| | 危険地域 | 低 |
| | 警戒区域 | ↕ |
| | 特別警戒区域 | 高 |

**ア**　このハザードマップは洪水の被害を想定したものである。**A**地点の住宅地からは果樹園が右になるように東に進み、阿蘇駅周辺の避難場所を目指すのが安全である。

**イ**　このハザードマップは洪水の被害を想定したものである。浸水被害は土地が低い方が大きくなるため、**B**地点の郵便局からの避難経路としてはより地形が高くなっている南側に逃げるのが正しい避難経路である。

**ウ**　このハザードマップは土砂災害の被害を想定したものである。**C**地点の西巌《さいがん》殿寺《でんじ》から東の道路を通って避難すると途中で記念碑と消防署が見えることがわかる。

**エ**　このハザードマップは土砂災害の被害を想定したものである。**D**地点の老人ホームは危険な地域に含まれておらず避難場所までの間には危険地域が存在するため、施設からは出ず高い階に移動することも避難である。

**2**　次の文章を読んで、あとの問いに答えなさい。

それでは、いよいよ（　①　）へ向けた話に入ります。②満州事変が一九三一年に起きて、（　①　）が三七年に始まる。この六年の間になにが起こったのか、大きな流れをお話しします。

一つ目に考えたいことは、③当時の社会のなかで軍部がどのように見られていたかということです。まず、軍隊というものが、その物理的な圧力でもって政治に介入することは、立憲制がとられた世の中では不当なこと、正しくないことです。しかし、ここが悩ましいところで、本来、政治に※干与《かんよ》してはいけない集団が、政治がなかなか実現できないような政策、しかも多くの人々の要求にかなっているように見えた政策を実現しようとした場合はどうなるか。満州事変から（　①　）の間の六年間に起こっていたのは、そのような悩ましい事態《じたい》でした。

さて、一九三〇年の産業別の就業《しゅうぎょう》人口を見てみますと、農業に従事《じゅうじ》する人は46.8％いました。国民の約半分が農民だったのですね。ですが、一九二八年から④政党内閣のもとで行なわれた、二五歳以上の男子に認められた、いわゆる普通選挙権によってなされた選挙は三回あったのですが、⑤その農民が望んでいた政策は普選を通じてもなかなか実現されなかった。たとえば⑥小作人の権利を保障する小作法などの法律は、すべての農民が望んでいたにもかかわらず、帝国議会を通過《つうか》しない。

このようなときに、「農山漁村《のうさんぎょそん》の疲弊《ひへい》の救済《きゅうさい》は最も重要な政策」と断言《だんげん》してくれる集団が⑦軍部だったわけです。

※陸軍の統制《とうせい》派が、このように、国民の生活の保護などを積極的《せっきょくてき》にいいだした理由は、第一には、来《きた》るべき戦争に対して国民はどうすればよいのかを軍部なりに分析した結果でした。※陸パンには、ドイツが⑧第一次世界大戦でどうして負けてしまったか、それについての分析があります。武力戦という面では、ドイツは連合国を最後まで圧倒していたと分析しています。ならば、なぜ負けたのか。その理由について陸パンはこう書いている。「列強の経済封鎖《ふうさ》に堪《こら》ええず、国民は栄養不足に陥《おちい》り、抗争力《こうそうりょく》戦の気力衰《おとろ》え」たこと、それ以外にも、「思想戦による国民の戦意喪失《そうしつ》、⑨革命思想の台頭」などで国民が内部的に自壊《じかい》してしまったからだと分析しています。そのうえで、今後の戦争の勝敗を決するのは「国民の組織」だと結論づける。就業《しゅうぎょう》人口の半数を占め、⑩兵士の供給源《きょうきゅうげん》である農民、これらの人々をどううまく組織するか、この点に戦争に勝利するカギがあると見ていたのですね。国民を組織するためには政党を主とした議会政治ではダメだ、との軍部の考えは、このような考えの延長線《えんちょうせん》上にくることはわかりますか。

（加藤陽子著『それでも、日本人は「戦争」を選んだ』による。一部省略がある。）

（注）

※干与《かんよ》…かかわること。関与。

※陸軍の統制派…昭和初期の陸軍内部のグループの一つ。

※陸パン…陸軍の統制派の発行したパンフレットのこと。

問１　（　①　）に入ることばを次の中から１つ選び、記号で答えなさい。

**ア**　日清戦争　　**イ**　太平洋戦争　　**ウ**　日中戦争　　**エ**　日露戦争

問２　下線部②に関連して、次の文**a**と**b**が正しいかどうか判断し、その組み合わせを下の**ア**～**エ**のうちから１つ選び、記号で答えなさい。

**a**　中国がすぐに提訴した国際連盟は、世界最初の国際機関として第二次世界大戦後に成立した。

**b**　満州国の成立を承認できないとしたリットン調査団の報告書を受けて日本は国際連盟から脱退した。

**ア**　**a**－正　**b**－正　　**イ**　**a**－正　**b**－誤

**ウ**　**a**－誤　**b**－正　　**エ**　**a**－誤　**b**－誤

問３　下線部③の時点において、日本で施行されていた憲法のなまえを漢字で答えなさい。

問4　下線部④に関連して、日本初の本格的な政党内閣の首相となった人物のなまえを漢字で答えなさい。

問5　下線部⑤に関連して、連合国軍総司令部（GHQ）が日本で行った政策に農地改革があります。その内容を次の2つのことばを用いて答えなさい。

| | |
|---|---|
| 小作人 | 地主 |

問6　下線部⑥は当時高い金利に苦しんでいました。日本の歴史上、高利貸しを示すことばとして適当ではないものを次の中から1つ選び、記号で答えなさい。

**ア**　借上　　**イ**　土倉　　**ウ**　酒屋　　**エ**　馬借

問7　下線部⑦に関連して、次の文**a**と**b**が正しいかどうか判断し、その組み合わせを下の**ア**～**エ**のうちから1つ選び、記号で答えなさい。

**a**　軍の青年将校が犬養毅首相を暗殺し、満州国は軍部に承認されなかった。

**b**　軍の青年将校が二・二六事件を起こし、鎮圧されなかった。

**ア**　**a**－正　**b**－正　　**イ**　**a**－正　**b**－誤

**ウ**　**a**－誤　**b**－正　　**エ**　**a**－誤　**b**－誤

問8　下線部⑧に参戦したのが最も遅い国を次の中から1つ選び、記号で答えなさい。

**ア**　ロシア　　**イ**　アメリカ　　**ウ**　フランス　　**エ**　イギリス

問9　下線部⑨を持つ人々を弾圧する目的で1925年に制定された法律のなまえを漢字で答えなさい。

問10　下線部⑩に関連して、満20歳以上の男子に兵役が義務づけられた徴兵令を日本が制定した時期として正しいものを次の中から1つ選び、記号で答えなさい。

**ア**　明治　　**イ**　大正　　**ウ**　昭和　　**エ**　平成

**3**　次の文章を読んで、あとの問いに答えなさい。

「働き方改革」ということばが厚生労働省から出されている通り、最近の日本では「①働く環境」に一層注目が集まっています。例えば、厚生労働省は「少子高齢化」や「働く方のニーズの多様化」という課題の解決を目指しています。

日本では②少子高齢化により、働くことができる人の数が減ってきています。少子化を止めるためには、人々が育児と仕事を両立できる環境づくりが必要です。また、高齢化により親への介護を必要とする場合も増え、こちらも仕事との両立が不可欠です。働く人々がこれらの問題に直面している中、国や職場がプライベートと仕事の両立を手助けする必要があります。人々が仕事とプライベートのバランスや、両者を充実させる生き方を「ワークライフバランス」といいます。これは、ICT（情報通信技術）を駆使《くし》したテレワークによる在宅勤務などによって実現されています。

また最近では③特定の会社に勤務せず、個人事業主（フリーランス）で働く人も増えています。YouTuber（ユーチューバー）やUber Eats（ウーバーイーツ）の配達員が代表例です。彼らは特定の勤務先に務めているわけではないので、仕事とプライベートのバランスを自分で調整しやすいというメリットがあります。しかし、フリーランスは④厚生年金に加入できない、会社に守ってもらえないなど様々な問題を抱えています。

新型コロナウィルスの流行やICTの発達、多様な職業の出現など、人々が「働く環境」は大きく変化してきました。日本がより良い成長をし続けるためにも、国や企業などは新たな仕組みを考え続けなくてはいけません。

問１　下線部①に関連して、次の文は日本国憲法第27条の条文の一部です。空欄に入ることばを２文字で答えなさい。

| |
|---|
| すべて国民は、［　　　　］の権利を有し、義務を負ふ。 |

問２　下線部②に関連して以下の問いに答えなさい。

(1)　高齢化によって、国の負担が増えるものとして最もふさわしいものを次の中から１つ選び、記号で答えなさい。

ア　防衛関係費

イ　公共事業関係費

ウ　社会保障費

エ　経済協力費

(2)　下線部②の影響により、起こりうる現象の中で最もふさわしいものを次の中から１つ選び、記号で答えなさい。

ア　子どもと同居する高齢者の割合が増える。

イ　介護をする仕事において人手が余るようになる。

ウ　企業において定年退職の年齢が引き下げられる。

エ　企業が国内に限らず、海外から人材を確保しようとする。

問３　下線部③に関連して、労働者は労働条件の維持・改善を図るために労働組合を結成する権利が保障されています。この権利のなまえを解答欄に合わせて漢字で答えなさい。

問４　下線部④は会社員や公務員などが加入する公的年金保険です。この説明として、最もふさわしいものを次の中から１つ選び、記号で答えなさい。

ア　かかった医療費の一部が支給される。

イ　失業したときに支給される。

ウ　地震や噴火などで建物や家財が損害を負った時に支給される。

エ　高齢の人や、障害のある人に支給される。

**【理　科】**〈第１回午前入試〉（社会と合わせて60分）〈満点：50点〉

**1**　つりあいについて答えなさい。

問１　重さの無視できる棒と糸で下のようにてんびんをつくりました。次の**（ア）**と**（イ）**はそれぞれ何ｇのおもりであれば棒が水平になりますか。それぞれ答えなさい。

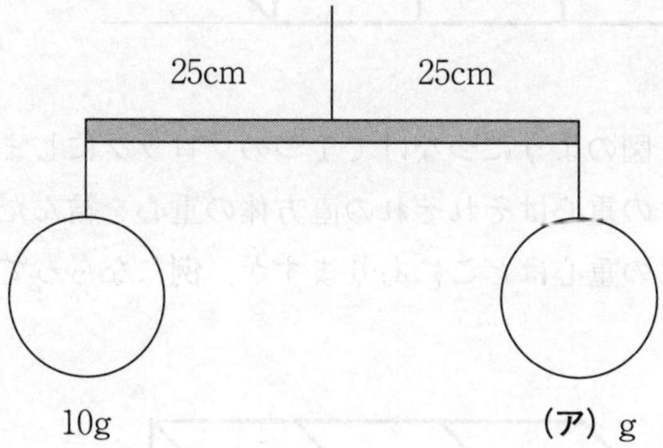


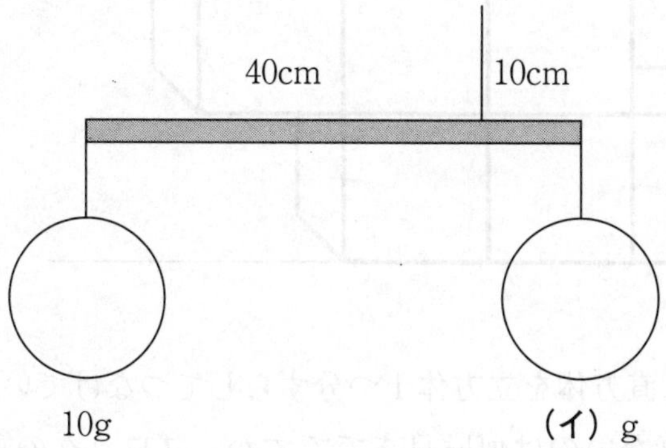


１辺が２cmの立方体があります。立方体の重心（重さが１つの点に集まったと考えることのできるところ）は立方体の中心にあるとします。これをつないで、直方体をたくさんつくります。

**例**

右の立方体の重心の位置は、**O**《オー》から右に１cm、**O**から上に１cm、**O**からおくに１cmなので、重心の位置を順に、（1,1,1）と表記します。

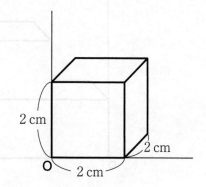

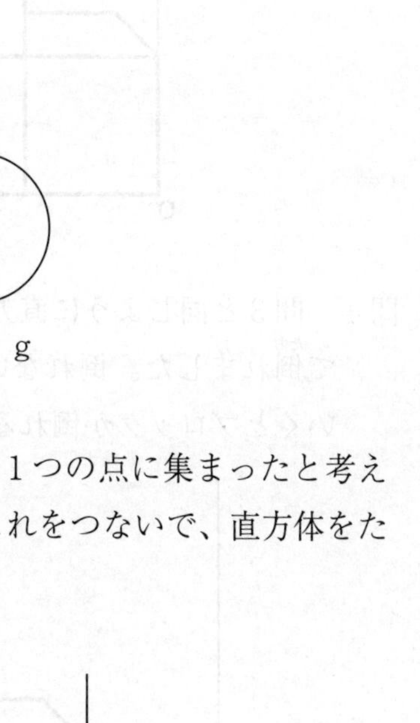

問２　立方体を３つつなげて作った下図の直方体の重心はどこにありますか。**例**にならって答えなさい。

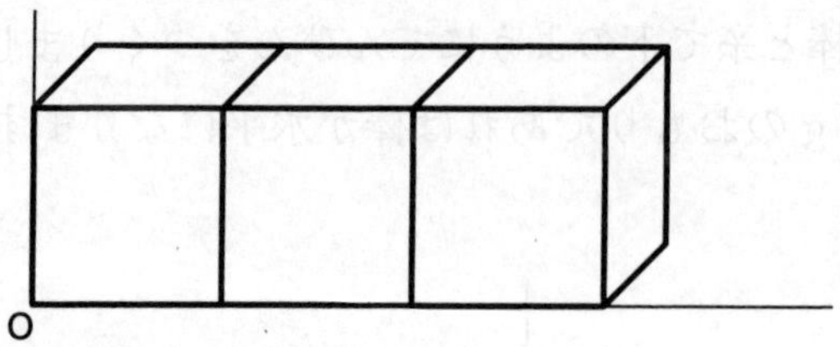


問３　２つの直方体を下図のようにつなげて１つのブロックにします。
このとき、ブロックの重心はそれぞれの直方体の重心を結んだ直線の中間にあります。このブロックの重心はどこにありますか。**例**にならって答えなさい。

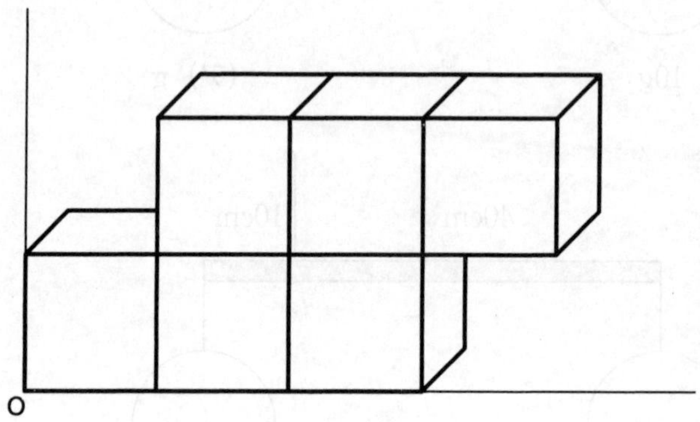


問４　問３と同じように直方体を立方体１つ分ずらしてつなげていくと、あるところで倒《たお》れました。倒れないのは何段目までですか。ブロックの重心が**D**より右にいくとブロックが倒れるものとします。

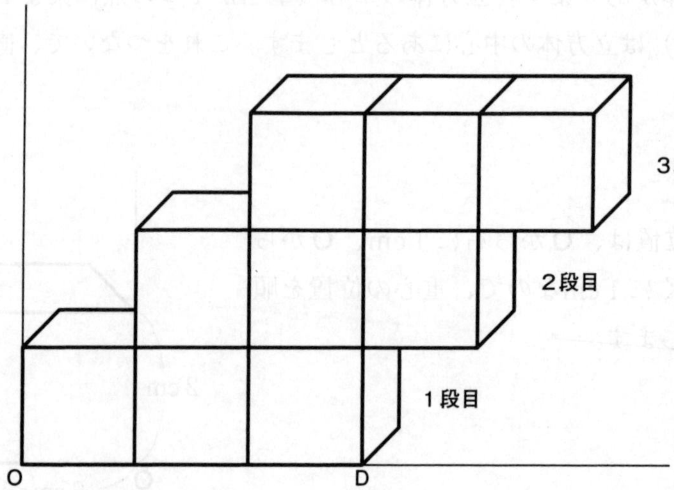

**2** 以下の文を読み、次の各問いに答えなさい。

完全燃焼《かんぜんねんしょう》とは、物質が全て酸素《さんそ》と反応し、変化することを言います。例えばメタンという気体《きたい》を完全燃焼させると、二酸化炭素《にさんかたんそ》と水が生じます。反応は下のように表されます。

| | メタン | ＋ | 酸素 | → | 二酸化炭素 | ＋ | 水（液体） |
|---|---|---|---|---|---|---|---|
| 気体の体積 | 22.4 cm$^3$ | | 44.8 cm$^3$ | | 22.4 cm$^3$ | | |
| 重さ | 16 mg | | 64 mg | | 44 mg | | 36 mg |

また、炭素《たんそ》という物質を完全燃焼させると、二酸化炭素が生じます。反応は下のように表されます。

| | 炭素 | ＋ | 酸素 | → | 二酸化炭素 |
|---|---|---|---|---|---|
| 気体の体積 | | | 22.4 cm$^3$ | | 22.4 cm$^3$ |
| 重さ | 12 mg | | 32 mg | | 44 mg |

さらに、エタンという気体を完全燃焼させると、二酸化炭素と水が生じます。反応は下のように表されます。

| | エタン | ＋ | 酸素 | → | 二酸化炭素 | ＋ | 水（液体） |
|---|---|---|---|---|---|---|---|
| 気体の体積 | 44.8 cm$^3$ | | 156.8 cm$^3$ | | 89.6 cm$^3$ | | |

これらの反応では、メタンや炭素やエタンの量が２倍、３倍…になると、必要な酸素や、生じる二酸化炭素、水の量も２倍、３倍…になります。

問１　ある量のメタンを完全燃焼させたら、二酸化炭素が11.2 cm$^3$生じました。

(1)　反応した酸素は何 cm$^3$ ですか。

(2)　反応したメタンは何 cm$^3$ ですか。

問２　炭素何 mg を完全燃焼させると、二酸化炭素が11.2 cm$^3$生じますか。

問３　エタン33.6 cm$^3$を完全燃焼させると、二酸化炭素は何 cm$^3$ 生じますか。

問4　エタン56.0 $cm^3$ と、体積のわからないメタンを混合した気体をすべて完全燃焼させたとき、生じた二酸化炭素の体積は145.6 $cm^3$ でした。反応したメタンの体積は何 $cm^3$ ですか。ただし、メタンとエタンは完全燃焼以外の反応をおこさないものとします。

**3**　以下の文章を読み、次の各問いに答えなさい。

発光する生物には、どのような生物がいるか、どんな特徴《とくちょう》を持っているかを考えてみましょう。

もっとも有名な発光生物の一つはやはりホタルでしょう。ホタルは成虫期に（　A　）にある器官で発光を行います。この発光は雄《おす》が雌《めす》に対しアピールをするためのものですが、アピールの必要のない幼虫期でもこの発光は見られます。幼虫期の発光は外敵《がいてき》を驚《おどろ》かせ、撃退《げきたい》するためのものであると考えられています。発光する生物のうち、食品としても有名なのはホタルイカでしょう。ホタルイカはB<u>無セキツイ動物</u>の仲間で、春になると交尾《こうび》を終えた雌が日本海側の浅瀬《あさせ》で、産卵のために大量に集まってくる様子は非常に有名です。ホタルイカの発光はホタルの成虫と異なり、異性にアピールをするためのものではなく、身の危険を感じた時に「おとり」として発される光と、（　C　）発される光の複数の役割があると考えられています。後者は、海底側にいる外敵が海面側にいるホタルイカを見上げたときに大きな効果があるといわれています。

発光する生き物はほかにも様々な用途《ようと》で光を使っていると考えられています。例えば、自らの周囲を照らす照明として用いるものもいれば、D<u>発光し異性をひきつける生き物とそっくりに発光すること</u>で、引き寄せられてきたその生き物を食べてしまうというものもおり、生き物同士の関係の奥《おく》深さを垣間《かいま》見ることもできるのです。

**図**　海中で発光するイカ（左）と発光しないイカ（右）を海底側から見たときの模式図

問1　（　A　）について、ホタルの発光する器官はどこに見られますか。次の**ア**～**カ**から1つ選び、記号で答えなさい。

**ア**　頭　**イ**　しょっ角　**ウ**　眼《め》　**エ**　あし　**オ**　はね　**カ**　はら

問２　下線部**Ｂ**について、無セキツイ動物**でないもの**はどれですか。次の**ア**～**オ**から**すべて**選び、記号で答えなさい。

**ア**　ウミガメ　　**イ**　ウニ　　**ウ**　サクラエビ　　**エ**　タコ　　**オ**　マグロ

問３　文章と**図**を参考にして、（　**Ｃ**　）にあてはまる文章として適切なものを次の**ア**～**エ**から１つ選び、記号で答えなさい。

**ア**　発光によって見つけてもらいやすくするために

**イ**　海面からの光に紛《まぎ》れることができるように

**ウ**　寒い海で光を出しあたたまるために

**エ**　ホタルイカの出す光に餌《えさ》となる生物が寄ってくるように

問４　下線部**Ｄ**を表す言葉として最も適当なものを、次の**ア**～**オ**から１つ選び、記号で答えなさい。

**ア**　縄張り　　**イ**　通信　　**ウ**　擬態《ぎたい》　　**エ**　照明　　**オ**　寄生

**4**　埼玉県の春日部市で、午後８時に星座の観察をおこなったところ、**図１**のように星座が見られ、大きな三角形をつくっているようにも見えました。次の各問いに答えなさい。

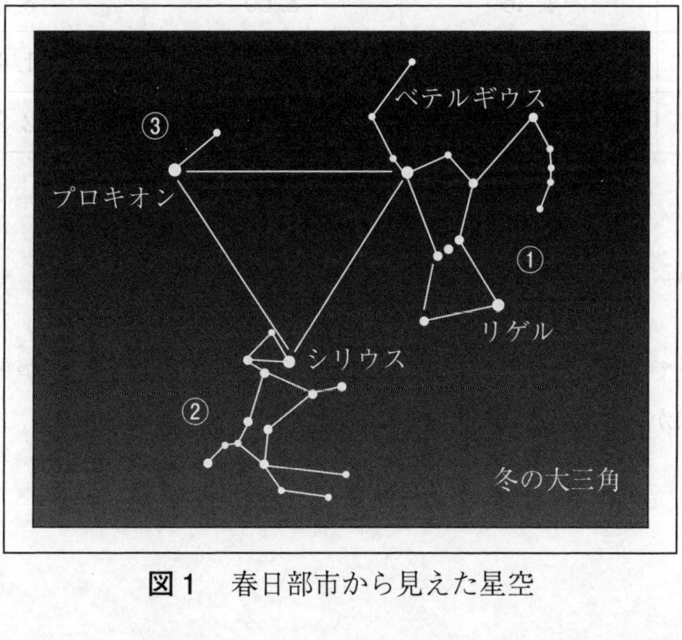


**図１**　春日部市から見えた星空

問１　**図１**の大きな三角形をつくっている星がある①～③の星座はなんですか。それぞれ名前を答えなさい。

問２　この星空を観察したのは何月ごろのどの方角だと考えられますか。
組み合わせとして正しいものを次の**ア～エ**から１つ選び、記号で答えなさい。

**ア**　１月ごろの南東の方角

**イ**　２月ごろの南西の方角

**ウ**　７月ごろの南東の方角

**エ**　８月ごろの南西の方角

問３　星の明るさは「等級」であらわされ、星と星との距離《きょり》は「光年」であらわされます。等級は**図２**のように、左の数値ほど明るく、右の数値ほど暗くなります。

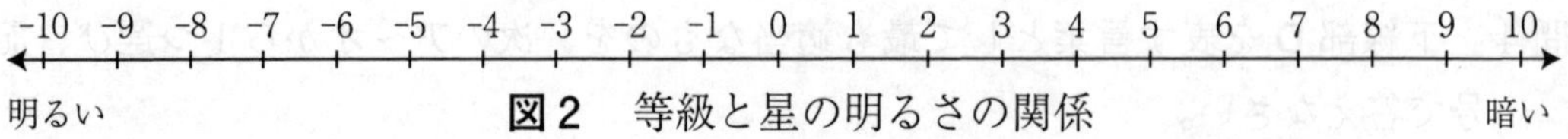


**図２**　等級と星の明るさの関係

１光年とは、光が１年間で進む距離《きょり》（約9兆4607億km）のことです。

**表**

| 星の名前 | 地球から見た時の見かけの等級 | 32光年離れたところから見た時の等級 | 地球からの距離（光年） |
|---|---|---|---|
| シリウス | －1.46 | 8.60 | 8.64 |
| プロキオン | 0.37 | 2.64 | 11.46 |
| ベテルギウス | 0.42 | －5.449 | 642.20 |

今回観察した星について調べると、**表**のようになりました。

**表**にある星で考えたとき、「シリウス」は32光年離れたところから見ると一番暗いが、地球から見ると一番明るくなる理由を簡単に答えなさい。

四

次のグラフは、ふだんの生活の中で人々が何から情報を得ているかを年代別に調べたものです。これを見て、問に答えなさい。

【グラフ】

**ふだん情報収集に最も使っている媒体《ばいたい》／テレビを除く**

全国15歳以上の男女(１万人)へのアンケート

2016(平成28)年実施　単位％

参考　内閣府「日常生活における防災に関する意識や活動についての調査結果」

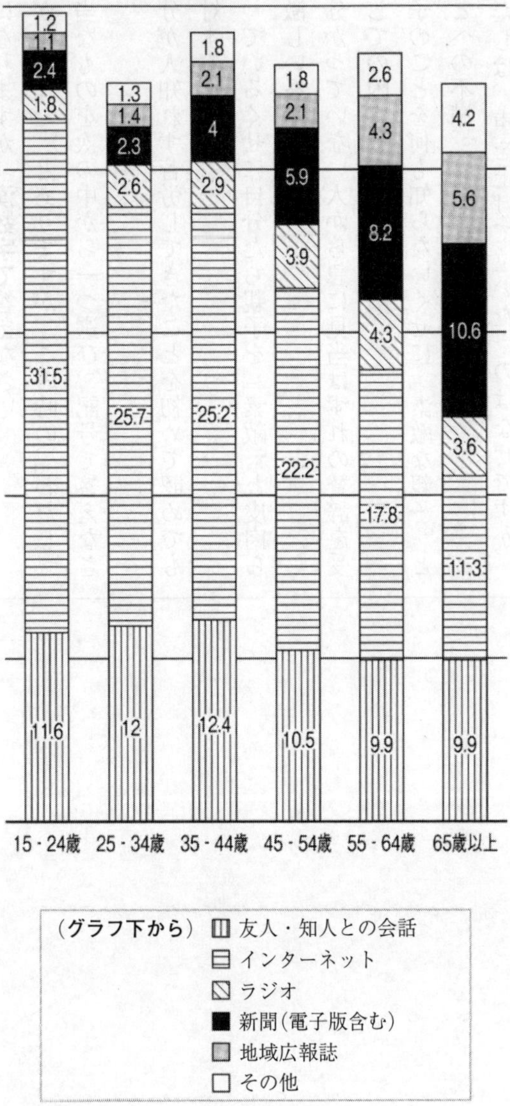


媒体《ばいたい》＝ここではメディアのこと。

問一　右のグラフから、特徴的な媒体を一つあげ、その特徴と、そのようになる理由として考えられることを説明しなさい。

問二　ふだん、あなたが情報を得るためによく利用している媒体をグラフにあるものから一つ選んだうえで、その利点と欠点を説明しなさい。

エ　だれの力も借りず一人で娘を育てることへの限界を指摘《してき》されたような気になり、現実から目をそむけたくなっている。

問五　[3]に入ることばとして適当なものを、次の中から一つ選び、記号で答えなさい。

ア　興奮と喜び　イ　満足と疲労《ひろう》

ウ　誇《ほこ》りと感慨《かんがい》　エ　感嘆《かんたん》とさびしさ

問六　～～部4「わたしにはまぶしかった」とありますが、この時の「わたし」の心情を表すことばとして適当なものを次の中から一つ選び、記号で答えなさい。

ア　うやまい　イ　おそれ

ウ　気おくれ　エ　不愉快《ふゆかい》

問七　～～部5「どうしてこんなにも違うのだろう」を文節で区切った場合、何文節になりますか。**漢数字**で答えなさい。

問八　～～部6「胸がつまった」とありますが、この時の「わたし」の心情として適当なものを次の中から一つ選び、記号で答えなさい。

ア　ここまで自分が人知れず苦労してきたことを初めて認めてもらえたことに対する感動。

イ　本当は分かっているくせに自分たち親子を「素敵」と皮肉られたことへの激しい怒り。

ウ　何も事情を分かっていない人から急に見当はずれの賛辞を受けたことに対しての困惑。

エ　自分たち親子のことを何も知らないくせに「素敵な親子」と評価されたことへの不満。

問九　～～部7「わたしは、声を上げて泣いた」のはなぜですか。五十字以内で説明しなさい。（句読点も字数にふくみます）

わたしたちの前に置いたその紙には、スケッチが出来上がっていた。夢中で色を塗っている果穂と、色鉛筆を手に寄《よ》り添《そ》うわたし。
ふと、絵の中の果穂が、昔のわたしに見えた。色塗りではなく、ビーズで何か作っている。そして、わたしに寄り添っているのは――。
「これ、かほちゃん？」果穂が絵の自分を指差して言った。
「そうよ」宮下さんが微笑《ほほえ》みかける。「果穂ちゃん、いいお名前もらったわね」
「うん、かほちゃんだよ」
宮下さんは、今度はわたしを見て言った。
「果実の果に、稲穂《いなほ》の穂でしょ。きっと何か実るわね」
「え――」
名前を考えたのは、わたしだった。「かほ」にしようとまず決めて、いい字だなと思う漢字を当てたのだ。生まれたばかりの、この子の顔を見ながら――。
「野生のイルカにもね、名前のようなものがあるの。『シグネチャーホイッスル』という鳴き声なんだけど、個体ごとに違っていて、群れの中でお互いを呼ぶのに使われているのかもしれないんですって。だけど、子どもの名前に願いを込《こ》めたりするのは、きっと人間だけね」
宮下さんは、もう一度果穂に優しい目を向けた。
「大事なのは、何かしてあげることじゃない。この子には何かが実るって、信じてあげることだと思うのよ」
目の前のスケッチに、ぽたりと水滴《すいてき》が落ちた。鉛筆の線がにじむのを見ているうちに、それが自分の涙《なみだ》だと気がついた。
そうなると、もうだめだった。7わたしは、声を上げて泣いた。

（伊与原　新『海へ還《かえ》る日』より）

問一　＝＝部a「気安い声で」、b「おもむろに」の本文中における意味として、適当なものを後の中からそれぞれ一つ選び、記号で答えなさい。

a「気安い声で」
ア　のんびりとした声で　イ　親しみを感じさせる声で
ウ　ぶっきらぼうな声で　エ　心地《ここち》のよさを覚える声で

b「おもむろに」
ア　ゆっくりと　イ　突然
ウ　勢いよく　エ　しぶしぶ

問二　A～Dに入ることばとして適当なものを、次の中からそれぞれ一つ選び、記号で答えなさい。（ただし、同じ記号を二度以上使ってはいけません）
ア　声が硬《かた》くなる　イ　口角を上げた
ウ　かぶりを振った　エ　目をそらした
オ　眉《まゆ》を上げる

問三　～～部1「ぺたぺた」と同じ性質をもつことばとして適当なものを、次の中から一つ選び、記号で答えなさい。
ア　課題の提出期限がずるずると引き延ばされた。
イ　目の前を岩がごろごろと転がり落ちていった。
ウ　出かけたくなかったのでのろのろと準備した。
エ　小学一年生の妹のほおはつるつるとしている。

問四　～～部2「目を伏せたわたし」の心情として適当なものを次の中から一つ選び、記号で答えなさい。
ア　これまで周りの人に助けを求めてこなかった自分の行動を反省し、今後は協力してやっていこうと決意を固めている。
イ　科学と子育ては違うとは思うものの、自分の良くなかった部分を言われてこれ以上傷つかないように心を閉じている。
ウ　自分のことを暗に責めるような言葉に対して何か反論できることはないかと思い、言葉を探しつつ怒りに震えている。

のメスが、子育てを助けることがよくありましてね。アロペアレンティングというんです。シャチのグループでは子育てを終えた『おばあさんシャチ』が大事な役割を果たしますし、マッコウクジラの場合は母親が餌《えさ》を採りにいっている間、群れの『おばさんクジラ』が保母になるんですよ」

「父親は——」つい［C］。「オスは、何をしてるんですか」

「とくに何も」先生は［D］。「子どもは母系のグループの中で過ごしますからね。大人のオスは、いたりいなかったり」

「……そうなんですか」

「とはいえ、実は我々も——」先生が苦笑いを浮《う》かべる。「いい歳《とし》して、いまだに宮下さんにお守《も》りしてもらっている状況《じょうきょう》でしてね」

「何言ってるんですか」宮下さんは手で空気をはたいた。

「いやいや、真面目《まじめ》な話」先生はわたしに向かって言う。「定年後も館《かん》に残ってくれなきゃ困ると、みんなで駄々《だだ》をこねましてね。生物画にしても標本作りにしても、宮下さんがいてくれないと、我々も仕事にならない」

「どれだけお役に立ててるのか」宮下さんが謙遜《けんそん》する。

「科学ってのは、研究者一人の力じゃあ進みませんからね」先生は真顔で続けた。「どんなこともそうでしょうが、いろんな人との協力や助け合いで、成り立っているわけですから。自分ができないとき、困ったときは、助けを求める。一人で何でもやろうとしても、いずれ行き詰《つ》まりますよ」

まるで、自分のことを言われているような気がした。2目を伏《ふ》せたわたしに、宮下さんが言う。

「まあ、わたしなんかは、たまたま今のお役目をおおせつかっただけなんだけど。でも——」

宮下さんは鉛筆《えんぴつ》のお尻で壁《かべ》のポスターを指し、目尻《めじり》にしわを寄せる。

「あれを見るたびに、思うのよ。たまたまって、すごいことだなって。たまたま人に紹介《しょうかい》されて、ここに五十数年。学者でも画家でもないのに、クジラの絵を八十三体も描くことになるんだもんねえ」

可笑《おか》しむような表情の中に、［3］が混ざっている。そんな宮下さんの笑顔が、4わたしにはまぶしかった。

この人とわたしの違いは、何だろう。

特別なものには当たらずに生まれてきたのはお互《たが》い似たようなものに見えるのに、5どうしてこんなにも違うのだろう。

網野先生は宮下さんと簡単に仕事のことを打ち合わせると、わたしたちに「では、ごゆっくり」と言って出て行った。

宮下さんはまたスケッチに戻《もど》った。果穂はウマの色塗《ぬ》りに取りかかっている。

しばらく沈黙《ちんもく》が続いたあとで、わたしは言った。

「宮下さんは、なんでわたしたちをモデルにしようと思ってくださったんですか」

「決まってるじゃない。とっても素敵《すてき》な親子に見えたからよ」

6胸がつまった。色鉛筆を握《にぎ》る手に、力がこもる。

違う、全然。この人は、何もわかってない。

「——そんなんじゃないです」勝手に唇《くちびる》が動いていた。「うちも、わたしとこの子、二人なんです。わたし、離婚してて」

「ああ……」宮下さんが手を止める。「そうだったの」

真っすぐわたしを見つめてくる彼女の顔に、後ろのポスターのシロナガスクジラが重なった。

「だから、素敵なんかじゃないです」震《ふる》える声が止まらない。「わたし、きっとこの子に何も与えてやれません。何もしてやれない」

宮下さんは、黙《だま》ったまま線を何本か描き足すと、bおもむろに立ち上がった。イーゼルから紙をはずし、こちらに持ってくる。

ア　人間にみてもらうため咲く雑草の花に、人は心打たれるときがある。
イ　ヒラタアブなどの小さなアブは、花の種類を識別できるため、黄色い花を好む。
ウ　たくさんの花粉を運ぶハナバチは、植物にとって望ましいパートナーである。
エ　黄色い花にある蜜標は、「ガイドマーク」や「ネクターガイド」と呼ばれる。
オ　スミレなどの紫色の花は、ハチだけが蜜を得られるように進化している。

**三**　次の文章を読んで、後の問に答えなさい。

> 「わたし」は、離婚《りこん》をした後、生まれつき心臓にわずかな病気を持つ二歳《さい》の「果穂《かほ》」を一人で育てている。電車の中で出会った「宮下さん」から、彼女が生物画家として働く、上野にある自然史博物館の〈海の哺乳類展《ほにゅうるいてん》〉で行われる「網野《あみの》先生」のトークイベントに誘《さそ》われて参加したところ、その帰りに宮下さんから「人間の親子」の絵のモデルを依頼《いらい》された。

「二、三年経《た》った頃かしらねえ。ある先生に、絵は得意かって訊《き》かれてね。子どものときから描《えが》くのは好きだったからそう答えたら、報告書に入れる動物のイラストを描いてほしいって。そのとき描いたものはそれなりに褒《ほ》めてもらえたんだけど、所詮《しょせん》は素人《しろうと》の絵じゃない？　自分では納得《なっとく》がいかなくてね。仕事の合間に近所の絵画教室に通い始めたの。そしたらそれを知った先生方が、ちょくちょく挿絵《さしえ》の依頼をしてくれるようになって。で、だんだん生物画の仕事が増えていったわけ」

「そうだったんですか。絵画教室で――」

「そう。あとは実地でいろんな動物を描かせてもらって、この線が違う、この色が違うと言われながら、勉強していったって感じ。だから、わたしの絵の師匠《ししょう》は、研究者の先生方と、標本たちね」

「かほちゃんも、おえかきならう」果穂がわたしを見上げて言った。宮下さんとの会話を、何となく理解していたらしい。

「あら、それはいい考えね」宮下さんが大げさに[A]。「きっと楽しいわよ」

「絵画教室って、結構お金がかかるものなんでしょうか」わたしは訊いた。

「そうねえ。小さいうちは月謝だけで済むだろうけど、本格的な画材を使うようになってきたら、それなりにかかるかもしれないわね」

そのとき、出入り口のドアが開く音がして、1ぺたぺたという足音が近づいてきた。

「おや、モデルさん、見つかったの？」現れたのは、網野先生だ。

「そうなんです」宮下さんがa気安い声で応じる。「野村さんと、果穂ちゃん。先生のトークイベントに来てくださってた方なんですよ」

「ああ、そりゃどうも」網野先生はひげを撫《な》でながら、軽くわたしに頭を下げる。「でも、お嬢《じょう》ちゃんには話が難し過ぎたねえ」

「だから、果穂ちゃんのほうは、わたしと館内を観《み》て回ってたんです」

「なるほど」網野先生がにんまり[B]。「アロペアレンティングですか」

「そうそう」宮下さんも声を立てて笑う。

「それ、何ですか」わたしは訊いた。

「イルカやクジラの群れではね」先生が答える。「その子の母親以外そして花の奥へと入っていくことのできる勇気と体力を持った虫だけが、蜜にありつくことができる。

こうしてホトケノザは、知力テストと体力テストによって、パートナーとしてふさわしいハチだけに蜜を与えることに成功しているのである。ホトケノザだけでなく、紫色をした花は、どれも蜜標や奥に深い構造をしている。

スミレを見てみることにしよう。

スミレも下の花びらに白い模様がある。そして、花の奥深くへと潜り込めるようになっている。スミレの花を横から見ると、花の奥を長くするために、茎が花の付け根ではなく、真ん中あたりについていて、やじろべえのようにバランスを保っていることがわかるだろう。

もっとも、最初からハチが花に潜るのが得意だったのかは、わからない。ハチだけが潜れるように花は長く進化し、花に潜るように、ハチも進化をしていく。そうして難易度を上げながら、ついには他の昆虫はたどりつけず、ハチだけが蜜を得られるように進化しているのである。こうして植物とハチとは共に進化を遂げてきたのである。

（稲垣栄洋『雑草はなぜそこに生えているのか』より）

問一　[A]～[D]に入る適当なことばを、次の中からそれぞれ一つ選び、記号で答えなさい。（ただし、同じ記号を二度以上使ってはいけません）

ア　そのため　イ　ところが　ウ　つまり
エ　なぜなら　オ　また

問二　[X]、[Y]に入ることばの組み合わせとして正しいものを、次の中から一つ選び、記号で答えなさい。

ア　X 海　Y 陸　イ　X 夢　Y 現実
ウ　X 卵　Y 鶏　エ　X 朝　Y 夜

問三　――部「普通」の対義語になるよう、次の三つの熟語の空欄すべてに共通して当てはまる漢字を一字で答えなさい。

□殊　□異　□別

問四　――部ア～エのうち、文法的に種類の**異なるもの**を一つ選び、記号で答えなさい。

問五　〰〰部１「花は、何気なく咲いているわけではないのである」とありますが、花が咲いているのは何のためですか。本文中から十七字で抜き出し、はじめとおわりの五字を答えなさい。（句読点や記号も字数にふくみます）

問六　〰〰部２「花粉」と熟語の組み立てが同じものを、次の中から一つ選び、記号で答えなさい。

ア　着席　イ　岩石　ウ　高低
エ　雷鳴　オ　牛肉

問七　〰〰部３「春先に咲く野の花は、集まって咲く」とありますが、それはなぜですか。四十字以内で説明しなさい。（句読点も字数にふくみます）

問八　〰〰部４『選抜試験』について、正しく記述されているものを、次の中から一つ選び、記号で答えなさい。

ア　紫色の花の「選抜試験」は、小学校の生活科の教科書でも紹介されている。

イ　ホトケノザの下の花びらにある斑点のような模様は、いわば体力テストである。

ウ　ホトケノザは、蜜標や奥に深い構造で、頭の良さと勇気と体力を持った虫だけに蜜を与えている。

エ　ホトケノザだけが、蜜標や奥に深い構造という、虫への「選抜試験」を行っている。

問九　問題文の内容として適当なものを次の中から**二つ**選び、記号で答えなさい。

解決しているのだから、すごい。

じつは、春先に咲く黄色い花は、集まって咲く性質がある。集まって咲いていれば、アブは近くに咲いている花を飛んで回る。そうすれば、結果的に同じ種類の花に花粉を運ぶことになるのである。

特に、小さなアブは飛ぶ力がそんなに強くないので、まとまって咲いていれば、近場の花を回ってくれる。

こうして、3春先に咲く野の花は、集まって咲く。春に、一面に咲くお花畑ができるのは、そのためなのである。

黄色い花は、アブをパートナーとして花粉を運んでもらっていた。

一方、紫色の花はミツバチなどのハナバチをパートナーに選んでいる。ミツバチは紫色を好む。紫色の花は紫外線も多いから、ハチは紫外線を合図にして紫色を選んでいるのかも知れない。

ミツバチなどのハナバチは、植物にとっては、もっとも望ましいパートナーである。

何より、ミツバチは働きものだ。ミツバチは女王蜂《じょおうばち》を中心として家族で暮らしている。そのため、自分の餌《えさ》だけでなく、家族のために花から花へと飛び回り蜜を集めるのだ。　A　、植物にとっては、それだけ、たくさんの花粉を運んでもらえることになる。

さらにハチは頭が良く、同じ種類の花を識別して花粉を運んでくれる。　B　、ハチは飛翔《ひしょう》能力が高いので、遠くまで飛ぶことができる。　C　、ハチが花粉を運んでくれる植物は、離れて咲いていても、しっかりと花粉を運んでもらうことができるのである。

このア優秀なパートナーを惹《ひ》きつけるために、ハチを呼び寄せる花は、たっぷりの蜜を用意してハチを出迎える。

　D　、これには問題があった。

蜜をたくさん用意してしまうと、ハチ以外の他の虫も集まってきてしまう。せっかく奮発《ふんぱつ》して用意した蜜を他の虫に奪われてしまうのだ。

紫色の花は、どうやってハチだけに蜜を与えることができるのだろうか。

人気のある学校に入るためには、「入学試験」というものがある。じつは、紫色の花も、蜜を与える昆虫を選ぶための4「選抜試験」を行うのである。

紫色の花は、イ複雑な形をしているのが、特徴である。この複雑な形が、まさに入試問題である。

ウ身近な雑草であるホトケノザの花を観察してみることにしよう。

ホトケノザは、スミレやタンポポほど知られてはいないかも知れないが、小学校の生活科の教科書でも紹介されるほど、身近に見られる雑草である。

ホトケノザはエ小さな花だが、よく見ると、なかなか美しい花を咲かせている。

下の花びらには、斑点のような模様がある。これが、蜜のありかを示す「蜜標」と呼ばれるものである。蜜標はガイドマークや、ネクターガイドとも呼ばれている。この蜜標を目印にして、ハチはこの花びらに着陸する。下の花びらはまるでヘリポートのような役割を持っているのだ。ホトケノザは、ミツバチが訪れるのには小さいが、小さなハナバチが訪れる。そして、花びらに着陸すると、ちょうど着陸した飛行機を誘導するラインのように、花の奥に向かって蜜標が続いている。この道しるべに従って、花の奥深くへと進んでいくと、花の一番深いところに蜜があるのである。

横からホトケノザの花を見ると、花の形が細長く、花の中が奥深くなっている。じつは、この狭い中に潜り込んで行って、後ずさりして出てくるというのが、普通の昆虫は得意ではない。これに対して、ハチは花の奥深くへ潜っていくことを得意としているのである。

蜜標が蜜のありかを示すサインだということが理解できる頭の良さ、

# 二〇二二年度　春日部共栄中学校

**【国　語】**〈第一回午前入試〉（五〇分）〈満点：一〇〇点〉

一　次の――部について、漢字をひらがなに、カタカナを漢字に直しなさい。

① 伝統技を継承する。
② 不幸の連鎖を食い止めたい。
③ 寂れた商店街を歩く。
④ 台風のヨクジツは晴天になった。
⑤ ジャムをミッペイ容器にいれる。
⑥ 説明するのはコンナンだ。
⑦ アッカンの演技で優勝する。
⑧ ショコクをめぐる旅に出る。
⑨ 飛行機はゆっくりとカコウした。
⑩ 初日の出を富士山からオガむ。

二　次の文章を読んで、後の問に答えなさい。

道ばたにひっそりと咲く雑草の花に、心打たれるときがあるかも知れない。

しかし、野生の植物が花を咲かせるのは、人間にみてもらうためではない。昆虫を呼び寄せて花粉を運ばせるためである。

人知れず咲く小さな雑草の花であっても、それは同じである。すべての花は昆虫を呼び寄せるためにあるのである。

美しい花びらや甘い香りも、すべては昆虫にやってきてもらうためのものなのだ。そのため、花の色や形にも、すべて合理的な理由がある。１花は、何気なく咲いているわけではないのである。

たとえば、春先には黄色い色の花が多く咲くようになる。黄色い花に、好んでやってくるのはヒラタアブなど小さなアブの仲間である。もちろん、人間には黄色い色に見えても、昆虫に何色に見えているかは、昆虫に聞いてみないとわからない。よく昆虫には紫外線が見えるという話がある。黄色い花は紫外線が少ないので、紫外線が少ないというのが、アブが好む特徴なのかも知れない。

アブは、まだ気温が低い春先に、最初に活動を始める昆虫である。そのため、春先の早い時期に咲く花はアブを呼び寄せるために、黄色い色をしているのである。

もっとも、アブが好むから黄色い花を咲かせるようになったのか、黄色い花が多くなって、アブが黄色を好むようになったのかは、「 X が先か Y が先か」で、よくわからない。

しかし、春先には黄色い花が咲き、黄色い花にアブが来るという植物と昆虫との約束事ができあがったのである。

ただし、アブをパートナーとするには、問題があった。

ミツバチのようなハナバチの仲間は、同じ種類の花々を飛んで回る。ところが、アブはあまり頭の良い昆虫ではないので、花の種類を識別するようなことはしない。そして、種類の異なるさまざまな花を飛び回ってしまうのだ。これは植物にとっては、都合の良いことではない。

同じ黄色い花だからと言って、タンポポの２花粉がナノハナに運ばれても、種子《しゅし》はできない。タンポポの花粉は、タンポポに運んでもらわなければならないのである。

それでは、アブに花粉を運んでもらう植物は、どうやってきちんと花粉を運んでもらえば良いのだろうか。

これは難題である。しかし、野に咲く雑草であっても、この難問を

2022年度

# 春日部共栄中学校 ▶解説と解答

## 算　数　＜第１回午前入試＞（50分）＜満点：100点＞

### 解　答

1 (1) $4\frac{1}{2}$　(2) 13　2 (1) 2日　(2) 13回　(3) 9通り　(4) 64倍　(5) 31.4cm　3 (1) ① 解説の図１を参照のこと。 ② 27.7cm　(2) ① $1.05cm^3$ ② $26.17cm^3$　4 (1) 144番目　(2) 44個　(3) 62個　5 (1) (ウ)　(2) 三角形AQB　(3) ① 12秒後　② 14秒後　6 (1) 1　(2) 1　(3) 22個

### 解　説

**1 四則計算，逆算**

(1) $5-\frac{2}{5}\times1.125\div\frac{9}{10}=5-\frac{2}{5}\times1\frac{1}{8}\div\frac{9}{10}=5-\frac{2}{5}\times\frac{9}{8}\times\frac{10}{9}=5-\frac{1}{2}=\frac{10}{2}-\frac{1}{2}=\frac{9}{2}=4\frac{1}{2}$

(2) $2-\left(\frac{\square}{15}-\frac{1}{5}\right)\times\frac{1}{2}=1\frac{2}{3}$より，$\left(\frac{\square}{15}-\frac{1}{5}\right)\times\frac{1}{2}=2-1\frac{2}{3}=\frac{6}{3}-\frac{5}{3}=\frac{1}{3}$，$\frac{\square}{15}-\frac{1}{5}=\frac{1}{3}\div\frac{1}{2}=\frac{1}{3}\times\frac{2}{1}=\frac{2}{3}$，$\frac{\square}{15}=\frac{2}{3}+\frac{1}{5}=\frac{10}{15}+\frac{3}{15}=\frac{13}{15}$　よって，$\square=13$

**2 仕事算，条件の整理，場合の数，相似，長さ**

(1) 仕事全体の量を12と18と24の最小公倍数の72とすると，Ａさんが１日にする仕事の量は，72÷12＝６，Ｂさんが１日にする仕事の量は，72÷18＝４，Ｃさんが１日にする仕事の量は，72÷24＝３となる。すると，ＡさんとＢさんが６日でした仕事の量の合計は，（６＋４）×６＝60だから，Ｃさんがした仕事の量は，72－60＝12とわかる。よって，Ｃさんが仕事をした日数は，12÷３＝４(日)なので，Ｃさんが休んだ日数は，６－４＝２(日)と求められる。

(2) たとえば右下の図１のようにぬりつぶすと，たて，横，ななめの一列がぬられることはない。このときまでに取り出した回数は，３×４＝12(回)で，この次にぬりつぶすと終了になるので，最も多い回数は，12＋１＝13(回)である。

図１

| | | | |
|---|---|---|---|
| 1 | 2 | 3 | 4 |
| 5 | 6 | 7 | 8 |
| 9 | 10 | 11 | 12 |
| 13 | 14 | 15 | 16 |

図２

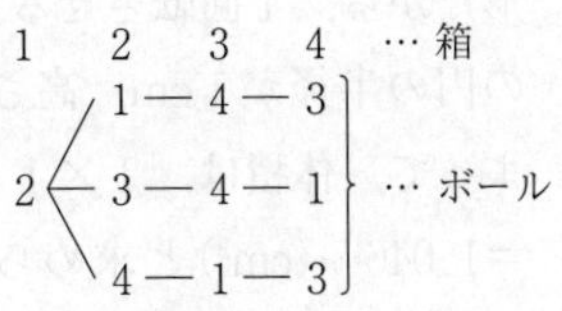


(3) １番の箱に２番のボールを入れる場合は，右の図２のように３通りの入れ方がある。同様に，１番の箱に３番，４番のボールを入れる場合も３通りずつあるから，全部で，３×３＝９(通り)とわかる。

⑷　右の図3で，●印の大きさは，360÷6＝60(度)なので，㋐，㋑，㋒，㋓の三角形はすべて正三角形を半分にした形の直角三角形である。よって，どの三角形も最も短い辺と最も長い辺の長さの比は1：2だから，㋐の最も短い辺の長さを1とすると，それぞれの三角形の辺の長さは図3のようになる。したがって，㋑の三角形と㋐の三角形の相似比は8：1なので，㋑の三角形の面積は㋐の三角形の面積の，8×8＝64(倍)である。

図3

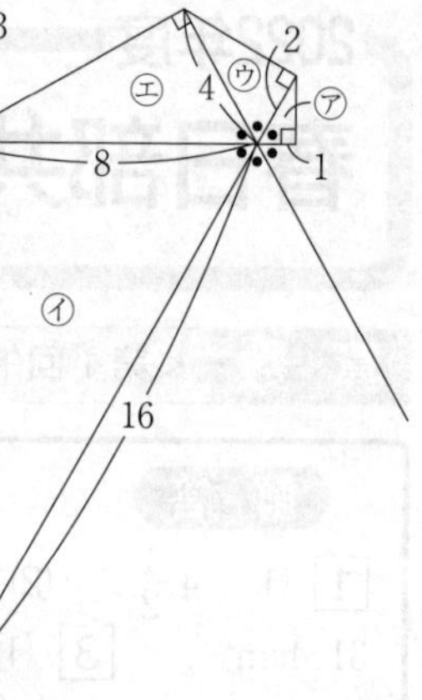


⑸　問題文中の図の斜線《しゃせん》部分の周は，直径が4cmの半円の弧《こ》，直径が6cmの半円の弧，直径が，4＋6＝10(cm)の半円の弧を合わせたものだから，斜線部分の周の長さは，4×3.14÷2＋6×3.14÷2＋10×3.14÷2＝(4＋6＋10)×3.14÷2＝10×3.14＝31.4(cm)と求められる。

## 3 図形の移動，長さ，体積

⑴　①　右の図1のように，円が直線AB上を転がるとき，円の中心はOからPまで移動する。また，円が折れ線BCDにそって転がるとき，円の中心はP→Q→Rのように移動する。さらに，円が直線DE上を転がるとき，円の中心はRからSまで移動する。よって，円の中心が移動する道のりは太線のようになる。　②　直線部分OPとRSの長さはどちらも6cmである。また，三角形BCDは直角二等辺三角形，三角形QBDは正三角形だから，角PBQと角QDRの大きさはどちらも，180－(45＋60)＝75(度)とわかる。よって，弧PQと弧QRの長さの和は，$6\times2\times3.14\times\frac{75}{360}\times2=5\times3.14=15.7$(cm)なので，中心Oが移動する道のりの長さは，6×2＋15.7＝27.7(cm)と求められる。

図1

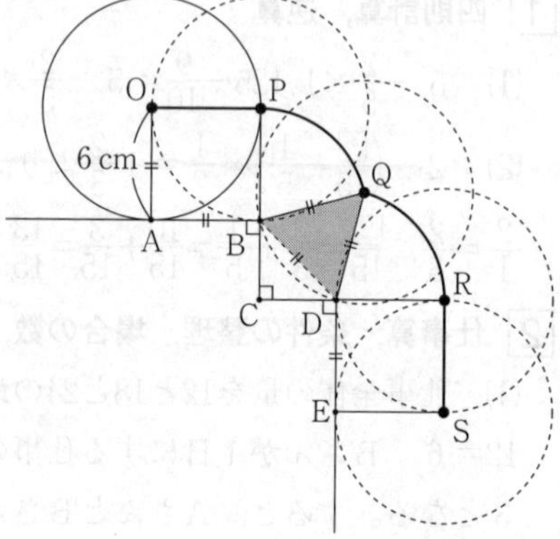


⑵　①　問題文中の図の斜線部分は直角二等辺三角形だから，1回転させると，右の図2のような底面の円の半径が1cm，高さが1cmの円すいができる。よって，体積は，$1\times1\times3.14\times1\div3=\frac{1}{3}\times3.14=1.046\cdots$(cm$^3$)と求められ，小数第3位を四捨五入すると1.05cm$^3$となる。　②　直角二等辺三角形ABCを1回転させてできる立体は，右の図3のように，四角形ADECを1回転させてできる立体と同じになる。ここで，三角形ABH，ACHは合同な二等辺三角形だから，AH，BH，CHの長さはいずれも，(1＋3)÷2＝2(cm)となり，EHの長さは，2－1＝1(cm)とわかる。すると，GAの長さも1cmであり，三角形FGA，DGAも直角二等辺三角形なので，FG，GDの長さも1cmとなる。よって，図3の立体は，三角形FECを1回転させてできる円すいから，図2の円すいを2個取り

図2

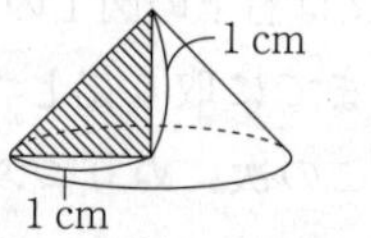


図3

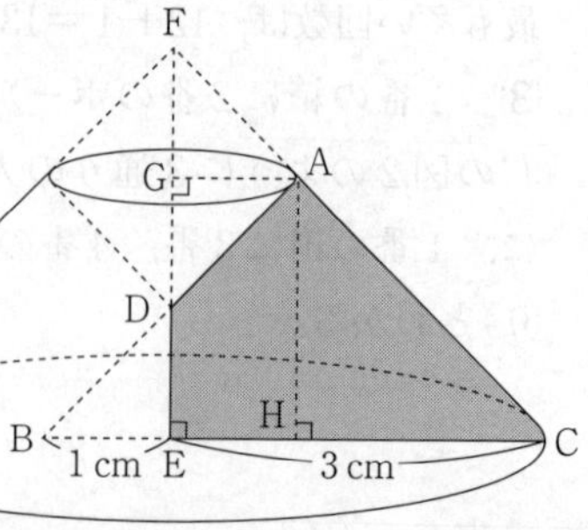

除いた形の立体である。FEの長さは，$2+1=3$(cm)なので，三角形FECを１回転させてできる円すいの体積は，$3\times3\times3.14\times3\times\frac{1}{3}=9\times3.14$(cm$^3$)となる。よって，図３の立体の体積は，$9\times3.14-\frac{1}{3}\times3.14\times2=\left(9-\frac{2}{3}\right)\times3.14=\frac{25}{3}\times3.14=26.166\cdots$(cm$^3$)と求められ，小数第３位を四捨五入すると26.17cm$^3$となる。

## 4 図形と規則

⑴　１辺の長さが12cmの正方形の面積は，$12\times12=144$(cm$^2$)だから，面積が整数となるような正方形を小さい順に並べると，はじめから数えて144番目になる。

⑵　１辺の長さが44cmの正方形の面積は，$44\times44=1936$(cm$^2$)，１辺の長さが45cmの正方形の面積は，$45\times45=2025$(cm$^2$)なので，面積が2022cm$^2$の正方形までに，１辺の長さが整数になるのは，１cmから44cmまでの44個あることがわかる。

⑶　１辺の長さが31cmの正方形の面積は，$31\times31=961$(cm$^2$)，１辺の長さが32cmの正方形の面積は，$32\times32-1024$(cm$^2$)だから，その間にある正方形は，962番目から1023番目までの，$1023-962+1=62$(個)と求められる。

## 5 グラフ―図形上の点の移動，面積

図１

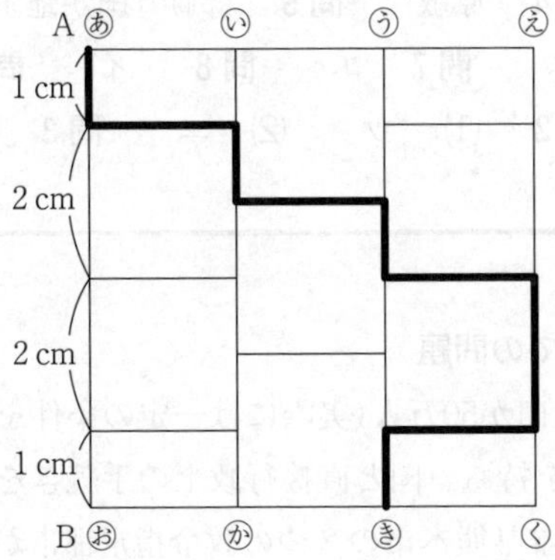


図２

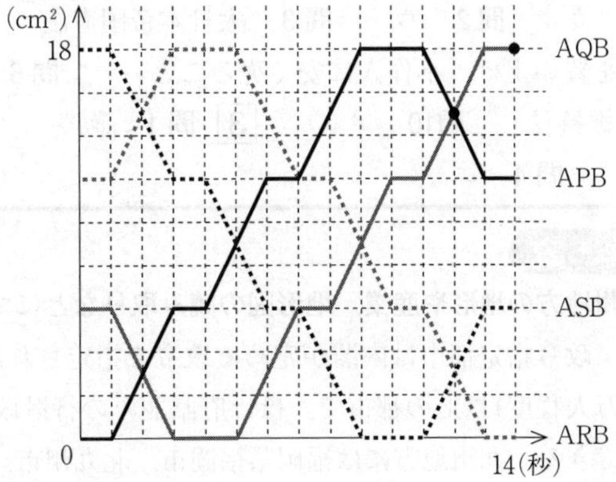


⑴　点Ｐは上の図１の太線部分を進み，三角形APBの面積は，点Ｐが下へ進むときは一定で，右へ進むときは増え，左へ進むときは減る。また，三角形APBは底辺の長さが，$1+2+2+1=6$(cm)で一定であり，直線あお，いか，うき，えくは２cmずつはなれているから，三角形APBの面積は，点Ｐが直線あお上にあるとき０cm$^2$，直線いか上にあるとき，$6\times2\div2=6$(cm$^2$)，直線うき上にあるとき，$6\times4\div2=12$(cm$^2$)，直線えく上にあるとき，$6\times6\div2=18$(cm$^2$)となる。これらのことから，三角形APBの面積を表しているグラフは(ウ)とわかる。

⑵　⑴と同じように考えると，上の図２のようになる。三角形APBと三角形AQBのグラフは２回，三角形APBと三角形ARBのグラフは１回，三角形APBと三角形ASBのグラフは１回交わるので，面積が同じになる瞬間《しゅんかん》が２回あるのは三角形AQBである。

⑶　４つの三角形の中で三角形AQBの面積が最も大きくなるのは，図２の●と●の間である。つまり，12秒後(…①)から14秒後(…②)までの間である。

**6 約束記号，整数の性質**

⑴　25÷４＝６余り１より，【25】＝１となる。

⑵　100の倍数は必ず４で割り切れるから，下２桁《けた》だけを計算して求めると，11×21＝231，31×31＝961，61×41＝2501より，【11×21×31×41】＝１とわかる。

⑶　４で割ったときの余りが１になる整数は，４×□＋１と表すことができる(□は整数)。10÷４＝２余り２より，４で割ったときの余りが１になる２桁の整数で最も小さい数は，□が，２＋１＝３の場合とわかる。また，99÷４＝24余り３より，４で割ったときの余りが１になる２桁の整数で最も大きい数は□が24の場合とわかる。よって，条件を満たす整数は，□が３以上24以下の場合だから，全部で，24－３＋１＝22(個)と求められる。

## 社　会　＜第１回午前入試＞（理科と合わせて60分）＜満点：50点＞

**解　答**

**1** **問１**　福岡市(北九州市，熊本市)　**問２**　⑴　シラス(台地)　⑵　エ　**問３**　ア　**問４**　エ　**問５**　有明海　**問６**　ウ　**問７**　⑴　エ　⑵　ウ　**問８**　エ　**2** **問１**　ウ　**問２**　ウ　**問３**　大日本帝国憲法　**問４**　原敬　**問５**　(例)　国が地主から土地を買い上げ，小作人に安く売ること。　**問６**　エ　**問７**　エ　**問８**　イ　**問９**　治安維持法　**問10**　ア　**3** **問１**　勤労　**問２**　⑴　ウ　⑵　エ　**問３**　団結(権)　**問４**　エ

**解　説**

**1 九州地方の地形や産業，地形図の読み取りなどについての問題**

**問１**　政令指定都市は内閣が定める政令で指定された人口が50万人(実際には一定の条件を満たした70万人程度)以上の都市で，ほぼ府県並みの行財政権を持ち，国と直接行政上の手続きを行うことができる。九州地方には福岡県福岡市，北九州市，熊本県熊本市の３つの政令指定都市がある。

**問２**　⑴　九州南部には，シラスとよばれる火山灰土の台地が広がっている。シラスは水持ちが悪いため稲作には適さず，シラス台地が広がる地域では畑作や畜産を中心とした農業が行われている。

⑵　地図１中のＡは長崎県，Ｂは佐賀県，Ｃは福岡県，Ｄは大分県，Ｅは熊本県，Ｆは宮崎県，Ｇは鹿児島県である。アは生産量の大部分を第１位の北海道が占《し》めていることから小麦，イは気候の温暖な和歌山県・愛媛県・静岡県・熊本県が上位に入っていることからみかん，ウは生産量の第１位が鹿児島県であることからサツマイモと判断できる。よって，残ったエがえび類となる。

**問３**　畜産が農業出荷額の半分以上を占めることから③が宮崎県で，米の占める割合が非常に少ないことから④が東京都とわかる。残った①と②のうち，ほうれんそうの生産量が全国第１位，ねぎの生産量が第２位の埼玉県が野菜の割合が多い①にあてはまり，残った②が長崎県となる。統計資料は『日本国勢図会』2021／22年版などによる(以下同じ)。

**問４**　16世紀末に豊臣秀吉が朝鮮出兵を行ったさい，九州地方の大名たちが朝鮮から多くの陶工《とうこう》を日本に連れて帰り，江戸時代には彼らによってすぐれた陶器が各地でつくられるようになった。有田焼(伊万里焼)はそのうちの１つで，李参平《りさんぺい》という朝鮮人陶工によって始められ，佐賀県を代表す

る伝統工芸品となっている。なお，アは石川県，イは岩手県，ウは京都府の伝統工芸品。

**問５**　有明海は長崎県・佐賀県・福岡県・熊本県に囲まれた海域で，干満の差が全国で最も大きい。また，干潮時の干潟《ひがた》の面積は，日本全国の干潟の約４割にあたる。大小100を超《こ》える河川が流れこむことや塩分濃度が変化することなどがのりの養殖に適しており，ムツゴロウやシオマネキなどが生息する多様な生態系も見られる。

**問６**　「質の高い教育をみんなに」という目標を達成するための取り組みとしては，文字の読み書きや計算といった基礎《きそ》的な教育を行うこと，学校の設備やインターネットを使える環境を整えることなどがあげられる。また，より長時間働くことが「働きがい」につながるとはいえず，近年過労死などの問題を背景として，長時間労働を改善するための取り組みが進められている。よって，ウがあやまっている。

**問７**　(1)　長崎県は，壱岐《いき》・対馬《つしま》など多くの島々や半島からなり，海岸線には入り組んだリアス海岸も見られる。また，陸では佐賀県とのみ接している。こうしたことから，島の数は全国一，海岸線の長さは北海道について全国第２位となっている。　(2)　熊本県阿蘇《あそ》市周辺には，阿蘇山の中央火口丘群から流れ下る川がくり返し氾濫《はんらん》し，土砂が堆積《たいせき》することによって形成された扇状地《せんじょうち》が広がっているので，ウがあやまっている。なお，三角州は河口付近に土砂が堆積してできた地形である。

**問８**　地形図中の□で囲まれた範囲《はんい》が阿蘇山のふもとに位置していることから，このハザードマップは土砂災害の被害を想定したものだと考えられる。Ｄ地点の老人ホーム(⌂)の周囲には危険地域であることを示す色がつけられていないが，危険地域，あるいは警戒《けいかい》区域や特別警戒区域を通らないと避難《ひなん》場所に行けないため，避難場所への移動は危険が大きいと考えられる。なお，Ｃについて，西巌殿寺《さいがんでんじ》から東(右)の道路を通って避難すると，途中で記念碑《ひ》(Ω)や官公署(ö)，郵便局(〶)は見られるが，消防署(Y)は見られない。

**２　近代の歴史的なことがらについての問題**

**問１**　1937年，近衛文麿《このえふみまろ》内閣が成立したあと，北京《ペキン》郊外の盧溝橋《ろこうきょう》付近で日中両国軍が衝突《しょうとつ》した。この盧溝橋事件をきっかけに日中戦争が始まり，日本軍は半年以内に当時の中国の首都である南京《ナンキン》を占領した。なお，アは1894～95年，イは1941～45年，エは1904～05年のできごと。

**問２**　a　国際連盟は，第一次世界大戦(1914～18年)後の1920年にアメリカ合衆国大統領ウィルソンの提唱で発足した国際平和機関である。　b　1933年，国際連盟はリットン調査団の報告書にもとづいて，満州からの日本の撤退《てったい》を求める勧告《かんこく》案を採択《さいたく》したが，日本政府はこれを不服として国際連盟を脱退《だったい》したので，正しい。

**問３**　大日本帝国憲法は，伊藤博文らが君主権の強いドイツ(プロイセン)の憲法を参考として作成したもので，1889年２月11日に発布され，日本が太平洋戦争に敗れるまで施行されていた。この憲法において，天皇は国の元首とされ，国を治める主権が天皇にあった。また，国民は天皇に従う臣民とされ，兵役などの義務が課された一方で，基本的人権は法律の範囲内でしか保障されなかった。

**問４**　寺内正毅《まさたけ》内閣が米騒動《そうどう》の責任をとって総辞職すると，代わって立憲政友会総裁であった原《はら》敬《たかし》が内閣総理大臣に就任し，陸軍大臣，海軍大臣，外務大臣を除く大臣を立憲政友会の党員が占める初の本格的な政党内閣が成立した。原は平民宰相《さいしょう》として期待を集めたが，労働運動や普通選挙に反対をとなえ，1921年に東京駅構内で暗殺された。

**問５**　連合国軍総司令部(GHQ)によって行われた農地改革は，農村を民主化するための政策で，政府が地主の土地を強制的に買い上げ，土地を持たない小作人に安く売り渡した。これにより，小作人の多くは自分の農地を持つ自作農になった。

**問６**　馬借は，馬の背中に客から預かった荷物を積み，町・村・港などの間を行き来した運送業者である。室町時代には，貨幣《かへい》の流通とともに土倉・酒屋などの高利貸しが発達し，馬借・車借とよばれる業者が商品の運送を担当した。なお，借上は平安時代末期から室町時代初期にかけて活動した高利貸し。

**問７**　ａ　犬養 毅《いぬかいつよし》首相は満州国建国に反対していたため，1932年５月15日，海軍の青年将校らによって暗殺された(五・一五事件)。　ｂ　1936年２月26日，陸軍の青年将校らが首相官邸《かんてい》や警視庁などを襲《おそ》い，軍政府を樹立しようとする事件を起こしたが，反乱軍として鎮圧《ちんあつ》された(二・二六事件)。

**問８**　第一次世界大戦は，1914年６月にオーストリア皇太子夫妻がボスニア・ヘルツェゴビナの首都サラエボでセルビア人青年に暗殺されるという事件をきっかけに始まり，ロシア・フランス・イギリスなどの連合国と，ドイツ・オーストリアなどの同盟国との間で戦争へと発展した。アメリカは当初中立を守っていたが，1917年２月にドイツが交戦水域に入った船を無差別に沈《しず》める作戦に出たため，同年４月に連合国側に立って参戦した。

**問９**　治安維持法は，革命思想を持つ人々や社会主義運動を取りしまるため1925年に制定された法律で，のちには国家の方針とちがうさまざまな活動の弾圧に利用され，違反した人々の刑罰《けいばつ》も重くなった。

**問10**　徴兵令は，富国強兵を目指すため1873(明治６)年に制定された法律で，満20歳以上の男子に３年間の兵役の義務が課されたが，免除規定も多かった。

**３**　**労働や少子高齢化についての問題**

**問１**　日本国憲法第27条では，「すべて国民は，勤労の権利を有し，義務を負ふ《(う)》」と規定されている。また，勤労の義務は，普通教育を受けさせる義務・納税の義務とともに国民の三大義務として位置づけられている。

**問２**　(1)　原則として，満75歳以上の高齢者が負担する医療《いりょう》費は実際にかかった金額の１割，満70～74歳の高齢者が負担する医療費は実際にかかった金額の２割で，残りの多くが税金などでまかなわれている。また，高齢者への年金給付費も高齢化の進展にともなって増えていくので，これらにあたる社会保障費が増大する。　(2)　少子高齢化の影響により，労働人口が減っていくと予測されているため，介護《かいご》の分野などをはじめとして人手不足となる。そうしたことから，定年退職の年齢を引き上げたり，海外からの労働者を受け入れたりすることで人材を確保する企業《きぎょう》が多くなると考えられる。

**問３**　労働者が労働時間や賃金などの労働条件の維持・改善を図るために，労働組合を結成して活動する権利を団結権といい，団体交渉《こうしょう》権・団体行動権とともに労働三権にふくまれる。

**問４**　働いている期間に保険料をおさめ，高齢になったときや障害を負ったときに一定の金額を受け取ることができるしくみを年金保険という。なお，アは医療保険，イは雇用《こよう》保険，ウは地震保険についての説明。

## 理　科　＜第１回午前入試＞（社会と合わせて60分）＜満点：50点＞

### 解　答

[1] 問１　(ア)　10g　(イ)　40g　問２　（３，１，１）　問３　（４，２，１）　問４　４段目まで　[2] 問１　(1)　22.4cm³　(2)　11.2cm³　問２　６mg　問３　67.2cm³　問４　33.6cm³　[3] 問１　カ　問２　ア，オ　問３　イ　問４　ウ　[4] 問１　①　オリオン座　②　おおいぬ座　③　こいぬ座　問２　ア　問３　（例）　シリウスが一番地球に近いから。

### 解　説

**[1] つりあいと重心についての問題**

**問１**　(ア)　棒を糸でつるしている点(支点)から棒のはしまでの長さが左右で等しいので，つるしたおもりの重さも等しいときにつりあう。よって，(ア)のおもりの重さは10ｇである。　(イ)　支点が棒の真ん中にない場合は，(おもりの重さ)×(支点からの長さ)の値が支点の左右で等しいときにつりあう。よって，(イ)のおもりの重さを□ｇとすると，□×10＝10×40より，□＝40(ｇ)である。

**問２**　全体の重心は直方体の中心にあり，中央の立方体の中心(重心)の位置に一致《いっち》する。よって，その位置は（３，１，１）である。

**問３**　下の直方体の重心の位置は問２で求めた（３，１，１）であり，上の直方体の重心の位置は，３つの立方体のならびの中央にある立方体の中心(重心)で（５，３，１）である。この２つの重心を結んだ直線の真ん中の位置，すなわち求める全体の重心の位置は（４，２，１）となる。

**問４**　右の図のように，４段目のブロックを重ねたときは，問３と同じブロックを２つ使って，上にずらして積み重ねた状態になる。このとき，全体の重心Ｇの位置は，下のブロックの重心Ｇ１と上のブロックの重心Ｇ２を結ぶ直線の真ん中となり，Ｄの真上に位置しているのでブロックは倒《たお》れない。しかし，この上に５段目を重ねると全体の重心の位置がＤの真上より右にいくのでブロックは倒れてしまう。

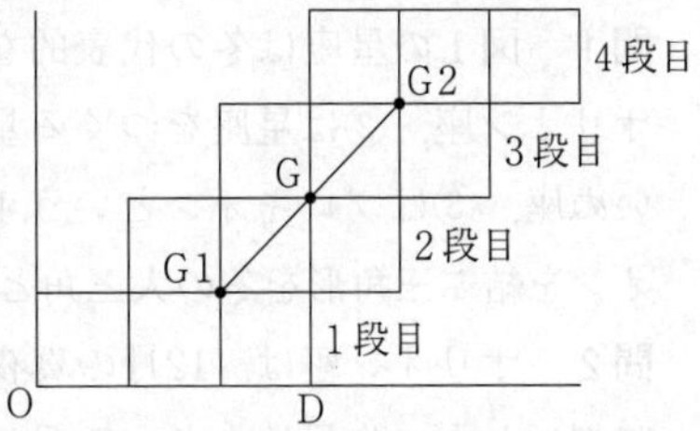


**[2] 物質の燃焼についての問題**

**問１**　二酸化炭素の発生量が，メタンの燃焼の例に示された値の，$11.2 \div 22.4 = \frac{1}{2}$(倍)なので，反応した酸素やメタンの体積もそれぞれ$\frac{1}{2}$倍となる。よって，反応した酸素は，$44.8 \times \frac{1}{2} = 22.4$(cm³)，メタンは，$22.4 \times \frac{1}{2} = 11.2$(cm³)である。

**問２**　二酸化炭素の発生量が，炭素の燃焼の例に示された値の，$11.2 \div 22.4 = \frac{1}{2}$(倍)なので，完全燃焼させる炭素の重さは，$12 \times \frac{1}{2} = 6$(mg)である。

**問３**　完全燃焼させるエタンの体積33.6cm³が，エタンの燃焼の例に示された値の，$33.6 \div 44.8 = \frac{3}{4}$(倍)なので，発生する二酸化炭素の体積も$\frac{3}{4}$倍で，$89.6 \times \frac{3}{4} = 67.2$(cm³)である。

**問４**　エタン56.0cm³が完全燃焼して発生する二酸化炭素の体積は，$89.6\times\frac{56.0}{44.8}=112(\mathrm{cm^3})$なので，メタンの燃焼によって発生した二酸化炭素の体積は，$145.6-112=33.6(\mathrm{cm^3})$である。よって，反応したメタンの体積は，$22.4\times\frac{33.6}{22.4}=33.6(\mathrm{cm^3})$である。

### 3　発光する生物についての問題

**問１**　ホタルのはらのおしりに近いところに，発光器というつくりがあり，その中にあるルシフェリンという発光物質が，ルシフェラーゼという酵素《こうそ》の助けを得て光を出す。

**問２**　体内に背骨をもつ動物をセキツイ動物，背骨をもたない動物を無セキツイ動物という。無セキツイ動物にはこん虫のなかま，エビやカニなどの甲かく類のなかま，クモやムカデのなかまのほか，タコやイカ，貝などの軟体《なんたい》動物のなかま，ウニやヒトデなどのなかまが属する。セキツイ動物には，マグロなどの魚類，カエルなどの両生類，カメやヘビ，ワニなどのは虫類，ハトやスズメなどの鳥類，イヌやネコ，ヒトなどのほ乳類の５つのグループが属する。

**問３**　図からわかるように，海底側からイカを見た場合，発光していないイカはそのかげがはっきりと見えるので外敵に見つかりやすい。発光しているホタルイカは海面からの光にまぎれて見えにくく，外敵に見つかりにくくなる。

**問４**　動物が他の生き物とそっくりなすがたになったり，まわりの物や風景にとけこんで見つかりにくくしたりすることを擬態《ぎたい》という。縄張《なわば》りは動物が自分のえさ場など一定の区域を独占《どくせん》して主張する行動やその区域のこと，寄生は他の生物にとりつき，その生物から栄養分などをもらって生活することである。

### 4　星座や星についての問題

**問１**　図１の星座は冬の代表的な星座で，①はベテルギウスとリゲルという２つの１等星をもつオリオン座，②は星座をつくる星の中でいちばん明るく見えるシリウスという１等星をもつおおいぬ座，③はプロキオンという１等星をもつこいぬ座である。ベテルギウス，シリウス，プロキオンを結ぶ三角形を冬の大三角という。

**問２**　オリオン座は，12月の真夜中(午前０時)ごろに南中する。星座が同じ位置(方位)に見える時刻はしだいに早くなり，１月には午後10時ごろ，２月には午後８時ごろに南中するようになる。したがって，図１の星空を午後８時に観察したのは，１月ごろの南東の空と考えられる。

**問３**　地球から見た星の明るさは，星自身の明るさ(光の強さ)だけでなく，星の大きさや地球からの距離《きょり》によっても決まる。３つの星の中で，同じ32光年離《はな》れたところから見たときの明るさがいちばん暗いシリウスが地球から見るといちばん明るく見えるのは，地球からの距離がいちばん近いからである。

## 国　語　＜第１回午前入試＞（50分）＜満点：100点＞

**解　答**

一　①　けいしょう　②　れんさ　③　さび(れた)　④～⑩　下記を参照のこと。

二　問１　A　ウ　B　オ　C　ア　D　イ　問２　ウ　問３　特　問４　エ　問

5　昆虫を呼び～ばせるため　**問6**　オ　**問7**　（例）花の種類が識別できず，飛ぶ力もそんなに強くないアブに，花粉を運んでもらうため。　**問8**　ウ　**問9**　ウ，オ　**三** **問1**　a　イ　b　ア　**問2**　A　オ　B　イ　C　ア　D　ウ　**問3**　イ　**問4**　エ　**問5**　ウ　**問6**　ウ　**問7**　三（文節）　**問8**　エ　**問9**　（例）自分が果穂に何もしてあげられないことに負い目を感じていたが，宮下さんの言葉に心がなぐさめられたから。

**四** **問1**　（例）**媒体**…インターネット／年齢層が上がるにつれて，使用率が著しく低下している。高齢層は電子機器の扱いに長けていない人が多いからだと考えられる。　**問2**　（例）**媒体**…インターネット／必要だと思ったときにすばやく情報を得られるのが利点であり，情報の信用性があまり高くないのが欠点である。

**●漢字の書き取り**

**一**　④　翌日　⑤　密閉　⑥　困難　⑦　圧巻　⑧　諸国　⑨　下降　⑩　拝(む)

**解説**

**一**　**漢字の読みと書き取り**

①　身分や財産などを受けつぐこと。　②　物事がたがいに関わり合ってつながること。　③　音読みは「ジャク」「セキ」で，「静寂《せいじゃく》」「寂寞《せきばく》」などの熟語がある。　④　次の日。　⑤　すき間なくぴったりと閉じること。　⑥　物事をするのが非常に難しいようす。　⑦　全体の中で最もすぐれている部分。　⑧　いろいろな国。　⑨　下に向かって移動，変化すること。　⑩　音読みは「ハイ」で，「拝観」などの熟語がある。

**二**　**出典は稲垣栄洋《いながきひでひろ》の『雑草はなぜそこに生えているのか―弱さからの戦略』による。**野生の植物が花を咲《さ》かせるのは，昆虫《こんちゅう》を呼び寄せて花粉を運ばせるためである。筆者は，黄色い花とアブの関係や紫色《むらさきいろ》の花とハチの関係を例にあげて，花の色や形にもすべて合理的な理由があると述べている。

**問1**　A　ミツバチが「自分の餌《えさ》だけでなく，家族のために～蜜《みつ》を集める」ことを「植物にとっては，それだけ，たくさんの花粉を運んでもらえることになる」と言いかえているので，前に述べた内容を“要するに”とまとめて言いかえるときに用いる「つまり」があてはまる。　B「ハチは頭が良く，同じ種類の花を識別して花粉を運んでくれる」と述べた後で，「ハチは飛翔《ひしょう》能力が高いので，遠くまで飛ぶことができる」とハチが花粉を運ぶ場合の良さを続けているので，あることがらに次のことがらをつけ加えるはたらきの「また」がふさわしい。　C「ハチは頭が良く，同じ種類の花を識別して花粉を運んでくれ」，そのうえ「飛翔能力が高いので，遠くまで飛ぶことができる」ということによって，「ハチが花粉を運んでくれる植物は，離れて咲いていても，しっかりと花粉を運んでもらうことができる」という文脈なので，前のことがらを理由・原因として，後にその結果をつなげるときに用いる「そのため」が合う。　D「ハチを呼び寄せる花は，たっぷりの蜜《みつ》を用意してハチを出迎《でむか》える」と述べた後で，「これには問題があった」と述べているので，前のことがらを受けて，期待に反することをみちびく「ところが」があてはまる。

**問2**　「卵が先か鶏《にわとり》が先か」は，二つの関連したできごとのどちらが先に起きているかわからないことを表す。

**問3**　「普通」は，ありふれたものであること。対義語は「特殊」「特異」「特別」である。

**問４**　元の形に戻すと，「優秀だ」「複雑だ」「身近だ」「小さい」となり，エが異なる。

**問５**　二つ前の段落に注目すると，「野生の植物が花を咲かせる」目的について「昆虫を呼び寄せて花粉を運ばせるためである」と述べられている。

**問６**　「花粉」は「花」の「粉」であり，上の字が下の字を修飾《しゅうしょく》している。「牛」の「肉」と読めるオの「牛肉」が同じ組み立てになる。アの「着席」は上の漢字が動作を表し，下の漢字が動作の対象を表す組み立て。イの「岩石」は同じような意味の漢字を，ウの「高低」は反対の意味の漢字をそれぞれ重ねた組み立て。エの「雷鳴」は上の漢字が動作の主語を，下の漢字が動作を表している。

**問７**　前の部分で「アブはあまり頭の良い昆虫ではないので，花の種類を識別」せずに「種類の異なるさまざまな花を飛び回ってしまう」が，種類の異なる植物の花粉を運ばれても種子《しゅし》ができないことが説明されている。さらに波線部３の直前の一文には，「小さなアブは飛ぶ力がそんなに強くないので，まとまって咲いていれば，近場の花を回ってくれる」とある。したがって「春先に咲く野の花」は，アブに花粉を運んでもらうために「集まって咲く」のである。

**問８**　続く部分に注目する。「紫色の花」の例として「ホトケノザ」の花の構造を説明した後で，「蜜標が蜜のありかを示すサインだということが理解できる頭の良さ，そして花の奥《おく》へと入っていくことのできる勇気と体力を持った虫だけが，蜜にありつくことができる」と述べられている。よって，ウが選べる。

**問９**　波線部３の三つ後の段落に「ミツバチなどのハナバチは，植物にとっては，もっとも望ましいパートナーである」と述べた後で，植物にとっては「たくさんの花粉を運んでもらえる」とその理由を説明している。この内容にウが合う。また，「ホトケノザ」「スミレ」といった紫色の花の構造を説明した後に，最後の段落で「ハチだけが蜜を得られるように進化している」と述べているので，オがふさわしい。

**三**　**出典は伊与原新《いよはらしん》の『八月の銀の雪』所収の「海へ還《かえ》る日」による。**離婚《りこん》後一人でむすめの果穂《かほ》を育てている「わたし」は，宮下《みやした》さんに絵のモデルを依頼《いらい》される。

**問１**　**a**　「気安い」は，うちとけているようす。　**b**　「おもむろに」は，落ち着いてゆっくりと行動するようす。

**問２**　**A**　果穂の言葉に宮下さんが大げさにおどろいてみせた仕草なので，オがふさわしい。　**B**　直前に「にんまり」とあるので，笑顔《えがお》になることを意味するイがあてはまる。　**C**　「イルカやクジラの群れ」では「母親以外のメスが，子育てを助けることがよく」あるという話を聞いて，父親は何をしているのかと不満に思う気持ちから言葉を発しているので，声がこわばっているようすを表すアが合う。　**D**　「オスは，何をしてるんですか」という「わたし」の言葉に対して網野《あみの》先生が「とくに何も」と答えたときの行動なので，頭をふって否定の気持ちを表すウが合う。

**問３**　「ぺたぺた」は，足音を表している。同じように物音や動物の鳴き声をまねて表した擬音語《ぎおんご》は，イである。ほかは，ものごとのようすをいかにもそれらしく表した擬態語である。

**問４**　直前に注目する。「わたし」は，「一人で何でもやろうとしても，いずれ行き詰《づ》まります」という網野先生の言葉を「まるで，自分のことを言われているよう」に感じ「目を伏《ふ》せ」ていることから，後ろめたさを感じていることがわかる。よって，エが選べる。

**問５**　直前の「学者でも画家でもないのに，クジラの絵を八十三体も描くことになるんだもんねえ」という言葉には，ここまで「五十数年」も続けてきた自分に対する誇《ほこ》りとその日々をふり返っての感慨《かんがい》が感じられる。

**問６**　続く部分に注目する。「この人とわたしの違《ちが》いは，何だろう」「どうしてこんなにも違うのだろう」とあるように，「わたし」は宮下さんを自分とは遠くかけはなれたところにいると考えている。そしてそんな宮下さんの笑顔を「まぶし」いと感じているのだから，ウが合う。

**問７**　「どうして／こんなにも／違うのだろう」と区切れるので，三文節である。

**問８**　続く部分に注目する。「違う，全然。この人は，何もわかってない」と感じ，色鉛筆《えんぴつ》を握《にぎ》る手に力がこもっていることから，「わたし」は，自分たち親子のことを何も知らないのに「とっても素敵《すてき》な親子」だと言う宮下さんに不満を感じていることが読み取れる。したがって，エがふさわしい。

**問９**　「わたし」と果穂のことを「素敵な親子」だと言った宮下さんに，「わたし，きっとこの子に何も与《あた》えてやれません。何もしてやれない」と言っていることから，「わたし」は自分に負い目を感じてきたことがわかる。そんな「わたし」に宮下さんは「大事なのは，何かしてあげることじゃない。この子には何かが実るって，信じてあげることだと思うのよ」と声をかけてくれた。その言葉になぐさめられて，「わたし」は「声を上げて泣いた」のだと考えられる。

## 四　条件作文

**問１**　グラフは年代別になっているので，年代によって大きなちがいの見られる媒体《ばいたい》に注目する。「インターネット」は年代が上がるにつれて使用率が低くなっている。また，「新聞」は年代が上がるにつれて使用率が高くなっている。これらについて，理由を考えて書くとよい。

**問２**　自分の生活をふり返って考える問題である。日ごろから身の回りのことに問題意識を持ち，利点や欠点など多角的に考えることが大切である。

## Dr.福井の
# 入試に勝つ！脳とからだのウルトラ科学

### 右の脳は10倍以上も覚えられる！

手や足，目，耳に左右があるように，脳にも左右がある。脳の左側，つまり左脳は，文字を読み書きしたり計算したりするときに働く。つまり，みんなはおもに左脳で勉強していることになる。一方，右側の脳，つまり右脳は，音楽を聞き取ったり写真や絵を見分けたりする。

となると，受験勉強に右脳は必要なさそうだが，そんなことはない。実は，右脳は左脳の10倍以上も暗記できるんだ。これを利用しない手はない！　つまり，必要なことがらを写真や絵などで覚えてしまおうというわけだ。

この右脳を活用した勉強法は，図版が数多く登場する社会と理科の勉強のときに大いに有効だ。たとえば，歴史の史料集には写真や絵などがたくさん載っていて，しかもそれらは試験に出やすいものばかりだから，これを利用する。やり方は簡単。「ふ～ん，これが○○か…」と考えながら，載っている図版を5秒間じーっと見つめる。すると，言葉は左脳に，図版は右脳のちょうど同じ部分に，ワンセットで記憶される。もし，左脳が言葉を忘れてしまっていたとしても，右脳で覚えた図版が言葉を思い出す手がかりとなる。

また，項目を色でぬり分け，右脳に色のイメージを持たせながら覚える方法もある。たとえば江戸時代の三大改革の内容を覚えるとき，享保の改革は赤，寛政の改革は緑，天保の改革は黄色というふうに色を決め，チェックペンでぬり分けて覚える。すると，「“目安箱”は赤色でぬったから享保の改革」というように思い出すことができ，混同しにくくなる。ほかに三権分立の関係，生物の種類分け，季節と星座など，分類されたことがらを覚えるときもピッタリな方法といえるだろう。

Dr.福井（福井《ふくい》一成《かずしげ》）…医学博士。開成中・高から東大・文Ⅱに入学後，再受験して翌年東大・理Ⅲに合格。同大医学部卒。さまざまな勉強法や脳科学に関する著書多数。

# 2022年度　春日部共栄中学校

〔電　話〕　(048)737－7611
〔所在地〕　〒344－0037　埼玉県春日部市上大増新田213
〔交　通〕　東武スカイツリーライン・アーバンパークライン―春日部駅よりスクールバス
東武アーバンパークライン―豊春駅より徒歩20分

**【算　数】**〈第１回午後入試〉（50分）〈満点：100点〉

**注意**　１．定規，分度器，コンパス，計算機は使用してはいけません。
２．問題文中にある図は必ずしも正確ではありません。
３．円周率は3.14として計算しなさい。

**1**　次の各問いに答えなさい。

(1)　次の計算をしなさい。

$$2.5-0.625\times4\div\frac{5}{2}$$

(2)　次の □ に適当な数を入れなさい。

$$\left(0.4+3\frac{1}{5}\div\frac{8}{\square}\right)\times\left(6-\frac{7}{2}\right)=10$$

**2**　次の □ に適当な数を入れなさい。

(1)　現在，お母さんは37才，子供は12才と７才です。お母さんの年齢《れい》が２人の子供の年齢《れい》の和と等しくなるのは，今から □ 年後です。

(2)　３桁《けた》の整数で一の位の数字が３の倍数であるものは全部で □ 個あります。

(3)　次の図のように，上底 18 cm，下底 42 cm の台形ＡＢＣＤの面積をＤＥ，ＤＦで３等分しました。ＢＥの長さは　　　　cm です。

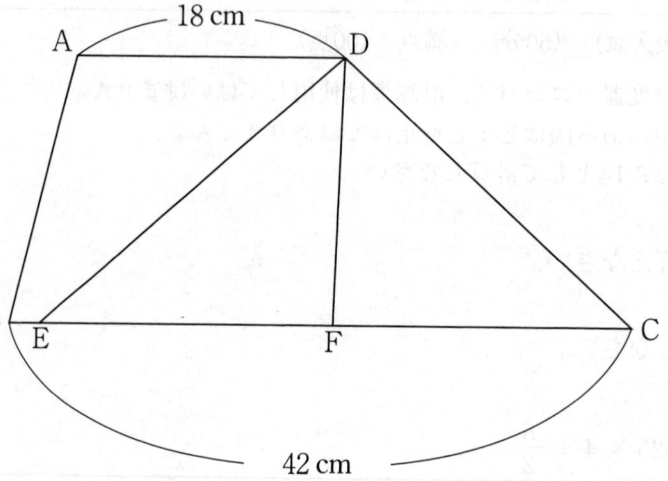


(4)　Ａさんは 60 km 離れた場所へ車で旅行に出かけました。行きと帰りは同じ道を通りましたが，帰りは途中から渋滞にあったため，行きの２倍の時間がかかりました。帰りの渋滞では時速 20 km，それ以外は行きも帰りも時速 60 km で走ったとすると，渋滞していた距離は　　　　km です。

(5)　図のような，たて 6 cm，横 9 cm の長方形の紙ＡＢＣＤをＢＤを折り目として折ったものがあります。ＤＥの長さは 6. 5 cm です。三角形ＢＥＦの面積は　　　　$cm^2$ です。

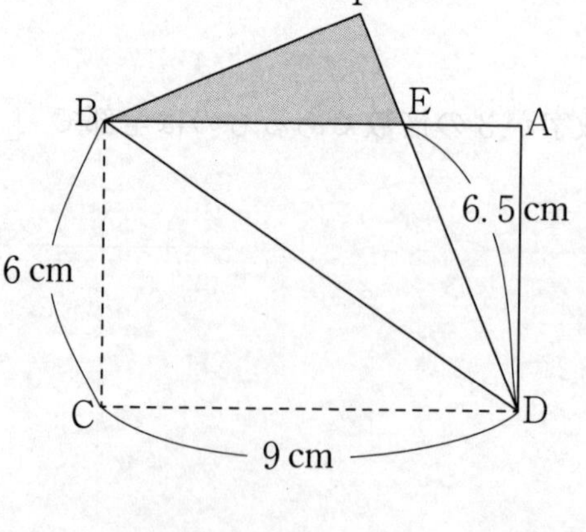

**3** 次の各問いに答えなさい。ただし，円周率は3.14とします。

(1) 図のような，たて4cm，横7cmの長方形ＡＢＣＤから１辺の長さが1cmの正方形ＥＦＧＨをくりぬいた図形があります。この図形の中を半径1cmの円板が動きます。このとき，次の問いに答えなさい。

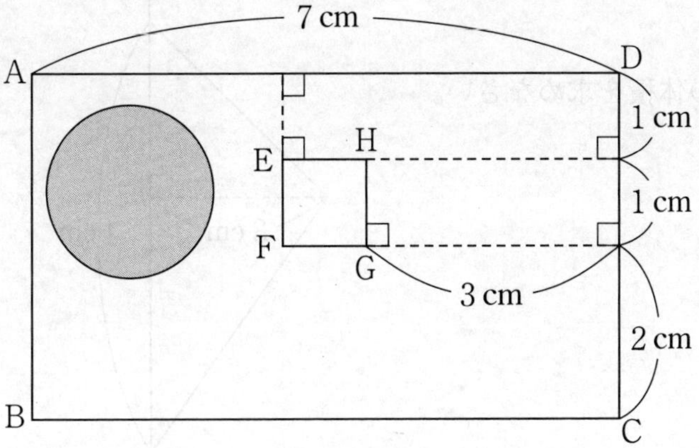


① 円板が通過できる部分を斜線《しゃせん》で示しなさい。

② 円板が通過できる部分の面積を求めなさい。

(2)　図のような図形を，軸《じく》（ア）で１回転してできる立体について，次の問いに答えなさい。

①　この立体の体積を求めるときの途中《とちゅう》式を書きなさい。

②　この立体の体積を求めなさい。

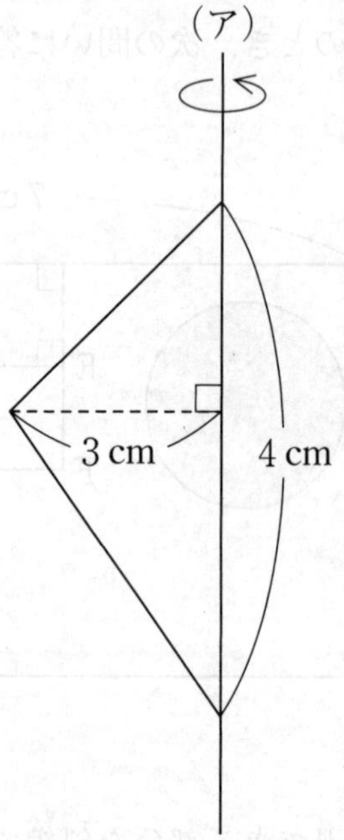


## 4

次のように，２の倍数と３の倍数を除《のぞ》いた整数を，１から順に並べます。

１，５，７，11，13，……

次の □ に適当な数を入れなさい。

(1)　23 は，はじめから数えて □ 番目です。

(2)　はじめから数えて 26 番目の数は □ です。

(3)　はじめから数えて □ 番目までの数をすべて足すと 600 です。

**5**　次のような直角三角形ＡＢＤと正三角形ＢＣＤを合わせた図形があります。
点ＰはＡを出発し，Ａ→Ｂ→Ｃ→Ｄの順に辺上を毎秒１cm の速さで動きます。
このとき，次の問いに答えなさい。

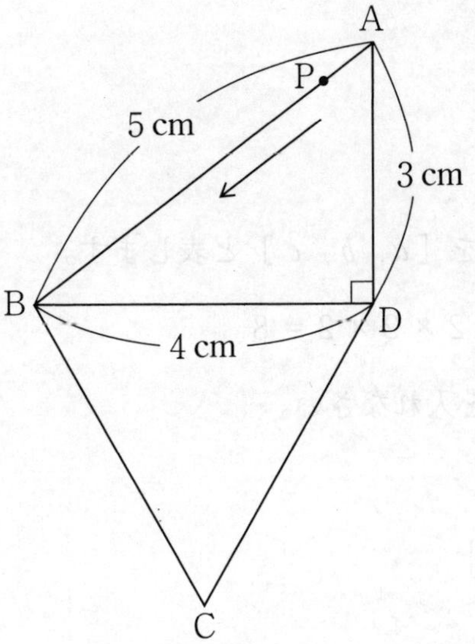


(1)　点ＰがＡを出発してからの時間と，三角形ＡＤＰの面積の関係を表すグラフとして，最も適当なものを下の（ア）～（エ）より１つ選びなさい。

（ア）

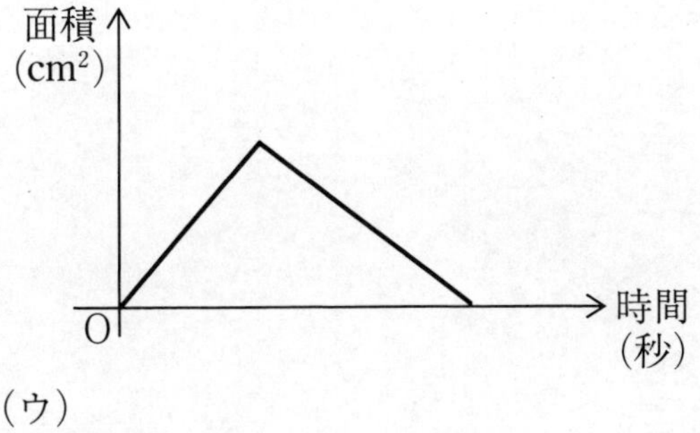


（イ）

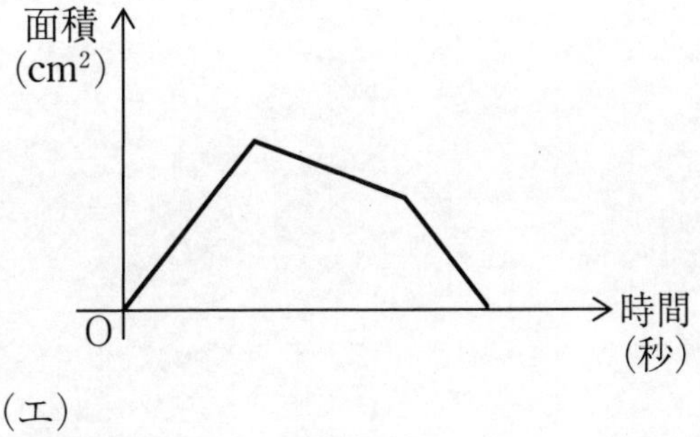


（ウ）

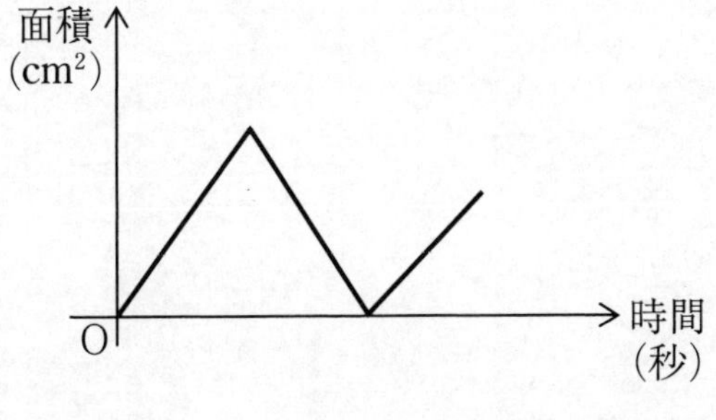


（エ）

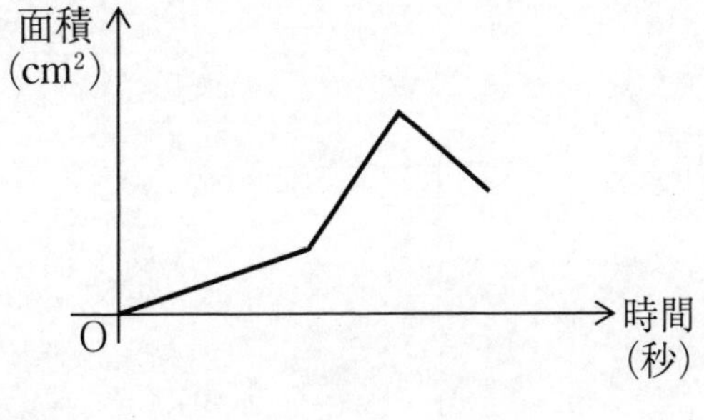

(2)　点ＰがＡを出発してから７秒後の三角形ＡＤＰの面積を求めなさい。

(3)　三角形ＡＤＰの面積が $2\frac{1}{4}$ cm$^2$ となるのは，点ＰがＡを出発して何秒後と何秒後ですか。

**6**　$a$ に $b$ を $c$ 回かけたものを［$a$，$b$，$c$］と表します。

例えば，［１，２，３］＝１×２×２×２＝８

次の □ に適当な数を入れなさい。

(1)　［３，２，２］＝ □

(2)　［１，１，［10，10，２］］＝ □

(3)　［９，３，７］＝［３，９， □ ］

【社　会】〈第１回午後入試〉（理科と合わせて60分）〈満点：50点〉

**1**　群馬県、栃木県、茨城県（北関東３県とする）に関連する次の問題に答えなさい。

問１　次の①～③の地図は、北関東３県の形をそれぞれ表しています。①～③と県名の組み合わせとして正しいものを下の**ア**～**エ**から１つ選び、記号で答えなさい。

| | ① | ② | ③ |
|---|---|---|---|
| **ア** | 茨城県 | 群馬県 | 栃木県 |
| **イ** | 茨城県 | 栃木県 | 群馬県 |
| **ウ** | 栃木県 | 茨城県 | 群馬県 |
| **エ** | 栃木県 | 群馬県 | 茨城県 |

問２　北関東３県と県庁所在地の組み合わせとして正しいものを次の中から１つ選び、記号で答えなさい。

| | 群馬県 | 栃木県 | 茨城県 |
|---|---|---|---|
| **ア** | 高崎市 | 栃木市 | 日立市 |
| **イ** | 前橋市 | 宇都宮市 | 日立市 |
| **ウ** | 高崎市 | 栃木市 | 水戸市 |
| **エ** | 前橋市 | 宇都宮市 | 水戸市 |

問３　次の表は、北関東３県の平均標高と活火山の数を表したものです。**群馬県**に当てはまるものを**ア**～**ウ**から１つ選び、記号で答えなさい。

※活火山とは現在噴火・噴気活動をしている火山、および１万年以内に噴火した火山を指します。また、県境に位置している火山はそれぞれの都道府県に含めて数えています。

| | 平均標高 | 活火山の数 |
|---|---|---|
| **ア** | 100m | 0 |
| **イ** | 461m | 3 |
| **ウ** | 764m | 5 |

【国土地理院および気象庁データより】

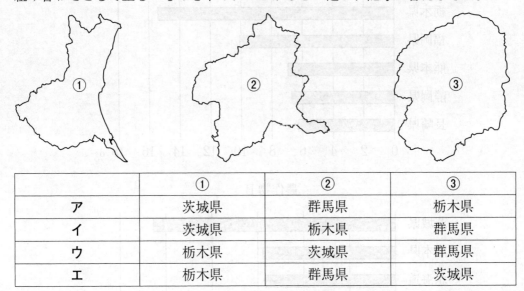

問４　次のグラフは、農作物Ａ・Ｂの日本における収穫量上位５県の全国に占める割合を示しています。農作物Ａ・Ｂの組み合わせとして正しいものを下の**ア**～**エ**から１つ選び、記号で答えなさい。

農作物Ａ

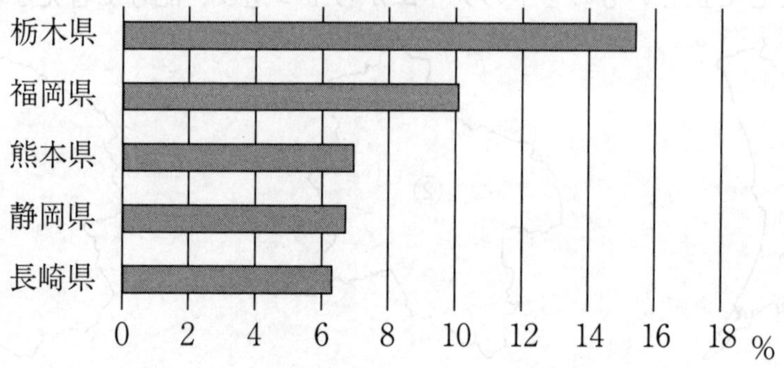


農作物Ｂ

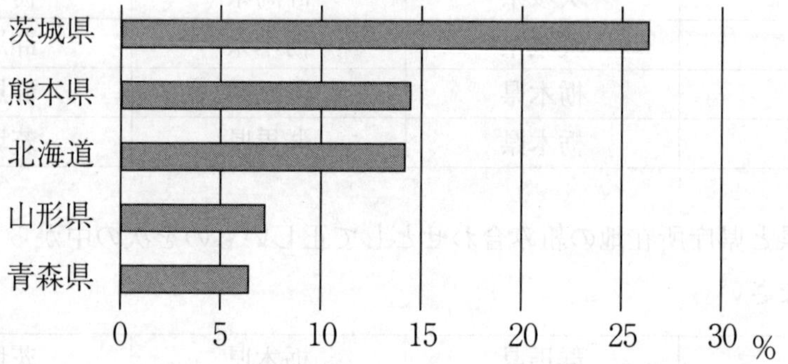


【データでみる県勢2020より】

| | 農作物Ａ | 農作物Ｂ |
|---|---|---|
| **ア** | もも | メロン |
| **イ** | もも | すいか |
| **ウ** | いちご | メロン |
| **エ** | いちご | すいか |

問５　茨城県にある鹿島臨海工業地域について説明した文として最も適当なものを次の中から１つ選び、記号で答えなさい。

**ア**　掘り込み港が造られ、鉄鋼業や石油化学工業が発達している。

**イ**　消費地に近く、交通網が整備されたことにより、自動車産業が発達している。

**ウ**　浅い海の埋め立てが積極的に行われ、造船業や繊維工業が発達している。

**エ**　付近で産出される石炭を生かして、鉄鋼業が発達している。

問６　次の表は北関東３県の観光レクリエーション施設の数を表したものです。
W に当てはまる施設を下の中から１つ選び、記号で答えなさい。

| | W | 水族館 | 動物園・植物園 | テーマパーク・レジャーランド |
|---|---|---|---|---|
| 茨城県 | 29 | 3 | 10 | 5 |
| 栃木県 | 37 | 4 | 11 | 11 |
| 群馬県 | 45 | – | 12 | 11 |

【データでみる県勢2020より】

**ア**　スキー場　　**イ**　キャンプ場　　**ウ**　海水浴場　　**エ**　映画館

問７　次の文章は、北関東３県にある都市の姉妹都市・友好都市について説明したものです。 X ・ Y ・ Z に当てはまる都市名の組み合わせとして正しいものを下の**ア**～**エ**から１つ選び、記号で答えなさい。

グルノーブル市（フランス）は、大学や研究所が多く集まり、国内の主要な研究開発の拠点となっています。両市の研究機関や大学の相互交流をきっかけに X と姉妹都市となりました。

ブールドペアージュ市（フランス）は、明治時代に造られた製糸場の技術者ポール・ブリュニャの生誕地であることから、 Y と友好都市となりました。

敦煌《とんこう》市《し》（中国）は、かつてはシルクロードの要所として発展し、市内にある仏教遺跡が世界遺産にも登録されています。両市とも世界文化遺産に登録されていることもあり、 Z と友好都市となりました。

| | X | Y | Z |
|---|---|---|---|
| **ア** | つくば市 | 富岡市 | 日光市 |
| **イ** | つくば市 | 渋川市 | 那須塩原市 |
| **ウ** | 水戸市 | 渋川市 | 日光市 |
| **エ** | 水戸市 | 富岡市 | 那須塩原市 |

問８　以下の地形図（２万５千分の１）をみて問題に答えなさい。

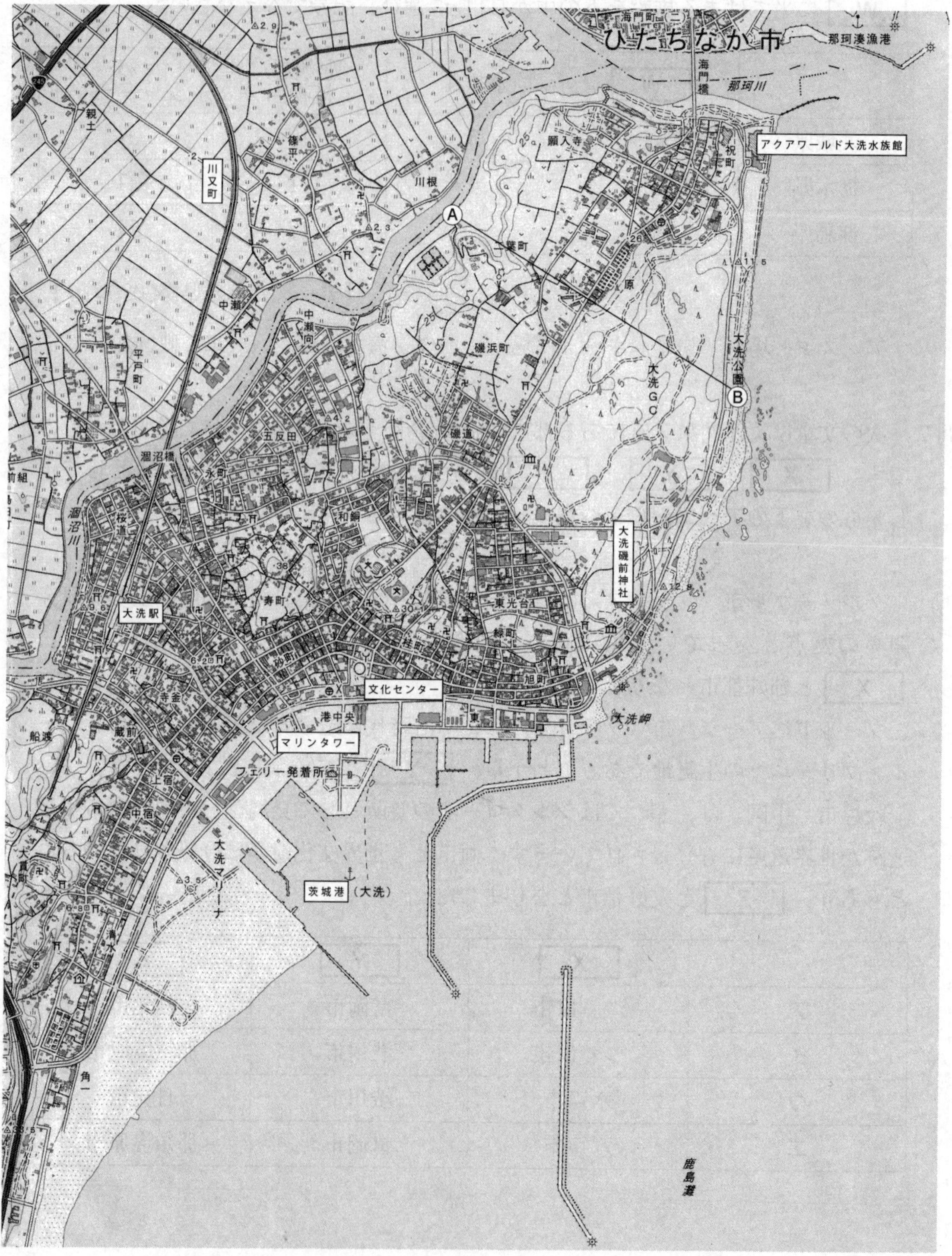


〈編集部注：編集上の都合により実際の入試問題の90%に縮小してあります。〉

(1)　アクアワールド大洗水族館から大洗磯前神社までは地図上で約８cmです。実際の距離を計算して答えなさい。

(2)　この地形図から読み取れることとしてあやまっているものを次の中から１つ選び、記号で答えなさい。

**ア**　大洗駅から南東の方角にマリンタワーがある。

**イ**　文化センターの周辺には、町役場や消防署がみられる。

**ウ**　川又町周辺では水田が広がっている。

**エ**　茨城港には発電所が数カ所設置されている。

(3)　地図中のⒶ―Ⓑで示した範囲の断面図として最も適当なものを次の**ア**～**エ**の中から１つ選び、記号で答えなさい。

**ア**

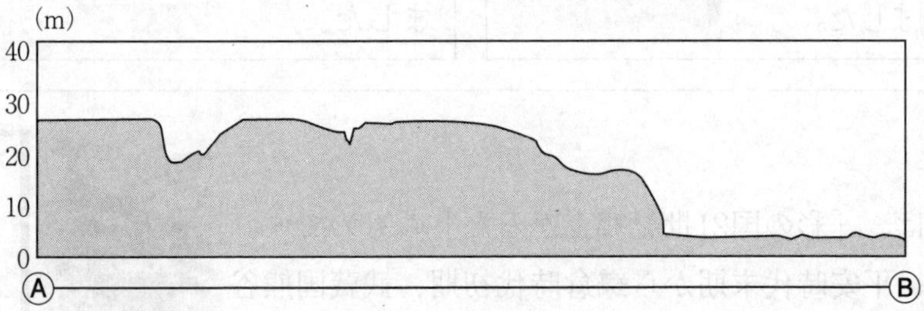


**イ**

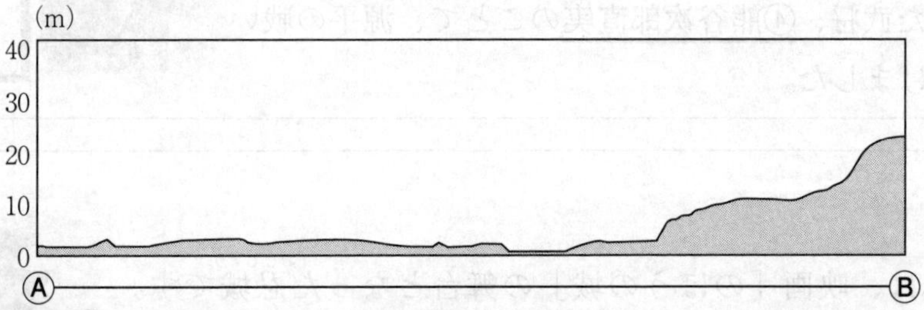


**ウ**

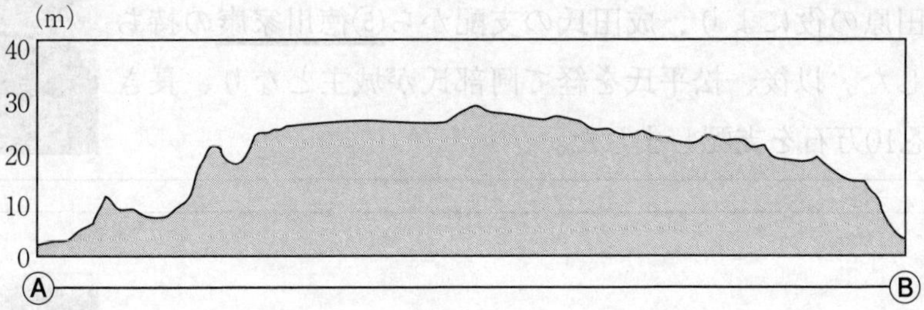


**エ**

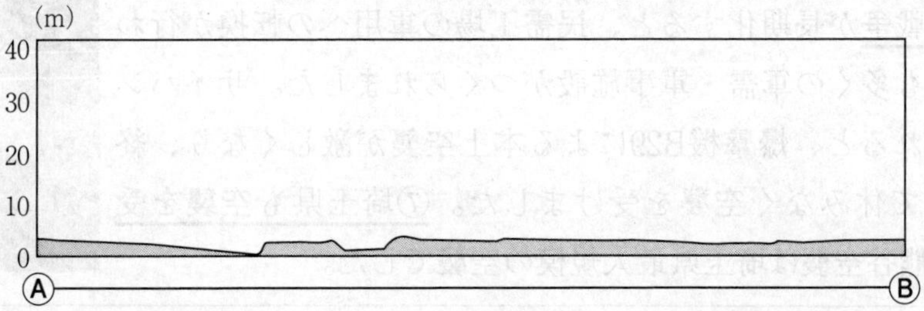

**2** 春日部共栄中学校に通うKさんは、埼玉県に関する歴史について興味をもち、資料A ～ 資料E をつくりました。これを見てあとの問いに答えなさい。

資料A

これは埼玉県①稲荷山古墳から出土した鉄剣です。熊本県の江田船山古墳から出土した鉄刀に記された人名も、ワカタケルと読みとることができ、大王の勢力が各地におよんでいたことがわかりました。

資料B

和同開珎とは、②708年に鋳造《ちゅうぞう》された貨幣です。武蔵国秩父郡から和銅（自然銅、天然の純銅）の献上があり、これを祝《しゅく》して和同開珎が作られたとともに「③和銅」に改元されました。

資料C

右の絵札は、「彩の国21世紀郷土かるた」のものです。直実公とは、平安時代末期から鎌倉時代初期、武蔵国熊谷郷で活躍した武将、④熊谷次郎直実のことで、源平の戦いで武功をあげました。

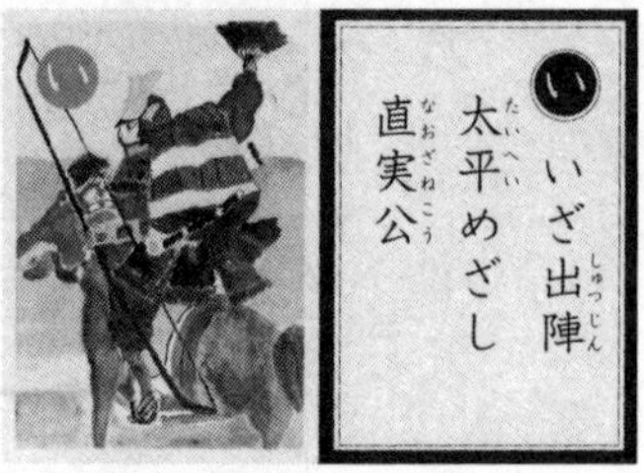


資料D

右の写真は、映画「のぼうの城」の舞台となった忍城《おしじょう》です。1590年、小田原の役により、成田氏の支配から⑤徳川家康の持ち城となりました。以後、松平氏を経て阿部氏が城主となり、長きにわたって忍10万石を支配しました。

資料E

⑥太平洋戦争が長期化すると、民需《みんじゅ》工場の軍用への転換が行われ、埼玉にも多くの軍需《ぐんじゅ》・軍事施設がつくられました。サイパン島が占領されると、爆撃機B29による本土空襲が激しくなり、終戦に至るまで休みなく空襲を受けました。⑦埼玉県も空襲を受け、中でも熊谷空襲は埼玉県最大規模の空襲でした。

問１ 資料A に関してあとの問いに答えなさい。

(1) 次の写真は下線部①と同じ形の古墳です。このような形の古墳を漢字で答えなさい。

(2) 日本で最も大きい古墳は、大阪府堺市にある仁徳天皇の墓とされています。その古墳のなまえとして正しいものを次の中から１つ選び、記号で答えなさい。

**ア** 大仙古墳　**イ** 箸墓《はしはか》古墳　**ウ** 誉田御廟山《こんだごびょうやま》古墳　**エ** 高松塚古墳

問２ 資料B に関してあとの問いに答えなさい。

(1) 下線部②に関して２年後の710年には新しい都として平城京が造られ、奈良時代が始まります。奈良時代に関して述べたものとして、正しいものを次の中から１つ選び、記号で答えなさい。

**ア** 藤原氏一族は朝廷の官職を独占し、全国に多くの荘園をもつようになっていた。

**イ** 唐の衰えなどを理由に遣唐使の停止を進言して実現させた。

**ウ** 中国の進んだ政治制度や文化を学ぶために遣隋使を派遣した。

**エ** 国ごとに国分寺・国分尼寺、総国分寺として東大寺の建立・大仏の造立を命じた。

(2) 下線部③に関して、この時の中国の王朝として正しいものを次の中から１つ選び、記号で答えなさい。

**ア** 宋　**イ** 隋　**ウ** 明　**エ** 唐

問３　次の文は、下線部④についてまとめたものです。**まとめ**の中の X ・ Y に当てはまる語の組み合わせとして、正しいものを下の中から１つ選び、記号で答えなさい。

**まとめ**

熊谷次郎直実は平家に仕えていたが、石橋山の戦い以降、源頼朝の御家人となり、数々の戦で名を上げる。

一ノ谷の戦いでは、平家の若武者である X を打ち取るが、息子ほどの年齢である若者の命を奪ったことによって戦の無情さや世の無常観を感じ、心に深い傷を負う。これが後の出家の動機となったといわれる。この時のことは『 Y 』の中に描かれ、能や歌舞伎でも熊谷次郎直実の無常観として上演されている。

ア　X　平清盛　Y　源氏物語　　イ　X　平清盛　Y　平家物語
ウ　X　平敦盛《あつもり》　Y　源氏物語　　エ　X　平敦盛《あつもり》　Y　平家物語

問４　資料D に関してあとの問いに答えなさい。

(1)　下線部⑤について書いた次の文を読んで、（　A　）の戦いがおきた位置を地図中から選び、記号で答えなさい。

下線部⑤は、三河（愛知県）の出身である。豊臣秀吉の死後、1600年に西軍・石田三成らを（　A　）の戦いで破り、江戸幕府を開いた。

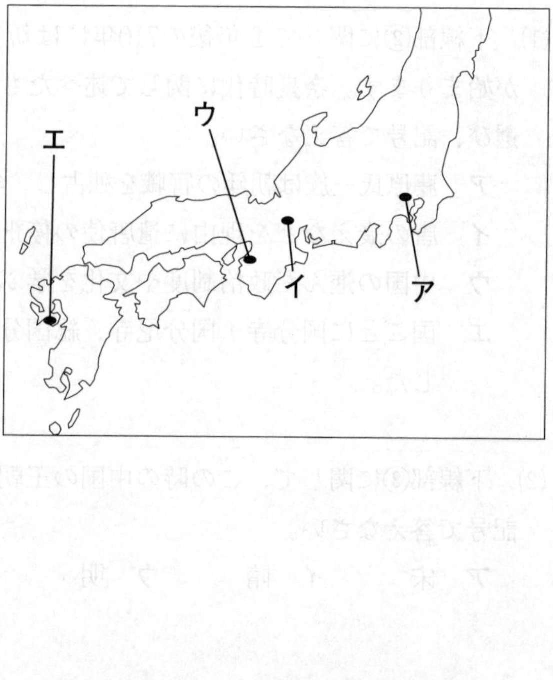

(2)　下線部⑤が開いた江戸幕府は、どのように大名を配置したか。下の**資料①**を参考にして（　B　）に当てはまる語を漢字２字で答えなさい。

**資料①**

（　B　）大名は、江戸など重要な地域に近い場所に配置された。埼玉県域には、おもに川越・忍《おし》・岩槻・岡部の四つの藩が置かれ、藩主はいずれも幕府の重臣であった。

(3)　次の家系図は、下線部⑤をはじめとした徳川家系図の一部です。系図中の（　C　）の人物がおこなった政策として正しいものを下の**ア〜エ**の中から１つ選び、記号で答えなさい。

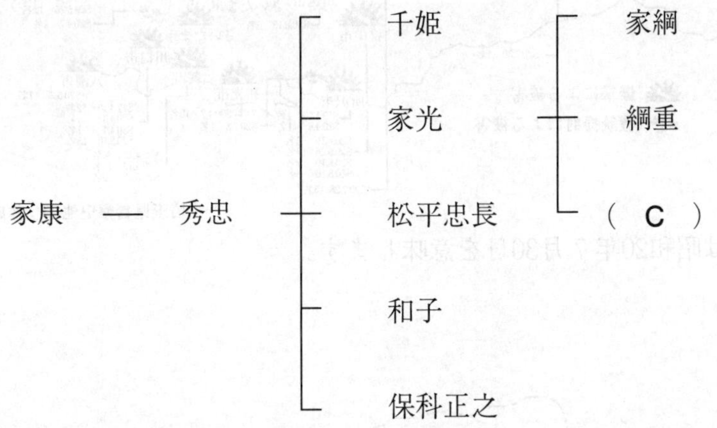


**ア**　幕府財政の再建を主な課題として、享保の改革を行った。
**イ**　物価上昇の原因となっていた、株仲間の解散を命じた。
**ウ**　人々に慈悲《じひ》の心を持たせるため、極端な動物愛護の政策をとった。
**エ**　異国船打払《うちはらい》令を出し、外国船の撃退《げきたい》を命じた。

問５　下線部⑥に関連して、次の**ア〜エ**のできごとを年代の古い順に並べ替えたときに、**３番目**に当てはまるできごとを次の中から１つ選び、記号で答えなさい。

**ア**　真珠湾攻撃　　　**イ**　ミッドウェー海戦
**ウ**　サイパン島陥落《かんらく》　**エ**　東京大空襲

問６　下線部⑦について、埼玉県のどのような地域に空襲被害が集中していたと考えられるでしょうか。次の**資料②**・**資料③**両方からわかることを簡潔に答えなさい。

**資料②**

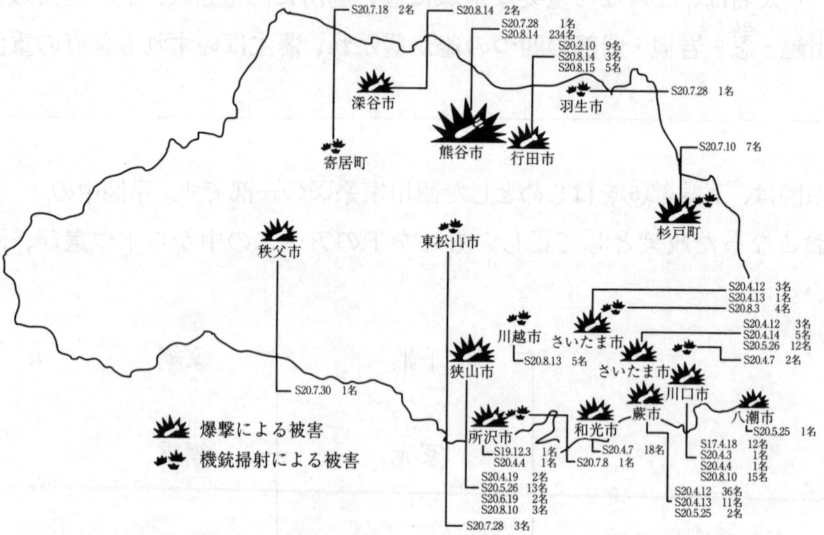


埼玉県警察史他より作成

（注）S20.7.30は昭和20年７月30日を意味します。

**資料③**

（注）地図中の「廠《しょう》」は工場、仕事場を意味します。

**3** 次の文章を読んで、あとの問いに答えなさい。

先生：「政治」とはどのようなものだと考えますか？

生徒：うーん、対立や争いを解消するために決まりを作り、解決に導《みちび》くことだと思います。ニュースなどを見ていると、①国会で政策についての話し合いや決定がされている場面をよく見ます。

先生：そうですね。日本の政治は、法律を定める国会、法律で定められたことを実施する②内閣、そして法に基づいて争いを解決する③裁判所が中心になって行われています。

生徒：以前の授業で習いました。④国の権力が一か所に集中することを防ぐためですよね。

先生：その通りです。さきほど言ってくれた国会は選挙によって選ばれた代表者によって物事を話し合って決めるという議会制民主主義の形をとっています。そのような制度をとっている日本では、私たち国民の意見を政治に反映することができるという点で、選挙は政治参加において最も重要な手段です。

生徒：選挙は政治の過程に参加するという点においてとても大事なんですね。選挙権がもらえたら必ず投票に行きます。

先生：すばらしいですね。⑤選挙権の年齢引き下げも行われましたし、選挙に行くことによって、未来の日本のあり方を決める政治にぜひ参加しましょう。

問１　下線部①に関連して、国会は国権の最高機関として国の政治の中心的な地位をしめています。また国会以外のどの機関も法律を制定することができないことから「唯一の［ X ］機関」と呼ばれています。［ X ］に当てはまることばを漢字２字で答えなさい。

問２　下線部②の仕事としてあやまっているものを次の中から１つ選び、記号で答えなさい。

**ア**　天皇の国事行為に対する助言と承認をする。

**イ**　法律案や予算を作って国会に提出する。

**ウ**　内閣総理大臣を指名する。

**エ**　外国と条約を結ぶなど、外交に関する仕事をする。

問３　下線部③に関連して、日本の司法制度に関してあやまっているものを次の中から１つ選び、記号で答えなさい。

**ア**　裁判を慎重に行い、誤りを防ぐため、１つの事件につき原則３回まで裁判を受けることができる三審制を取り入れている。

**イ**　裁判の公平性を保つため、原則だれでも実際の裁判を傍聴《ぼうちょう》することができる。

**ウ**　公正な裁判が行われるために、いかなる権力も、裁判所に干渉や圧力を加えることはできない。

**エ**　裁判官は憲法によって身分が守られており、辞めさせられることはない。

問４　下線部④のことを何と言いますか。漢字４字で答えなさい。

問５　下線部⑤に関連して、2015年の改正公職選挙法の成立により、選挙権が与えられる年齢が満20歳以上から、満［ Y ］歳以上に引き下げられました。［ Y ］に当てはまる数字を書きなさい。

**【理　科】**〈第１回午後入試〉（社会と合わせて60分）〈満点：50点〉

**1**　物体は下向きに重力という力がはたらくことで一定の割合で速さを増しながら落下していきます。

小球をさまざまな高さから、速さ０で落下させ、地面につくときの速さを調べると**表１**のようになりました。ただし、１ｍ/秒とは秒速１ｍのことを表します。また、**表１**においては重力以外の力は考えないものとします。

問１　物体が速さ20ｍ/秒で１分間に進む距離《きょり》は何ｍですか。

問２　**表１**からわかることとして最も適当なものを次の**ア**～**エ**から１つ選び、記号で答えなさい。

**ア**　地面からの高さ$h$[ｍ]が４倍、９倍になると、地面につくときの速さ$v$[ｍ/秒]も４倍、９倍になる。

**イ**　地面からの高さ$h$[ｍ]がある値をこえると、地面につくときの速さ$v$[ｍ/秒]はほとんど変わらなくなる。

**ウ**　地面からの高さが100ｍのところから物体を落としたとき、地面からの高さが10ｍの地点での速さは14.1ｍ/秒である。

**エ**　地面からの高さ$h$[ｍ]が100倍、10000倍になると、地面につくときの速さ$v$[ｍ/秒]は10倍、100倍になる。

**表１**　地面からの高さ$h$[ｍ]と地面につくときの速さ$v$[ｍ/秒]の関係

| 地面からの高さ $h$[ｍ] | 地面につくときの速さ　$v$[ｍ/秒] |
|---|---|
| 1 | 4.47 |
| 10 | 14.1 |
| 40 | 28.3 |
| 90 | 42.4 |
| 100 | 44.7 |
| 400 | 89.3 |
| 900 | 134 |
| 1000 | 141 |
| 4000 | 283 |
| 9000 | 424 |
| 10000 | 447 |
| 40000 | 893 |

雨は地面からおよそ1000ｍの高さから落下しますが、**表１**のような速さにはなりません。これは、空気から雨つぶに対して落ちる向きと逆向きの力（空気抵抗《くうきていこう》）がはたらき、速さがある値より大きくならないためです。この雨つぶの限界の速さを終端速度《しゅうたんそくど》といいます。

空気抵抗の大きさは、雨つぶの直径と雨つぶの速さで決まります。その関係を調べると次の**表２**のようになりました。

**表２**　雨つぶの直径と終端速度と空気抵抗の大きさの関係

| 雨つぶの直径 [mm] | 雨つぶの終端速度 [ｍ/秒] | 空気抵抗の大きさ |
| --- | --- | --- |
| 0.1 | 10 | 0.339 |
| 0.1 | 20 | 0.678 |
| 0.1 | 30 | 1.017 |
| 0.2 | 10 | 0.678 |
| 0.2 | 20 | 1.356 |
| 0.3 | 10 | 1.017 |
| 0.3 | 20 | 2.034 |

また、雨つぶの終端速度は【空気抵抗の大きさ】が【雨つぶの重さ】と同じになるときの速さとわかっています。

問３　**表２**からわかることとして**適当でないもの**を次の**ア～エ**から１つ選び、記号で答えなさい。

**ア**　雨つぶの終端速度が同じとき、雨つぶの直径が大きくなるほど空気抵抗は大きくなる。

**イ**　雨つぶの直径が同じとき、雨つぶの終端速度が大きくなるほど空気抵抗は大きくなる。

**ウ**　雨つぶの直径と終端速度がともに２倍になると、空気抵抗は２倍になる。

**エ**　雨つぶの直径が0.4mmで終端速度が10ｍ/秒のとき、空気抵抗は1.356と予想できる。

問４　直径が0.6mmで重さが8.136である雨つぶの終端速度は何ｍ/秒ですか。

**2** 以下の文を読み、次の各問いに答えなさい。

塩酸《えんさん》と石灰石《せっかいせき》（炭酸《たんさん》カルシウム）が反応すると気体が発生します。この反応は下の**反応Ⅰ**のように表されます。

**反応Ⅰ**　塩　酸　＋　石灰石　→　塩化カルシウム　＋　水　＋　気体**A**

石灰水に気体**A**を通じると、白く濁《にご》りました。この反応は下の**反応Ⅱ**のように表されます。

**反応Ⅱ**　石灰水　＋　気体**A**　→　炭酸《たんさん》カルシウム　＋　水

**反応Ⅱ**について、気体**A**の重さをいろいろと変えて実験をしました。その結果を下の**表**にまとめました。

ただし、気体**A**はすべて反応するものとします。

**表**　気体**A**の重さと炭酸カルシウムの重さの関係

| | 気体**A**の重さ | 炭酸カルシウムの重さ |
|---|---|---|
| 実験１ | 10 g | 25 g |
| 実験２ | （ア）g | 12.5 g |
| 実験３ | 30 g | 75 g |
| 実験４ | 20 g | （イ）g |
| 実験５ | 50 g | 125 g |

問１　気体**A**の名前は何ですか。

問２　気体**A**が固体になったものを何といいますか。

問３　**表**中の（ア）と（イ）にあてはまる数値を、それぞれ答えなさい。

問４　**表**を参考にして、気体**A**の重さと炭酸カルシウムの重さを表す関係をグラフにすると、どのようなグラフになりますか。解答欄《かいとうらん》に書きなさい。

**3** 栄太君とお父さんは家で天気予報を見ていました。その中でサクラの開花予想が流れていました。

以下はそのときの会話です。以下の会話文を読み、次の各問いに答えなさい。

栄太　お父さん、サクラの開花予想が出ているね。埼玉は４月５日ごろに開花するみたいだね。

父　そうだね。うちの近くはサクラがとてもきれいだから今年も楽しみだね。

栄太　どうしてサクラの開花予想ができるの？未来のことを当てるって難しいと思うんだ。

父　いいところに目をつけたね。次に起こることを予想することは難しいことに思えるけど、開花するための条件を調べることで予想ができるんだ。

栄太　なるほどね。どんな条件があるんだろう。日によって変化するものだよね。

父　そうだね。サクラの開花予想のように、生物の活動が季節により移り変わることを生物暦《せいぶつごよみ》ともいうんだ。他にもモンシロチョウの成虫やツバメが見られる日付も同じように予想することができるんだ。サクラの話をしているとサクランボが食べたくなるなぁ。

栄太　サクランボってサクラの実なの？

父　そうだよ。知らなかったのか。毎年おいしく食べてるじゃないか。

栄太　でもいつも見てるサクラにサクランボが付いてるのを見たことないよ？どうして？

問１　下線部からサクラが開花するための気象現象として考えられることを次の**ア**～**エ**から１つ選び、記号で答えなさい。

**ア**　日がたつにつれて気温が低くなっていく。

**イ**　日がたつにつれて気温が高くなっていく。

**ウ**　日がたつにつれて日の長さが短くなる。

**エ**　日がたつにつれて雪の降る量が増える。

問２　サクランボはサクラの果実であり中に種子が入っています。しかし普段《ふだん》見ているサクラ（ソメイヨシノ）は基本的に種子ではふえません。どのようにふえているか次の**ア**～**エ**から１つ選び、記号で答えなさい。

**ア**　葉っぱを集めておき、それを埋《う》めることでふえる。

**イ**　花びらを集めておき、それを埋めることでふえる。

**ウ**　花を切り取り、新しく植えることでふえる。

**エ**　木の枝の一部分を取り、新しく植えることでふえる。

問３　以下の図はサクラの満開日とツバメの渡来《とらい》日を示した生物暦です。サクラが満開でありながらツバメがちょうど渡来してくる写真を撮《と》るためにはどこの都市へ行けばよいですか。図中の**ア**～**オ**から１つ選び、記号で答えなさい。ただし、サクラが満開である時期はサクラの満開日から３日間とし、左右の図中**ア**～**オ**は同じ都市をさしているものとします。

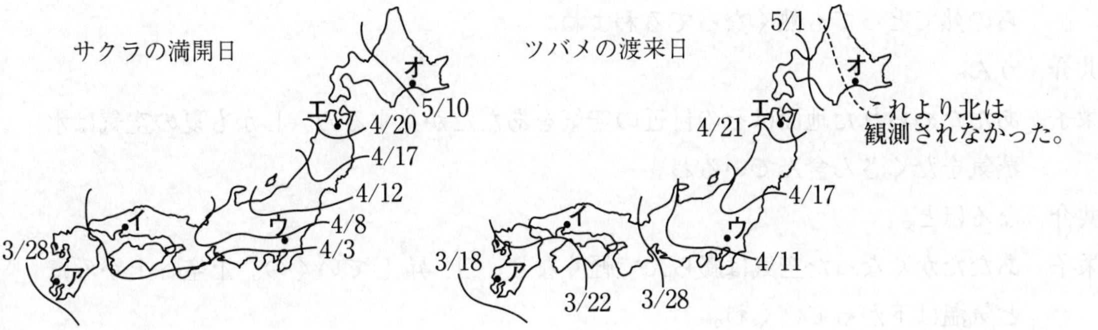


問４　サクラが満開になる日やツバメが渡来する日は、暖かい地域から順に観測されていきます。寒い地域から順に観測される植物の現象を答えなさい。

**4**　日本の天気に関する以下の会話文を読み、次の各問いに答えなさい。

共介　あいた！また静電気だ・・・この季節は静電気がたまることが多くてつらいよ。
栄子　そんなもこもこしたセーターを着込《きこ》んでいたら仕方ないじゃない。
共介　電気といえば、雷《かみなり》も電気だよね。どうやって起きているんだろう。まさかセーターと同じように、もこもこの雲同士がこすれて電気が起きるのかな。
栄子　あら、知らないの？あなたの言っていることはそんなに大きく間違《まちが》ってないわよ。こすれるのは小さな氷の粒《つぶ》なんだけどね。
共介　へぇ、氷がこすれても電気が起きるんだ。
栄子　氷の粒が上空でこすれて、そのときにたまった電気が雷になるんですって。
共介　ちょっと待ってよ！そんな上空で氷の粒はどうやってできるのさ！第一、よく雷が落ちる時って夏の夕暮れでしょう？そんな暑い季節に氷の粒なんかできるもんか。
栄子　夏だから氷の粒ができるのよ。いい？よく聞いてなさいね？夏の地面は、太陽からの熱でとっても熱くなってるわよね。
共介　うん。
栄子　あたためられた地面はその付近の空気をあたたかくするの。しかも夏の空気は水蒸気をたくさん含《ふく》んでいるわ。
共介　なるほど。
栄子　あたたかくなった空気は膨《ふく》らんで軽くなり、上昇《じょうしょう》していくの。上空へ上がるほど気温は下がっていくわ。
共介　ふむふむ。
栄子　ちょっと、頷《うなず》いてばかりいないでこの先を予想しなさいよ。
共介　うーん、、、こうじゃないかな？（　A　）。こうやって静電気が生じるんだと思う。
栄子　あら、正解よ！なかなかやるじゃない！

問１　空欄《らん》（　A　）にあてはまる文章を書きなさい。

問２　夏の夕方に発生し、短時間の大雨や雷をもたらす雲を何と呼びますか。

問３　近年ではゲリラ豪雨《ごうう》と呼ばれる狭《せま》い範囲《はんい》で短時間に降る雨が多く起こり、自然災害の一つに数えられるようになりました。豪雨によって直接もたらされる災害を一つ答えなさい。

**四**　次のグラフ及び表は「フィリピンにおける世帯所得分布」（グラフ）、「フィリピンの産業別ＧＤＰ構成比」（表）です。これらを見て後の問に答えなさい。

【グラフ】

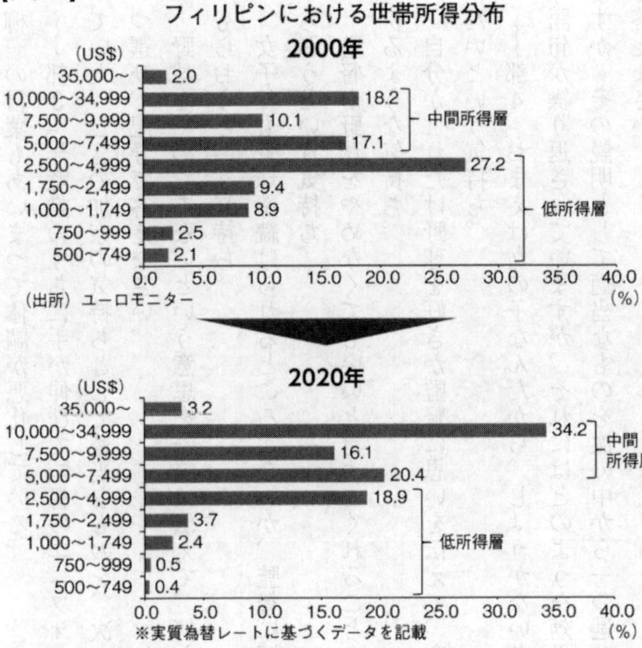


※医療国際展開カントリーレポート
新興国等のヘルスケア市場環境に関する基本情報　フィリピン編（経済産業省）をもとに作成

問一　グラフから読み取れる「世帯所得分布」の変化について、説明しなさい。

問二　表を参考にし、どうしてグラフのような変化が起こったのか、自分の考えを書きなさい。

【表】

フィリピンの産業別ＧＤＰ構成比

| | 2000年 | 2020年 |
|---|---|---|
| a. 農業、林業、漁業 | 15.2% | 10.1% |
| b. 産業部門 | 32.0% | 29.2% |
| b-1. 鉱業 | 0.8% | 0.8% |
| b-2. 製造業 | 22.5% | 18.6% |
| b-3. 建設業 | 3.3% | 3.4% |
| b-4. 公益業 | 5.4% | 6.4% |
| c. サービス部門 | 52.8% | 60.7% |
| c-1. 自動車、オートバイ、個人及び家庭用品の修理と貿易 | 18.0% | 18.7% |
| c-2. 輸送、倉庫 | 3.8% | 2.9% |
| c-3. 宿泊、飲食 | 2.0% | 1.3% |
| c-4. 通信 | 1.4% | 3.3% |
| c-5. 金融 | 4.9% | 10.1% |
| c-6. 不動産 | 7.0% | 5.9% |
| c-7. 専門サービス（ビル清掃、警備、行政書士、弁護士等） | 2.1% | 6.1% |
| c-8. 行政、防衛 | 4.7% | 5.2% |
| c-9. 教育 | 5.1% | 3.9% |
| c-10. 健康、社会活動 | 1.7% | 1.8% |
| c-11. その他 | 2.0% | 1.5% |
| 合計 | 100.0% | 100.0% |

※Philippine Statistics Authority をもとに作成

※GDP…国内総生産。国内で，１年間に新しく生みだされた生産物やサービスの金額の合計

四

から一つ選び、記号で答えなさい。

ア　中学生になったら野球をやめなければならないということを初めて意識し、焦《あせ》りと絶望を感じて呆然としている。

イ　少女を受け入れてくれる中学校の野球部がないことを改めて意識し、悲しみと焦りで何も考えられなくなっている。

ウ　女子は中学生になったら野球ができないということを柳一に突きつけられ、柳一に対して内心怒りを燃やしている。

エ　暑さによって練習後に飲んだ水分が体内からなくなっていき、柳一の言葉もあいまって体調が悪化している。

問七　～～部**3**「無意識のうちに手が伸び監督のユニフォームを握っていた」ときの加奈の気持ちとして適当なものを、次の中から一つ選び、記号で答えなさい。

ア　野球をやめたくないという意思を監督に伝えて、何とかしてもらおうという気持ち。

イ　女子でも野球を続けられるところがないか、監督に探してもらおうという気持ち。

ウ　監督が野球をやめなくてもいいと言ってくれることを期待し、祈るような気持ち。

エ　自分がどれだけ野球を好きか監督に思いを伝えて、楽になりたいという気持ち。

問八　～～部**4**「おまえは女の子なんだから、しょうがないさ」という語句が繰り返されていますが、それにはどのような効果がありますか。その説明として適当なものを次の中から一つ選び、記号で答えなさい。

ア　監督の言葉を受けて、現実を受け入れようとするもののすぐには受け止められない加奈の葛藤《かっとう》を表す効果。

イ　加奈が監督の言葉にショックを受け、何もできない自分の無力さを嘆《なげ》いていることを強調する効果。

ウ　監督の言葉にショックを受けた加奈が、なんとかしてその言葉を否定したいという気持ちを示す効果。

エ　加奈が監督の言葉にショックを受け、その言葉が頭から離れないほど傷ついている様子を表す効果。

問九　～～部**5**「加奈は一人、膝を抱えて座っていた」とありますが、ここでの加奈の様子として適当なものを次の中から一つ選び、記号で答えなさい。

ア　野球を続けたいのに続けられない現実を受け入れられず、自分の人生に意味がないように感じられて無気力になっている。

イ　野球を続けることが現実的に不可能だということを悟《さと》り、好きなものをやめなければならない悲しみとやるせなさを感じている。

ウ　女子が野球を続けられる環境がない現実をだんだんと受け入れはじめ、続けられないならすぐにでもやめようと決意を固めている。

エ　自分が野球を好きなことをよく知っている監督にまで裏切られ、これから何を信じていけばいいのかわからず途方《とほう》に暮れている。

叫《さけ》ぶように呼んでいた。

「加奈、どうした？ 帰ったんじゃなかったのか？」

「監督、あたし、中学生になったら野球、やめなくちゃならないんですか？ 続けられないんですか？」

縋《すが》るように尋ねていた。3無意識のうちに手が伸びて監督のユニフォームを握っていた。

「あ、うーん……そうだな、やめなくていいんじゃないか」

「ほんとに？」

「うん。まあ、選手というのは無理だろうが、マネジャーとかやればいいじゃないか」

マネジャー？ 監督、違うよ。あたし、そんなこと言ってないの。あたしは、あたしは……野球をやりたいの。あたしがどのくらい好きか、監督だって知ってるでしょ。

「どっちにしろ、体力的に男の子にはついていけなくなるしな。野球をするのは無理だろ。けどソフトとかなら、中学校にもあるだろうから、そっちにいけばいい」

「監督……」

「おまえは女の子なんだから、しょうがないさ。ソフトも楽しいぞ」

監督は車に乗り込んだ後、微《かす》かに眉《まゆ》をひそめた。

「送ってやろうか？」

「いえ……」

「そうか。じゃ、早く帰れよ」

白い国産の乗用車が遠ざかる。排《はい》ガスの臭《にお》いが残る。そして言葉も……。

4おまえは女の子なんだから、しょうがないさ。

鼓膜《こまく》に言葉が突き刺《さ》さる。胸の奥にも突き刺さる。地面が音をたてて崩《くず》れていくようだ。しゃがみ込む。

おまえは女の子なんだから、しょうがないさ。

泥《どろ》に汚れたユニフォームのまま、5加奈は一人、膝《ひざ》を抱えて座っていた。

三日後にチームをやめた。ユニフォームもグラブもスパイクもボールも全部、カバンに詰《つ》め込んで押し入れの隅《すみ》に押し込んだ。

（あさのあつこ『晩夏のプレイボール』より）

問一 A～D にあてはまることばとして適当なものを、次の中からそれぞれ一つ選び、記号で答えなさい。

ア ぐるりと　イ すっと
ウ スカッと　エ ぽつりと

問二 ═部a「おもねる」の意味として適当なものを、次の中から一つ選び、記号で答えなさい。

ア 他人の努力を認める　イ 負けない気持ちを持つ
ウ 気に入られようとする　エ 尊敬の念をいだく

問三 ═部b「胸が高鳴る」という語句が表す感情として適当なものを、次の中から一つ選び、記号で答えなさい。

ア 悲しみ　イ 喜び　ウ 怒り　エ 切なさ

問四 ═部c「狼狽している」とはどのような様子のことですか。適当なものを次の中から一つ選び、記号で答えなさい。

ア 思いがけない突然の出来事にひどくおどろいている様子。
イ よかれと思ってしたことが裏目に出てあせっている様子。
ウ 思ったように物事が進まず内心いらついている様子。
エ 思いがけないことに出くわしてうろたえている様子。

問五 〰部1「加奈は瞬きをしてしまった」とありますが、その理由を四十字以内で説明しなさい。（句読点も字数にふくみます）

問六 〰部2「身体がどんどん乾いてくる。水分が逃げていく」とありますが、このときの加奈の様子として適当なものを、次の中くはなかった。試合の後の疲《つか》れた身体には、沈黙《ちんもく》が似合っているのかもしれない。

「根口さんて、野球、ほんとに好きだよな」

また　C　柳一が言う。監督《かんとく》と同じ言葉だった。

「え……なんで？」

「上手だし、グラブとかちゃんと手入れしてあるし」

「あっそういうこと。うん、好きだよ。大好き。野球するのも好きだし、グラブの手入れをするのも好き」

「見てたらわかる。すごく楽しそうだもんな」

「美倉くんは？」

「おれ？　好きだよ。すげえ、おもしれえなって思う。中学校でも高校でもずっと続けるつもり。できたら……」

柳一の声が　D　低まった。声変りが始まったばかりの声音は大人と少年の匂《にお》いを同等に漂《ただよ》わせる。

「甲子園《こうしえん》に行きたい」

「甲子園」

あぁいいなと思った。足を踏《ふ》み入れたことも、直接見たこともない場所だけれど、響《ひび》きだけでb胸が高鳴る。

「いいね」

「だろ？　夢じゃなくて、必ず実現させんだ、おれ。実現したら、根口さん、応援に来てくれるよな」

応援？　加奈は口の中の唾《つば》を呑《の》み込《こ》んだ。柳一がまた、照れたような笑みを浮かべる。

「根口さんは、中学になったらどうするの？」

「え？　どうするって？」

「中学になったら、野球、やめなくちゃいけないだろ」

足が止まった。背の高い柳一を見上げる。目を見開いたまま、瞬きもできない。眼球の表面が乾《かわ》いてくる。

「どういうこと……」

「だって、今のチーム、小学生までじゃん。中学生になったら、みんなやめなきゃならないだろ」

柳一が首を傾《かし》げる。確かにそうだ。小学生を対象にしたスポーツチームだから中学生になればメンバーでいることはできない。そんなことは、わかっている。だけど野球をやめることとは別ではないか。やめようなんて、やめなければならないなんて、思いもしなかった。顔色が変わっていたのだろう、柳一の両眼が忙《せわ》しなく瞬きを繰り返し始めた。　c狼狽《ろうばい》しているのだ。

「根口さん……おれ、何か悪いこと言った？」

「あたし……野球をやめるなんて考えてないから」

「えっ……あ、だって、中学生になったら、女の子が野球できるとこ、ないぜ」

眼球が乾く。口の中も乾く。さっき飲んだ水分が音をたてて蒸発していくみたいだ。喉《のど》の奥がひりひりと痛んだ。中学校の野球部も市に三つあるリトルリーグも少年のものだ。少女を受け入れてくれるところは、どこにもない。明白な現実を今、突きつけられた。あっさりと何気なく、優越《ゆうえつ》感も憐《あわ》れみもむろん悪意も一切含《ふく》まない口調で、柳一は現実を突きつけてきた。

2身体がどんどん乾いてくる。水分が逃げていく。かさかさになって、どこかに散ってしまいそうだ。

「根口さん……」

何か言いかけた柳一を残し、加奈は駆《か》け出した。並んでゆっくりと下りてきた坂道を駆け上がる。運動公園の駐車場《ちゅうしゃじょう》に監督の姿を見つけた。車に乗り込もうとしていた。

「監督」

問九　問題文の内容として、適当なものを次の中から一つ選び、記号で答えなさい。

ア　「送料無料」の通販会社は、梱包に使用した段ボール代金、配送するドライバーの人件費、トラックの燃料費を全て負担している。

イ　以前よりトラック業界の人手不足は、社会全体で深刻な問題であるとされており、日常的に物流が滞る混乱が生じている。

ウ　ヤマト運輸は、アメリカで実現しているドローンを使用した配送サービスの実証実験を日本で行い、実用化を目指し準備を進めている。

エ　物流危機を解消するために、高速道路において大型トラックの隊列走行の実用化を目指しているが、現段階では課題が多く、実用化される日は未定である。

三　次の文章を読んで、後の問に答えなさい。

小学生の根口加奈《ねぐちかな》は幼い頃《ころ》から野球が好きで、スポーツチームで男子と共に練習に励《はげ》んできた。六年生になったばかりの春、同い年の美倉柳一《みくらりゅういち》がチームに加わり、その実力と動作の美しさに感心しながら加奈は純粋に野球を楽しみ続けていた。ある日の練習試合のあと、加奈は柳一に一緒に帰らないかと誘われ、周囲にはやし立てられながらもそれを了承《りょうしょう》した。

柳一の横に並んで歩き出すと、不思議と周りの騒《さわ》ぎは気にならなくなった。それより、並んだ相手の上背の方が気になる。ずいぶん、高い。春先にはわずかでしかなかった身長差が、今はかなりのものになっている。柳一の顔をよく見ようとすれば、視線を上向きにしなければならなかった。

晩夏の夕暮れは紅い。秋の日差しと夏の空気が交差し、入り混じりとろりと紅い夕空をつくる。

加奈の家は、試合のあった運動公園から二キロほど南になる。柳一がどこに住んでいるか知らなかった。小学校も中学校も学区が違う。加奈は柳一のユニフォーム姿しか見たことがないのだ。

「勝ててよかったね」

運動公園前の坂道を下りながら、柳一がぽつっと言った。今日の試合のことだと気がつくのに数秒かかった。ああそうかと気がついて、少し早口に答える。

「美倉くん、大活躍《だいかつやく》だったよね。エースで四番だもの。見ていて、なんか［　A　］しちゃった」

ａおもねるつもりはなかった。柳一の活躍はすばらしかったのだ。気持ちが良いほどすばらしかった。すばらしいと感じるプレイを目《ま》の当たりに見せてくれた。素直に称《たた》えたかったし、きちんと称賛《しょうさん》を伝えたいとも思った。

柳一が笑う。照れ笑いのようだった。その笑顔がとても幼く見えて、１加奈は瞬《まばた》きをしてしまった。

へぇ、こんな子どもっぽい顔、するんだ。

少し意外だった。おかしくもあった。

「根口さんも活躍したじゃん。二回のツーベース、すごかったね」

「思いっきり走ったよ。あんなに必死で走ったの、久しぶり。明日になったら、脚《あし》ががくがくしてるかも」

はははっと声を出して柳一が笑う。それから、肩を［　B　］回した。

「ちゃんと、冷やしたの？」

「うん、だいじょうぶ」

しばらく会話が途切《とぎ》れる。黙《だま》って歩いていることが、少しも気まずまっている。当面は、高速道路において、大型トラックの隊列走行の実用化を目指している。［D］、一台の有人トラックの後ろに数台の無人トラックを走行させる方式だ。テストコースでの実証実験の後、公道で実験し、実用化される見通しであるが、技術基準の確定や道路交通法の見直しなど、課題も多い。現段階では、無人車両が、狭《せま》く入り組んだ住宅街の道を通り抜け、私たちの家の前まで荷物を届けてくれる日がいつになるかは、分からない。

いずれ私たちの社会は、人を介《かい》さずに荷物を受け取る日を迎《むか》えるかもしれない。だが、人が足りずに荷物が運べない事態は、今、起きている。ドライバーが集まらず、減車する事業者は、すでに生じている。「物流危機」は、現下の課題である。

（首藤若菜『物流危機は終わらない』より）

問一　══部**a**「ガラガラ」と**異なる性質をもつことば**として適当なものを次の中から一つ選び、記号で答えなさい。

ア　モリモリ　　イ　バリバリ
ウ　サクサク　　エ　ドンドン

問二　══部**b**「呼応」と熟語の組み立てが同じものを次の中から一つ選び、記号で答えなさい。

ア　着火　　イ　不備　　ウ　公私
エ　仮定　　オ　農協

問三　［X］、［Y］に入る体の一部を表す漢字一字をそれぞれ答えなさい。

問四　［A］～［D］に入る適当なことばを、次の中からそれぞれ一つ選び、記号で答えなさい。（ただし、同じ記号を二度以上使ってはいけません）

ア　例えば　　イ　また　　ウ　つまり
エ　だが　　オ　もちろん

問五　～～部**1**「『送料無料』で送ってくれる通販会社も多い」とありますが、それはなぜですか。適当なものを次の中から一つ選び、記号で答えなさい。

ア　送料分の代金は、ネット通販の商品価格に必ず上乗せされているものだから。

イ　梱包に使った段ボール代金、配送ドライバーの人件費、トラックの燃料は全て無料だから。

ウ　送料無料という利便性の裏で、社員に対して過重労働、低賃金という犠牲を強いていたから。

エ　トラック業界の人手不足により給料を払う必要が無くなり、送料分を補い埋めてきたから。

問六　～～部**2**「ヤマト運輸で発覚した一連の出来事」とありますが、この出来事をきっかけに物流業界はどのような対応を行いましたか。四十字以内で説明しなさい。（句読点も字数にふくみます）

問七　～～部**3**「新技術の導入」とありますが、新技術の導入により将来どのようになる可能性があると考えられていますか。**ふさわしくないもの**を次の中から一つ選び、記号で答えなさい。

ア　私たちは今まで以上に早く、安く、自分の都合に合わせて荷物を受け取ることが出来る。

イ　物流倉庫における効率性が一気に向上し、物流危機の原因である人手不足が解消される。

ウ　通販サイトが、注文した履歴《りれき》から多忙な私たちの生活に合わせた商品を予測し配送してくれる。

エ　民家の少ない山間地などにドローンで荷物を配送し、上空に多くのドローンが飛ぶことになる。

問八　問題文中には次の一文が抜けています。〈ア〉～〈エ〉のどこに入れるのが適当ですか、記号で答えなさい。

**【しかし、それが実現するのは、いつだろうか。】**

い」「賃金を上げて、十分な人手を確保する」「過重労働、低賃金という形で社員に犠牲《ぎせい》を強いるビジネスモデルはもはや限界」などと述べた。逆から言えば、この業界は、労働問題に起因して、値上げや荷物の総量抑制をせざるをえなかった。

運賃値上げの波を引き起こすほどの労働問題とは、何なのだろうか。確かに、以前からトラック業界が深刻な人手不足にあることは、たびたび報じられていた。一部の運送会社では、荷物もトラックもあるのに、それを運ぶドライバーはいないために、荷物が運べない状況にあると言われてきた。繁忙《はんぼう》期とされるお盆や年末年始、年度末には、物流が滞《とどこお》る危険性が繰《く》り返し叫《さけ》ばれ、実際に一部で混乱も生じた。人手不足による物流の停滞《ていたい》は、いつしか「物流危機」と呼ばれるようになっていた。

私たちも、消費者の立場から、それを肌《はだ》で感じてきた。いつも時間に正確な宅配業者でも遅配《ちはい》が起きた。スーパーやコンビニの裏口を通りかかった際に、商品を納品しているドライバーを見かけ、その高齢《こうれい》化に気づいたことがあるかもしれない。

近年、労働市場が売り手市場にあるとはいえ、経済活動に支障が出るほどまでに、トラック業界で人手が不足した理由は、どこにあるのだろうか。運賃の安さや「サービス残業」問題は、それとどう関わっているのだろうか。「物流危機」は、私たちの生活や暮らしにどのような影響を与え、そしてその対策はいかに打たれてきたのだろうか。

〈ア〉

他方、人手不足の解決策の希望として語られるのが、3新技術の導入だ。

私たちはいつか、ドローン（無人航空機）が運んできた荷物を空から受け取るようになるかもしれない。例えば、米国のアマゾン・ドット・コムは、ドローンを使い、注文後三〇分以内に配送するサービス（アマゾン・プライム・エア）の実証実験を行っていると報じられている。ヤマト運輸も、米国企業と共同で新たな航空輸送を開発し、実用化を目指すと発表した。

B、自動運転が普及《ふきゅう》すれば、無人車両が自宅の前まで荷物を運んでくれるかもしれない。C、ヤマト運輸は、宅配ボックスを積んだ自動運転カー（ロボネコヤマト）の実験を行っている。人手不足は、物流センターなどの倉庫業務でも深刻であるが、荷物の搬送《はんそう》、ピッキング、出荷を担うロボットはすでに開発され、倉庫で稼働《かどう》している。〈イ〉

これらの新技術により、将来、物流現場は劇的に変化するとみられている。効率性が一気に向上し、必要とされる人手は大幅《おおはば》に減る。つまり「物流危機」は、技術革新によって解消される可能性がある。そうなれば私たちは、今以上に早く、安く、そして自分の都合に合わせて荷物を受け取ることができる。そうした期待が向けられている。

〈ウ〉

政府は、物流分野でのドローン活用に向けた環境整備を進めている。まずは民家がまばらな山間地や離島《りとう》にドローンを飛ばし、荷物を配送出来るかが議論され、実証実験が行われている。そのうち都市部での目視外飛行も解禁されるかもしれない。〈エ〉

だが、宅配便だけでも、取扱《とりあつかい》個数は年間四二億個を超《こ》える。仮にその一〇分の一をドローンが運ぶとしても、果たして上空には、いくつのドローンが飛び交うことになるのだろうか。東京のような住宅密集地域で、多くの人々がドローンから荷物を受け取る可能性は、まだみえていない。

自動運転についても、国土交通省は二〇一六年に「自動運転戦略本部」を設置した。すでに安全基準の策定や賠償《ばいしょう》責任制度の議論が始

# 二〇二二年度　春日部共栄中学校

【国　語】〈第一回午後入試〉（五〇分）〈満点：一〇〇点〉

一　次の――部について、漢字をひらがなに、カタカナを漢字に直しなさい。

① 平和を祈念する。
② 何の脈絡もない話をする。
③ 雷の音に震える。
④ タンザクに願いを書く。
⑤ 国際大会がカイマクした。
⑥ シンソウ心理学の授業を受ける。
⑦ 今日は学校のソウリツ記念日だ。
⑧ 代表のコウホ者を集める。
⑨ 名前をレンコされてようやく気付いた。
⑩ この部屋はとてもアタタかい。

二　次の文章を読んで、後の問に答えなさい。

平日の夜八時過ぎ。家路を急ぐ私たちの脇《わき》を、宅配便ドライバーが荷物を乗せた台車をaガラガラと押しながら、小走りで通り抜《ぬ》けていく。道の傍《かたわ》らには、宅配便のトラックが停まっている。いつもの見慣れた光景だ。

自宅ポストをのぞくと、新聞の夕刊と一緒《いっしょ》に「不在連絡《れんらく》票」が入っていた。「あ、しまった。昨夜ネットで買った本が、届く予定だった」。

今日は早く帰るつもりだったのに、夕方に突然《とつぜん》クライアントから至急の仕事が入り、帰りが遅くなった。「申し訳ない」と思いながら、スマホを手に再配達を依頼《いらい》し、遅《おそ》い夕食を取る。

布団に入る前、仕事の疲《つか》れをビールでごまかしつつ、通販《つうはん》サイトを眺《なが》める。「そういえば、そろそろ洗剤《せんざい》がなくなりそうだから、注文しておこう」「確かあのＤＶＤがもう出ているはずだな」と、次々に欲しいものが X をかけめぐる。

わざわざ店舗《てんぽ》に Y を運ばなくても、いつでも買い物ができるネット通販は、多忙《たぼう》な私たちの生活にb呼応するように、広く社会に浸透《しんとう》してきた。書籍《しょせき》、生鮮《せいせん》食品、衣服や生活用品、家具・家電など、もはやネット上で購入《こうにゅう》できない商品はないと言われる。

そして届いた商品が、壊《こわ》れていたり、腐っていたりしたという話は、ほとんど聞かない。1「送料無料」で送ってくれる通販会社も多い。「送料無料」という響《ひび》きは、梱包《こんぽう》に使った段ボール代金も、配送してくれたドライバーの人件費も、トラックの燃料も、すべてなかったことのように感じさせてくれる。ネットで注文した商品を、玄関《げんかん》口で手《て》渡《わた》されることは、今や私たちの日常である。

A、こうした利便性の裏で物流業界が厳しい状況《じょうきょう》に追い込《こ》まれていた事実に、私たちは直面する。

そのきっかけとなったのは、2ヤマト運輸で発覚した一連の出来事にあった。二〇一六年一一月に「サービス残業」問題を報じられた同社は、未払《みばら》い残業代の支払いや荷物の総量抑制《よくせい》を決定し、さらには宅急便料金の値上げに踏《ふ》み切った。宅配便料金の値上げは、その後、佐《さ》川《がわ》急便や日本郵便といった他の業者に広がっていった。それにとどまらず、運賃値上げの波は、西濃《せいのう》運輸や福山通運など企業《きぎょう》間物流を主とする企業にも及《およ》び、あたかも業界全体を覆《おお》うような勢いをみせた。

これらの企業はみな口をそろえて、値上げ分を原資に労働環境《かんきょう》を改善させる方針を発表した。各社は「ドライバーの負担を減らした

**2022年度**

# 春日部共栄中学校　▶解説と解答

## 算　数　＜第１回午後入試＞（50分）＜満点：100点＞

### 解　答

**1** (1)　1.5　(2)　9　**2** (1)　18年後　(2)　270個　(3)　２cm　(4)　30km　(5)　$7.5cm^2$　**3** (1)　①　解説の図１を参照のこと。　②　$24.71cm^2$　(2)　①　（例）　$3 \times 3 \times 3.14 \times 4 \times \frac{1}{3}$　②　$37.68cm^3$　**4** (1)　８番目　(2)　77　(3)　20番目　**5** (1)　(ア)　(2)　$4\frac{1}{2}cm^2$　(3)　$1\frac{7}{8}$秒後と10秒後　**6** (1)　12　(2)　１　(3)　４

### 解　説

**1　四則計算，逆算**

(1)　$2.5-0.625 \times 4 \div \frac{5}{2}=2.5-\frac{5}{8} \times 4 \times \frac{2}{5}=2.5-1=1.5$

(2)　$6-\frac{7}{2}=6-3.5=2.5$より，$\left(0.4+3\frac{1}{5} \div \frac{8}{\square}\right) \times 2.5=10$，$0.4+3\frac{1}{5} \div \frac{8}{\square}=10 \div 2.5=4$，$3\frac{1}{5} \div \frac{8}{\square}=4-0.4=3.6$，$\frac{8}{\square}=3\frac{1}{5} \div 3.6=\frac{16}{5} \div \frac{18}{5}=\frac{16}{5} \times \frac{5}{18}=\frac{8}{9}$　よって，$\square=9$

**2　年齢《ねんれい》算，場合の数，辺の比と面積の比，速さ，つるかめ算，面積**

(1)　現在，「お母さんの年齢」と「２人の子供の年齢の和」の差は，37－(12＋７)＝18(才)である。また，「お母さんの年齢」は１年に１才増え，「２人の子供の年齢の和」は１年に２才増えるから，差は１年に，２－１＝１(才)ずつ縮まる。よって，差がなくなるのは今から，18÷１＝18(年後)とわかる。

(2)　一の位として考えられる数は{3，6，9}の３通りある。また，百の位として考えられる数は，１から９の９通り，十の位として考えられる数は，０から９の10通りあるので，全部で，３×９×10＝270(個)とわかる。

(3)　四角形ABED，三角形DEF，三角形DFCは面積と高さが等しいから，底辺(の和)も等しくなる。つまり，AD＋BE＝EF＝FCとなる。また，これらの和は，AD＋BC＝18＋42＝60(cm)なので，AD＋BE＝60÷３＝20(cm)と求められる。よって，BE＝20－18＝２(cm)である。

(4)　行きにかかった時間は，60÷60＝１(時間)だから，帰りにかかった時間は，１×２＝２(時間)である。よって，帰りについてまとめると，右上の図のようになる。もし，時速60kmで２時間走ったとすると，60×２＝120(km)進むので，実際に進んだ距離《きょり》よりも，120－60＝60(km)長くなる。時速60kmのかわりに時速20kmで走ると，進む距離は１時間あたり，60－20＝40(km)短くなるから，時速20kmで走った時間は，60÷40＝1.5(時間)と求められる。したがって，渋滞《じゅうたい》していた距離は，20×1.5＝30(km)である。

| | |
|---|---|
| 時速20km<br>時速60km | 合わせて<br>２時間で60km |

(5)　問題文中の図で，三角形BCDと三角形BFDは合同なので，BFの長さは６cm，FDの長さは

9 cmである。よって，EFの長さは，9 −6.5＝2.5(cm)だから，三角形BEFの面積は，2.5× 6 ÷ 2 ＝7.5(cm$^2$)と求められる。

## 3 図形の移動，面積，体積

⑴ ① 円板が長方形の４すみの部分や，正方形の頂点E，Hにぶつかる場合に注意して考えると，円板が通過できるのは，右の図１の斜線《しゃせん》部分である。 ② 長方形ABCDの面積から，かげの部分と白い部分の面積をひいて求める。はじめに，長方形ABCDの面積は，4 × 7 ＝28(cm$^2$)とわかる。次に，かげの部分１か所の面積は，$1\times1-1\times1\times3.14\times\frac{1}{4}=1-0.785=0.215$(cm$^2$)であり，これが全部で６か所ある。また，白い部分の面積は，1 × 1 × 2 ＝ 2 (cm$^2$)だから，かげの部分と白い部分の面積の合計は，0.215 × 6 ＋ 2 ＝3.29(cm$^2$)とわかる。よって，円板が通過できる部分の面積は，28−3.29＝24.71(cm$^2$)である。

図１

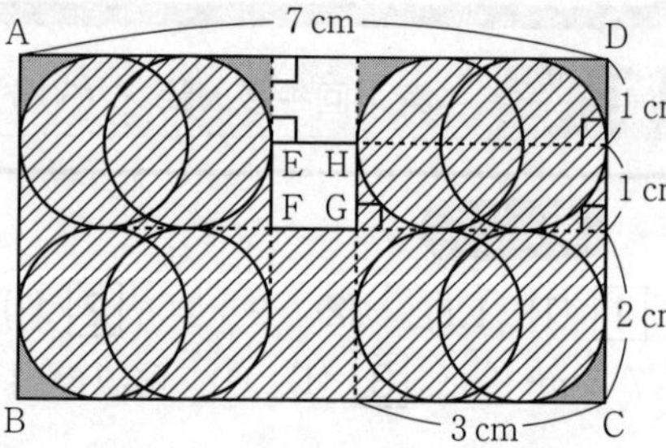


⑵ ① 右の図２のように，底面の円の半径が３cmの円すいを２個組み合わせた形の立体ができる。それぞれの円すいの高さを□cmと△cmとすると，□＋△＝４なので，この立体の体積を求める式は，$3\times3\times3.14\times\square\times\frac{1}{3}+3\times3\times3.14\times\triangle\times\frac{1}{3}=3\times3\times3.14\times(\square+\triangle)\times\frac{1}{3}=3\times3\times3.14\times4\times\frac{1}{3}$となる。 ② ①の式を計算すると，この立体の体積は，$3\times3\times3.14\times4\times\frac{1}{3}=12\times3.14=37.68$(cm$^3$)となる。

図２

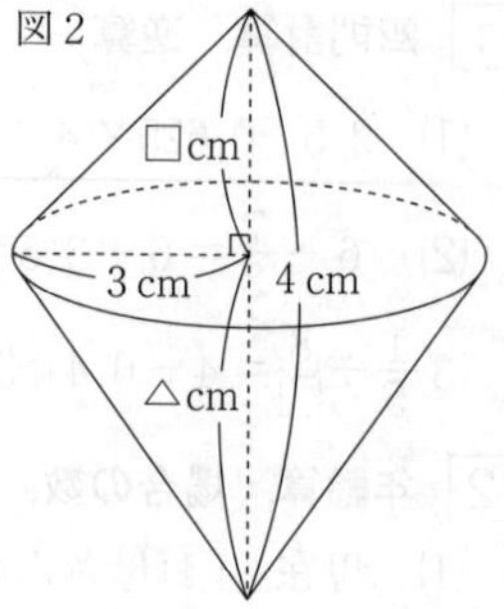


## 4 数列

⑴ 右の図のように，すべての整数を２と３の最小公倍数である６ごとに組に分け，２の倍数と３の倍数を消すと，実際に並べられる整数は，１つの組の中に２個ずつあることがわかる。このとき，23÷ 6 ＝ 3 余り 5 より，23は，3 ＋ 1 ＝ 4 (組)の２個目の数なので，はじめから数えて，2 × 4 ＝ 8 (番目)と求められる。

| | | | | | | |
|---|---|---|---|---|---|---|
| (１組) | 1, | ~~2~~, | ~~3~~, | ~~4~~, | 5, | ~~6~~ |
| (２組) | 7, | ~~8~~, | ~~9~~, | ~~10~~, | 11, | ~~12~~ |
| (３組) | 13, | ~~14~~, | ~~15~~, | ~~16~~, | 17, | ~~18~~ |
| | …, | …, | …, | …, | …, | … |

⑵ 26÷ 2 ＝13より，はじめから数えて26番目の数は，13組の２個目の数とわかる。各組の２個目の数は，５に次々と６を加えてできるので，13組の２個目の数は，5 ＋ 6 ×(13− 1 )＝77と求められる。

⑶ １組の和は，1 ＋ 5 ＝ 6 ＝ 6 × 1 ，２組の和は，7 ＋11＝18＝ 6 × 3 ，３組の和は，13＋17＝30＝ 6 × 5 ，…のようになるので，各組の和を足していくと，6 × 1 ＋ 6 × 3 ＋ 6 × 5 ＋…＝ 6 ×(1 ＋ 3 ＋ 5 ＋…)となる。そこで，(1 ＋ 3 ＋ 5 ＋…)が，600÷ 6 ＝100に近くなる場合を考える。(1 ＋ 3 ＋ 5 ＋…)のような，１から連続する奇数《きすう》の和は，(個数)×(個数)で求めることができるので，１から連続する10個の奇数の和は，10×10＝100となる。よって，10組の和まで足すと，6 ×100＝600となることがわかる。したがって，はじめから数えて，2 ×10＝20(番目)まで足すと，和

が600になる。

## 5 平面図形－グラフ，図形上の点の移動，面積

(1)　三角形ADPの底辺をADとする。また，Ｐから辺BDに垂直に引いた線をPQとすると，三角形ADPの高さはQDになる。下の図１のように，点ＰがＡからＢまで毎秒１cmの速さで動くとき，点ＱはＤからＢまで一定の速さで動くから，三角形ADPの面積は一定の割合で大きくなる。また，正三角形BCDの角Ｂと角Ｄの大きさは等しいので，下の図２のように，点ＰがＢからＣを通ってＤまで毎秒１cmの速さで動くとき，点ＰがＣにくる前と後で点Ｑが動く速さは変わらない。つまり，点ＱはＢからＤまで一定の速さで動くので，三角形ADPの面積は一定の割合で小さくなる。よって，最も適当なグラフは(ア)である。

(2)　点Ｐは７秒間で，１×７＝７(cm)動くから，下の図２のBPの長さが，７－５＝２(cm)になるときの三角形ADPの面積を求めればよい。図２で，三角形BPQは正三角形を半分にした形の直角三角形なので，BPの長さが２cmのとき，BQの長さは，２÷２＝１(cm)になる。よって，このときの三角形ADPの面積は，３×(４－１)÷２＝$4\frac{1}{2}$(cm$^2$)とわかる。

(3)　三角形ADPの面積が$2\frac{1}{4}$cm$^2$になるのは，QDの長さが，$2\frac{1}{4}$×２÷３＝$\frac{3}{2}$(cm)になるときだから，下の図３，図４の２回ある。図３で，点ＰがＡからＢまで動くのにかかる時間は，５÷１＝５(秒)なので，点ＱがＤからＢまで動くのにかかる時間も５秒である。よって，点Ｑが辺DB上を動く速さは毎秒，４÷５＝$\frac{4}{5}$(cm)だから，QDの長さが$\frac{3}{2}$cmになるのは出発してから，$\frac{3}{2}$÷$\frac{4}{5}$＝$\frac{15}{8}$＝$1\frac{7}{8}$(秒後)と求められる。次に図４で，三角形PDQは正三角形を半分にした形の直角三角形なので，PDの長さは，$\frac{3}{2}$×２＝３(cm)とわかる。したがって，図４のようになるのは点Ｐが，５＋４＋(４－３)＝10(cm)動いたときなので，出発してから，10÷１＝10(秒後)と求められる。

図１
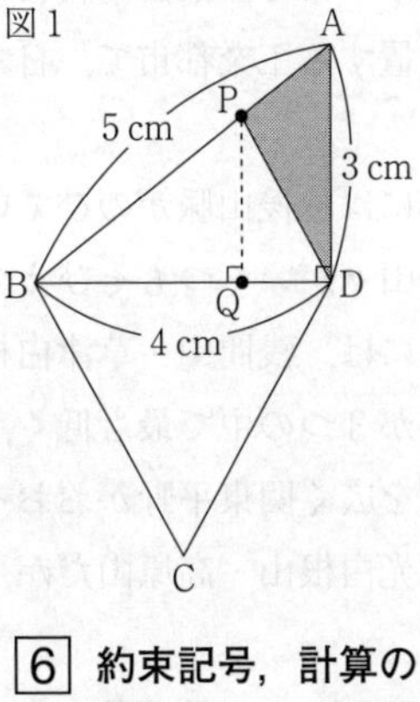


図２
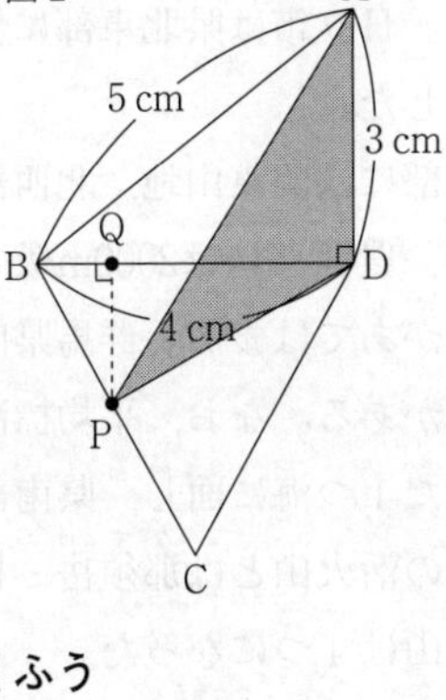


図３
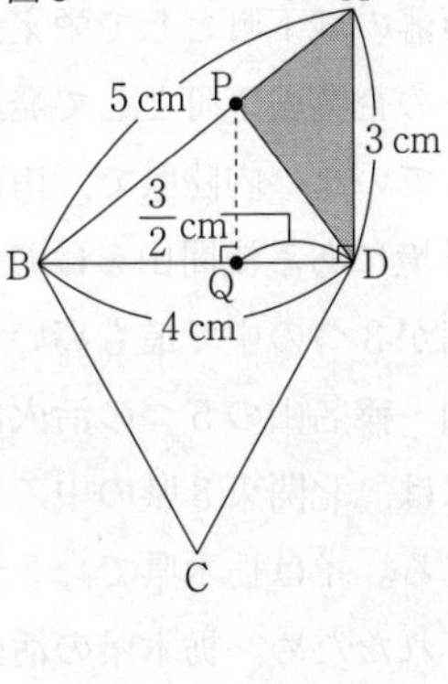


図４
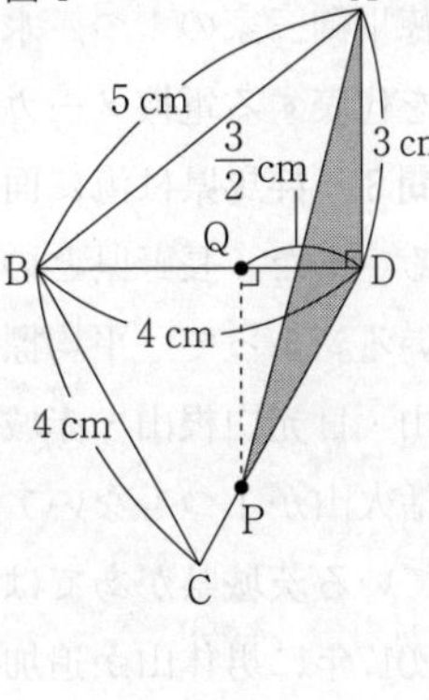


## 6 約束記号，計算のくふう

(1)　３に２を２回かけるから，［３，２，２］＝３×２×２＝12となる。

(2)　［10，10，２］＝10×10×10＝1000より，［１，１，［10，10，２］］＝［１，１，1000］となる。また，１を何回かけても積は変わらないので，［１，１，1000］＝１×１×…×１＝１とわかる。

(3)　［９，３，７］＝９×３×３×３×３×３×３×３＝９×(３×３)×(３×３)×(３×３)×３＝９×９×９×９×３＝３×９×９×９×９と変形することができる。よって，「９に３を７回かけた数」と「３に９を４回かけた数」は等しくなるから，［９，３，７］＝［３，９，４］と表すことが

でき，□＝４と求められる。

## 社　会　＜第１回午後入試＞（理科と合わせて60分）＜満点：50点＞

### 解　答

1　問１　ア　　問２　エ　　問３　ウ　　問４　ウ　　問５　ア　　問６　イ　　問７　ア
問８　(1)　２km　　(2)　エ　　(3)　ウ　　2　問１　(1)　前方後円墳　　(2)　ア　　問２
(1)　エ　　(2)　エ　　問３　エ　　問４　(1)　イ　　(2)　譜代　　(3)　ウ　　問５　ウ　　問
６　(例)　軍需・軍事施設がある地域に空襲被害が集中していたと考えられる。　3　問１
立法　　問２　ウ　　問３　エ　　問４　三権分立　　問５　18

### 解　説

**1　北関東３県の地理と地形図の読み取りについての問題**

**問１**　茨城県は縦《たて》に長く，南に向かって広がるような形をしており，東部にはなだらかな海岸線がのびている。群馬県の形は「鶴舞《つるま》う形」とも表現され，鶴の首のように東へと細長くのびる南東部が特徴《とくちょう》的である。栃木県は角の丸い平行四辺形のような形をしている。また，群馬県と隣接しているため，群馬県東部の凹凸《おうとつ》に栃木県西部の凹凸がぴったりとはまる形になっている。

**問２**　群馬県の県庁所在地は，県の中南部に位置する前橋市である。古代には上野《こうずけ》国の国府が置かれ，戦国時代以降は城下町として栄えた。人口は高崎市についで，群馬県内で２番目に多い。栃木県の県庁所在地は県中央部に位置する宇都宮市で，江戸時代には日光街道と奥州街道が分かれる交通の要所として，また，城下町として発展した。栃木市は栃木県南部に位置する都市で，群馬県・茨城県・埼玉県と接している。茨城県の県庁所在地は県中東部に位置する水戸市で，江戸時代には徳川御三家の１つ，水戸藩《はん》の城下町として栄えた。日立市は県北東部に位置する工業都市で，日本を代表する電機メーカーの企業城下町として発展した。

**問３**　群馬県は海に面していない内陸県で，南西部には関東山地，北西部には越後《えちご》山脈がのびている。また，長野県との県境にある浅間山をはじめ，県西部には2000m級の山々がいくつもそびえている。よって，平均標高が３つの中で最も高いウがあてはまる。群馬県内には，浅間山・草津白根山・日光白根山・赤城《あかぎ》山・榛名《はるな》山の５つの活火山がある。なお，平均標高が３つの中で最も低く，活火山が１つもないアには，北関東３県の中でただ１つ海に面し，県南部を広く関東平野がおおっている茨城県があてはまる。イは栃木県で，３つの活火山とは那須岳《なすだけ》・日光白根山・高原山だが，2017年に男体《なんたい》山が追加されたため，栃木県の活火山は４つになった。

**問４**　いちごは，「とちおとめ」で知られる栃木県が全国の収穫《しゅうかく》量の約15％を占《し》め，最も多い。栃木県についで収穫量が多いのは，「あまおう」で知られる福岡県である。メロンは収穫量第１位の茨城県が全国のおよそ４分の１を占めており，以下，熊本県・北海道と続く。なお，ももの収穫量は山梨県，すいかの収穫量は熊本県が全国第１位になっている。統計資料は『データでみる県勢』2022年版による(以下同じ)。

**問５**　鹿島臨海工業地域は，茨城県南東部の鹿嶋市と神栖《かみす》市に広がる工業地域である。大型の船が出入りできるよう遠浅の海をＹ字型に掘《ほ》り込《こ》んだ掘り込み港がつくられ，輸入される原材料を生かした鉄鋼業や石油化学工業が発達している。

**問６**　Ｗは，内陸県である栃木県と群馬県にもあることから海水浴場ではないことが，また，ほとんど雪の降らない茨城県にも多くあることからスキー場でもないことがわかる。残る２つのうち映画館は，人口の多い主要都市や人の集まる繁華街《はんかがい》につくられることが多く，北関東３県の数としても，また，ほかの観光レクリエーション施設《しせつ》の数と比べても多すぎる。したがって，キャンプ場があてはまると判断できる。

**問７**　Ｘ　茨城県南部に位置するつくば市は1960年代から開発が進められ，「筑波《つくば》研究学園都市」として国内最大の学術都市に発展した。多くの省庁の教育・研究機関が東京都から移転してきたほか，筑波大学が創設され，2005年にはつくばエクスプレスが開業し，都心からのアクセスも向上した。　Ｙ　群馬県南部に位置する富岡市には，明治時代の初めに日本で最初の本格的な機械製糸工場である官営富岡製糸場が建てられた。富岡製糸場はフランス人技師のポール・ブリュニャ(ブリューナ)の指導のもと，フランス製の機械を導入して1872年に操業を開始し，日本の製糸業の発展に貢献《こうけん》した。なお，渋川《しぶかわ》市は群馬県の中央部に位置する宿場町から発展した都市である。　Ｚ　栃木県西部に位置する日光市には，江戸幕府の初代将軍徳川家康を祀《まつ》った日光東照宮があり，二荒《ふたら》山《さん》神社，輪王《りんのう》寺とともに「日光の社寺」として1999年，ユネスコ(国連教育科学文化機関)の世界文化遺産に登録された。なお，那須塩原市は栃木県北部に位置する都市である。

**問８**　⑴　実際の距離《きょり》は，(地形図上での長さ)×(縮尺の分母)で求められる。この地形図の縮尺は２万５千分の１なので，実際の距離は，８×25000＝200000(cm)＝2000(m)＝２(km)となる。
⑵　ア　地形図には方位記号が書かれていないので，上が北，右が東，下が南，左が西にあたる。大洗《おおあらい》駅からみてマリンタワーは右下にあり，８方位では南東にあたるので正しい。　イ　文化センター周辺には町役場を表す(○)や消防署を表す(Y)の地図記号がみられるので正しい。ウ　川又《かわまた》町周辺には，水田を表す(‖)の地図記号があるので，正しい。　エ　茨城港やその周辺には，発電所を表す(⚙)の地図記号はみられないので，あやまっている。なお，茨城港にみられる(☼)は，灯台を表す地図記号である。　⑶　等高線(この地形図では，５mおきに補助曲線が引かれている)から，河口に近い川沿いのⒶ地点と海岸沿いのⒷ地点はいずれも標高が10m以下であること，また，最も標高が高い地点が25m以上あることが読み取れる。したがって，ウが適当である。

**２　各時代の歴史的なことがらについての問題**

**問１**　⑴，⑵　写真は，大阪府堺《さかい》市にある大仙(大山)古墳である。大仙古墳は，円形と方形を合わせた鍵穴《かぎあな》のような形をした前方後円墳で，墳丘《ふんきゅう》の全長486mは日本で最も大きい。仁徳《にんとく》天皇の墓と伝えられ，2019年には「百舌鳥《もず》・古市古墳群」の１つとして誉田御廟山《こんだごびょうやま》古墳とともにユネスコの世界文化遺産に登録された。なお，箸墓《はしはか》古墳と高松塚古墳は奈良県にある古墳，誉田御廟山古墳は大阪府羽曳野《はびきの》市にある大仙古墳についで２番目に大きい古墳で，応神天皇の墓と伝えられている。

**問２**　⑴　奈良時代の741年，聖武天皇は社会不安の続く世の中を仏教の力で安らかに治めようと願い，地方の国ごとに国分寺と国分尼《に》寺を建てるよう命じた。また，743年には大仏の造立《ぞうりゅう》を命じ，大仏づくりは総国分寺とされた奈良の東大寺で進められた。したがって，エが正しい。なお，アとイは平安時代，ウは飛鳥時代について述べた文である。　⑵　隋を滅《ほろ》ぼし，618年に建国された唐は，907年に滅びるまで中国の王朝として栄えた。日本は，飛鳥時代から平安時代にかけて遣唐使を派遣し，帰国した人々がもたらした唐の進んだ文化や政治制度は日本に大きな影響《えいきょう》を与えた。

和同開珎《わどうかいちん》は，唐で発行された開元通宝という貨幣《かへい》を手本としてつくられたものである。

**問３**　Ｘ　平敦盛《あつもり》は清盛の甥《おい》にあたる人物である。若くして1184年の一ノ谷の戦いに参加したが，敗走しているところを熊谷次郎直実《くまがやじろうなおざね》に捕《と》らえられ，打ち取られた。なお，平清盛は伊豆で源頼朝が挙兵して始まった源平の戦いの２年目の1181年には，すでに亡《な》くなっている。　Ｙ『平家物語』は，平氏の繁栄《はんえい》から源平の戦いを経て平家が滅亡するまでのようすを中心につづった軍記物語で，鎌倉時代に成立した。なお，『源氏物語』は平安時代に紫式部が著《あらわ》した長編小説で，主人公・光源氏の恋愛物語を中心に，平安時代の貴族社会のようすが生き生きと描《えが》かれている。

**問４**　(1)　1600年，岐阜県南西部に位置する関ヶ原で，「天下分け目の戦い」とよばれる関ヶ原の戦いが行われ，徳川家康の率いる東軍が石田三成らを中心とする西軍を破った。この戦いに勝利した徳川家康は，1603年に征夷《せいい》大将軍に任じられ，江戸幕府を開いた。　(2)　江戸時代の大名は，徳川家の親戚《しんせき》である親藩《しんぱん》，関ヶ原の戦い以前から家臣であった譜代《ふだい》大名，関ヶ原の戦い以後に徳川家にしたがった外様《とざま》大名に分類された。幕府は，譜代大名には石高は少ないが重要な地域を領地として与え，幕府の重要な役職に任じた。一方，反乱を起こす危険があると考えられた外様大名は，江戸から遠い地域に配置し，重要な役職にはつけなかった。資料①の大名は，重要な地域に近い場所に配置され，幕府の重臣であったことから，譜代大名であることがわかる。　(3)　系図には，「徳川」の名字を持つ男性がＣをふくめて６人しかいないことから，第６代までの将軍が行ったことと判断できる。よって，第５代将軍徳川綱吉の政策である生類憐《しょうるいあわれ》みの令について説明したウが正しいと判断できる。なお，アは第８代将軍徳川吉宗の政策，イは老中水野忠邦《ただくに》が行った天保の改革における政策，エは第11代将軍徳川家斉《いえなり》の政策である。また，系図中の，家康は初代，秀忠は第２代，家光は第３代，家綱は第４代将軍をつとめた人物で，綱吉はのちに家綱の養子となって第５代将軍に就任した。

**問５**　アは1941年，イは1942年，ウは1944年，エは1945年のできごとなので，古い順にア→イ→ウ→エとなる。

**問６**　資料②と資料③を照らし合わせると，空襲《くうしゅう》被害を受けた地域と各軍事施設のあった場所がほぼ重なることがわかる。空襲は，敵の戦力を下げるために軍事施設を標的としたり，戦意を失わせるために都市を標的としたりして行われることが多かった。

## 3　日本の政治のしくみについての問題

**問１**　日本国憲法第41条は国会について，「国会は，国権の最高機関であり，国の唯一《ゆいいつ》の立法機関である。」と規定しており，法律を定める権限である立法権は国会のみに与えられている。

**問２**　行政権を持つ内閣は，国会が定めた法律にしたがい政治を行う。国事行為への助言と承認，法律案や予算案の作成，条約の締結《ていけつ》や外交関係の処理，政令の制定，最高裁判所裁判官の指名などの仕事がある。しかし，内閣総理大臣は国会議員の中から国会が指名し，天皇が任命するので，ウがあやまっている。

**問３**　裁判官の身分は憲法で保障されているが，定年に達した場合や，病気やけがなどの理由で裁判を行えないと判断された場合は，裁判官を辞めなくてはならない。ほかにも，裁判官として不適切な言動があり，訴《うった》えを起こされた裁判官については，国会に設置される弾劾《だんがい》裁判所で裁判が行われ，辞めさせられることもある。また，最高裁判所の裁判官は，任命後初めて行われる衆議院議員総選挙と，その後10年たってから行われる衆議院議員総選挙のときに国民審査を受け，不適任とする票が過半数に達した場合には，辞めさせられる。

**問４**　日本では，立法権を国会に，行政権を内閣に，裁判を行う権限である司法権を裁判所に受け持たせ，権力が一か所に集中することを防いでいる。このしくみを，三権分立という。なお，三権分立の考え方は，フランスの思想家モンテスキューが著書《ちょしょ》『法の精神』の中で提唱し，確立した。

**問５**　2015年に公職選挙法が改正され，それまで満20歳《さい》以上に与えられていた選挙権が満18歳以上に与えられることになり，選挙権の年齢《ねんれい》が引き下げられた。この法律は翌2016年に施行され，国政選挙としては，同年に行われた参議院議員選挙で初めて適用された。

## 理　科　＜第１回午後入試＞（社会と合わせて60分）＜満点：50点＞

### 解　答

**1**　**問１**　1200m　**問２**　エ　**問３**　ウ　**問４**　40m/秒　**2**　**問１**　二酸化炭素　**問２**　ドライアイス　**問３**　ア　5　イ　50　**問４**　右の図　**3**　**問１**　イ　**問２**　エ　**問３**　エ　**問４**　（例）紅葉　**4**　**問１**　（例）上昇した空気に含まれる水蒸気が冷やされて氷になり，できた氷どうしがこすれる　**問２**　積乱雲　**問３**　（例）河川のはんらん

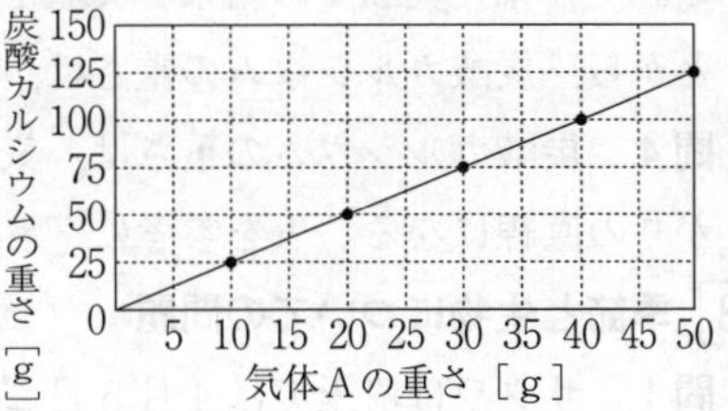


### 解　説

**1**　**物体の落下運動についての問題**

**問１**　１分間は60秒間なので，速さ20m/秒で１分間に進む距離《きょり》は，20×60＝1200(m)である。

**問２**　地面からの高さが，40÷10＝４(倍)になると，地面につくときの速さは，28.3÷14.1＝2.0…(倍)になるので，アは誤り。イは，地面からの高さが高くなるほど，地面につくときの速さは速くなっていることから正しくない。地面からの高さが100mのところから，地面からの高さが10mのところまで，100－10＝90(m)落下したとき，速さは42.4m/秒のはずなので，ウも不適当である。エについて，地面からの高さが，100÷１＝100(倍)の場合は，地面につくときの速さが，44.7÷4.47＝10(倍)，地面からの高さが，10000÷１＝10000(倍)の場合は，地面につくときの速さが，447÷4.47＝100(倍)になっているため，正しい。

**問３**　たとえば，表２で雨つぶの終端《たん》速度が10m/秒になっているものを比べると，雨つぶの直径が２倍，３倍になると，空気抵抗《ていこう》の大きさも２倍，３倍になっているので，アは正しい。また，雨つぶの直径が0.1mmのものを比べると，終端速度が２倍，３倍になると，空気抵抗の大きさも２倍，３倍になっているため，イも適当である。また，雨つぶの直径が0.1mmで終端速度が10m/秒の結果と比べると，雨つぶの直径0.2mmで終端速度20m/秒の場合の空気抵抗の大きさは，1.356÷0.339＝４(倍)なので，ウはまちがいとわかる。雨つぶの直径が0.4mmで終端速度が10m/秒のときの空気抵抗の大きさは，雨つぶの直径が0.1mmで終端速度が10m/秒の場合の，0.4÷0.1＝４(倍)になるので，0.339×４＝1.356になると予想できる。よって，エは正しい。

**問４**　終端速度では，空気抵抗の大きさは雨つぶの重さと同じになるので，雨つぶの直径が

0.1mmで終端速度が10m/秒の雨つぶの重さは，0.339である。重さ8.136はこれの，8.136÷0.339＝24(倍)なので，雨つぶの直径が，0.6÷0.1＝６(倍)の0.6mmの場合，雨つぶの終端速度は，24÷６＝４(倍)の，10×４＝40(m/秒)になる。

**2 気体の発生と性質についての問題**

**問１** 塩酸と石灰石が反応すると，塩化カルシウムと水，気体の二酸化炭素が発生する。なお，発生した塩化カルシウムは水にとけやすいため，水にとけている。

**問２** 二酸化炭素を固体にしたものは，ドライアイスとよばれる。

**問３** **ア** 実験１と実験３の結果を比べると，気体Ａの重さが，30÷10＝３(倍)のとき，炭酸カルシウムの重さも，75÷25＝３(倍)になっている。つまり，反応によってできる炭酸カルシウムの重さは，石灰水に通す気体Ａの重さに比例する。したがって，実験２の結果を実験１の結果と比べると，炭酸カルシウムの重さが，12.5÷25＝0.5(倍)なので，気体Ａの重さは，10×0.5＝５(ｇ)となる。　**イ** 実験４の結果を実験１の結果と比べると，気体Ａの重さが，20÷10＝２(倍)であることから，炭酸カルシウムの重さは，25×２＝50(ｇ)とわかる。

**問４** 炭酸カルシウムの重さは，気体Ａの重さに比例するので，グラフは０の点(原点)を通る右上がりの直線になる。表を参考にグラフを作成すると，解答の図のようになる。

**3 季節と生物についての問題**

**問１** サクラは埼玉では４月５日ごろに開花すると述べられている。このころは，だんだん気温が高くなっていくので，イが選べる。

**問２** すべてのソメイヨシノはクローン(同じ遺伝情報をもつ生物)で，人の手によってさし木やつぎ木などでふやされてきた。

**問３** エの都市は，サクラの満開日の4/20の線と5/10の線の間なので，４月20日から５月13日までの間に満開となる。また，ツバメの渡来《とらい》日は4/21の線と5/１の線の間であることから，満開のサクラとツバメの写真を取ることができる可能性がある。

**問４** 寒い地域から順に観測される現象は，日がたつにつれて気温が低くなっていく時期の変化なので，紅葉や黄葉，落葉などが考えられる。

**4 日本の天気についての問題**

**問１** 太陽の熱で熱くなった地面によってあたためられた空気は，膨《ふく》らんで軽くなり上昇《しょう》する。空気は上空にいくほど温度が低くなるので，含《ふく》まれている水蒸気は水てきや氷のつぶになる。この氷のつぶどうしが雲の中で上下する間にこすれ合い，静電気が生じる。

**問２** 積乱雲は入道雲や雷雲《らいうん》などともよばれ，よく晴れた夏の夕方に発生しやすく，短時間に強い雨や雷《かみなり》をもたらす。

**問３** 豪雨《ごうう》が起こると，河川の水があふれて(はんらんして)低い土地が浸《しん》水したり，がけくずれが起きたりといった災害が発生することがある。

## 国　語　＜第１回午後入試＞（50分）＜満点：100点＞

### 解　答

一　①　きねん　②　みゃくらく　③　ふる(える)　④～⑩　下記を参照のこと。

二　問1　ア　問2　ウ　問3　X　頭　Y　足　問4　A　エ　B　イ　C　ア　D　ウ　問5　ウ　問6　(例)　労働環境を改善させる方針を発表し，荷物の総量抑制と宅配便料金の値上げを行った。　問7　ウ　問8　ウ　問9　エ

三　問1　A　ウ　B　ア　C　エ　D　イ　問2　ウ　問3　イ　問4　エ　問5　(例)　エースや四番として活躍する柳一の子どものような笑顔が少し意外でおかしかったから。　問6　ア　問7　ウ　問8　エ　問9　イ

四　問1　(例)　2000年では低所得層が最も多い割合を占めていたが，2020年では中間所得層がほとんどを占めている。　問2　(例)　農業，林業，漁業や産業部門よりもサービス部門が発展し，それに合わせて労働者の平均収入も上昇したと考えられるから。

●漢字の書き取り

一　④　短冊　⑤　開幕　⑥　深層　⑦　創立　⑧　候補　⑨　連呼　⑩　暖(かい)

### 解　説

**一　漢字の読みと書き取り**

①　神仏に願いがかなうように祈《いの》って念じること。　②　物事の筋道。　③　音読みは「シン」で，「地震」などの熟語がある。　④　字を書いたり印として物につけたりする細長く切った紙。　⑤　時期がきて物事が始まること。　⑥　奥《おく》深くかくれている部分。　⑦　組織や機関を初めてつくりあげること。　⑧　ある地位や役にふさわしいとほかから認められた人。　⑨　同じ言葉をくり返し大声で言うこと。　⑩　音読みは「ダン」で，「温暖」などの熟語がある。

**二　出典は首藤若菜《しゅとうわかな》の『物流危機は終わらない―暮らしを支える労働のゆくえ』による。**現代においては，いつでも買い物ができるネット通販《つうはん》は社会に浸透《しんとう》している。しかし，その利便性の裏で，物流業界には人手不足による物流の停滞《ていたい》という「物流危機」が起きていることが説明されている。

**問1**　「ガラガラ」は，ここでは台車の音を表している。イ～エも同じように物音を表した擬音語《ぎおんご》であるが，アは，ものごとのようすを表した擬態語である。

**問2**　「呼応」は，反対の意味の漢字を重ねた組み立ての熟語なので，ウの「公私」が同じ。なお，アの「着火」は，上の漢字が動作を表し，下の漢字が動作の対象を表す組み立て。イの「不備」は，「不」という漢字が下の漢字の意味を打ち消す組み立て。エの「仮定」は，上の漢字が下の漢字を修飾《しゅうしょく》する組み立て。オの「農協」は，略語である。

**問3**　**X**　「通販サイトを眺《なが》め」ていると，「次々に欲《ほ》しいものが」思いうかぶという文脈なので，「頭」があてはまる。　**Y**　「足を運ぶ」は，“ある目的のために，わざわざ出向く”という意味。

**問4**　**A**　前ではネット通販による便利な生活について述べ，後では「利便性の裏で物流業界が厳

しい状況《じょうきょう》に追い込《こ》まれていた」と述べているので，前のことがらに対し，後のことがらが対立する関係にあることを表す「だが」があてはまる。　**B**「人手不足の解決策」になるかもしれない「新技術」の例として「ドローン」や「新たな航空輸送」をあげた後で，「自動運転」をつけ加えているので，あることがらに次のことがらをつけ加える働きの「また」が合う。　**C**「ヤマト運輸は宅配ボックスを積んだ自動運転カー（ロボネコヤマト）の実験を行っている」というのは，「自動運転」の技術開発の例である。したがって，具体的な例をあげるときに用いる「例えば」が合う。　**D**　直前で述べた「大型トラックの隊列走行の実用化」について，その方式をわかりやすく言いかえているので，要するにという意味の「つまり」がふさわしい。

**問５**　続く部分に注目する。「『送料無料』という響《ひび》きは〜すべてなかったことのように感じさせてくれる」が，実際はそのような「利便性の裏で」，物流業界は「過重労働，低賃金」という「厳しい状況に追い込まれていた」のである。

**問６**　波線部２の段落に「宅配便料金の値上げは〜他の業者に広がっていった」とある。また，次の段落のはじめに「これらの企業はみな〜労働環境《かんきょう》を改善させる方針を発表した」とあり，同じ段落の最後に「値上げや荷物の総量抑制《よくせい》をせざるをえなかった」とあるので，これらをまとめればよい。

**問７**「人手不足の解決策」になるかもしれない「新技術の導入」については，続く部分に述べられている。空らんＢの段落に，「荷物の搬送《はんそう》，ピッキング，出荷を担うロボットはすでに開発され，倉庫で稼働《かどう》している」とあるので，イが合う。また，その次の段落に，「これらの新技術により，将来，物流現場は劇的に変化するとみられている」とあり，「私たちは，今以上に早く，安く，そして自分の都合に合わせて荷物を受け取ることができる」とあるので，アがこれに合う。さらに，〈ウ〉の次の段落で，「まずは民家がまばらな山間地や離島《りとう》にドローンを飛ばし〜実証実験が行われている」とあり，エと合う。よって，ウはふさわしくない。

**問８**　もどす文に「それが実現するのは，いつだろうか」とあることから，「それ」は実現するのが難しいが，期待されていることを指していると考えられる。直前に「つまり『物流危機』は，技術革新によって解消される可能性がある〜そうした期待が向けられている」とあることから，〈ウ〉に入れるのがふさわしい。

**問９**　最後から二つ目の段落に，「高速道路において，大型トラックの隊列走行の実用化を目指している」が，「技術基準の確定や道路交通法の見直しなど，課題も多い」と述べられているので，エが合う。アは通販会社がすべて負担しているとは書かれていないので誤っており，物流が滞《とどこお》る混乱が生じるのは繁忙《はんぼう》期のことと述べられているのでイも正しくない。ウのヤマト運輸の実証実験は，自動運転に関することなので適当ではない。

**三　出典はあさのあつこの『晩夏のプレイボール』による。**野球が好きで続けてきた加奈《かな》は，チームメイトの柳一《りゅういち》に，中学になったら女の子は野球をやめなくてはいけないと言われてショックを受ける。

**問１**　**A**「柳一の活躍《かつやく》」は「気持ちが良いほどすばらしかった」とあるので，さわやかな気持ちよさを表すウがあてはまる。　**B**「肩《かた》」を回すようすを表す言葉なので，アが合う。　**C**　直前に「また」とあることから，空らんＡの前で「柳一がぽつっと言った」と同様に，ふいに言葉を発するようすを表すエが合う。　**D**「柳一の声」が突然《とつぜん》「低まった」ようすを表すイがふさわしい。

**問２**　「おもねる」は，“人に気に入られるようにふるまう”という意味。

**問３**　「胸が高鳴る」は，“希望や期待が強くなり，感情が高ぶる”という意味。ここでは，「甲子《こうし》園《えん》」という言葉を聞いただけで，「あぁいいな」と思った加奈の気持ちを表している。よって，イが選べる。

**問４**　「忙《せわ》しなく瞬《まばた》きを繰《く》り返し」，「根口《ねぐち》さん……おれ，何か悪いこと言った？」と聞いていることから，柳一は急に顔色が変わった加奈を見て，わけがわからずうろたえていることが読み取れる。

**問５**　直前に「その笑顔《えがお》がとても幼く見えて」とある。また，後に「少し意外だった。おかしくもあった」とあることから，「子どもっぽい顔」が野球で大活躍する柳一の印象とはちがっていたので「意外」で「瞬きをしてしまった」のだとわかる。よって，「野球では大活躍する柳一が，笑うととても幼く見えて，意外でおかしかったから」のようにまとめられる。

**問６**　柳一に「中学生になったら，女の子が野球できるとこ，ないぜ」と言われ，「明白な現実を今，突《つ》きつけられた」ことによって，加奈はショックを受けている。よって，アがふさわしい。なお，イは，「少女を受け入れてくれる中学校の野球部がないことを改めて意識し」の部分が，加奈は中学校の野球部にこだわっているわけではないので，誤り。

**問７**　直前に「縋《すが》るように尋《たず》ねていた」とある。加奈は，柳一に「中学生になったら，女の子が野球できるとこ，ないぜ」と言われ，その現実を受け止めきれず，監督《かんとく》ならちがうことを言ってくれるはずだと期待して監督のところへやってきたのである。よって，ウがふさわしい。

**問８**　「おまえは女の子なんだから，しょうがないさ」という言葉がくり返されることによって，加奈がその言葉にショックを受け，何度もその言葉を思い出していることが表されている。また，「鼓膜《こまく》に言葉が突き刺《さ》さる。胸《むね》の奥にも突き刺さる」とあるように，加奈がその言葉で深く傷ついていることがわかる。

**問９**　加奈は野球が大好きで，野球をやめることなど全く考えていなかったのに，突然柳一から「中学になったら，野球，やめなくちゃいけないだろ」と言われ，監督にまで「野球をするのは無理だろ」とか「おまえは女の子なんだから，しょうがないさ」と言われた。「泥《どろ》に汚《よご》れたユニフォームのまま，加奈は一人，膝《ひざ》を抱えて座《すわ》っていた」からは，どうしたらいいかわからず，やるせなさを感じている加奈のようすが読み取れる。

## 四　条件作文

**問１**　2000年と2020年のグラフを比べると，中間所得層と低所得層の割合が変化していることがわかる。変化を説明することを求められているので，「2000年では～，2020年では～」のような形で書くとよい。

**問２**　表を見ると，GDPにおける「農業，林業，漁業」の割合が減少し，「サービス部門」の割合が増加していることがわかる。これが問１で答えた変化にどのようにつながるのかを考えてまとめる。

*Memo*

Memo

*Memo*

2025年度用
中学スーパー過去問

■編集人 声の教育社・編集部
■発行所 株式会社 声の教育社
〒162-0814 東京都新宿区新小川町8-15
☎03-5261-5061(代) FAX03-5261-5062
https://www.koenokyoikusha.co.jp

※本書の内容についての一切の責任は当社にあります。内容・解説・解答・その他は当社ホームページよりお問い合わせ下さい。

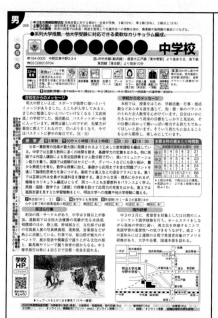

# よくある解答用紙のご質問

01

## 実物のサイズにできない

　拡大率にしたがってコピーすると，「解答欄」が実物大になります。配点などを含むため，用紙は実物よりも大きくなることがあります。

02

## A3用紙に収まらない

　拡大率164％以上の解答用紙は実物のサイズ（「出題傾向＆対策」をご覧ください）が大きいために，A 3に収まらない場合があります。

03

## 拡大率が書かれていない

　複数ページにわたる解答用紙は，いずれかのページに拡大率を記載しています。どこにも表記がない場合は，正確な拡大率が不明です。

04

## 1ページに2つある

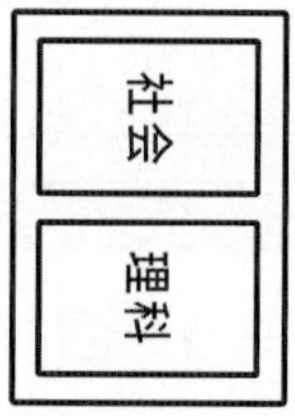


　1ページに2つ解答用紙が掲載されている場合は，正確な拡大率が不明です。ほかの試験回の同じ教科をご参考になさってください。

春日部共栄中学校

# 【別冊】入試問題解答用紙編



**解答用紙は本体からていねいに抜きとり、別冊としてご使用ください。**

※　実際の解答欄の大きさで練習するには、指定の倍率で拡大コピーしてください。なお、ページの上下に小社作成の見出しや配点を記載しているため、コピー後の用紙サイズが実物の解答用紙と異なる場合があります。

## ●入試結果表

| 年度 | 回 | 項目 | | 国語 | 算数 | 社会 | 理科 | 2科<br>合計 | 4科<br>合計 | 2科<br>合格 | 4科<br>合格 |
|---|---|---|---|---|---|---|---|---|---|---|---|
| 2024 | 第1回<br>午前 | 配点(満点) | | 100 | 100 | 50 | 50 | | 300 | | 最高点 |
| | | 合格者平均点 | | 54.6 | 71.6 | 35.5 | 34.9 | | 196.6 | | IT 246<br>プ 260 |
| | | 受験者平均点 | | 47.6 | 60.6 | 30.5 | 29.4 | | 168.1 | | 最低点 |
| | | キミの得点 | | | | | | | | | IT 174<br>プ 164 |
| | 第1回<br>午後 | 配点(満点) | | 100 | 100 | 50 | 50 | 200 | 300 | 最高点 | 最高点 |
| | | 合格者<br>平均点 | 2科 | 55.1 | 60.3 | | | 115.4 | | IT 152<br>プ 144 | IT 252<br>プ 242 |
| | | | 4科 | 53.9 | 57.7 | 34.1 | 26.9 | | 172.6 | | |
| | | 受験者<br>平均点 | 2科 | 46.5 | 48.7 | | | 95.2 | | 最低点 | 最低点 |
| | | | 4科 | 47.4 | 48.5 | 31.0 | 23.6 | | 150.5 | IT 100<br>プ 92 | IT 151<br>プ 141 |
| | | キミの得点 | | | | | | | | | |
| 2023 | 第1回<br>午前 | 配点(満点) | | 100 | 100 | 50 | 50 | | 300 | | 最高点 |
| | | 合格者平均点 | | 60.5 | 50.5 | 28.5 | 34.9 | | 174.4 | | IT 265<br>プ 238 |
| | | 受験者平均点 | | 55.7 | 42.5 | 24.9 | 31.9 | | 155.0 | | 最低点 |
| | | キミの得点 | | | | | | | | | IT 140<br>プ 131 |
| | 第1回<br>午後 | 配点(満点) | | 100 | 100 | 50 | 50 | 200 | 300 | 最高点 | 最高点 |
| | | 合格者<br>平均点 | 2科 | 67.2 | 49.0 | | | 116.2 | | IT 158<br>プ 143 | IT 255<br>プ 266 |
| | | | 4科 | 64.4 | 46.9 | 35.3 | 27.9 | | 174.5 | | |
| | | 受験者<br>平均点 | 2科 | 60.2 | 41.3 | | | 101.5 | | 最低点 | 最低点 |
| | | | 4科 | 57.6 | 41.1 | 32.0 | 25.1 | | 155.8 | IT 101<br>プ 92 | IT 146<br>プ 135 |
| | | キミの得点 | | | | | | | | | |
| 2022 | 第1回<br>午前 | 配点(満点) | | 100 | 100 | 50 | 50 | | 300 | | 最高点 |
| | | 合格者平均点 | | 66.3 | 53.8 | 30.5 | 35.8 | | 186.4 | | IT 252<br>プ 228 |
| | | 受験者平均点 | | 61.1 | 44.8 | 26.1 | 31.3 | | 163.3 | | 最低点 |
| | | キミの得点 | | | | | | | | | IT 163<br>プ 153 |
| | 第1回<br>午後 | 配点(満点) | | 100 | 100 | 50 | 50 | 200 | 300 | 最高点 | 最高点 |
| | | 合格者<br>平均点 | 2科 | 68.5 | 64.0 | | | 132.5 | | IT 169<br>プ 167 | IT 271<br>プ 236 |
| | | | 4科 | 65.9 | 58.5 | 35.5 | 38.6 | | 198.5 | | |
| | | 受験者<br>平均点 | 2科 | 62.0 | 52.9 | | | 114.9 | | 最低点 | 最低点 |
| | | | 4科 | 60.1 | 49.3 | 32.8 | 33.8 | | 176.0 | IT 114<br>プ 110 | IT 171<br>プ 167 |
| | | キミの得点 | | | | | | | | | |

※表中のデータは学校公表のものです。ただし、２科合計・４科合計は各教科の平均点を合計したものなので、目安としてご覧ください。

# ２０２４年度　　春日部共栄中学校

算数解答用紙　第１回午前

| 番号 | | 氏名 | |
|---|---|---|---|

| 評点 | ／100 |
|---|---|

| | | | | |
|---|---|---|---|---|
| 1 | (1) | ① | ② | ③ |
| | (2) | ① | ②　日　時間 | |

| | | | |
|---|---|---|---|
| 2 | (1)　通り | (2)　点 | (3)　cm² |

3 (1) ①

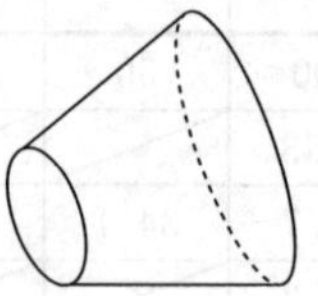

3 (1) ②　cm²

(2) ①　cm³　②　cm³

| | | | |
|---|---|---|---|
| 4 | (1) | (2) | (3) |
| 5 | (1)　cm | (2) | (3)　分後 |
| 6 | (1) | (2) | (3)　$n$ = ,  |

（注）この解答用紙は実物を縮小してあります。Ｂ５→Ｂ４（141%）に拡大コピーすると、ほぼ実物大の解答欄になります。

〔算　数〕100点（学校配点）

1　各４点×５　2〜6　各５点×16＜6の(3)は完答＞

# ２０２４年度　春日部共栄中学校

社会解答用紙　第１回午前

| 番号 | | 氏名 | | 評点 | ／50 |
|---|---|---|---|---|---|

**1**

| | | | | | | | |
|---|---|---|---|---|---|---|---|
| 問１ | | | | | | | |
| 問２ | (1) | | (2) | km | (3) | | |
| 問３ | 県 | 問４ | | | | | |
| 問５ | 県 | 問６ | | 問７ | | | |

**2**

| | | | |
|---|---|---|---|
| 問１ | | 問２ | |
| 問３ | | 問４ | |
| 問５ | | | |
| 問６ | | 問７ | |
| 問８ | | 問９ | |
| 問10 | | | |

**3**

| | | | |
|---|---|---|---|
| 問１ | | 問２ | |
| 問３ | | | |
| 問４ | (1) | (2) | |

（注）この解答用紙は実物を縮小してあります。Ｂ５→Ａ４（115％）に拡大コピーすると、ほぼ実物大の解答欄になります。

〔社　会〕50点（学校配点）

1　問１～問５　各２点×７　問６，問７　各３点×２　2，3　各２点×15

# ２０２４年度　　春日部共栄中学校

## 理科解答用紙　第１回午前

| 番号 | | 氏名 | | 評点 | ／50 |
|---|---|---|---|---|---|

**1**

| | | | |
|---|---|---|---|
| 問１ | | 問２ | |
| 問３ | | 問４ | |

**2**

| | | | | |
|---|---|---|---|---|
| 問１ | ① | | ② | |
| | ③ | | ④ | |
| | ⑤ | | ⑥ | |
| 問２ | | | | |
| 問３ | 記号 | | 名前 | |

**3**

| | | | | |
|---|---|---|---|---|
| 問１ | (1) | | (2) | % |
| 問２ | | 問３ | | |

**4**

| | | | |
|---|---|---|---|
| 問１ | 秒 | 問２ | 秒 |
| 問３ | g | 問４ | 秒 |
| 問５ | g | | |

（注）この解答用紙は実物を縮小してあります。Ｂ５→Ｂ４（141%）に拡大コピーすると、ほぼ実物大の解答欄になります。

〔理　科〕50点（学校配点）

1　各３点×４　2　問１　各１点×６　問２　３点＜完答＞　問３　各２点×２　3　各３点×４　4　問１～問３　各３点×３　問４，問５　各２点×２

２０２４年度　春日部共栄中学校

国語解答用紙　第一回午前

番号 | 氏名 | 評点 /100

一

| ① | ② | ③ | ④ | ⑤ |
|---|---|---|---|---|
| ⑥ | ⑦ | ⑧　す | ⑨　れ | ⑩ |

二

問一　問二

問三

問四　問五　問六

問七　問八　問九

三

問一　問二　問三

問四

問五　問六

問七

問八

四

問一

問二

（注）この解答用紙は実物を縮小してあります。Ｂ５→Ａ３（163%）に拡大コピーすると、ほぼ実物大の解答欄になります。

〔国　語〕100点(学校配点)

一 各２点×10　二 問１，問２　各３点×２　問３　８点　問４　４点　問５～問７　各３点×３　問８，問９　各４点×２　三 問１～問３　各３点×３　問４　６点　問５　３点　問６　６点　問７　８点　問８　３点　四 各５点×２

# ２０２４年度　春日部共栄中学校

## 算数解答用紙　第１回午後

| 番号 | | 氏名 | | 評点 | ／100 |
|---|---|---|---|---|---|

| | | | | |
|---|---|---|---|---|
| 1 | (1) | ① | ② | ③ |
| | (2) | ① | ② cm³ | |

| | | | | | | |
|---|---|---|---|---|---|---|
| 2 | (1) | % | (2) | 円 | (3) | 度 |

| | | | |
|---|---|---|---|
| 3 | (1) | ① | |
| | | ② cm² | |
| | (2) | ① cm³ | ② cm² |

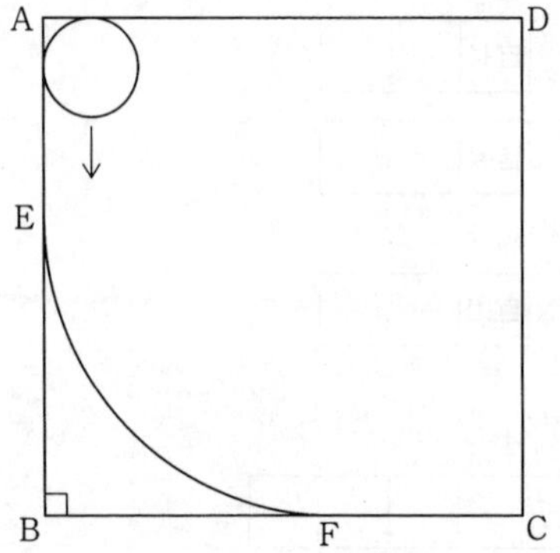


| | | | | | | |
|---|---|---|---|---|---|---|
| 4 | (1) | | (2) | | (3) | |

| | | | | | | |
|---|---|---|---|---|---|---|
| 5 | (1) | | (2) | cm² | (3) | 秒後と　秒後 |

| | | | | | | |
|---|---|---|---|---|---|---|
| 6 | (1) | | (2) | | (3) | |

(注) この解答用紙は実物を縮小してあります。Ｂ５→Ｂ４(141%)に拡大コピーすると、ほぼ実物大の解答欄になります。

〔算　数〕100点(学校配点)

1　各４点×5　2～6　各５点×16＜5の(3)は完答＞

２０２４年度　　春日部共栄中学校

| 社会解答用紙　第１回午後 | 番号 | | 氏名 | | 評点 | ／50 |
|---|---|---|---|---|---|---|

| | | | | | | | |
|---|---|---|---|---|---|---|---|
| 1 | 問１ | (1) | | (2) | | 問２ | |
| | 問３ | | 問４ | | | | |
| | 問５ | | 問６ | | | | |
| | 問７ | (1) | | (2) | | (3) | |

| | | | | | | |
|---|---|---|---|---|---|---|
| 2 | 問１ | | 問２ | | 問３ | |
| | 問４ | 県 | | | | |
| | 問５ | | | | | |
| | 問６ | | 問７ | | 問８ | |
| | 問９ | (1) | | (2) | | |

| | | | | | | |
|---|---|---|---|---|---|---|
| 3 | 問１ | (1) | | (2) | の | |
| | 問２ | | 問３ | | 問４ | |

（注）この解答用紙は実物を縮小してあります。Ｂ５→Ａ４(115%)に拡大コピーすると、ほぼ実物大の解答欄になります。

〔社　会〕50点(学校配点)

1～3　各２点×25

# ２０２４年度　　春日部共栄中学校

## 理科解答用紙　第１回午後

| 番号 | | 氏名 | | 評点 | ／50 |
|---|---|---|---|---|---|

| | | | | |
|---|---|---|---|---|
| 1 | 問１ | | 問２ | |
| | 問３ | | | |
| | 問４ | | | |

| | | |
|---|---|---|
| 2 | 問１ | (　　　　　)に反応して(　　　　　)色に変化する。 |
| | 問２ | |
| | 問３ | 　　　　問４ |

| | | | | |
|---|---|---|---|---|
| 3 | 問１ | | 日食 | 月食 |
| | 問２ | | 観察地点 | 月の位置 |
| | 問３ | (1) | 観察地点 | 月の位置 |
| | | (2) | | |

| | | | |
|---|---|---|---|
| 4 | 問１ | | |
| | 問２ | mL | |
| | 問３ | mL | |
| | 問４ | メタン　　mL | プロパン　　mL |

(注) この解答用紙は実物を縮小してあります。Ｂ５→Ｂ４(141%)に拡大コピーすると、ほぼ実物大の解答欄になります。

〔理　科〕50点(学校配点)

1, 2　各３点×８　3　問１　各２点×２　問２, 問３　各３点×３＜問２, 問３の(1)は完答＞　4　問１～問３　各３点×３　問４　各２点×２

# 2024年度　春日部共栄中学校

## 国語解答用紙　第一回午後

| 番号 | | 氏名 | | 評点 | /100 |
|---|---|---|---|---|---|

### 一

| ① | | ② | | ③ | | ④ | | ⑤ | |
|---|---|---|---|---|---|---|---|---|---|
| ⑥ | ん | ⑦ | れる | ⑧ | | ⑨ | | ⑩ | う |

### 二

問一　A　B　C　D

問二　問三　問四

問五　1　2　3　問六　問七

問八

問九　問十

### 三

問一　A　B　C　D

問二　問三

問四

問五　問六　抜き出し　訂正

問七　問八　問九

### 四

問一　項目

問二

（注）この解答用紙は実物を縮小してあります。B５→A３（163%）に拡大コピーすると、ほぼ実物大の解答欄になります。

〔国　語〕100点（学校配点）

一　各２点×10　二　問１　各１点×４　問２～問５　各２点×６　問６，問７　各３点×２　問８　７点　問９，問10　各３点×２　三　問１　各１点×４　問２　２点　問３　４点　問４　７点　問５，問６　各４点×２<問６は完答>　問７　２点　問８，問９　各４点×２　四　各５点×２

# ２０２３年度　春日部共栄中学校

## 算数解答用紙　第１回午前

| 番号 | | 氏名 | | 評点 | ／100 |
|---|---|---|---|---|---|

| | | | | |
|---|---|---|---|---|
| 1 | (1) | ① | ② | ③ |
| | (2) | ① | ② 秒速　　m | |

| | | | | | | |
|---|---|---|---|---|---|---|
| 2 | (1) | 度 | (2) | cm | (3) | 円 |

| | | | |
|---|---|---|---|
| 3 | (1) | ① 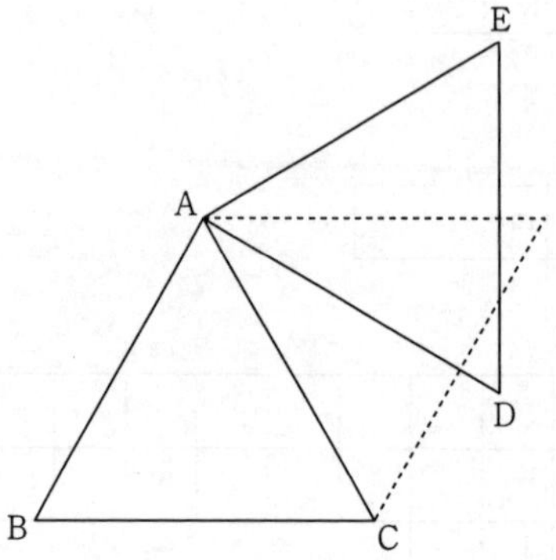 | |
| | | ②　cm² | |
| | (2) | ①　cm³ | ②　cm³ |



| | | | | | | |
|---|---|---|---|---|---|---|
| 4 | (1) | 個 | (2) | 本 | (3) | 本目 |

| | | | | | | |
|---|---|---|---|---|---|---|
| 5 | (1) | 時速　　km | (2) | km | (3) | 時　　分 |

| | | | | | | |
|---|---|---|---|---|---|---|
| 6 | (1) | | (2) | | (3) | 通り |

（注）この解答用紙は実物を縮小してあります。Ｂ５→Ｂ４（141％）に拡大コピーすると、ほぼ実物大の解答欄になります。

〔算　数〕100点（学校配点）

1　各４点×５　2～6　各５点×16

# ２０２３年度　春日部共栄中学校

社会解答用紙　第１回午前

| 番号 | | 氏名 | | 評点 | ／50 |
|---|---|---|---|---|---|

| | | | | | | | | | | |
|---|---|---|---|---|---|---|---|---|---|---|
| 1 | 問１ | (1) | | (2) | | 問２ | | 問３ | |
| | 問４ | | 問５ | | 問６ | | | | |
| | 問７ | | 問８ | (1) | | (2) | | | |

| | | | | | | | |
|---|---|---|---|---|---|---|---|
| 2 | 問１ | | 問２ | | | | |
| | 問３ | (1) | | (2) | | | |
| | | (3) | | | | | |
| | 問４ | | 問５ | | 問６ | | |
| | 問７ | | 問８ | | | | |

| | | | | | | |
|---|---|---|---|---|---|---|
| 3 | 問１ | | 問２ | | 問３ | |
| | 問４ | | 問５ | | | |

（注）この解答用紙は実物を縮小してあります。Ｂ５→Ｂ４(141%)に拡大コピーすると、ほぼ実物大の解答欄になります。

〔社　会〕50点(学校配点)

1～3　各２点×25

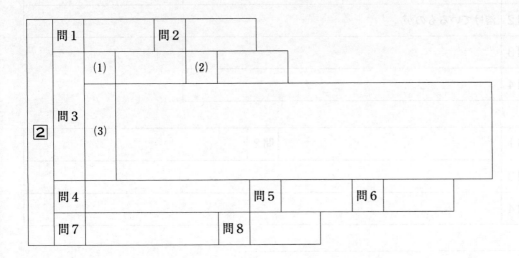

## ２０２３年度　春日部共栄中学校

### 理科解答用紙　第１回午前

| 番号 | | 氏名 | | 評点 | ／50 |
|---|---|---|---|---|---|

| | | | | | | | | |
|---|---|---|---|---|---|---|---|---|
| 1 | 問1 | ℃ | 問2 | 分　秒 | 問3 | | | |
| | 問4 | ① | | ② | | ③ | | ④ |

| | | | | | | |
|---|---|---|---|---|---|---|
| 2 | 問1 | (あ) | | (い) | | (う) |
| | 問2 | 溶けているものが | | | | |
| | 問3 | | | | | |
| | 問4 | | | | | |

| | | | | |
|---|---|---|---|---|
| 3 | 問1 | | 問2 | |
| | 問3 | | | |
| | 問4 | | | |

| | | | | | | | | | | |
|---|---|---|---|---|---|---|---|---|---|---|
| 4 | 問1 | | | 問2 | | | | | | |
| | 問3 | (1) | | (2) | ① | | ② | | ③ | |
| | | (3) | 年 | | | | | | | |

（注）この解答用紙は実物を縮小してあります。Ｂ５→Ｂ４(141%)に拡大コピーすると、ほぼ実物大の解答欄になります。

〔理　科〕50点(学校配点)

1, 2　各２点×13＜2の問３は完答＞　3　問１, 問２　各２点×２　問３, 問４　各３点×２　4　各２点×７

# 二〇二三年度　春日部共栄中学校

## 国語解答用紙　第一回午前

番号　　氏名　　評点 /100

**一**

①　②　③　い　④　⑤
⑥　⑦　⑧　⑨　⑩

**二**

問一　A　B　C　D

問二　問三

問四　問五　ア　イ　ウ　エ

問六

問七　問八　問九

**三**

問一　A　B　C

問二　問三　問四

問五　問六

問七

問八

**四**

問一

問二

(注) この解答用紙は実物を縮小してあります。B5→A3(163%)に拡大コピーすると、ほぼ実物大の解答欄になります。

〔国　語〕100点(学校配点)

一　各2点×10　二　問1～問4　各2点×7　問5　各1点×4　問6　6点　問7　4点　問8　3点　問9　4点　三　問1　各2点×3　問2　3点　問3　4点　問4　2点　問5，問6　各4点×2　問7　8点　問8　4点　四　各5点×2

2023年度　春日部共栄中学校

## 算数解答用紙　第1回午後

| 番号 | | 氏名 | | 評点 | ／100 |
|---|---|---|---|---|---|

| | | | | |
|---|---|---|---|---|
| 1 | (1) | ① | ② | ③ |
| | (2) | ① | ② L | |

| | | | | | | |
|---|---|---|---|---|---|---|
| 2 | (1) | 通り | (2) | 度 | (3) | 円 |

| | | | | |
|---|---|---|---|---|
| 3 | (1) | ① 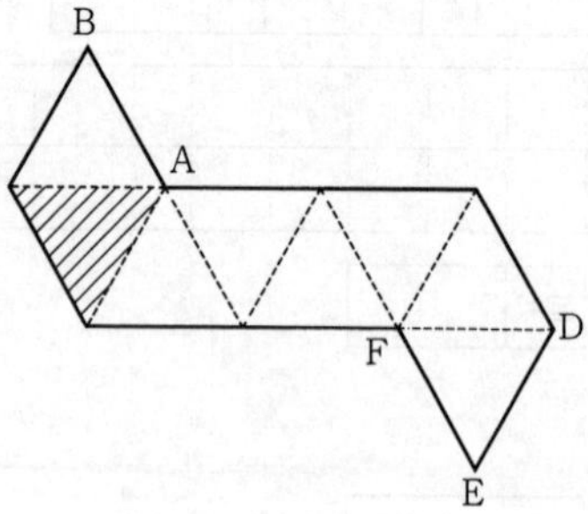 | | |
| | | ② cm³ | | |
| | (2) | ① cm³ | ② | cm² |



| | | | | | | |
|---|---|---|---|---|---|---|
| 4 | (1) | 枚 | (2) | 枚 | (3) | 通り |
| 5 | (1) | | (2) | cm² | (3) | 秒後 |
| 6 | (1) | | (2) | 個 | (3) | 通り |

(注)　この解答用紙は実物を縮小してあります。B５→B４(141%)に拡大コピーすると、ほぼ実物大の解答欄になります。

〔算　数〕100点(学校配点)

1　各4点×5　2〜6　各5点×16

２０２３年度　　春日部共栄中学校

社会解答用紙　第１回午後

| 番号 | | 氏名 | | 評点 | ／50 |
|---|---|---|---|---|---|

**1**

| | | | | | | |
|---|---|---|---|---|---|---|
| 問１ | | 問２ | | 問３ | | |
| 問４ | 海岸 | 問５ | | | | |
| 問６ | | 問７ | | | | |
| 問８ | | | | | | |
| 問９ | (1) | | (2) | 約 | km | |

**2**

| | | | | | |
|---|---|---|---|---|---|
| 問１ | | 問２ | | | |
| 問３ | 15 / 25 | | | | |
| 問４ | | 問５ | | 問６ | |
| 問７ | | 問８ | | 問９ | |
| 問10 | | | | | |

**3**

| | | | |
|---|---|---|---|
| 問１ | | 問２ | |
| 問３ | | 問４ | |
| 問５ | | | |

（注）この解答用紙は実物を縮小してあります。Ｂ５→Ｂ４（141%）に拡大コピーすると、ほぼ実物大の解答欄になります。

〔社　会〕50点（学校配点）

1～3　各２点×25

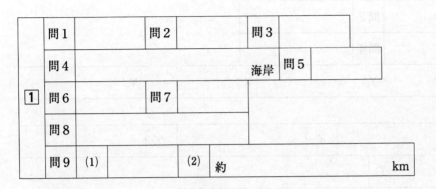

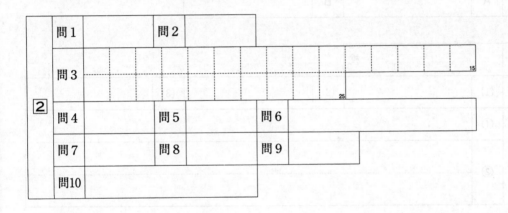

２０２３年度　春日部共栄中学校

理科解答用紙　第１回午後

| 番号 | | 氏名 | | 評点 | ／50 |
|---|---|---|---|---|---|

| | | | | | | |
|---|---|---|---|---|---|---|
| 1 | 問１ | | 問２ | | | |
| | 問３ | | 問４ | | | |
| | 問５ | X： | Y： | X： | Y： | |

| | | | | | | | |
|---|---|---|---|---|---|---|---|
| 2 | 問１ | ア | | イ | | ウ | |
| | 問２ | ℃ | | | | | |
| | 問３ | A | | B | | | |

| | | | | | | | |
|---|---|---|---|---|---|---|---|
| 3 | 問１ | 枚 | | | | | |
| | 問２ | (1) | | (2) | | (3) | |
| | 問３ | ① | | | | | |
| | | ② | | | | | |

| | | |
|---|---|---|
| 4 | 問１ | |
| | 問２ | |
| | 問３ | |
| | 問４ | |

（注）この解答用紙は実物を縮小してあります。Ｂ５→Ｂ４(141%)に拡大コピーすると、ほぼ実物大の解答欄になります。

〔理　科〕50点(学校配点)

1，2　各２点×12＜1の問５は各々完答＞　3　問１，問２　各２点×４　問３　各３点×２　4　各３点×４

# 二〇二二年度　春日部共栄中学校

## 国語解答用紙　第一回午後

| 番号 | | 氏名 | | 評点 | /100 |
|---|---|---|---|---|---|

**一**

| ① | | ② | | ③ | | ④ | | ⑤ | |
|---|---|---|---|---|---|---|---|---|---|
| ⑥ | | ⑦ | | ⑧ | む | ⑨ | | ⑩ | |

**二**

| 問一 | A | | B | | C | | D | |
|---|---|---|---|---|---|---|---|---|

問二　　問三

問四　～　から。　問五

問六　候補者は、

問七　～　から。　問八

問九

**三**

| 問一 | A | | B | | C | | D | |
|---|---|---|---|---|---|---|---|---|

| 問二 | a | | b | |
|---|---|---|---|---|

問三　　問四

問五

問六　　問七　　問八

**四**

問一

問二

（注）この解答用紙は実物を縮小してあります。B5→A3（163%）に拡大コピーすると、ほぼ実物大の解答欄になります。

〔国　語〕100点（学校配点）

一　各2点×10　二　問1～問3　各2点×6　問4，問5　各3点×2　問6　8点　問7～問9　各3点×3<問9は完答>　三　問1，問2　各2点×6　問3，問4　各3点×2　問5　8点　問6～問8　各3点×3　四　各5点×2

# 2022年度　春日部共栄中学校

## 算数解答用紙　第1回午前

| 番号 | | 氏名 | | 評点 | ／100 |
|---|---|---|---|---|---|

| | | | | |
|---|---|---|---|---|
| 1 | (1) | | (2) | |

| | | | | | | |
|---|---|---|---|---|---|---|
| 2 | (1) | 日 | (2) | 回 | | |
| | (3) | 通り | (4) | 倍 | (5) | cm |

3

(1) ①

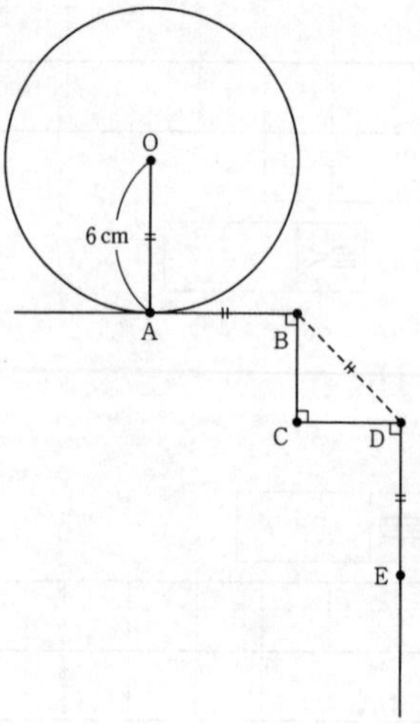


② cm

(2) ① cm$^3$　② cm$^3$

| | | | | | | |
|---|---|---|---|---|---|---|
| 4 | (1) | 番目 | (2) | 個 | (3) | 個 |

| | | | | |
|---|---|---|---|---|
| 5 | (1) | | (2) | |
| | (3) ① | 秒後 | ② | 秒後 |

| | | | | | | |
|---|---|---|---|---|---|---|
| 6 | (1) | | (2) | | (3) | 個 |

(注) この解答用紙は実物を縮小してあります。B５→B４(141%)に拡大コピーすると、ほぼ実物大の解答欄になります。

〔算　数〕100点(学校配点)

1～6　各５点×20<5の(3)は完答５点，片方正答の場合３点を配点>

2022年度　春日部共栄中学校

社会解答用紙　第1回午前

| 番号 | | 氏名 | | 評点 | ／50 |
|---|---|---|---|---|---|

**1**

| | | | | | | |
|---|---|---|---|---|---|---|
| 問1 | | 問2 | (1) | 台地 | (2) | |
| 問3 | | 問4 | | 問5 | | |
| 問6 | | 問7 | (1) | (2) | | 問8 |

**2**

| | | | | | |
|---|---|---|---|---|---|
| 問1 | | 問2 | | 問3 | |
| 問4 | | | | | |
| 問5 | | | | | |
| 問6 | | 問7 | | 問8 | |
| 問9 | | | | 問10 | |

**3**

| | | | | | |
|---|---|---|---|---|---|
| 問1 | | 問2 | (1) | (2) | |
| 問3 | 権 | 問4 | | | |

（注）この解答用紙は実物を縮小してあります。Ｂ５→Ｂ４（141%）に拡大コピーすると、ほぼ実物大の解答欄になります。

〔社　会〕50点（学校配点）

1～3　各２点×25

# ２０２２年度　春日部共栄中学校

## 理科解答用紙　第１回午前

| 番号 | | 氏名 | | 評点 | ／50 |
|---|---|---|---|---|---|

| | | | | | |
|---|---|---|---|---|---|
| 1 | 問1 | (ア) | g | (イ) | g |
| | 問2 | 重心の位置 | (　　　、　　　、　　　) | | |
| | 問3 | 重心の位置 | (　　　、　　　、　　　) | | |
| | 問4 | 段目まで | | | |

| | | | | | |
|---|---|---|---|---|---|
| 2 | 問1 | (1) | cm³ | (2) | cm³ |
| | 問2 | mg | | | |
| | 問3 | cm³ | | | |
| | 問4 | cm³ | | | |

| | | | | | | | |
|---|---|---|---|---|---|---|---|
| 3 | 問1 | | 問2 | | 問3 | | |
| | 問4 | | | | | | |

| | | | | | |
|---|---|---|---|---|---|
| 4 | 問1 | ① | 座 | ② | 座 |
| | | ③ | 座 | | |
| | 問2 | | | | |
| | 問3 | | | | |

（注）この解答用紙は実物を縮小してあります。Ｂ５→Ｂ４（141％）に拡大コピーすると、ほぼ実物大の解答欄になります。

〔理　科〕50点(学校配点)

1 問1　各2点×2　問2, 問3　各3点×2　問4　2点　2 問1　各2点×2　問2～問4　各3点×3　3 各3点×4<問2は完答>　4 問1　各3点×3　問2, 問3　各2点×2

# 二〇二二年度　春日部共栄中学校

## 国語解答用紙　第一回午前

番号　　氏名　　評点 /100

**一**

① ② ③ れた ④ ⑤

⑥ ⑦ ⑧ ⑨ ⑩ む

**二**

問一　A　B　C　D

問二　問三　問四

問五　〜　問六

問七

問八　問九

**三**

問一　a　b　問二　A　B　C　D

問三　問四　問五

問六　問七　文節　問八

問九

**四**

問一　媒体

問二　媒体

(注) この解答用紙は実物を縮小してあります。B5→A3(163%)に拡大コピーすると、ほぼ実物大の解答欄になります。

〔国　語〕100点(学校配点)

一　各2点×10　二　問1〜問4　各2点×7　問5　3点　問6　2点　問7　7点　問8, 問9　各3点×3　三　問1〜問3　各2点×7　問4〜問6　各3点×3　問7　2点　問8　3点　問9　7点　四　各5点×2

# 2022年度　春日部共栄中学校

## 算数解答用紙　第１回午後

| 番号 | | 氏名 | | 評点 | ／100 |
|---|---|---|---|---|---|

| | | | | | | |
|---|---|---|---|---|---|---|
| 1 | (1) | | (2) | | | |

| | | | | | | |
|---|---|---|---|---|---|---|
| 2 | (1) | 年後 | (2) | 個 | | |
| | (3) | cm | (4) | km | (5) | $cm^2$ |

| | | | | |
|---|---|---|---|---|
| 3 | (1) | ① | | |
| | | | ② | $cm^2$ |
| | (2) | ① | | |
| | | | ② | $cm^3$ |

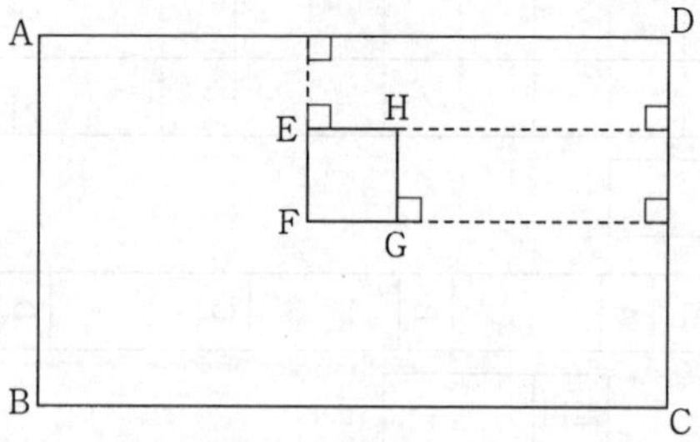


| | | | | | | |
|---|---|---|---|---|---|---|
| 4 | (1) | 番目 | (2) | | (3) | 番目 |

| | | | | | | |
|---|---|---|---|---|---|---|
| 5 | (1) | | (2) | $cm^2$ | (3) | 秒後と　　秒後 |

| | | | | | | |
|---|---|---|---|---|---|---|
| 6 | (1) | | (2) | | (3) | |

（注）この解答用紙は実物を縮小してあります。Ｂ５→Ｂ４（141%）に拡大コピーすると、ほぼ実物大の解答欄になります。

〔算　数〕100点（学校配点）

1～6　各５点×20＜5の(3)は完答＞

## ２０２２年度　春日部共栄中学校

### 社会解答用紙　第１回午後

| 番号 | | 氏名 | | 評点 | ／50 |
|---|---|---|---|---|---|

**1**

| | | | | | | | |
|---|---|---|---|---|---|---|---|
| 問１ | | 問２ | | 問３ | | | |
| 問４ | | 問５ | | 問６ | | 問７ | |
| 問８ | (1) | | (2) | | (3) | | |

**2**

| | | | | | | | |
|---|---|---|---|---|---|---|---|
| 問１ | (1) | | (2) | | | | |
| 問２ | (1) | | (2) | | 問３ | | |
| 問４ | (1) | | (2) | | (3) | 問５ | |
| 問６ | | | | | | | |

**3**

| | | | | | |
|---|---|---|---|---|---|
| 問１ | | 問２ | | 問３ | |
| 問４ | | 問５ | | | |

〔社　会〕50点(学校配点)

1～3　各２点×25

## ２０２２年度　春日部共栄中学校

### 理科解答用紙　第１回午後

| 番号 | | 氏名 | | 評点 | ／50 |
|---|---|---|---|---|---|

**1**

| | | | |
|---|---|---|---|
| 問１ | m | | |
| 問２ | | 問３ | |
| 問４ | m/秒 | | |

**2**

| | | | | |
|---|---|---|---|---|
| 問１ | | 問２ | | |
| 問３ | ア　　g | イ　　g | | |
| 問４ | | | | |

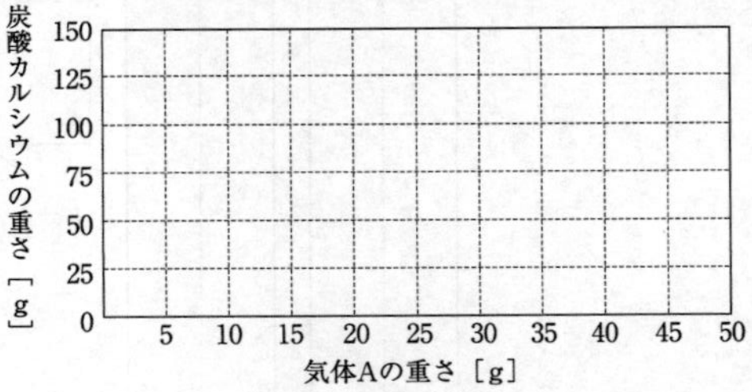


**3**

| | | | | | |
|---|---|---|---|---|---|
| 問１ | | 問２ | | 問３ | |
| 問４ | | | | | |

**4**

| | |
|---|---|
| 問１ | |
| 問２ | |
| 問３ | |

〔理　科〕50点(学校配点)

1　問１～問３　各３点×3　問４　４点　2　問１～問３　各２点×4　問４　４点　3　問１～問３　各３点×3　問４　４点　4　各４点×3

# 二〇二三年度　春日部共栄中学校

## 国語解答用紙　第一回午後

番号　　氏名　　評点　/100

一

①　②　③ える　④　⑤
⑥　⑦　⑧　⑨　⑩ かい

二

問一　問二　問三 X　Y
問四 A　B　C　D
問五
問六
問七　問八　問九

三

問一 A　B　C　D
問二　問三　問四
問五
問六　問七
問八　問九

四

問一
問二

（注）この解答用紙は実物を縮小してあります。B５→A３（163%）に拡大コピーすると、ほぼ実物大の解答欄になります。

〔国　語〕100点(学校配点)

一 各２点×10　二 問１～問４　各２点×８　問５　３点　問６　７点　問７～問９　各３点×３　三 問１～問４　各２点×７　問５　７点　問６，問７　各３点×２　問８，問９　各４点×２　四 各５点×２